A MINA DE OURO

Freddy Ballé trabalhou como gerente de engenharia e de manufatura na Renault por 30 anos, ocupando o cargo de diretor de Engenharia de Manufatura e, depois, de vice presidente para os negócios relacionados a caminhões da Renault, o Renault Industrial Vehicles (RVI). Começou a visitar as fábricas da Toyota em meados dos anos 70 e logo descobriu a força do Sistema Toyota de Produção.

Quando deixou a Renault, Freddy tornou-se Vice Presidente Técnico da Valeo, onde criou o Sistema Valeo de Produção, baseado na prática da Toyota, e que foi pioneiro na implementação *lean* na Europa continental. Logo após, foi presidente da empresa de componentes automotivos Sommer-Allibert, onde introduziu o Sistema Sommer-Allibert de Excelência. Encerrou sua carreira empresarial como vice presidente da empresa francesa de autopeças Faurecia no momento em que implementava o Sistema Faurecia de Excelência.

Há alguns anos, Freddy fundou a ESG Consultoria para aconselhar clientes industriais quanto a transformações *lean* como a descrita em *A Mina de Ouro*.

Michael Ballé, PhD, é consultor empresarial, escritor e professor associado na American University de Paris. Também é co-fundador do Projet Lean Enterprise (www.lean.enst.fr). Essa é uma iniciativa líder em *lean* na França, conduzida em colaboração com a Télécom Paris, onde Michael é pesquisador associado. Por mais de uma década, ele tem se concentrado nas implicações humanas da implementação *lean* em áreas tão diversas quanto a saúde e processos administrativos. Michael publicou vários livros sobre esses temas. Ele é filho de Freddy.

B191m	Ballé, Freddy
	A mina de ouro : uma transformação lean em romance / Freddy Ballé, Michael Ballé ; tradução Rosalia Neumann Garcia. – Porto Alegre : Bookman, 2007.
	372 p. ; 23 cm.
	ISBN 978-85-60031-55-9 ou 85-60031-55-3
	1. Administração – Produção – Operações. I. Ballé, Michael. II. Título.
	CDU 658.5

Catalogação na publicação: Júlia Angst Coelho – CRB 10/1712

Freddy Ballé
Michael Ballé

A MINA DE OURO

uma transformação *lean* em romance

Tradução:
Profª Rosalia Neumann Garcia
Doutora em Literatura de Língua Inglesa
Professora de Literatura e Tradução na UFRGS

Consultoria, supervisão e revisão técnica desta edição:
Equipe do Lean Institute Brasil

Lean Institute Brasil

Bookman®

Obra originalmente publicada sob o título
©2005, *Lean Enterprise Institute*

Tradução publicada conforme acordo com o Lean Institute Brasil.

ISBN 0-9743225-6-3

Capa: *Gustavo Demarchi*

Leitura final: *Renato Merker*

Supervisão editorial: *Arysinha Jacques Affonso*

Editoração eletrônica: *New Book Editoração Ltda.*

Esta é uma obra de ficção. Nomes, personagens, empresas, organizações, locais e acontecimentos aqui mencionados são produtos da imaginação dos autores ou são usados de forma fictícia. Qualquer semelhança com pessoas (vivas ou mortas), acontecimentos ou locais é mera coincidência.

Reservados todos os direitos de publicação, em língua portuguesa, à
ARTMED® EDITORA S.A.
(BOOKMAN® COMPANHIA EDITORA é uma divisão da ARTMED® EDITORA S.A.)
Av. Jerônimo de Ornelas, 670 - Santana
90040-340 Porto Alegre RS
Fone (51) 3027-7000   Fax (51) 3027-7070

É proibida a duplicação ou reprodução deste volume, no todo ou em parte, sob quaisquer formas ou por quaisquer meios (eletrônico, mecânico, gravação, fotocópia, distribuição na Web e outros), sem permissão expressa da Editora.

SÃO PAULO
Av. Angélica, 1091 - Higienópolis
01227-100 São Paulo SP
Fone (11) 3665-1100   Fax (11) 3667-1333

SAC 0800 703-3444

IMPRESSO NO BRASIL
PRINTED IN BRAZIL

Para Catherine e Florence

APRESENTAÇÃO À EDIÇÃO BRASILEIRA

Fiquei muito contente quando chegou em minhas mãos um exemplar de *The Gold Mine*. Li a obra atentamente, estabelecendo um paralelo da história ali narrada com a realidade nas empresas.

Após alguns anos oferecendo apoio a empresas que tentam aplicar a filosofia *lean*, o livro veio me ajudar no dia-a-dia da minha jornada. Isto é, me fez compreender as reações do ser humano quando ele enfrenta uma transformação na maneira de pensar e de fazer as coisas. Refiro-me à mudança do modo convencional (em que estamos inseridos e banalizados) para a maneira *lean* (objeto desta obra). Isto porque, se de um lado já existem várias publicações técnicas que tratam dos princípios e da filosofia *lean*, com as suas ferramentas e metodologia para implementação, em uma linguagem calculada e racional, não havia nada similar a este livro, que explica os mesmos princípios e filosofia de uma maneira peculiar, em forma de romance, retratando o cotidiano, levando em consideração a formação e os anseios das pessoas. E, realmente, a vontade e a determinação dos envolvidos fazem muita diferença nesse aprendizado. E mais, o livro mostra como são imprevisíveis as reações das pessoas e como é difícil falar e fazer as coisas óbvias em favor de uma comunidade quando o ego é atingido!

A grande reflexão a partir desta obra é que a transformação *lean* mexe com o lado emocional das pessoas, trazendo à tona sentimentos de desconfiança e ansiedade. Os indivíduos, com seus comportamentos e atitudes, são o principal tesouro de uma empresa e determinam o seu sucesso ou fracasso.

No início de 1991, passei por uma grande reviravolta pessoal ao deixar para trás mais de 23 anos de atividades na fábrica de motores da General Motors do Brasil (GMB) de São José dos Campos e ingressar na Toyota do Brasil (TDB), em São Bernardo do Campo.

Havia começado a minha careira na GMB, em 1968, com o projeto do Opala, no departamento de Planejamento e Processos – área de manufatura da fábrica de motores. Em 1971 fui para os EUA, para fazer um curso do GMI (General Motors Institute). Oito anos depois participei do projeto do carro mundial Monza e, em 1984, da segunda geração do mesmo automóvel. Em seqüência vieram os projetos do Kadett e do Vectra. A minha colaboração foi sempre na área de manufatura, passando pelos diversos departamentos, como engenharia de processos, qualidade e produção. Até então, para mim, a GM era a empresa modelo em construção de carros, pois era a líder mundial, imbatível há muitos anos.

Foi no final da década de 1980 que ouvi rumores de que, em matéria de fabricação de automóveis, os japoneses já haviam ultrapassado os americanos. Nascia a minha curiosidade em saber por que as empresas japonesas tinham melhor desempenho. Daí veio o desejo de trabalhar em uma empresa japonesa. Apesar de meus pais serem japoneses, no início da minha carreira profissional não tive a pretensão de entrar em uma companhia japonesa. Mas, com o passar do tempo e devido aos acontecimentos no mundo da indústria automobilística, precisei tomar uma grande decisão: ir ao Japão para trabalhar em uma empresa japonesa.

Em dezembro de 1990 saí da GMB e em janeiro de 1991 ingressei na Toyota do Brasil (TDB). Foi um grande desafio na minha vida profissional. Deixava um ambiente de trabalho de mais de 11 mil colaboradores para recomeçar em um muito menor, com pouco mais de 500 colaboradores. Na época, apesar de estar há mais de 40 anos no Brasil, a TDB fabricava um veículo muito antigo, concebido na década de 1950, chamado Bandeirante, que foi descontinuado no fim de 2001.

No início tudo foi novidade. Tive que me adaptar ao meu lugar no escritório, à jornada de trabalho, às reuniões, ao relacionamento com os colegas e ao envolvimento no cotidiano da fábrica. Até mesmo a língua e os costumes do país tive que reaprender e me atualizar para poder enfrentar essa nova jornada.

No total, foram 13 anos e meio de aprendizado na Toyota do Brasil, dos conceitos básicos do TPS (Toyota Production System), passando por diversas áreas da fábrica e da empresa: inicialmente na engenharia de processo, onde pude aprender de perto o conceito de fluxo contínuo e puxado. Em seguida, na elaboração e especificação de máquinas e equipamentos, com ênfase na capacidade, para atender a necessidade baseado no tempo *takt*, e o entendimento total sobre os desperdícios com a finalidade de redução de custos. Depois, no planejamento e controle de produção e suprimentos, onde o objetivo era o aprendizado sobre os fluxos de informação e de material, com foco no tempo *takt* e planejamento detalhado a longo prazo com os fornecedores parceiros da TDB. E na produção, pude entender na prática o sistema puxado e o JIT (*just in time*) com utilização de *kanban* em diversos processos, assim como a qualidade dentro do processo, e os círculos de *kaizen* rodando duas vezes o PDCA por ano. Os meus últimos anos na TDB foram na área administrativa: comércio exterior, relações corporativas e como auditor corporativo da Toyota Mercosul. Mesmo nessas áreas, notei que a linguagem comum de todos os integrantes da diretoria quando se tratava de venda/produção tinha como denominador comum o tempo *takt*, o ritmo da demanda.

Dois anos depois de ter deixado a Toyota Mercosul, exerço uma nova atividade: disseminar e implementar os princípios e a filosofia *lean* de modo a compartilhar a minha experiência. É muito gratificante ver o grande interesse que existe hoje por parte de muitas empresas. É, ao mesmo tempo, muito preocupante, por causa das enormes dificuldades encontradas, conforme se vai aprofundando nesta jornada, que não deve ter retorno.

A história apresentada neste livro por Freddy Ballé e seu filho, Michael Ballé, incorporando suas próprias experiências de uma maneira cativante, é de fácil compreensão e entendimento. Aproxima-se dos casos reais ao relatar situações semelhantes a de muitas empresas que estão iniciando ou tentando avançar na implementação *lean*.

Os Ballé foram capazes de combinar a vivência do Freddy no chão de fábrica com a experiência acadêmica de Michel na maneira de tratar e relatar assuntos bastante complexos do ponto de vista técnico.

A abordagem sobre o lucro que a empresa precisa auferir, o conhecimento profundo do produto que deve estar em fluxo na fabricação, o entendimento sobre o tempo *takt* que determina o ritmo do negócio e o conceito de trabalho padronizado são capítulos muito bem enfocados. Continuando com a exposição, nota-se a presteza para manter as coisas o mais simples possível e de fácil compreensão e a preocupação de colocar as pessoas como o centro de todos os demais conceitos como o sistema nivelado puxado, o uso do *kanban* com suas regras peculiares, o conhecimento e presença constante no *genba* e, por fim, a busca interminável da perfeição através de *kaizen*.

Não há dúvida, o caminho para a mudança não é suave nem fácil, como mostra o livro. É preciso muita determinação, disciplina e sentido de trabalho em equipe. Enxergar o que está diante dos nossos olhos, totalmente exposto, na maioria das vezes não é tão simples, e o mesmo acontece com executar o óbvio.

O ponto alto na leitura deste livro é que, apesar da transformação *lean* ter um grande impacto técnico, gerencial e estratégico, capaz de alterar o destino de uma empresa ou de um empreendimento, não são apresentadas fórmulas nem teorias que exijam muito estudo ou pesquisa. Isso deixa a leitura mais agradável e fácil.

Ao chegar no último capítulo, o leitor terá com bastante clareza uma visão sistêmica de como uma fábrica *lean* deve ser operada e gerenciada. E, por outro lado, a certeza de que na filosofia *lean* não há passo simples ou fórmula mágica que faça com que a companhia reduza seus custos enquanto melhora a qualidade e a agilidade no atendimento do cliente. A filosofia *lean* é baseada na aplicação sistemática dos princípios e ferramentas que são simples e que requerem muita disciplina, dedicação e comprometimento de todas as pessoas envolvidas, desde o presidente até os demais colaboradores.

Tenha uma boa e feliz leitura. E o mais importante: aplique imediatamente o que aprender, com persistência e determinação. Não esqueça de disseminá-lo entre os colegas da empresa.

Gilberto I. Kosaka
Lean Institute Brasil

PREFÁCIO

Hoje em dia, a eficácia do *lean thinking* (mentalidade enxuta) está bem estabelecida. Empresas das mais diversas áreas industriais em todos os cantos do mundo provaram que seus princípios estão bem fundamentados. Ao anunciar lucros recordes, ao mesmo tempo em que estabelecem as bases para crescimento futuro, essas empresas, lideradas pela Toyota, revelam a promessa do *lean*. No entanto, enquanto esses líderes demonstram entusiasmo e confiança, para muitos outros a realidade do gerenciamento *lean* é um desafio intimidador. Boa parte da base técnica para que ocorra uma transformação *lean* tem sido codificada de maneira acessível; no entanto, por trás da técnica, gerentes geralmente consideram a lógica básica da abordagem contra-intuitiva. As mudanças comportamentais necessárias são tenazmente desafiadoras e, com freqüência, levam a dúvidas que prejudicam o líder e a equipe em potencial.

A obra *A Mina de Ouro*, de Freddy e Michael Ballé, surge para dirimir essas dúvidas. Os leitores encontrarão nos detalhes tão humanos de uma transformação *lean* um lembrete útil de como esse processo exige mais do que apenas habilidade técnica. E, o que é mais importante, serão inspirados a usar seus talentos naturais para motivar outros a melhorar.

Durante os últimos vinte anos de implementação de sistemas *lean*, desde a época em que ocupei um cargo no Conselho da GKN Automotive, e depois na direção do Kaizen Institute, até atualmente como consultor da McKinsey & Co., tive a oportunidade de trabalhar com muitas pessoas interessantes e entusiasmadas. Se, por um lado, a ética profissional não me permite ter preferência por clientes, os princípios às vezes sucumbem à realidade. Tendo conhecido Freddy e trabalhado com ele por mais de dez anos, posso afirmar que ele se destaca por combinar de forma admirável conhecimento, vigor, visão e impacto.

Trabalhar nos altos escalões da indústria automotiva não é para os covardes. Freddy sempre aceitou o desafio de provocar mudanças num ambiente que pressiona de forma constante e implacável por resultados. Sua maneira sofisticada e intensa de gerenciar o processo orçamentário é lendária. No entanto, Freddy nunca perdeu de vista suas raízes: a abordagem a partir do chão de fábrica, de baixo para cima, essencial para o pensamento *lean*. Ao se expor ao desafio de servir a Toyota, ele adquiriu um conhecimento detalhado das especificidades do Sistema de Produção Toyota que eu considero sem paralelo em termos de alta administração. Não surpreendentemente para quem conhece Freddy, mas surpreendentemente para um alto executivo, ele usou seu conhecimento para instruir, desafiar e liderar seus gerentes na transformação *lean*.

Com seu filho Michael, que forjou sua própria bem-sucedida carreira como consultor, Freddy poderia ter escrito uma obra definitiva sobre os aspectos técnicos da implementação *lean* na indústria de componentes automotivos. Ou poderiam ter escrito o que, ao meu ver, seria a obra definitiva sobre gerenciamento de performance para *lean* (que o sucesso deste livro, espero, os encoraje a fazer). Ao invés disso, preferiram escrever o romance que está agora em suas mãos.

Essa história é, basicamente, sobre pessoas, sobre como as mentes das pessoas têm idéias sobre a maneira de fazer as coisas e como estas idéias mudam a partir de suas próprias percepções e capacidades e de seus interesses. Esse enfoque ensina *lean* a partir do uso: na intersecção entre aquilo que pensamos, sentimos e agimos. Os autores não perderam de vista o fato de que as ferramentas e os sistemas *lean* são uma mera codificação de respostas a perguntas específicas que indivíduos têm feito a medida que estes tentam aplicar seus princípios básicos.

A história é construída como *Alice no País das Maravilhas*. Você pode ler e apreciá-la como um simples drama humano, em que participam vários personagens de espírito arguto e envolvente, feito de reviravoltas que irão desafiá-lo e entretê-lo. Também poderá ir além da superfície e enxergar uma estrutura bem construída que introduz e aplica todas as ferramentas *lean*. Se você olhar com mais atenção, verá as crenças básicas sobre comportamento, liderança e a solução de problemas que são os aspectos escondidos de uma transformação *lean*.

O melhor aspecto deste livro é que você não terá que *estudá-lo*. Em vez disso, sente-se, leia e desfrute. Adote-o, talvez, como leitura para um grupo de colegas. Garanto que verá que as lições, mudanças de fases e explicações substanciosas o guiarão na sua própria jornada *lean*.

Peter Willats

Capítulo Um

O LUCRO REINA, MAS O CAIXA MANDA

Primeiro, um telefonema.
— Mike? — disse Charlene. — O Phil está aí?
Havia uma certa ansiedade na sua voz, um tom de pânico.
— Não o vi — respondi. — Alguma coisa errada?
— Espero que não. Ele ligou dizendo que passaria na sua casa no fim da tarde, mas não tive mais notícias.

Já passava das 11 da noite pelo meu relógio, motivo suficiente para preocupar-se — mas não para tanta preocupação. Tentei fazê-la falar um pouco mais, mas ela se limitou a me pedir para telefonar se Phil aparecesse. Desliguei, intrigado. Philip Jenkinson era um amigo próximo. Nós nos conhecíamos desde o segundo grau e, fazia poucas semanas, havíamos tomado um *drink* juntos. Ele era aquele cara que tinha dado certo. Havia conquistado o mundo. Tinha enriquecido. Eu sabia que ele estava passando por muita pressão no trabalho ultimamente, mas fora os sinais comuns de estresse de executivo, ele parecia muito bem. Imaginei se não havia ocorrido algum acidente.

A campainha tocou. Um taxista irritado tentava conduzir Philip, que oscilava de um lado para outro, bêbado e balbuciante.
— É amigo seu? — grunhiu o taxista. Carregamos Phil para dentro e o largamos no sofá. Ele não só estava alcoolizado, mas tremia muito e estava molhado pela forte chuva. Paguei o motorista, dei-lhe uma gorjeta e fiquei observando enquanto ele sumia pela noite escura. Philip já roncava. Sentindo-me um dedo-duro, telefonei para Charlene, não entrando em detalhes, e lhe disse para não se preocupar. Eu levaria seu marido de volta para casa na manhã seguinte. Podia ouvir as crianças brigando no fundo e fiquei surpreso por estarem acordadas ainda, algo fora do comum num dia de semana, mas, afinal, eu não tinha nada a ver com isso.

Tirei o casaco encharcado de Philip, lutei para remover suas botas e deixei-o dormindo, esparramado no sofá. Ele parecia estranhamente infantil, murmurando em seu estupor etílico, um eco distante daquele adolescente magro e alto que fora na nossa juventude e, mais uma vez, me perguntei por que diabos ainda mantinha o corte de cabelo e os óculos de *nerd* daquela época. Até canetas ele tinha saindo do bolso da camisa! Era um homem grande, loiro, de traços fortes, com algumas marcas que a acne lhe deixara. Uma cara boa e um sujeito bom, pensei, irritado. Não era particularmente sutil ou refinado, havia sido um bom amigo nesses anos todos – terrivelmente crítico, daquele jeito unilateral dele. Tendia a ser um pouco enfadonho, raramente bebia, nunca fumava e, fora uma fraqueza por carros vistosos e uma compulsão por trabalho, não tinha vícios específicos que eu pudesse lembrar. O que, me perguntei, o havia levado a ficar nesse estado lamentável?

A manhã raiou, clara, agradável e bem mais quente do que nos últimos dias. Havia chovido continuamente a semana toda e eu torcia para que a primavera tivesse finalmente chegado para ficar. Adoro o norte da Califórnia, mas detesto essa chuva de final de estação! Dei um cutucão em Phil para que acordasse, ao mesmo tempo em que plantei um bule de café preto, uma garrafa pequena de cerveja e um ovo cru em sua frente, uma receita infalível contra a ressaca vinda de nossos tempos mais festeiros. Ele entornou a cerveja, tomou o café, recusou o ovo e finalmente sentou-se, afundado no sofá. Sentei-me, bebendo cuidadosamente da minha xícara.

– Quer me contar o que está havendo?

Ele apenas sacudiu a cabeça. Era algo doloroso pelo jeito.

– Problemas com a família?

Ele me olhou, os olhos desolados, com surpresa.

– Não. Problemas no trabalho.

Eu arregalei os olhos. Problemas no trabalho? Como assim? Philip era uma história de sucesso. Havia estudado em Berkeley, obtido seu Ph.D. em física e criado alguma engenhoca de alta tecnologia que logo patenteou. Além disso tudo, ele e um sócio haviam iniciado uma pequena operação industrial bem sucedida na Costa Oeste. Eu estava estudando para meu doutorado no Reino Unido na época, e não sabia muito a respeito, até que, por essas obras misteriosas da vida moderna, acabamos vivendo na mesma cidade. Há dois anos atrás, Phil e seu sócio haviam comprado uma empresa já estabelecida com o objetivo de integrar a nova tecnologia à linha de produção existente. Quando consegui um emprego numa faculdade conceituada, Sarah (uma antiga namorada) e eu ficamos na casa de Phil e Charlene antes de acharmos um lugar para morar nas redondezas. Ele ganhava mais dinheiro em um mês do que eu em um ano com meu miserável salário de professor universitário, e sua incessante conversa sobre ofertas públicas iniciais e o preço de ações teria me enfadado até as lágrimas se eu não estivesse, na verdade, um pouco invejoso.

Problemas no trabalho? Que tipo de problema no trabalho o levaria a dormir podre de bêbado no sofá de um amigo?

– É tão ruim assim?

– É ainda pior.

Ele bebia uma segunda xícara de café, seus olhos vermelhos e vagos, as linhas de sua face totalmente visíveis na luz da manhã. Esfregou a mão no rosto.

– Não consigo lidar com mais nada. Não sei nem por onde começar. É tudo muito pesado!

– Me conta.

– Você não entenderia – disse ele dando de ombros e prosseguiu mesmo assim – Se não fizermos alguma coisa logo, iremos à falência em poucos meses. Tudo o que possuímos está hipotecado. Os bancos se recusam a nos dar um centavo a mais. Já tentamos tudo o que foi possível. Não há mais jeito.

Pelo que entendi, Phil e seu sócio Matthew haviam apostado que poderiam comprar uma empresa em dificuldades financeiras em sua indústria por uma pechincha, levantá-la com sua nova tecnologia e, basicamente, fazer um extraordinário lucro. Com tudo que juntaram de seu próprio dinheiro e muita dívida bancária, fecharam o negócio e, após uma arrancada inicial entusiasmada, os dois caíram na dura realidade de dirigir uma empresa. Eu nunca havia imaginado, no entanto, que as coisas estivessem tão difíceis.

Suponho que todos estavam sofrendo com as últimas crises econômicas – empresários mais do que os outros, sem contar os desempregados.

– É demais – ele sussurrou, num tom de real desespero, novamente.

Como acadêmico, eu não conseguia entender completamente a amplitude de seus problemas e porque eles eram tão trágicos, mas sabia que, para algumas pessoas, os negócios eram mais importantes do que a família, a vida e o universo todos juntos. Eu sabia bem. Meu pai era uma dessas pessoas e me criei com esse tipo de problema, ou melhor, apesar disso.

– Já analisei os números de todos os ângulos. Se não conseguirmos que algum dinheiro entre rapidamente, podemos perder tudo o que temos. Tudo!

– Deixa disso, é só dinheiro!

– Eu sabia que você não entenderia – ele disse com irritação – Olha, os bancos estão cobrando os empréstimos, hipotecamos tudo que possuímos e, neste momento, mal conseguimos pagar os juros do dinheiro que pedimos emprestado. Se eles não estenderem a linha de crédito, não poderemos pagar os salários, não poderemos pagar os fornecedores e será o caos. Vamos falir!

– Droga – ele gemeu – tenho que ir para casa. Cara!

Ele pôs o rosto nas mãos, arranhando a cabeça com os dedos. Eu só conseguia pensar que deveria achar alguma solução antes de levá-lo até a Charlene naquele estado.

– Bom, tem uma coisa que podemos fazer, apesar de saber que vou me arrepender – falei com receio. Ele me olhou sem parecer estar ouvindo. – Podemos falar com meu pai.

Meu pai era a única pessoa que eu conhecia que poderia ajudar Phil, mas, a medida em que nos dirigíamos à baía, comecei a reconsiderar minha idéia. Meu pai estava aposentado agora e passava a maior parte do tempo mexendo no seu barco no Iate Clube Bay. Em seus áureos tempos, havia sido um bem-sucedido executivo na indústria de componentes automotivos. Logo após sair do secundário, ele havia entrado na marinha e, após dar baixa, usou uma bolsa de veteranos para se formar em engenharia industrial. Depois, estranhamente, achou um emprego na Grã Bretanha com a British Leyland. Isso foi mais ou menos na época da fusão entre a Austin Morris e a Leyland – ou seja, no tempo em que o Reino Unido ainda possuía uma indústria automobilística própria. Foi nessa época que ele conheceu minha mãe e meu irmão e eu nos criamos na Inglaterra até o papai conseguir um emprego melhor nos Estados Unidos com um fornecedor automotivo sediado em Detroit.

A mudança foi terrível. De repente, perdi todos meus amigos e me vi na companhia de estranhos. Eu não falava como eles, não me vestia como eles. Cara, eu nem gostava deles – e eles sentiam o mesmo por mim (para falar a verdade, acho que era até pior para meu irmão mais novo). Naquela época, as pessoas "populares" rejeitavam Phil igualmente por ser tão CDF e por ter tanto interesse pela ciência, isso sem falar nas roupas de segunda mão que usava. De alguma forma, nos tornamos amigos, dois patinhos feios na lagoa, e mantivemos a amizade mesmo quando voltei para a Inglaterra para ir para a universidade e, em seguida, obter meu Ph.D em psicologia.

Meu pai teve uma carreira fora do comum, especialmente pelo fato de que logo se ligou à ofensiva industrial japonesa. Enquanto a maioria de seus colegas ignorava ou fazia pouco dessas técnicas novas de manufatura, ele havia ficado obcecado. Quando eu era adolescente parecia que a única coisa de que falava eram palavras de sons pouco civilizados como *kanban* e *kaizen*. Ele chegou a aprender mais ou menos a língua e viajou várias vezes ao Japão, particularmente para visitar a Toyota. É claro que tudo isso não fez com que ele se tornasse muito bem quisto entre seus colegas, especialmente porque insistia em proferir as deficiências dos administradores ocidentais. Os ingleses se ressentiam de sua franqueza americana, os americanos simplesmente o ignoravam. Alguns o consideravam ranzinza, outros, apenas um chato. Como resultado, ele havia passado por várias empresas, revolucionando operações e, eventualmente, perdendo as inevitáveis batalhas políticas. No fim, era obrigado a sair, entrando em mais outra empresa para mais uma briga.

Finalmente, ele se tornou vice-presidente de operações de um grande fornecedor automotivo. Tudo ia bem até seu chefe se aposentar e meu pai dar-se conta de que não seria considerado para o cargo porque o conselho estava à procura de uma pessoa mais jovem. Desgostoso, ele se aposentou muito magoado, e ainda diz, para quem quiser ouvir, que desde que saiu, a empresa só se deu mal (o que é verdade, mas se tem relação com sua saída ou não, não sei dizer). No fim das contas, meus pais decidiram fixar-se perto de onde eu e meu irmão estávamos no ensolarado norte da Califórnia e acharam uma casa nas colinas, num local de fácil acesso por carro de onde eu moro atualmente.

Meu pai havia sido viciado em trabalho toda a vida e eu pensei que continuaria a trabalhar como consultor. Uma vez mais, ele nos surpreendeu. Tão logo se aposentou, ele se afastou da indústria sem olhar para trás. Sendo um homem de paixões, agora dedicava todo seu tempo a seu primeiro amor: barcos. Ele sempre havia tido uma banheira velha atracada ou instalada em algum lugar, mas, com tantas mudanças, nunca tinha tido muito tempo para se dedicar à navegação. E, ainda por cima, acho que ele ficou muito desapontado ao ver que nem meu irmão nem eu compartilhávamos de seu entusiasmo por molhar-se, sentir frio e ficar nauseado, como forma de diversão. Ele comprou um belo catamarã de madeira de 12 metros e passava a maior parte do tempo lidando com ele, falando sem parar com quem quisesse ouvir sobre seus dias na marinha. Logo ele se tornou qualquer coisa importante no Iate Clube Bay e passava mais tempo lá do que em casa, para o alívio não expresso de minha mãe, que gostava de ter a casa e o dia inteiro para si.

Enquanto eu dirigia, explicava tudo isso para Phil, que ouvia distraidamente. Ele falara por telefone com sua cara metade, e o que ouvira não caiu bem junto com a bebida da noite, tornando sua cara ainda mais azeda. Na verdade, acho que ele estava nauseado demais para discutir, e também não estava muito disposto a ir para sua própria casa.

— Não pise aí que o verniz ainda não secou! — rosnou meu pai quando eu já ia por o pé no barco.— Oi, pai — respondi com uma voz irônica, após cumprimentar um homem espalhafatoso e corado que descansava na cabina com uma caneca na mão. Meu pai, de costas para nós, passava o pincel cuidadosamente no teto da cabina. Seu amigo vestia uma camisa azul marinho e calças de sarja, bem no estilo do iatista de cartão postal. Ele arrematou a figura usando um ridículo boné de marinheiro colocado em um ângulo jovial, o que lhe dava um vago ar de pirata. Ele estava lagarteando ao sol da manhã e sorrindo de contentamento, em contraste total com meu pai que estava de joelhos, em trajes de trabalho, um moleton cinza rasgado e calças de brim manchadas, exibindo sua carranca habitual.

– Subam e nem liguem para ele. Vocês sabem como ele é! – disse aquele pirata, fazendo um gesto efusivo em direção a meu pai. Subimos cuidadosamente; sentei no convés enquanto Philip olhava a sua volta atordoado, tentando encontrar algum lugar no barco que poderia acomodar seu corpanzil.

– Harry, este daqui é meu filho. Rapazes, este é o Harry – disse meu pai, fitando-nos com seu olhar mal-humorado, enquanto cuidadosamente molhava o pincel na tina.

– Harry – Phil acenou com educação. – Sr. Woods.

Meu pai virou-se e encarou Phil com seus dois olhos claros e o nariz adunco (infelizmente, um traço de família) que lhe dava um ar de águia, e fazia com que todos tivessem a vontade instintiva de endireitar-se e fazer continência. Eu havia conseguido me livrar dessa sensação com o passar dos anos e me diverti vendo Philip se remexendo todo.

– Tudo bem, Philip? – disse papai. – Estes malandros costumavam roubar meu uísque achando que eu não notava – ele disse a Harry, voltando a seu trabalho. Papai me revelou algo que eu nunca soubera. Philip riu alto ao lembrar a pilhagem que fazíamos no escritório do meu pai e finalmente o peso dos anos desapareceu de seu rosto, fazendo-o parecer mais próximo de sua idade real.

– Você é filho do Bobby – disse Harry espremendo os olhos para me olhar. – Veja só. Dá para dizer, o mesmo nariz – ele acrescentou com um sorrisinho, tomando o resto do conteúdo de sua caneca.

– Bom, o que trás vocês aqui? – perguntou meu pai, resolutamente de costas para nós mais uma vez, cuidadosamente aplicando verniz na antiga e venerável madeira da cabina.

– É o seguinte, pai. Phil está tendo problemas com seus negócios e pensei que você poderia conversar com ele e talvez ajudá-lo.

— Bem, então porque você não deixa Phil me contar seus problemas?

Sentei-me mais confortavelmente e, segurando meu fôlego um segundo, deixei um vacilante Phil começar sua história.

— O senhor lembra da última vez em que conversamos, lhe contei que havia desenvolvido a patente de uma nova tecnologia na área de alta-voltagem que poderia ser aplicada, entre outras coisas, a disjuntores industriais? Bem, achei um sócio e montamos uma pequena fábrica. Foi muito bem, e há dois anos compramos um de nossos competidores que estava pedindo falência.

— Por que faliu? — interrompeu Harry.

— Tinha um custo muito elevado — disse Phil com indiferença. — Tecnologia antiquada, operações ineficazes, gerentes em demasia e gestão altamente ineficaz. Na época, estávamos recebendo mais pedidos do que conseguíamos atender e precisávamos daquela capacidade a mais. Havia muito que podia ser usado naquela fábrica velha, que tinha alguns empregados altamente qualificados. Achamos que podíamos levantar aquele negócio.

— Então vocês começaram a simplificar — continuou Harry, tirando um cantil de metal do bolso da calça e olhando com ar de dúvida para o seu copo vazio. — Mas, não foi tão fácil como pensaram e...

— Deixe o homem terminar! — bradou meu pai.

Eu me perguntava quem era esse Harry. Ele parecia estar se divertindo. Apesar de sua vestimenta de marinheiro e sua pança, que o fazia parecer o Falstaff de Shakespeare, seu olhar penetrante demonstrava uma sabedoria mais profunda. Com um grande suspiro, ele fez um esforço para se levantar e entrou na cabina para encher sua xícara. — Alguém quer café?

— Não, obrigado — continuou Phil. — Sim, fomos bem no início. Meu sócio Matt tem conhecimento na área de direito e deu um jeito de negociar a saída da equipe de gerência, o que realmente ajudou nos custos. Conseguimos nos virar com o pessoal que ainda ficou, mas encontramos alguns problemas. Matt havia assegurado um empréstimo bancário para boa parte do valor, o que nos possibilitou a compra, mas ficamos com pagamentos regulares para saldar o empréstimo. Como supúnhamos, a empresa tinha pedidos que não eram atendidos. Então, fizemos uma reunião com alguns antigos empregados e perguntamos o que estava havendo. Nos contaram que a administração havia investido tão pouco durante todos esses anos que as máquinas falhavam com freqüência e que a produtividade sofria pela falta de ferramentas simples e por causa de outras falhas. Eles tinham razão, e por um ano trabalhamos duro para acertar as operações, enquanto instalávamos nossa nova tecnologia. Também trabalhamos com consultores para melhorar o fluxo de produção na planta.– Ele respirou fundo. – E funcionou por algum tempo, mas aí... – sacudiu a cabeça, desesperançoso.

– Problemas de caixa? – perguntou Harry, batizando seu café com o conteúdo de um pequeno frasco prateado.

– É. Parecia que nunca tínhamos dinheiro o suficiente. E os bancos acabam de nos informar que não estenderão nosso crédito. Estamos com enorme dificuldade para pagar os juros dos empréstimos, estamos tão atrasados no pagamento de alguns de nossos fornecedores que entregarão somente após o pagamento e, claro, estamos tendo problemas para pagar salários. – Enquanto falava, Phil inclinou-se para frente, puxando seu cabelo distraidamente.

O que há com seu negócio? – Harry continuou. – Os produtos não dão lucro?

– Não é bem esse o problema. Os produtos geram lucro – quando conseguimos produzi-los de forma contínua e no prazo. Mas os materiais são caros e parece que nunca conseguimos fazer as coisas com a eficiência necessária. É muito frustrante. Poderíamos fazer muito mais negócios, mas isso significa investir em capacidade adicional e novos materiais o que significa, é claro, mais dinheiro.

Achamos que poderíamos fazer um bom lucro com os produtos se tivéssemos apenas custos padrão: nada de hora extra, ou materiais extras, ou as milhões de despesas que surgem a toda hora. Se não estivéssemos sempre nos defrontando com essas despesas, achamos que estaríamos lucrando de uma maneira consistente.

– E que tal cortar despesas gerais? – perguntou Harry.

— Cortamos tudo o que podíamos. Não sei mais o que poderíamos fazer para reduzir nossas despesas fixas.

— E o capital de giro?

— Fizemos tudo que podíamos nessa área. Quando assumimos, nos concentramos nas contas a receber e fizemos os clientes pagar no prazo. Agora somos nós que estamos atrasando pagamentos para nossos revendedores que estão ameaçando nos cortar.

— O que nos leva ao estoque – disse meu pai, virando e acomodando-se na cabina, enquanto limpava o pincel com um pano.

— O estoque é grande – Phil concordou. – Tentamos mantê-lo sob controle, mas aí não conseguíamos fazer as entregas. No início, quando compramos a empresa, não nos preocupamos demais, porque havia estoques adequados num nível médio...

Isso fez o meu pai dar uma gargalhada, mas ele não fez nenhum comentário.

— Então descobrimos que a média não queria dizer muito. Vimos que eles tinham estoque demais de algumas peças e não tinham nada de outras. Como peças diferentes acabam em produtos finais diferentes, havia interrupções de produção constantes por conta das peças que faltavam, que eram compensadas trabalhando com outros pedidos, assim criando estoques em processo. Fomos razoavelmente bem sucedidos em reduzir o problema das peças faltantes, mas ao fazê-lo, vimos que é muito difícil reduzir as peças existentes num estoque superdimensionado. Eram, em geral, peças de *lead time* longo, na sua maioria provindas de países onde o custo é baixo, e tivemos que aumentar o estoque de peças que mais faltavam. No fim, nosso estoque crescia cada vez mais e não sabíamos como diminuí-lo sem prejudicar nossa entrega.

— O que contribui para seu problema de fluxo de caixa – concluiu Harry, com um sábio aceno de cabeça. – O aumento de pedidos também aumentou o investimento de dinheiro necessário para fazer o produto, o que se juntou ao problema do estoque e do pagamento de salários e de equipamento, e, no fim, o capital inicial simplesmente desapareceu.

Phil ficou calado, sentado com aspecto desolador.

– Acontece sempre – disse Harry. – Eu trabalhava com compras. Já vi mais de um fornecedor passar por isso e depois falir. O jogo industrial não é muito complexo, mas é dureza. É basicamente uma questão de economia de escala. Quanto mais você repete uma venda, menos custará. Dobre seu volume e o custo baixa em torno de 10%, o que é a razão para todos quererem crescer. A teoria é que enquanto você levar o capital a crescer, tudo bem.

Olhei para meu pai procurando a confirmação disso, mas ele havia voltado ao seu trabalho e lutava para conseguir abrir uma segunda lata de verniz. A cena toda era um pouco surreal. Estávamos ouvindo uma palestra sobre economia no convés de seu lindo iate nessa manhã amena e gloriosa. Entendi motivos que meu pai tinha para passar tanto tempo aqui. O ar estava límpido e fresco depois da chuva noturna, a água calma. Phil, no entanto, estava ouvindo atentamente, seu queixo descansando na mão, sem prestar atenção no cenário. Vi que havia tirado um caderno do casaco (desde criança, ele sempre carregava um caderno) e estava anotando coisas.

– Mas há uma manha – continuou Harry. – Várias manhas, na verdade. Primeiro, a economia de escala só funciona se você está sempre vendendo o mesmo produto. A diversidade é custosa, e dobrar a diversidade geralmente traz consigo um aumento de custo também de 10% ou mais. O problema é que a maioria dos clientes de produtos industriais quer customização. Então, apesar de você estar lidando com o mesmo produto ou tecnologia básica, você não está, de fato, vendendo o mesmo produto, e a economia de escala não se materializa. Seus custos aumentam com o volume –, ele deu tempo para que essa idéia fosse absorvida e jogou o resto do que tinha na caneca por cima da amurada.

– Segundo, quanto mais você cresce, mais coordenação é necessária, o que significa mais despesas, portanto, as economias de escala custo-por-venda devem ser pesadas em relação ao aumento do custo administrativo. É por isso que apenas 20% das fusões e aquisições têm sucesso financeiro. Você pode dobrar o volume adquirindo uma empresa similar e todo o mercado que a acompanha, mas se não há como se livrar de toda uma estrutura administrativa, você não ganhou muito. Você começou bem, pelo que está contando, mas, além do óbvio, se livrar de custos administrativos é bem mais difícil do que parece. No fim das contas, as firmas precisam que seus sistemas operem, mesmo que estes sejam ineficientes – ele arrematou, tomando um gole de seu cantil – Certo?

Phil concordou com desânimo.

– E aí vem a pegada. Quanto mais você vende, mais tem que financiar o custo dos bens que vende, se, como você diz, o material de seu produto tem alto custo. E para mal dos pecados, digamos que tudo isso tenha sido resolvido bem, logo você descobre que a única forma de garantir a entrega é manter um estoque alto para cobrir a variedade de revendedores e clientes.

– Acertou em cheio – disse Phil, ajeitando seus óculos no nariz novamente. – Pensamos que assumir essa empresa nos permitiria alavancar nosso perfil tecnológico. E conseguimos lidar, razoavelmente bem, com o custo de coordenação, sem dúvida. Reduzimos despesas drasticamente, isso após investir muito dinheiro no equipamento e nas operações da planta, que haviam sido totalmente negligenciadas. Trabalhamos muito para reduzir a perda de produção devido a peças faltantes. Obtivemos alguns resultados dessas ações, no que tange a conseguir que os produtos cheguem nos clientes, mas não é o suficiente e nossa situação de caixa está catastrófica, ainda mais porque já tivemos que arrochar muito nossa primeira empresa para termos dinheiro suficiente para esse negócio.

– Já que você parece entender tudo sobre o assunto – perguntei a Harry esperançosamente – não há nada que Phil possa fazer para sair dessa situação?

Ele me olhou hesitantemente.

– É complicado – ele disse franzindo as sobrancelhas – de forma geral há três maneiras de levantar uma firma industrial rapidamente quando você está enfrentando um grave problema de caixa. Primeiro você deve cortar qualquer atividade não-lucrativa e parar de pôr mais dinheiro num mau negócio. Você precisa investir todo o dinheiro que puder naquilo que é lucrativo, ou naquilo que tem o maior potencial no mercado. Segundo aperte os fornecedores. Esse era o meu trabalho. E, terceiro, melhore as operações da planta. Bom, eu não sei muito a esse respeito – seu pai é o *expert* nessa área.

Ele sacudiu a cabeça.

– Infelizmente, eu não sei o que eles podem fazer. Não na área financeira, pelo menos. Por que você acha que tantos negócios novos acabam falindo todos os anos? Eles passam por este ciclo e entram em colapso – Harry disse, enquanto mexia com seu frasco. – Eu já vi o suficiente para saber porquê acontece, e como, mas isso não quer dizer que sei a solução. Bob pode ter algumas idéias a respeito – ele acrescentou pensativo, jogando a peteca para meu pai.

– Nem pense nisso! – protestou meu pai.

– Por que não?

Meu pai me encarou com seu duro olhar de águia, em silêncio, por um longo e constrangedor tempo. Finalmente, ele abriu os braços num gesto impotente.

– Existem tantas razões que nem saberia por onde começar.

– Tais como? – eu insisti. Silêncio.

– Bem, para começar, eu teria que ir até essa fábrica, – ele respondeu com irritação. – E jurei que nunca mais colocaria meus pés em uma.

– O que vou fazer? – Philip disse com voz entrecortada. Para nossa consternação, vimos que ele estava recurvado sobre as pernas, quase chorando.

Do céu, uma gaivota soltou seu grito mais lamentoso.

Capítulo Dois

OURO NO FLUXO

Meu pai não é mau sujeito. É sério. Quer dizer, depois que a gente se acostuma com seu jeito abrupto de comunicar-se. Acabamos fechando o barco, acompanhando Harry de volta ao Iate Clube, e entrando no meu velho carro, caindo aos pedaços. Enquanto nos dirigíamos à fábrica de Phil, ele falava sem parar sobre seus negócios e sua tecnologia para meu pai, que parecia acompanhar aquilo que, para mim, era puro grego. Meu pai falou pouco e, em geral, ouvia, o que, com todas suas falhas, ele faz muito bem.

– Me chame de Bob – ele interrompeu num certo momento, quando Phil insistia em chamá-lo de Sr. Woods. Concentrava-me em dirigir, tentando seguir as indicações de Phil até chegarmos na terra de ninguém da área industrial, uma terra desolada de ferro retorcido, grades de segurança e prédios cinzentos e feios. Finalmente, entramos num estacionamento na frente de um grande prédio branquiçento que mais parecia uma enorme caixa de plástico com uma frente de vidro.

Não parecia muito mais do que alguns depósitos ajeitados, mas a grama estava cortada, as placas caprichadas e o logotipo da empresa de meu amigo, IEV (de "Industrial Extreme Vacuum" ou seja, "Vácuo Industrial Extremo"), estava orgulhosamente à vista, com um raio brega saindo das letras.

– Matt não está –, disse Phil, enquanto passávamos para uma recepção atrás das portas de vidro – mas posso apresentá-los ao nosso gerente de produção, Dave Koslowsky.

– Prefiro não conhecer ninguém, – disse meu pai rudemente. – Vamos diretamente à planta.

Phil nos conduziu por um corredor de grandes janelas que davam para um escritório espaçoso onde pessoas estavam ocupadas trabalhando em seus cubículos. No final do corredor uma porta pesada abriu-se para a planta em si. Dei-me conta de que nunca havia realmente estado numa fábrica, mesmo com tudo o que ouvia a respeito em casa. Era impressionante – as pessoas, as máquinas, o barulho. Eu não conseguia entender nada do que estava acontecendo, mas vi que meu pai assimilava tudo com um longo suspiro. Ele sabia o que estava vendo e o que procurava.

Phil nos levou diretamente para um mostruário central, bem na nossa frente, onde vários produtos estavam à mostra junto com as peças principais que os acompanhavam.

– Este é o tubo de vácuo –, ele nos explicou, pegando uma cápsula branca de cerâmica, mais ou menos do tamanho de uma lata grande de cerveja. – A nova tecnologia que desenvolvemos nos permite comprimir mais placas num tubo menor e melhor, – ele continuou, mostrando, para contrastar, uma cápsula muito maior parecida com uma garrafa grande de água mineral. – As novas são mais eficientes, tem menor número de falhas e duram mais. Estão em grande demanda para novas aplicações, mas muitas das instalações atuais no mercado estão atreladas à velha tecnologia.

– E este é o produto final –, ele disse, passando a mão numa caixa de metal feia, baixa, do tamanho de um fichário imenso com um painel de instrumentos. – Dentro do gabinete encontram-se mecanismos de disjuntores, um para cada circuito, – ele nos mostrou um número de cápsulas inseridas em dispositivos mecânicos e elétricos de várias formas. – É isso que realmente corta o circuito que previne sobrecargas em instalações industriais de alta potência elétrica, como fábricas e estações de energia.

– Manufaturamos os mecanismos e os gabinetes e os inserimos nos painéis de controle que nossos clientes nos mandam. A nova tecnologia nos permite fazer mecanismos menores, então, para resumir, conseguimos inserir mais disjuntores para proteger mais circuitos em apenas um gabinete. Há uma crescente demanda por isso. Basicamente, construímos os gabinetes num setor da planta, enquanto montamos o mecanismo que se encaixa nos tubos em outro. Depois compramos e instalamos uma placa de circuitos na caixa, encaixamos os mecanismos, fazemos toda a ligação com um painel de controle fornecido pelo cliente de acordo com suas especificações e, *voilá*, o produto completo. É uma simplificação tosca, é claro, mas, basicamente, é o que fazemos.

– Estes novos tubos de vácuo eram o que vocês fabricavam na outra fábrica? – perguntou meu pai.

– Sim. Mas ainda manufaturamos alguns tubos velhos aqui. É que os novos tubos precisam de maior temperatura no forno e dependem de uma composição de materiais diferente. É disso que se tratava minha pesquisa original.

– Por que não simplesmente vender os tubos? – interrompeu meu pai, querendo evitar uma palestra de Phil sobre as propriedades de materiais a altas temperaturas.

– Bem – é uma boa pergunta, – disse Phil com seriedade. – Certamente, já consideramos isso. O que acontece é que, apesar dos tubos novos serem, sem dúvida, uma melhoria, não conseguimos vender tanto quanto esperávamos. Como eles tem parâmetros diferentes dos tubos de vácuo antigos, são complicados de enquadrar nos mecanismos. E, portanto, nossos clientes, ou seus revendedores, tendem a enfrentar problemas para construir mecanismos para os meus novos tubos. No fim, pensamos até em construir uma indústria do zero, quando essa oportunidade surgiu. O que fizemos, enfim, foi modificar o desenho do mecanismo existente para que funcionasse melhor com nosso novo tubo, e fizemos economias adicionais no processo. Então estamos agora construindo toda a caixa de disjuntores que nossos clientes podem integrar ao restante de seu equipamento elétrico. De fato, ali está nossa real margem de contribuição. É por isso que compramos esta fábrica. Queríamos estar no topo da cadeia alimentar.

– Hmm, além dos tubos, as peças não custam tanto, mas, exigem maior conteúdo de trabalho manual para manufaturar e montar, certo? – disse meu pai.

– É isso que descobrimos – Phil concordou a contragosto. – Não estávamos preparados para dirigir uma fábrica deste tamanho. Não tínhamos idéia de tudo que estava envolvido. Produzir os tubos de vácuo é um processo altamente tecnológico, mas pode ser feito com apenas alguns operadores experientes. São poucos os passos envolvidos e poucas peças precisam ser compradas de vendedores externos. Fazer o produto todo é outra questão. De qualquer forma, vendemos quatro tipos de caixas de disjuntores completos no mercado. Nosso produto com maior freqüência de vendas é o modelo STR. Utiliza nosso tubo novo, que é muito compacto, e o que significa que podemos encaixar quatro mecanismos, que protegem quatro circuitos, num gabinete estreito. É de longe o aparelho de melhor performance no mercado e Matt diz que podemos vender tantos desses quanto pudermos produzir. Mas não tenho tanta certeza. Os STR não se adaptam bem a plantas antigas e são feitos para aplicações de alta potência, portanto, o mercado se limita majoritariamente a plantas novas.

– Depois, temos dois produtos adicionais que usam nossa nova tecnologia. Ambos o QST-1 e o QST-2 usam o tubo Q que pode lidar com um pouco menos de energia. O QST-1 utiliza quatro mecanismos enquanto que o QST-2 utiliza três. E, por fim, ainda fabricamos o produto DG que usa o velho tubo D e um único mecanismo, – ele acrescentou, apontando para um gabinete grande de metal. – Estes são em geral itens de reposição para estações de energia existentes, e lidar com as exigências de alta potência de energia da tecnologia velha requer um gabinete muito maior.

– Não entendo muito de equipamento –, resmungou meu pai. – Algum desses itens segue um padrão industrial?

– Em parte –, respondeu Phil dando de ombros. – Os tubos e mecanismos são padronizados quanto à função que cumprem, mas cada pedido do cliente exige alguma customização, geralmente na interface entre a placa de circuitos e o painel de instrumentos na parte da frente do gabinete. E, também, os gabinetes em si. Os clientes todos parecem querer gabinetes específicos que se enquadram direitinho na instalação pretendida. Nós não fabricamos placas de circuito ou painéis, e, com freqüência, o cliente quer um desenho e até um vendedor específico. Então temos que integrar os mecanismos, a placa de circuito e o painel de instrumentos dentro de um espaço pequeno do gabinete. É nisso que todos os desenhistas que você viu no escritório estão trabalhando: calculando os custos e customizando pedidos.

– Certo, – disse meu pai, com um olhar de dúvida.

– O aparelho completo é montado em quatro etapas, depois de termos produzido o tubo, – continuou Phil, apontando para um diagrama do processo de montagem. – Primeiro montamos o mecanismo, que é feito, em geral, de partes mecânicas, incluindo um pequeno motor que recoloca o tubo na posição inicial se o circuito se rompe. É como o motor de uma furadeira elétrica – até compramos do mesmo vendedor. Depois, encaixamos o tubo no mecanismo, que é uma operação realmente delicada com muitos ajustes. Então, ligamos o mecanismo completo no fim

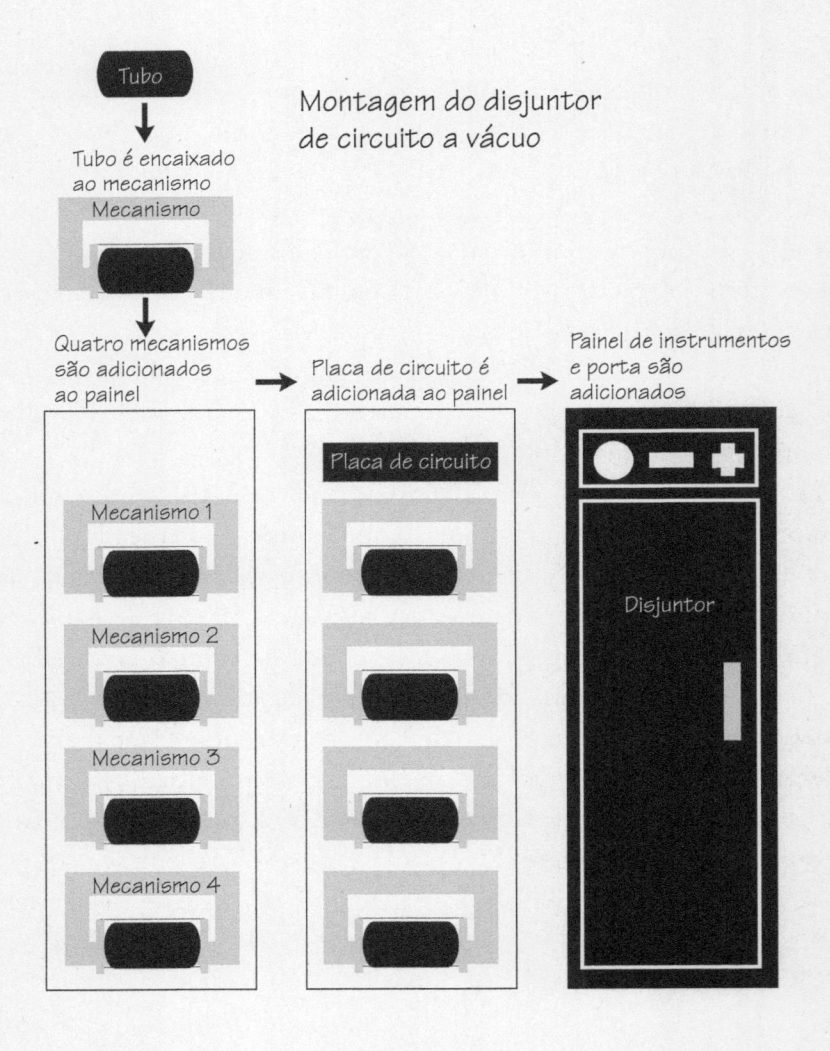

Montagem do disjuntor de circuito a vácuo

Tubo

Tubo é encaixado ao mecanismo

Mecanismo

Quatro mecanismos são adicionados ao painel → Placa de circuito é adicionada ao painel → Painel de instrumentos e porta são adicionados

Mecanismo 1
Mecanismo 2
Mecanismo 3
Mecanismo 4

Placa de circuito

Disjuntor

da linha de montagem e mandamos tudo para o teste elétrico. Quando o mecanismo passa pelo teste – e com freqüência temos que mudar peças – ele é encaixado e ligado à placa de circuito e painel de instrumentos, mais uma vez, com vários ajustes.

– Nesse ponto...

– Não precisa me descrever o resto, homem. Só me mostra a planta, – disse meu pai.

Phil ficou parado por alguns segundo no meio da explicação, fechou a boca e murmurou: – É por aqui.

Segui os dois, tentando manter minha irritação usual com o comportamento de meu pai sob controle. A planta era um lugar grande, movimentado, com tubos e fios passando pelo teto e descendo por colunas, e pessoas passando para lá e para cá, entre prateleiras de peças e máquinas com aspecto estranho. Cheirava a espaços grandes e vazios, a óleo e pó de metal. Um estrondo ruidoso e rítmico podia ser ouvido. Era como caminhar por uma garagem gigantesca – não era o tipo de lugar em que se gostaria de passar a maior parte do dia!

Devo dizer, em consideração a Phil, que o lugar parecia razoavelmente limpo, apesar de estar pintado de uma cor esverdeada-branquiçenta meio encardida. Os corredores tinham marcas claras no chão e consegui mais ou menos ficar fora do caminho de empilhadeiras que passavam rapidamente, buzinando ao contornar os cantos. Phil nos levou a um lado do prédio todo de vidro. Pelo vidro colorido podíamos ver um ambiente clinicamente branco que mais parecia um laboratório do que uma instalação para produção.

– É aqui que se produzem os tubos velhos. Precisamos colocar roupas protetoras para entrar ali. Os tubos são muito vulneráveis a contaminação do pó.

– Nem se preocupe –, disse meu pai. – Posso ver daqui que vocês tem prateleiras cheias dessas cápsulas.

– Tempo tecnológico –, respondeu Phil com um meio-sorriso. – Nem tudo é estoque. Os tubos precisam resfriar por pelo menos 24 horas antes que possam ser usados com segurança.

– Bom, mesmo assim, isso representa 24 horas de dinheiro que está sentado ali –, respondeu meu pai secamente.

– Quer dizer que você tem que desembolsar o dinheiro para comprar o material, mas só pode dispor dele após um certo tempo? – perguntei, sentindo-me um idiota.

– Exatamente, Mickey –, disse meu pai, usando meu apelido de criança. – E aí é que está todo o problema. Você tem que comprar o material adiantado, depois tem que pagar o trabalho, e só depois você recebe um cheque de um cliente após a venda. Tudo isso enquanto você estava financiando a própria produção – então, quanto mais tempo levar para receber o dinheiro do cliente, mais caro é para você.

– E nesse caso, o material em si é caro.

– O que aumenta o problema, está certo.

– Mas, esse não é um problema que todas as empresas enfrentam? – perguntou Phil.

– Claro, mas não necessariamente da mesma forma. Um supermercado, por exemplo, recebe o dinheiro do bolso do cliente bem antes de pagar seus fornecedores. Na essência, a empresa recebe dinheiro por bens pelos quais ainda não pagou – até que é uma maneira boa de dirigir um negócio. – sorriu meu pai. – De fato, todos lidam com o mesmo tipo de situação. O truque está em resolvê-la, e não há uma resposta só. Tudo depende de seus clientes e seus mercados.

– Nessa área de lá temos todo o equipamento para produzir os gabinetes – cortar as lâminas de metal, depois, furar, dobrar e montar, – Phil continuou, mostrando uma área confusa de máquinas, caixas e pessoas. – É aqui que produzimos as partes metálicas para nossos gabinetes. E, aqui, claro –, ele disse, olhando para meu pai de soslaio, – é o estoque. Passamos por uma sala enorme cheia de prateleiras com caixotes de tela de arame cheios de todo tipo de placa metálica. – Conhecemos bem isso tudo –, ele continuou, – chamamos isto de "a parede", mas não encontramos meio de reduzi-la sem prejudicar a produção.

Meu pai permaneceu calado, apenas fez um gesto de desalento.

– Agora, ali –, continuou Phil – está nossa grande inovação. Temos três linhas paralelas especializadas por produto. A primeira linha monta o mecanismo STR, incorporando a cápsula. A segunda lida com as duas variantes de QST, e a terceira é uma linha DG, mas essa não funciona todo o tempo.

– São dois turnos ou um? – perguntou meu pai.

– Um. Trabalhamos das 8 da manhã ao meio-dia, com uma hora para o almoço, depois da 1 da tarde às 5. E, é claro, tem um pequeno intervalo no meio da manhã e de tarde. Estamos pensando em começar dois turnos, mas não temos pessoal suficiente do jeito que está, e seria um investimento grande contratar mais operadores qualificados.

– Mas, vocês teriam negócios para sustentar dois turnos?

– Matt diz que sim – Phil respondeu com incerteza na voz. – Atualmente estamos em atraso, então suponho que teríamos. No STR acho que teríamos. Mas, com nossa situação de caixa atual, não está em nossos planos imediatos. Não poderíamos pagar um segundo turno de trabalho.

Em cada linha de produção, operadores estavam trabalhando concentrados nas suas mesas, montando uma variedade de aparelhos que, suponho, de alguma forma se transformariam nos produtos completos no final.

– Ao fim de cada linha, mandamos o mecanismo e a cápsula montados para aquela área de testes elétricos –, Phil mostrou, apontando para uma divisória com várias prateleiras cheias de mecanismos a espera. – O teste é, na verdade, bastante sofisticado, e usamos altas voltagens lá dentro, portanto precisa ficar afastada do resto por questões de segurança. Precisa de equipamento especial que não podemos incluir nas linhas.

Meu pai se virou e exclamou: – O que diabos é esse monstro?

– Desculpe, o que? – perguntou Phil, sem entender.

– Esse transportador aéreo. Olhe só!

Uma fileira de gabinetes estava pendurada por ganchos, como carcaças num açougue, de uma enorme superestrutura fixada ao teto. Operadores trabalhavam em diversas estações de montagem, fixando mecanismos nos gabinetes e, depois, empurrando-os para a próxima estação onde cabos, ou a placa de circuitos, ou o painel de instrumentos eram adicionados, enquanto outros gabinetes esperavam pacientemente entre as estações.

– Ah, ali os componentes mais importantes são montados nos gabinetes para fazer o disjuntor de circuito final, como podem ver. Os gabinetes são presos no teto pelo transportador aéreo para permitir que os operadores possam se mover em torno de todo o gabinete enquanto trabalham. Os fios, especificamente, são bastante complicados e requerem acesso de montagem de vários pontos, inclusive de baixo. No final, eles encaixam o painel de controle, fazem as ligações e fecham o disjuntor.

– Ela não se move? – perguntou meu pai, olhando com curiosidade para o teto.

– Bem, não automaticamente –, continuou Phil. – Não é um transportador normal, é apenas uma maneira de manter os gabinetes numa altura boa para trabalhar e para permitir o acesso. Não tem um ritmo próprio. Quando o operador termina, ele empurra o gabinete adiante para que fique diante da próxima estação.

– E todos os seus produtos acabam passando pela mesma linha?

– Sim –, admitiu Phil. – E é esse o motivo pelo qual com freqüência temos acúmulos ao longo do caminho já que as diferentes operações de fabricação alimentam essa única linha. De qualquer forma, agora terminamos com a montagem. Você pode ver onde os gabinetes prontos são colocados no chão, em estrados, depois erguidos por empilhadeiras e levados à área final de testes. Quando passam no teste, o que pode exigir mais trocas de peças, são levados por empilhadeiras à área de embalagem para que sejam encaixotados e expedidos.

Ele nos levou pela área de embalagem e por um longo corredor que passava pela planta toda, onde havia um sem número de prateleiras, que iam até o teto, contendo caixas de componentes. Finalmente chegamos na doca de expedição. Alguns homens estavam embrulhando os disjuntores de circuito completos nos caixotes enquanto que, mais à frente, outros funcionários estavam descarregando um caminhão na doca, movendo pilhas de caixas de papelão através daquilo que mais parecia o local de um desastre aéreo.

– Sei que ainda parece uma confusão –, disse Phil, passando as mãos pelo rosto. – Mas, já foi bem pior. Bem, é isso. Se vierem para este lado –, ele disse, nos levando até a porta que dava para os escritórios, – temos o leiaute da planta. (*Veja no verso da capa a ilustração.*)

– Então, Sr. Woods, o que acha de tudo isso?

– Olha –, disse meu pai, olhando para todo o movimento da fábrica, – vejo seu estoque, mas onde está sua fábrica?

– Essa doeu –, disse Phil, com uma cara deprimida.

– Tente ver as coisas assim –, insistiu meu pai. – Você tem três pilhas enormes de estoque com um pouco de manufatura entremeio. Você tem um monte de tubos de vácuo, lá perto do vidro, uma montanha de peças de metal do outro lado do corredor, prateleiras cheias de mecanismos montados após os testes, e não sei quantos de seus gabinetes enfileiradas no transportador. O que você esperava? Este lugar está estocando e movendo um monte de coisas, mas tem pouca ação prática.

– O que você quer dizer? – perguntei a meu pai. Eu conseguia ver a atividade de uma colméia. Era o que eu esperava de uma planta e, mesmo nunca tendo colocado os pés numa fábrica antes, não parecia ter nada de errado com ela. Após ter me acostumado com o barulho, não era nada parecido com a "usina escura e satânica" que Phil e meu pai haviam sugerido.

– Bem, vamos dizer de outra maneira –, começou meu pai, um sinal certo de que Phil podia esperar uma ducha de água fria. – Não conheço muito sua fábrica, então, tentei olhar para suas operações como se eu fosse um cliente em potencial.

– Sei, o olho do cliente, fizemos isso com os consultores –, interrompeu Phil, provocando um olhar penetrante do meu pai.

– Consultores, sei. Bem, é o seguinte: vamos dizer que não sei nada a respeito do seu processo em si. Vou me preocupar com duas coisas:
- a qualidade do produto, e,
- as ineficiências que posso enxergar, porque sei que todas suas ineficiências serão refletidas no seu preço.

– Nossa qualidade não está mal –, Phil arriscou. – Tivemos somente cinco reclamações de clientes no último mês entre 1.000 unidades vendidas: cinco defeitos por 1.000...

– Cinco por 1.000! É muito alto! – meu pai interrompeu. – Isso não interessa agora, não é o que estou tentando ver agora. Quero ver como a qualidade é inserida em seu produto.

Phil olhou para ele sem entender, pegando instintivamente seu caderno.

– Olhe para seu processo. Tenho certeza de que erros e defeitos ocorrem aqui e ali. Mas não vi nenhum. O que significa que não há um sistema para identificar peças com defeito. Em outras palavras, quando uma peça defeituosa aparece, não tenho garantia nenhuma de que não vá aparecer novamente no produto de alguma forma.

– Mas nosso pessoal está treinado para ver e isolar defeitos!

– Foi você quem me perguntou. E seu eu fosse um cliente em potencial, me preocuparia. Vocês podem me dizer o que quiserem, mas não vejo nenhum sistema funcionando para garantir que as peças defeituosas sejam sistematicamente identificadas a cada passo do processo e separadas das peças boas. Também não tenho certeza se há alguém se perguntando porquê esses defeitos surgem. Isso me diz que você não controla sua qualidade.

– Mas, e nosso sistema de testes? Você viu nosso procedimento de testes, e ele é muito rigoroso!

Meu pai parecia estar avaliando Phil por um segundo e respondeu: – Perfeito, mas o sistema de testes não me diz como a qualidade é incorporada ao produto ou, mais especificamente, como a *não-qualidade* é incorporada ao produto. Veja bem, qualquer defeito que surja em qualquer um dos seus produtos, na verdade, foi colocado ali. É o resultado do trabalho, quer dizer, do mau trabalho. Você precisa entender isso. Você controla quantas peças defeituosas são encontradas em cada fase de teste?

– Não sei –, Phil murmurou. – mas tenho certeza de que Dave saberia. Deixe-me descobrir com ele.

– Esqueça. Eu disse que não queria falar com ninguém –, meu pai falou com irritação. – De qualquer maneira, essa não é a questão. A questão é que a qualidade no seu processo de produção me preocupa. Cinco defeitos por 1.000 nos produtos dos clientes é muito alto, no meu entender. É mais ou menos a freqüência com que companhias aéreas perdem suas malas. Isso deixa você contente?

– E quanto à ineficiência? – perguntei para livrar a cara do Phil.

– Certo. Bem, vamos pensar no seguinte: tudo que não agrega valor diretamente ao produto é ineficiente, certo? Então, quando passo pelas operações sempre olho para as pessoas em primeiro lugar. Conto:

• operadores de linha que estão de fato trabalhando num produto,

- operadores em espera,
- operadores que estão simplesmente caminhando por aí e conversando, ou, como esses caras ali, perguntando coisas para o supervisor.

– A proporção entre operadores que estão realmente agregando valor ao produto e o número total de operadores me dá uma boa idéia de o quanto o processo é eficiente.

Phil simplesmente olhou para meu pai e depois olhou a sua volta, contando em silêncio. Não sou muito bom com números, mas pude ver que para cada operador que víamos realmente trabalhando, havia dois ou três simplesmente fazendo qualquer outra coisa.

– Isso não é muito justo, pai –, arrisquei. – Só porque não estão trabalhando no produto não quer dizer que não estão trabalhando.

– Eu não disse isso –, meu pai respondeu categoricamente. – Tenho certeza de que todas essas pessoas estão fazendo seu serviço. E é isso o que quero dizer. Olhe para aquela senhora ali, procurando num amontoado de peças pelo item que ela precisa usar agora. É claro que está trabalhando, mas seu esforço não está agregando valor ao produto. O que estou tentando dizer é que você precisa descobrir um sistema melhor. Mais precisamente, você precisa distinguir movimento de trabalho.

– O trabalho é o acréscimo de valor ao produto, e movimento é todo o resto, certo? – perguntou Phil.

– Certo. No fim das contas, melhorar as operações significa transformar movimento em trabalho.

Phil abriu a boca, mas acabou não dizendo nada mais uma vez. Ele ficou parado, analisando o chão de fábrica, ajeitou os óculos no nariz, parecendo confuso.

– Agora, a segunda coisa que devemos olhar é o estoque –, meu pai continuou, implacável. – O mesmo princípio se aplica. Toda peça que você tem que não está sendo trabalhada é um sinal de ineficiência. Você pagou por aquilo e não está sendo transformado em valor. Está apenas colhendo pó. Isso é ineficiência.

– Está bem, está bem, Sr Woods –, Phil admitiu, – entendo o que você quer dizer, mas você não entende. O que está vendo –

– Eu não preciso entender, rapaz. O que sei é que essas ineficiências de alguma forma se traduzem em custo. E, se sou um cliente, sei que, se você pretende manter as portas abertas, todas essas ineficiências acabarão refletidas no seu preço – e no meu.

– Mas já conseguimos chegar até aqui.

Meu pai deu de ombros e começou a se afastar.

– Pai... não seja assim. Eu, pelo menos, gostaria de saber o que Phil tem feito com sua planta.

Meu pai me encarou com seu olhar irritado, mas cedeu, suspirando.
– Está bem, vamos lá.

– Pode não parecer muito para você –, Phil começou a dizer, – mas deveria ter visto isto quando assumimos. Havia pilhas de estoque cercando cada estação de trabalho. Eu quero dizer montes!

– Posso imaginar –, meu pai murmurou, acenando, com olhar cansado.

– Quando assumimos a fábrica, o chão de fábrica estava organizado em cinco setores:
- montagem mecânica da estrutura do mecanismo,
- ajuste dos motores e das cápsulas à estrutura,
- fiação elétrica,
- teste, e,
- montagem final dos mecanismos, da placa de circuitos e do painel de instrumentos dentro do gabinete.

– Cada setor lidava com todos os produtos. O primeiro fazia a montagem mecânica para todos os mecanismos. Depois passavam para o setor de ajuste mecânico para encaixar o motor, depois para a fiação elétrica, depois voltava para o ajuste de cápsula, depois ia para a fiação mais uma vez, daí para os testes e, finalmente, para a linha de montagem. Os estoques eram enormes em cada um dos setores! Chamamos alguns consultores que nos orientaram a separar nossos produtos em famílias, o que resultou nas quatro que eu mencionei. Por causa de toda a customização que fazemos, não estava claro para nós sequer que existiam linhas de produto! Depois, re-dividiram o chão de fábrica e criaram as linhas que vimos. Foi uma revolução, vocês tinham que ver! Já de início, cortamos o estoque pela metade, pela metade! – Phil repetiu com entusiasmo. – E o mesmo aconteceu com o *lead time*. Era impressionante, vocês deveriam ter visto tudo que tinha por aí antes. Não que estejamos tão bem agora, mas naquela época era simplesmente horrível.

– O que eu não entendo –, eu perguntei – é porque a montagem final não foi dividida em linhas também?

– Tivemos muitas discussões a respeito disso. A verdade é que não podemos arcar com o custo de duas linhas.

– Eu consigo imaginar –, eu continuei – que no leiaute antigo haveria peças sendo movidas muito de lá para cá.

– Era só movimento!

– Então se vocês já resolveram o problema, porque tanto pânico? – perguntou meu pai impassivelmente. O rosto de Phil se abateu como se tivessem lhe jogado um balde de água fria.

– Não é o suficiente! – ele exclamou. – Esse é o problema! Você mesmo disse, ainda tem muito estoque neste lugar. Ineficiência demais, e não sabemos para onde ir agora.

– Bem –, respondeu meu pai, após um momento de silêncio constrangedor. – É o de sempre: redução de desperdício.

– Desperdício? – perguntei.

– Para ser eficiente, o truque está em maximizar o valor – o trabalho pelo qual o cliente realmente considera que vale a pena pagar. Em qualquer operação, você tem um elemento que cria valor, como apertar um parafuso, um elemento necessário, como levar o parafuso ao operador, e um monte de desperdício. A maioria das pessoas nem sequer enxerga isso. Pode-se dividir desperdício basicamente em sete tipos, como faz a Toyota:
- produção em excesso, ao produzir antes do necessário;
- operadores em espera, por imposição de uma seqüência de trabalho ineficiente;
- transporte em excesso, o que significa que o fluxo de trabalho não é nem direto, nem suave;
- processamento em excesso de peças, mais do que elas exigem;
- estoque desnecessário, mais do que as necessidades imediatas requerem;

- movimentação desnecessária de operadores, que não contribui para o valor; e,
- defeitos que criam a correção e mais desperdício.

– Então, faça seus consultores trabalharem para sistematicamente reduzir o desperdício!

– Sem querer ofendê-lo, mas, já sabemos disso tudo –, Phil disse cuidadosamente. – O problema é que chegamos no limite dos nossos consultores. Eles não parecem conseguir mais resultados além do que você já viu, e nos dizem que é devido à resistência demais à mudança, e, de qualquer forma, esse não é mais o caso.

– O que você quer dizer com isso? – perguntou meu pai, encrespando a voz.

– Estamos sem tempo –, um traço de desespero na voz. – O que quer que façamos para uma melhoria contínua levará tempo demais e não vai solucionar o problema dos negócios – estamos contra a parede! – ele quase gritou.

Meu pai deu um suspiro e sacudiu a cabeça daquele jeito exasperado que tem de "já vi tudo isso antes", e falou num tom mais calmo: – Calma, nada é tão desesperador. Mas, talvez devamos continuar essa conversa longe do chão de fábrica, onde outros não possam ouvir. Vamos tomar um cafezinho?

Eu olhei a minha volta e, realmente, muitas pessoas nos olhavam com uma mistura de curiosidade e desafio. A empresa já havia trocado de mãos e havia sido reorganizada – sabe-se lá o que pensavam a respeito desses visitantes estranhos. Outra venda, talvez? Com a roupa que meu pai vestia, mais parecido com um pintor de paredes, provavelmente não, pensei, dando uma risadinha. Phil nos levou até o setor de engenharia, passando por uma área inteira de cubículos, e nos fez entrar num escritório grande e agradável com janelas de sacada que davam para o estacionamento. Ele pediu que sentássemos em torno de uma mesa redonda de conferência e saiu mais uma vez para pedir café.

– Você pode ajudar? – perguntei para meu pai, mas ele apenas deu de ombros, imerso em seus próprios pensamentos, com aspecto soturno.

– Bem, Philip. Qual é o problema então?

— Como havia dito antes, estamos sem dinheiro!

— Entendi essa parte –, disse meu pai, com paciência exagerada. — Mas qual é o problema relacionado aos negócios? Por que vocês não têm dinheiro se os produtos de vocês parecem estar vendendo tão bem?

— Bem, temos dois problemas –, disse Phil. — Primeiro ainda temos estoque demais, o que acaba com nosso fluxo de caixa. Segundo, por mais que já tenhamos cortado as despesas, não estamos cobrindo nossos custos fixos. Simplesmente não estamos conseguindo mais resultados do dinheiro que já investimos na fábrica com as capacitações – e clientes – que temos.

— Então, vocês têm mercado para esse produto?

— Sim, bastante, especialmente os produtos novos. Temos um mês de pedidos em atraso do STR e alguma coisa do QST. Matt acha que se pudermos baixar nosso preço um pouquinho, poderíamos facilmente dobrar nosso volume de vendas. Mas, a essa altura, nunca conseguiríamos financiamento para a capacidade adicional. Precisaríamos de mais espaço na fábrica, mais pessoal e mais equipamento. Simplesmente não temos o dinheiro.

— Digamos que vocês pudessem produzir todo o atraso de um dia para o outro, isso ajudaria?

— Claro. Nossos clientes pagam em dia, então se pudéssemos ficar em dia com nossas entregas em atraso, sem aumentar nosso estoque de peças, melhoraríamos nossa situação de caixa.

— Bem, aí está a solução rapaz. Reduzam o desperdício para produzir mais com as mesmas instalações, já que a demanda de mercado existe.

Phil olhou para meu pai, desorientado.

— Ora, não é tão difícil fazer dinheiro com a indústria –, disse meu pai com a voz animada. — Sua empresa pensa em termos de custos fixos e custos variáveis, certo?

— Custos variáveis são aqueles que podem ser atribuídos diretamente ao produto, como material e trabalho direto, não é? – perguntei, vagamente me lembrando de uma disciplina de administração que fiz na faculdade. — E custos fixos são todos os outros custos relacionados com dirigir a fábrica mesmo.

– Certo, Philip é um custo fixo –, meu pai respondeu, piscando o olho. – O truque para dirigir uma operação lucrativa é descobrir maneiras de aumentar a produção sem aumentar os custos fixos se a demanda existe; e reduzir custos fixos se você tiver que reduzir a produção porque a demanda diminuiu.

– Mas isso não seria igual a tratar os custos fixos como variáveis? – perguntou Phil.

– Não exatamente. Significa apenas que deve estar preparado para fechar setores inteiros da fábrica, ou linhas de produtos, se esses não forem lucrativos. É como Harry disse hoje de manhã. Custos fixos não são fixos por um ato do Todo Poderoso. São chamados assim porque não podem estar relacionados a cada produto. Isso não quer dizer que não podem ser reduzidos. Você ainda poderia fechar metade do chão de fábrica e mudar-se para um prédio mais barato, ou qualquer coisa assim. Mas, isso nem é o caso, já que a demanda existe. Seu problema é encontrar uma forma de aumentar sua produção sem aumentar seus custos fixos, certo?

– Sim, é claro. Mas como isso pode ser feito?

– Ao reduzir o desperdício no fluxo de produção, é claro!

– Desculpe se eu estou sendo um pouco lerdo, mas não entendi –, reclamou Phil quando meu pai olhou o seu relógio. Ele perderia o almoço com seus companheiros logo mais, pensei.

– Certo. Deixe-me explicar de outra forma. Suponha que você pudesse passar de um turno para dois. Tudo bem? Das 6 da manhã às 2:30 da tarde, e das 3 da tarde às 11:30 da noite. Você estaria dobrando sua produção sem aumentar seus custos fixos, certo?

– Supondo que as pessoas concordem, precisaríamos mais pessoal para suprir o segundo turno.

– Trabalho direto é um custo variável.

– Não é bem assim nesse processo. Cada um desses operadores é treinado e capacitado. Não encontraríamos pessoas assim pelas ruas com tanta facilidade. E, de qualquer forma, mal conseguimos pagar esses que temos na folha de pagamento agora. Não temos como contratar mais.

– Bem, você acaba de achar a solução sozinho. Seu desafio –, disse meu pai, – é formar uma equipe para o segundo turno sem contratar mais pessoal. Supondo, é claro, que você poderia vender tudo que o segundo turno produzir.

– Mas, teríamos que dobrar nossa produtividade! E correríamos o risco de aumentar ainda mais nosso estoque!

– É isso o que eu quero dizer. Livre-se do desperdício no processo!

Phil olhou para meu pai com atenção, digerindo tudo que ouvira.
– Pode ser feito?

– Produtividade em dobro? Sim. Rapidamente? Não.

Phil tirou os óculos e começou a limpá-los na camisa, sacudindo a cabeça num misto de desalento e irritação. Não que eu não o entendesse. Comigo, meu pai tinha o mesmo efeito. Ele olhou para Phil e continuou:
– Mas haveria imediatamente um aumento de 20% talvez. Pelo que eu entendi, você não está querendo dobrar as linhas todas, de qualquer maneira. É somente o produto STR que tem potencial para ser o produto com maior freqüência de vendas.

– Você está me dizendo que se melhorarmos a produtividade das três linhas, poderíamos retirar um número suficiente de pessoas para equipar um segundo turno somente para a linha STR?

– Bem, tudo que você precisa são cinco ou seis operadores. Certamente, se você melhorar a produtividade na área toda, poderá liberar um número suficiente de pessoal. Não resolve seu problema porque ainda tem que passar todo o mecanismo adicional STR pelo transportador aéreo de montagem para ser pago. Mas, se puderem fazer isso, já é um bom começo.

– Talvez possamos fazer isso –, disse Phil, pensando. – Agora mesmo o transportador aéreo não está operando a plena capacidade, temos um estoque de mecanismos QST e estamos sempre com falta de STRs. Como resultado, não estamos usando nosso pessoal plenamente, e estamos sempre ouvindo dos antigos como o transportador aéreo produzia mais resultados quando eles só faziam os DGs –, murmurou Phil, as engrenagens de sua cabeça trabalhando a mil. – Nossa!

– Preste atenção –, disse meu pai, – quando o pessoal da Toyota nos mostrou pela primeira vez seu sistema de melhoria contínua, só falavam de "redução de desperdício". Eu conseguia entender tanto quanto você agora, então perguntei do que se tratava a estratégia. É simples, me disseram. Primeiro, pensamos que:

Preço = Custo + Lucro

Mas, depois, vimos que:

Lucro = Preço − Custo.

– É a mesma coisa! – exclamei.
Meu pai me corrigiu calmamente: – Olha, levou três anos para eu entender. A gente produzia e elevávamos o custo a qualquer que fosse o total, colocávamos uma margem de 20% em cima disso e tentávamos achar clientes para as nossas coisas com aquele preço. Quando o mercado mudou, descobrimos que teríamos que vender ao preço do mercado e ajustar nossa margem àquilo que sobrava, uma vez diminuído o custo. Então, se queríamos continuar vendendo e realizar um lucro, teríamos que encontrar formas de baixar os custos – sem afetar a qualidade. Isso significou reduzir o desperdício nas operações existentes. Essa é sua situação atual.
Phil olhou para cada um de nós com dúvida.
– Você pode nos ajudar? – finalmente ele perguntou ao meu pai.
– Acabei de fazer isso –, foi a resposta mal-humorada.
– Não, sim, quero dizer, ajudar mesmo. Ajudar-nos a fazer tudo isso. Ajudar-nos a retirar o desperdício do sistema!
– Desculpe-me, mas não faço mais isso.

Abruptamente, ele levantou-se e fez um aceno em direção à porta.
– Bem, a conversa aqui foi agradável, mas estão me esperando no Iate Clube para o almoço e já está ficando tarde. Mickey, leve-me de volta.
No final, todos voltamos juntos. Phil teve suficiente tato para sentar-se no banco de trás do carro, num silêncio sombrio e melancólico. Voltamos quase sem falar, meu pai e eu, como sempre, sem muito a dizer um para o outro depois de termos falado brevemente sobre a rotina de cada um.

Deixamos meu pai no Iate Clube e Phil me convenceu (ordenou-me, na verdade) a levá-lo até em casa e ficar para o almoço com Charlene e as crianças. Eu sabia que ele queria conversar, e que provavelmente quisesse falar sobre meu pai, o que me deixou desconfortável.

    Não entendam mal: Phil é um bom amigo. Quando minha namorada, Sarah, me deixou havia poucos meses, Charlene e Phil demonstraram ser um apoio leal durante o período em que me lamentava com aquele discurso usual que misturava negação, raiva e desespero. Agora, eu sentia a necessidade de retribuir. A cura, é claro, parecia prometer deixar Phil envolto em pelo menos uma pequena dose de dor. Meu pai provavelmente tinha respostas para dar a Phil; afinal, ele havia levantado firmas durante toda a vida. Porém, ele também se amargurara pelas intermináveis lutas políticas, especialmente no final, que basicamente fecharam esse capítulo de sua vida. Phil ainda teria que demonstrar que a abordagem direta de meu pai o estava ajudando a enxergar a situação com outros olhos. Dei-me conta de que juntá-los havia sido idéia minha, e que havia muito mais a perder do que apenas os possíveis benefícios desse arranjo. No fim das contas, o relacionamento com meu pai nunca fora fácil, e havíamos aprendido a manter certa distância um do outro. Eu não tinha certeza de que queria me envolver nisso.

    No fim, foi Charlene quem me obrigou a tomar uma decisão. O humor de Phil havia melhorado consideravelmente. Ele desmanchou-se em elogios a respeito de meu pai durante o almoço, o que aumentou meu desconforto, e eu podia perceber que ele já estava elaborando planos em sua cabeça. Porém, ao invés de voltar correndo ao escritório, teve o bom senso de ficar em casa e curtir o sol. Enquanto ele brincava com as crianças no jardim, Charlene me encurralou na cozinha. É uma mulher vigorosa com um refinado sotaque sulino. Muito bonita, de uma típica beleza americana loira, e dura na queda. Ela sempre foi muito simpática, mas nunca me sentira totalmente à vontade perto dela.

    Phil, por outro lado, tinha uma cabeça boa para a física, e intuição para entender o efeito do calor em materiais estranhos, mas pouco mais do que disso. Era um sujeito grandalhão, simpático e otimista e lutara para ter interesse em fazer produtos ao invés de pesquisá-los. De família simples, ele não resistira à atração que havia em se tornar um *self-made man*, e eu, com freqüência, ficava intrigado quanto a sua ocasional ambição pelos símbolos espalhafatosos de seu sucesso. Eu considerava sua preferência por carros esporte chamativos, por exemplo, de péssimo gosto. Às vezes, Philip e Charlene pareciam um estudo de caso sobre contrastes, no entanto, seu casamento havia durado treze anos e tiveram três filhos.

– Você pode ajudá-lo?

Hesitei por um momento, mas ela insistia em ficar ali parada, seus braços cruzados, seu rosto resoluto.

– Eu não sei. Pessoalmente, não tenho nem idéia do que está acontecendo na fábrica.

– Mas seu pai tem.

– Acho que sim. O problema é que ele já deixou tudo isso para trás e não quer se envolver novamente.

Nos olhamos enquanto ela se mantinha parada, desafiadoramente, bem na minha frente, abraçando seu blusão contra o corpo. Eu trocava de um pé para outro desconfortavelmente.

– Há quanto tempo vocês dois são amigos?

Caramba.

– Desde sempre, Charly, você sabe.

– Bom, durante todo esse tempo, Phil tem estado do seu lado, não é? Encobrindo suas mancadas tolas, livrando você de problemas, lidando com seus humores e rompimentos amorosos e tudo mais!

– Sim –, respondi abruptamente. – Onde você quer chegar?

– É hora de retribuir, Mike. Você tem que ajudá-lo agora. É sério. Sempre estivemos por perto quando você queixava-se de burocracia e de política, certo? Bem, agora é uma hora decisiva para nós. É ter sucesso ou falir. E Phil está falindo, e não quero estar por aí para assistir e não fazer nada. Então, é melhor você ajudá-lo para as coisas darem certo.

É como se ela tivesse me dado um tapa. Eu estava precisando de tempo para digerir tudo, mas ela não parava.

– Escute, eu sei que não é fácil com seu pai. Eu sei de tudo que tem por trás. Mas, ele é seu pai, se você pedir, vai ajudar.

– Você não sabe o que está pedindo.
– Eu acho que sei, Mike. Mais ainda, acho que você sabe também.

Dirigi-me à minha casa, mas resolvi seguir até a casa de meus pais, na hora em que estavam se preparando para jantar. Jantar num sentido muito amplo. Como eram apenas os dois vivendo naquela casa enorme na colina, eles haviam abandonado qualquer tentativa de sentar ao redor de uma mesa de jantar. Geralmente perambulavam até a cozinha mais ou menos na mesma hora para preparem um lanche antes de voltarem à sala e ao *home theater*. Minha mãe sempre fora uma entusiasta de cinema e, já havia algum tempo, tornara-se uma crítica de filmes de DVD para alguns clubes e até para uma revista. Então, todas as noites eram noites de cinema. Eles tinham uma daquelas TVs de tela larga e ela assistia a tudo quanto é filme, fosse uma história de criança ou uma extravagante ficção científica de terror, tomando notas com a mesma total concentração. Meu pai geralmente adormecia na metade.

Antes que eu pudesse falar, meu pai já saiu dizendo: – A resposta é "não".

– Pai, é pelo Phil. Lembra, Phil? Não se trata de um negócio, trata-se de ajudar meu melhor amigo!

Ele me lançou um olhar questionador, e pôs seu copo de Martini no balcão da cozinha. Serviu um copo para mim, reabasteceu-se, tomou um gole, e pôs as mãos atrás da cabeça, encostando-se no armário da cozinha.

– Vamos lá, pai. Você não precisa fazer tanto assim. Só converse com ele.

– Lembra quando eu dizia que não se trata do processo, trata-se das pessoas?

Fiz um gesto de anuência. Eu já tinha ouvido isso um sem número de vezes. Essa era a única coisa com a qual concordávamos – eu sou um psicólogo, afinal!

– Bem não sei como lhe dizer isso, mas Philip não tem a energia necessária. Ele está desmoronando sob essa imensa pressão.

— O que você esperava? Ele era um aluno de física, um rato de laboratório antes de meter-se com toda essa baboseira empresarial. Mas, ele é inteligente, certo? Ele vai entender. Temos que ajudá-lo.

— Temos? — sorriu meu pai achando graça. — Temos, é? Está certo, esta é a minha proposta. Não quero lidar com o drama. Não quero discutir e explicar e convencer e fazer toda aquela parte pessoal. Estou farto de ter que convencer cada homem, mulher e cachorro das ações mais óbvias e de bom senso. E pode ter certeza, seja o que for que eu diga, eles vão resistir. É da natureza humana. As pessoas precisam discordar para entender. Mas, eu já vi o suficiente disso, não quero mais. Falarei com ele, mas você deve vir junto para segurar sua mão. Se, e quando, ele desmoronar, lide com isso você. Aí, finalmente veremos se todo esse psico-papo seu funciona na vida real. Está bem?

Penso que resisti um pouco. Estava de licença, então tinha algum tempo livre, mas isso não queria dizer que estava de férias. Estava escrevendo um livro e a coisa não ia muito bem. Não podia imaginar-me a passar o tempo cuidando de Phil, ou levando meu pai para a fábrica para dar broncas. Mesmo assim, Phil era meu amigo e a idéia foi minha.

— E então?

— Está bem.

Ótimo! pensei. E de repente me dei conta daquilo em que eu podia estar me metendo. Conseguiríamos ajudar Phil? Eu não tinha a menor idéia.

— Oi, Mike! Há quanto tempo!

Realmente, eu nunca conseguira gostar de Matthew. Ele tinha um sorrisinho sem graça e aparência escorregadia: camisa hiper branca, calça passada de sarja, uma pequena barriga e um bronzeado de campo de golf. — Sr. Woods? Phil contou-me que o senhor poderia dobrar nossa produção de STRs sem mais nenhum investimento. Isso realmente seria nossa salvação!

— Segura a onda, filho. Eu não vou dobrar coisa alguma. Vocês é que farão o trabalho. Sem sofrimento não há lucro. De qualquer forma, vocês realmente conseguem vender mais daquilo quando tiver sido produzido?

Podia-se discernir um sinal de incerteza no sorriso plástico de Matt. Vi que o estilo de meu pai tinha lá seu lado bom.

– Com certeza –, disse Matt, voltando ao seu modo-vendedor. – Nosso contrato atual exige que enviemos aproximadamente o dobro do volume de STR do que enviamos agora, portanto, estamos pagando multas por entregas em atraso. Já discutimos sobre parar com todo o resto e somente produzir o STR para diminuirmos o atraso, mas não queremos estragar nossos negócios com outros clientes. Neste momento, o mercado está a todo vapor. Todo tipo de investidor em indústrias globais está se jogando no mercado de energia –. Ele irrompeu num sorriso largo na direção de Phil e disse: – Você os constrói, eu os vendo.

Phil limitou-se a um movimento de ombros e nos olhamos com incerteza. Havíamos nos deparado com Matt no saguão da fábrica antes, na hora em que ele estava a caminho de mais uma "reunião importante". Eu havia encontrado Matt algumas vezes nos últimos anos e sempre me perguntei como Phil havia acabado por tornar-se seu sócio. Ele não me inspirava nenhuma confiança. Para ser justo, no entanto, ele sempre agira corretamente com Phil. Claro que havia explorado os pais de Phil, mas fizera-os enriquecer também. Em todo caso, Phil nunca entendera porque eu não gostava de Matt, a quem considerava um verdadeiro amigo, então, provavelmente, ele merecia mais confiança do que aquela que eu tinha nele. Mas, eu não tolerava seu jeito, da mesma forma que detestava o gosto de Phil quando se tratava de carros.

– Vou deixá-los seguir com o trabalho importante –, disse Matt com um sorriso melífluo. – Estou a caminho de levar um cheque de um cliente para o banco que nos manterá por mais uma semana! Até logo.

– Ele está falando sério? – perguntei para Phil, passando pela recepção e a caminho de seu escritório.

– Matt? Sim, tem sido mais ou menos assim no último mês. Mas não me preocupo muito; ele é realmente muito bom em conseguir dinheiro das pessoas. Adquiriu muita experiência desde que começamos nesse ramo. Ele mantém o negócio a salvo no dia-a-dia, enquanto que eu me preocupo mais a longo prazo. Aqui estamos, entrem.

Ele nos conduziu para dentro da sala, e vimos uma jovem bem vestida e de origem hispânica, que se levantou da mesa de conferências e dirigiu-se a meu pai, sua mão estendida.

– Olá, meu nome é Amaranta Cruz –, ela anunciou com um sorriso largo e cativante e um aperto de mão firme. – Eu sei que o senhor não quer público, Sr. Woods, mas sou a gerente de RH aqui, então, pensei que seria bom eu me envolver. Assim também poderei aprender um pouco mais sobre o que a empresa de fato faz –, ela acrescentou com um sorriso travesso.

Phil e eu trocamos um olhar, esperando que meu pai a pusesse para correr, mas, para nossa surpresa, o velho sorriu educadamente ao dar-lhe a mão. – Pode me chamar de Bob. É um prazer tê-la conosco, Srta. Cruz.

– Pode me chamar de Amy –, ela respondeu. Era uma mulher baixa, de feições arredondadas e uma voz surpreendentemente profunda e fluida, como a de uma locutora de rádio. Ela dava a impressão de ter uma energia feliz que, repetidas vezes, já me disseram, todos deveríamos irradiar, mas que, no caso dela, parecia provinda de uma disposição naturalmente radiante, e não de um pensamento neuroticamente positivo. Também parecia levantar o ânimo sombrio que Phil exibia por esses dias.

– Ótimo –, disse Phil. – Pedi para que Amy lhe preparasse uma apresentação mais formal da empresa, para que você tivesse uma idéia melhor –

– Não agüento apresentações. Traga seu caderno e vamos direto ao chão de fábrica.

– Ah, está bem –, disse Phil, um pouco surpreso. – Vamos lá. Pedi para que Dave, o gerente de produção, nos acompanhasse também, mas ele pode nos alcançar depois quando –

– Mais uma coisa que gostaria de esclarecer antes de irmos para qualquer lugar, Philip –, disse meu pai com sua carranca mais feroz. – Lá embaixo, ou é do meu jeito, ou não é nada. Ponto final. Não estou tão interessado em fazer isso, e certamente não quero lidar com política, resistência ou com perguntas simplesmente idiotas. Está claro?

– Sim, senhor –, respondeu Phil desconfortavelmente. Eu quase podia jurar que Amy estava mordendo os lábios para esconder um sorriso divertido.

– Está bem, então. Vamos lá!

– Ok, Philip –, disse meu pai quando entramos na fábrica. – O que você deve dizer para si mesmo é que isso aqui é uma mina de ouro. Tem ouro nas mãos dessas pessoas. Nossa função é encontrá-lo. Entendeu?
– Ouro –, repetiu Philip sem muita firmeza.
– O problema –, continuou meu pai, – é que tanta coisa acontece numa fábrica que se torna difícil enxergar onde o valor é realmente criado. Como vimos ontem, a maior parte das coisas que as pessoas fazem aqui pode ser necessária, mas não agrega valor ao produto. Então, onde encontramos ouro?
– Onde se fazem os produtos? – eu arrisquei.
– Correto. É ali que o valor é criado. Produtos são feitos peça por peça, então, na verdade, o valor flui pela fábrica. A primeira coisa que deve ficar claramente identificada são os vários fluxos por onde o valor flui.
– As linhas de produção, não é? – perguntou Phil.
– É. Em seu caso, você dividiu o fluxo em três fluxos, mas não é somente isso. Pense em todos os pequenos regatos que movem peças que dão nesses fluxos principais. Mais cedo ou mais tarde, teremos que mapear todos esses fluxos de valor para ver onde estamos criando valor e onde não. Mas, primeiro, temos que tomar outras medidas. Por onde devemos começar nossa caminhada?
– Do início, acho, – murmurou Phil, – na montagem da estrutura.
– Errado –, retrucou meu pai. – É ali que está o ouro? Creio que não. Ficamos parados ali, nos olhando como crianças culpadas.
– Mas, é claro –, disse Amy repentinamente. – Nos produtos acabados. Ali está o ouro, não é? Quero dizer, depois de garimpá-lo do rio e tudo mais, certo?
– Ainda há uma esperança –, disse meu pai sorrindo. – Correto. Os produtos acabados nos dizem exatamente o que sai daqui tanto em quantidade quanto em variedade. Então, vamos para frente, para a expedição.
E lá fomos nós pela fábrica com Amy parecendo o gato que comeu o rato, e Phil obviamente tentando entender toda essa conversa de minas

de ouro, enquanto tentávamos evitar esbarrar com empilhadeiras e passávamos por prateleiras de estoque.

– O que temos aqui? – perguntou meu pai quando chegamos à doca de expedição onde caixotes eram embalados a esmo no local.

– Um pouco de tudo –, admitiu Phil, um pouco contrariado.

– É. Que diabos de garimpeiro não separa as pepitas de diferentes tipos?

– Tenho certeza de que o pessoal encarregado de expedição sabe o que é o quê –, disse Phil, olhando a sua volta.

Meu pai simplesmente deu de ombros e seguiu adiante.

– Gostaria de entender seu horário de expedição. Com que freqüência você faz entregas? – perguntou meu pai.

– Estamos expedindo um caminhão por semana para cada um de nossos clientes. No momento, as coisas estão relativamente simples. Estamos entregando disjuntores STR para o nosso maior cliente, que é um grupo internacional de energia. Estamos um pouco atrasados nas entregas e nem preciso dizer que eles não estão muito satisfeitos com isso.

– Tenho certeza.

– Pois é –, Phil limitou-se a dizer. E acrescentou: – Dizem que os disjuntores que faltam atrasam sua própria produção de painéis elétricos. Não sei se é verdade. Mas eles estão em cima de nós para que entreguemos mais rapidamente – o que não conseguimos fazer.

– Quantos a mais eles querem?

– Estamos expedindo 50 por semana num caminhão. Eles gostariam de dobrar esse número, para 100 por semana. O que é simplesmente impossível, como tentamos explicar para eles.

– O dobro, é? – meu pai disse com uma risadinha.

Phil começou a listar os outros itens nos dedos. – Os QST-1s vão para outro cliente e estamos enviando 60 por semana. Estamos enviando 50 QST-2s por semana para outra fábrica. Estações de energia completas abarcam o maior mercado para os DGs. Expedimos mais ou menos 20 por semana.

– Bem, meu rapaz, essa é a primeira boa notícia que ouvi desde que chegamos.

– Como assim? – perguntou Phil, confuso.

– Lidaremos com isso mais tarde –, disse meu pai. – Está bem, por ora, podemos dizer que todo o ouro chega aqui mais cedo ou mais tarde. Agora, lembre-se, o segredo para o bom funcionamento de uma mina de ouro é otimizar a velocidade com que se consegue retirar as pepitas da corrente e vendê-las aos clientes, certo?

Todos concordamos.

– Então o que temos que fazer agora é o caminho fluxo acima, e entender como o ouro flui por ele e que tipo de pedra estaria atrapalhando-o. As pedras seriam...

– Desperdício! – respondeu Phil na hora. – As ineficiências das quais falávamos ontem.

– E como poderemos vê-las?

– Acho que sei –, exclamou Phil, esfregando seu queixo. – É o estoque, não é? Se o ouro fica retido no fluxo, e se virmos um acúmulo de estoque, é porque tem uma pedra em algum lugar.

– É isso aí. E como encontramos as pedras? Escolhemos um fluxo e fazemos o caminho inverso. Depois, ficamos de olho nos passos principais e contamos os estoques. O desperdício raramente aparece à primeira vista, o que é exatamente a razão pela qual você não sabe melhorar seu sistema de produção do estado em que está atualmente. Mas podemos ver estoque – e supor que algum tipo de desperdício está escondido por baixo do acúmulo.

– Todo estoque é sinal de desperdício? – perguntou Amy.

– Em grande parte –, respondeu meu pai, parando para se dirigir a ela. – Estoque pode ser dividido em três categorias amplas:

– material bruto,
– *work-in-process* (estoque em trânsito), que chamaremos de WIP, e
– produto acabado.

– E estes servem para vários propósitos fundamentais. Você tem estoque pulmão para poder lidar com mudanças na demanda dos clientes, e estoque de segurança para se resguardar contra problemas no seu processo ou no processo de seu fornecedor.

Meu pai continuou: – Qualquer coisa que não esteja sendo trabalhado atualmente é estoque desperdiçado. Isso quer dizer que a empresa já pagou por tudo, já que foi comprado, mas que ainda não o vendeu porque está tudo ainda ali. Esse lote custa uma grana alta –, ele concluiu, fazendo um gesto para mostrar o material.

– Então, que tipos de fluxos temos, que terminam aqui? – ele perguntou a Phil, mostrando as caixas empacotadas.

– Basicamente, quatro tipos de produtos: STR, QST-1, QST-2 e DG. Apesar de ser um pouco mais complicado do que isso, já que cada item é freqüentemente customizado para se enquadrar nas exigências do cliente.

– Cada um desses produtos vem de um fluxo diferente?

– Na sua maioria, sim –, Phil respondeu desconfortavelmente. – Apesar de eu ter feito algumas verificações desde a nossa conversa de ontem. Todos esses produtos passam pela mesma linha final de montagem, é claro. Mas as áreas de submontagem mais adiante são separadas. Os STRs vêm diretamente da linha STR, já que a demanda é alta. A segunda linha produz ambas as variedades de QST. Eu achava que a terceira linha era usada para DGs, mas descobri que, como a demanda desses é muitas vezes menor, Dave usa a terceira linha para pôr em dia os STRs ou QSTs. Então, não é tão bem-definido quanto eu pensava. Felizmente, a maioria de nossos operadores consegue lidar com qualquer um desses produtos sem muito susto.

– Já pensaram em parar com a linha DG completamente? – perguntou meu pai. – Lembre-se do que Harry lhe falou. O primeiro princípio fundamental dos negócios é deixar para trás. Se um produto não tem futuro, esqueça-o!

– Mas ainda dá lucro! – Phil protestou.

– Talvez, mas mesmo assim, consome recursos valiosos. Não seria melhor para vocês se produzissem mais STRs na mesma linha?

Phil ajeitou os óculos no nariz, pensativo.

– Ouça –, disse meu pai. – Faça três listas: A, B e C. Depois, faça uma tabela com duas colunas. O produto é lucrativo? E existe um mercado em expansão para ele? Então, é fácil:

Lista A: o produto é lucrativo e existe uma demanda em expansão – produza mais.

Lista B: o produto não é lucrativo e a demanda esta encolhendo – esqueça-o o mais rapidamente possível, evite afundar-se nesses custos.

Lista C: perguntas. Ou o mercado está em expansão, mas não vem muito dinheiro dali, e você precisa achar uma maneira de fazê-lo mais rentável, ou o produto é rentável, mas o mercado não o quer mais – abandone-o!

– Funciona com as pessoas também –, sugeriu Amy cinicamente.

– Com certeza, Srta. Cruz –, concordou meu pai. – Com certeza.

– Mas o que está dizendo é para acabar completamente com a produção de cápsulas desta fábrica! – agitou-se Phil.

– É exatamente o que estou dizendo. Para que precisa desse peso morto aqui dentro? Você pode esquecer tudo, produzir as cápsulas de vácuo na sua outra fábrica e concentrar-se aqui em construir os disjuntores de circuito. Talvez, se conseguirmos abrir mais espaço, podemos mover a operação de cápsulas nova para cá e vender a outra planta. Mais grana!

– Mas, mas... –, Phil gaguejou.

– Relaxe! – disse meu pai, apesar de Phil parecer exatamente o contrário de relaxado. – Eu não estou dizendo que faça isso amanhã. Foi só uma idéia. Essa é uma questão que vai precisar resolver sozinho. Por ora, vamos nos concentrar no fluxo de STR, onde precisa focar todo seu esforço comercial. Para melhorar sua situação de caixa, você precisa entregar mais produtos sem aumentar o custo.

– Há uma maneira formal de definir fluxos de valor? – perguntou Amy.

– Claro –, disse meu pai. – Os chamados *experts* dizem que são todas as ações necessárias para levar um produto desde o conceito ao lançamento, e do pedido até a entrega – tanto aquilo que agrega valor quanto aquilo que não agrega, entenda. Mas, na verdade, é apenas uma família de produtos que passa mais ou menos pelos mesmos processos, ou produtos que podem ser manufaturados com as mesmas operações básicas, mas que possuem componentes diferentes, ou montagens diferentes. O que estamos querendo fazer aqui é escolher um fluxo e ver como o valor flui por ele. Portanto, Phil, você vai nos levar pelo caminho inverso do fluxo STR e mostrar-nos, a cada passo, o processo de trabalho, e, então, levar-nos para a origem disso. Entendeu?

Phil anuiu.

– Bem, enquanto fazemos isso, vamos contar o estoque que vemos a cada etapa, para tentar descobrir onde as pedras estão escondidas. Há boas chances de que encontraremos estoque em toda parte: antes de uma etapa, na própria etapa, depois dela, e em todos os lugares entremeio. Para evitar qualquer confusão, vamos contar todo o estoque entre uma etapa e outra como fazendo parte da etapa fluxo acima, entendeu?

– Acho que sim –, disse Phil. – Todos os produtos finais além da área de embalagem serão contados na embalagem. Mas essas unidades prontas ali, esperando a embalagem, serão contadas como inspeção final, ou estoque no teste, porque essa é a etapa anterior. É isso o que você quer dizer?

– Isso. Vamos lá. Quantos caixotes de STR você vê?

– Tem três filas com 10 em cada o que dá 30 –, respondeu Phil.

– Trinta? E pensei que seu problema era de fluxo de caixa –, meu pai falou com seu conhecido sarcasmo.

– Você não entendeu. Eles provavelmente estão prontos para serem expedidos para os clientes –, respondeu Phil, na defensiva.

– Sei, sei. E é só isso? E esse lote ali?

– É um produto diferente. As etiquetas são de cor diferente.

– Tem certeza?

Phil deu de ombros e foi até uma outra pilha de caixas, sacudindo a cabeça. Alguns segundos depois voltou, um pouco constrangido.

– Você tem razão. Tem mais seis caixotes de STRs. É para outro cliente.

– Então, isso dá 36 produtos finais esperando para a entrega –, disse meu pai.

Phil concordou desanimado. – Pois é. Só mandamos um caminhão por semana.

– Certo, de onde eles vêm?

– Dali, da embalagem. Temos um lote de cinco sendo enrolados e colocados em caixotes. Então, isso quer dizer mais cinco para a embalagem.

– Quarenta e um produtos finais –, disse meu pai, somando tudo.

– É muita grana, não é, chefe? – perguntou Amy com um ar de inocência debochada.

Phil não respondeu, mas meu pai sorriu levemente. – Eu nunca me canso de mostrar isso, Srta. Cruz. Esses caras da produção se acostumam tanto com essa bagunça que esquecem. Você entende por que chamo isso de ouro?

– Porque os produtos têm valor? – ela perguntou.

– Porque cada produto representa dinheiro que está no bolso do cliente e deveria estar no seu. Esses produtos já estão vendidos. A parte difícil já foi feita. Já deveriam estar com o cliente – e seu dinheiro deveria estar aqui. É por isso que é ouro!

Meu Deus, como é irritante quando meu pai dá sermão assim. Phil simplesmente foi adiante.

– A partir dali –, ele continuou, – eles vem da inspeção final, que é essa área aqui. E não precisa me dizer, sei que essa parte do processo está uma baderna.

– Aqueles quatro ali próximos ao equipamento de teste estão passando pela inspeção final? – perguntou meu pai.

– Sim, e saem do transportador aqui.

– Philip, têm pelo menos 30 gabinetes penduradas nesse transportador!

– Nem todas são STRs –, respondeu Phil. – Olhe, eu posso contar 20 STRs. Isso representa dois dias de produção. Em média produzimos 10 STRs por dia. Os outros gabinetes são uma mistura de QST-1, QST-2 e alguns DGs. Deveríamos na verdade produzir apenas STRs o dia todo até pormos tudo em dia, mas o mecanismo de montagem STR não consegue acompanhar.

– Seja como for, rapaz, ainda é muito estoque nesse transportador! Estou contando 65 STRs que estão prontos ou quase prontos, mas ainda não foram entregues aos seus clientes. Tudo é somado –, ele insistiu. – Agora vamos seguir o caminho de seu componente principal, o mecanismo.

– Quantas peças cabem em cada uma dessas prateleiras sobre rodas? – perguntei, assombrado com as enormes prateleiras móveis que sustentavam os mecanismos.

– Vinte –, respondeu Phil. – Aqueles são os mecanismos que vão dentro dos gabinetes. Para o modelo STR, você deve contar quatro mecanismos por unidade. Depois chegamos aos testes, de onde estas prateleiras com os mecanismos montados vêm.

– Ei –, eu murmurei, entrando no jogo, – você tem pelo menos quatro prateleiras de vinte cada aqui...

– É, certo –, disse Phil, olhando-me de um jeito irritado, – cada montador quer o número suficiente de mecanismos equivalente à pelo menos um dia de produção quando começa seu turno.

– Não precisa dar explicações, conte-os –, falou meu pai bruscamente. – Mickey tem razão. Estou contando 20 prateleiras com um total de 80 mecanismos. Mais dois na cabine de testes, o que dá 82. Acho que temos um gargalo aqui.

– Phil parecia confuso. – Somente dois mecanismos em teste? Esta cabine deveria ter pelo menos seis de uma vez. O que diabos...

– Mais tarde você vê, Phil. Não se distraia –, meu pai interrompeu.

– Outra coisa –, eu acrescentei, só para incomodar, – e aquelas duas prateleiras cheias lá?

– Tem razão. Mais duas prateleiras de mecanismos jogados por aí.

– É –, concordou Phil desanimado, – estou contando mais 34 mecanismos STR.

– Então, calculo 114 mecanismos prontos entre a etapa de testes e a montagem final –, disse meu pai. – Vamos seguir para a linha de montagem do mecanismo.

– O que é um gargalo nesse caso? – me perguntei em voz alta enquanto caminhávamos para a área reservada de testes.

– *Operações* não é minha área –, respondeu Amy com um gesto de mão, enquanto caminhávamos atrás dos *experts*. – Mas, suponho que, nesse caso, um gargalo é uma etapa lenta no processo. Como o trabalho não anda tão rapidamente como é necessário, o estoque em processo emperra e começa a acumular.

– Assim como acontece quando a via rápida passa de duas pistas para uma: cria um gargalo, por que o mesmo número de carros quer passar –, expliquei.

– Algo assim. Acho que gargalos são sinais de ineficiência. O pessoal de produção está sempre discutindo isso: "Onde estão os gargalos? Podemos nos livrar deles?" Dave e Phil sempre discutem a respeito, mas não parecem chegar a soluções.

– Como foi que você começou a trabalhar aqui? – perguntei.

– Sabe como é. Eu era gerente de RH em uma pontocom. Você já pode imaginar como isso acabou. Quando Matt e Phil assumiram, se livraram de boa parte da equipe anterior, com exceção de Dave e do encarregado de engenharia. Eu tinha curiosidade sobre trabalhar em uma indústria mesmo, sabe, como fazer as coisas. Assim, consegui o emprego.

– É tenso, não é?

– Você quer dizer a situação financeira e tudo mais? – ela perguntou sorrindo. – Olha, depois de ter trabalhado numa empresa recém formada numa economia em grande expansão, este lugar é o que tem de tranqüilo. É quase chato.

Phil terminou de contar os mecanismos montados numa prateleira semi-vazia e anunciou: – Tem oito.

– Mais um sendo montado –, disse meu pai, – dá nove.

– E sete na montagem –, disse Phil.

– Quatro na fiação – é assim que você chama isso?

– Fiação de motor, sim.

– Seis na montagem de motor anterior a isso? – meu pai olhou em volta. – E cinco na montagem mecânica.

– Sim, mas isso não conta, já que temos quatro mecanismos STR por disjuntor pronto. Não podemos misturar unidades prontas e mecanismos, não é? – Phil perguntou.

– Está bem, vamos nos concentrar nos mecanismos por ora, já que você acha que o transportador final não é impeditivo para a capacidade. Vamos ver como é essa linha de mecanismo.

Meu pai pegou o caderno de Phil e desenhou uma tabela:

Mecanismos por etapa do processo

Montagem mecânica	Montagem motor	Fiação motor	Montagem cápsula	Fiação cápsula	Teste	Mecanismos prontos	Total
5	6	4	7	9	2	114	147

Phil olhou os números e coçou a cabeça. – Isso dá 114 mecanismos STR prontos? Mas estamos atrasados nas entregas! Não entendo.

– Philip, você tem uma quebra no fluxo. O que esperava?

– Mas não é sempre assim –, disse Phil, examinando os números como se fosse alguma experiência científica. – Não é um gargalo de verdade porque no fim do dia, a maior parte já se foi. Na verdade, às vezes, o pessoal de montagem final reclama que não têm mais mecanismos para instalar nos gabinetes.

– Um acúmulo de estoque não é necessariamente um gargalo. Pode ser um lugar onde o fluxo de materiais fica temporariamente redirecionado, por exemplo. Mas, a gente se preocupa com isso mais tarde –, falou meu pai, seguro de si. – Está bem, vamos computar. Você usa quatro mecanismos em um STR. Nessa parte do fluxo temos 147 mecanismos, o que significa quantos STRs?

– Mais ou menos 36 –, respondeu Phil.

– E o que acontece se você o dividir por etapas?

– Entendi! – disse Phil. – Poderíamos construir 28 STRs na hora usando os 116 mecanismos esperando para ser montados no transportador. E depois, poderíamos construir oito STRs adicionais dos 33 mecanismos que estão no fluxo.

Meu pai fez uma anuência com a cabeça. – Isso significa mecanismos no valor de 36 STRs no estoque em processo antes da montagem final – mais da metade do que você transporta em uma semana. Se adicionarmos isso aos mais ou menos 20 gabinetes STR que vimos no transportador, os quatro no teste final e os 41 na embalagem e nos caixotes, temos um total de 101.

Montagem mecânica (4 por STR)	Mecanismos prontos (4 por STR)	Transportador montagem final	Teste final	Embalagem	STRs embalados	Total
33/4 = 8	114/4 = 28	20	4	5	36	101

— Contando tudo, você tem duas semanas de STRs no seu processo, apenas a partir do início da montagem de mecanismos. No entanto, todas as etapas de manufatura somadas requerem somente algumas horas. — meu pai pausou e depois acrescentou: — Agora consegue ver o ouro no fluxo?

— Olha os custos dessas coisas! Está brincando? — Phil respondeu com seriedade. — E o que podemos fazer?

— Agora mesmo? — disse meu pai com um olhar brincalhão. — Nada.

— Como assim, nada?

— Paciência, uma coisa de cada vez.

— Fácil dizer, paciência! E onde diabos está o Dave? Ele deveria estar dirigindo esse show!

Meu pai parou de repente e olhou para Phil. — Meu jovem, é necessário que você tome decisões.

— Como por exemplo?

— Bem, você precisa de uma estratégia.

— Como o quê? — Phil perguntou inseguro.

Meu pai o olhou com uma carranca.

— Está bem —, Phil abrandou a voz. — Nosso problema principal agora é pôr em dia nossas entregas de STR. Precisaríamos passar de 50 por semana para 100. O STR é um produto relativamente novo e os pedidos têm chegado, de maneira constante, a 100 por semana. Simplesmente nunca conseguimos produzir e entregar mais de 50.

– O que está te impedindo?

– Bem –, Phil começou hesitante, olhando para meu pai com dúvida, – para começar, jamais conseguiríamos produzir essa quantidade de mecanismos. Cada STR leva quatro mecanismos de STR e, no momento, produzimos 40 por dia, se for tanto.

– Então o que devem fazer é dobrar isso, certo? – perguntou meu pai. – Com 80 mecanismos por dia, você poderia fazer 20 STRs por dia, o que lhe daria seus 100 por semana, correto?

– Sim, mas –

– E a sua montagem final poderia lidar com isso?

– Não sei –, disse Phil, tentando acompanhar. – Me disseram que quando esse lugar produzia DGs a plena capacidade, o transportador despejava 50 unidades prontas por dia. Agora estamos na base de 30 a 40 disjuntores por dia. Os disjuntores DG são mais fáceis de montar, mas acho que poderemos engrenar novamente com mais ou menos 50 por dia.

– Eu não sei o que estão te dizendo, mas você tem um montão de mecanismos prontos esperando para serem montados.

– Sim –, concordou Phil com preocupação na voz, – mas isso pode ser também por motivos de programação. Dave tem feito outros produtos, então os mecanismos STR acumulam. Tenho quase certeza de que temos mais capacidade no transportador. O problema sempre foi o de produzir um número suficiente de mecanismos. Apesar de que, depois do que vimos hoje...

– Se é isso o que pensa, então aí está sua estratégia. Você quer dobrar sua produção de STR sem aumentar os custos fixos. É muito simples –, meu pai sugeriu, como se fosse a coisa mais óbvia do mundo.

– Sim, mas...

– Olhe, acho que metade de seu problema está naquele maldito transportador. Mas esse não é o lugar mais fácil por onde começar. A única pergunta aqui é em que fase do processo devemos começar.

– Sim senhor –, disse Phil, brincando com seus óculos e parecendo um pouco desarmado.

– Bem, você tem que começar essa reviravolta por algum lugar, não é? Ou prefere começar pela montagem de mecanismos, então? Teremos que lidar com o transportador mais cedo ou mais tarde.

– A montagem de mecanismos é uma boa idéia –, disse Phil. – Temos um verdadeiro gargalo ali. Se não conseguirmos aumentar o número de mecanismos STR, não conseguiremos nunca pôr em dia nosso atraso de disjuntores. E já fizemos todo aquele trabalho com os consultores para estabelecer as linhas de produtos especializados, então sei o que está acontecendo.

– Ótimo. Você decide. O ideal seria começar a trabalhar mais perto do cliente – digamos, na montagem final ou na embalagem – e então fazer o caminho inverso do processo, mas precisamos de uma área que você domine bem e onde podemos ter resultados espetaculares rapidamente. Portanto, se montagem de mecanismos é conveniente, vamos lá.

– Mas já tentamos tudo o que podíamos para incrementar a produção do mecanismo –, Phil reclamou. – Não consigo enxergar.

– Agora que já visualizamos o fluxo e onde o ouro fica retido no processo –, interrompeu meu pai, não fazendo caso da lamúria de Phil, – precisamos contar quantos garimpeiros são necessários.

– Você quer dizer as pessoas, certo?

– Sim, trabalho direto, para começar.

– É fácil. Para a montagem do mecanismo STR, temos:

Montagem mecânica	Montagem do motor	Fiação do motor	Montagem da cápsula	Fiação da cápsula	Teste	Mecanismos prontos	Total
5	6	4	7	9	2	114	147
1 operador	1 operador	1 operador	1 operador	1 operador	1 operador		6 operadores

— E essas seis pessoas devem produzir e embalar quantos mecanismos por dia? – perguntou meu pai.

— Quarenta. Mas é uma sorte quando conseguimos fazer 36 ou 37. Temos uma programação de 10 STRs por dia, em média. Precisamos de quatro mecanismos em cada.

— Então você tem seis operadores trabalhando diretamente com o fluxo de valor do mecanismo STR, o que você chama da linha STR, desde a montagem mecânica até a fase de testes.

— Temos um total de seis operadores e 147 mecanismos em WIP, dos quais 114 estão nas prateleiras esperando para serem incluídos no produto final.

— Você tem idéia de quanto refugo você produz? – meu pai continuou.

— Eu já disse, temos uma unidade com defeito a cada 200 disjuntores, mais ou menos.

— Isso se refere aos defeitos detectados entre os clientes! Eu estou mais interessado em quantos defeitos internos a linha produz nessa fase, descobertos nos testes, por exemplo.

— Não tenho idéia –, respondeu Phil – Onde será que está Dave?

— Está bem, então é assim que funciona. Nesse segmento do fluxo de valor, temos 40 peças por dia com seis pessoas e 33 mecanismos em processo, mais os mecanismos prontos:

Estoque de mecanismos prontos	114
Estoque de mecanismos em processo	33
Produtividade (40 peças/pessoa/dia)	6,6
Qualidade	?

— Se quiser vender mais disjuntores STR sem aumentar seu custo fixo, deve se concentrar nesses três números básicos. Você tem que aumentar a produtividade, melhorar a qualidade e diminuir o estoque. É isso.

— E o *lead time*? Os consultores ficavam falando de *lead time* de produção –, disse Phil.

— Bem, pense. Qual é o *lead time* para um produto nesse processo aqui? Quanto tempo leva do começo ao fim?

— Teríamos que seguir um produto por todo o fluxo para saber, não é?

— Não necessariamente. Você está supondo 40 mecanismos por dia, certo?

— Mais ou menos.

— E temos 33 peças em WIP e mais 114 mecanismos prontos. Temos um total de 147 mecanismos STR esperando na fase de montagem do mecanismo. Dividindo por quatro mecanismos para cada STR, isso dá 36 STRs. Então quanto tempo leva para um mecanismo chegar às mãos do montador final?

— Phil e eu nos olhamos, completamente perdidos, enquanto Amy murmurava para si mesma, puxando uma madeixa de seu cabelo curto que havia se soltado de trás da orelha esquerda.

— Espere, acho que sei! – ela exclamou.

Nos viramos para ela.

— É algo em torno de quatro dias, certo? – ela respondeu animada. – É como aquela questão dada no colégio de quantas pessoas morrem por ano?

— O que? – Phil e eu perguntamos juntos, sem entender nada.

— Vocês sabem, existem, digamos, 250 milhões de americanos e a expectativa média de vida é mais ou menos 75 anos. Quantas pessoas morrem a cada ano?

— Em média, 4 milhões –, meu pai respondeu imediatamente, sorrindo. – 250 milhões divididos por 75, muito esperta!

Como ele faz isso? Eu não consigo multiplicar nem que a minha vida dependesse disso, muito menos dividir 250 milhões por 75. Para mim existem três tipos de pessoas – aquelas que sabem matemática e aquelas que não sabem.

— É o mesmo problema –, ela disse com um sorriso presunçoso. – Temos um estoque de 147 mecanismos que são consumidos ao ritmo de 40 por dia. Isso dá 3,7 dias, ou 30 horas de trabalho para uma peça desde a montagem de mecanismos até a linha de montagem final – jóia!

Ninguém mais diz "jóia" hoje em dia, pensei, um pouco irritado.

– Os consultores mediram 34 horas com o contador de tempo de peças, se minha memória não me falha –, Phil disse pensativo. – E tudo por causa do estoque emperrado. Agora entendo porque estamos com atraso e nossos clientes estão sempre reclamando! Eu nunca havia pensado nisso dessa forma –, ele continuou, anotando no caderno:

$$\text{Lead time} = \frac{\text{Estoque total em processo (WIP)}}{\text{Ritmo de produção}}$$

– Se você aplicar o cálculo de média de agregação de valor dos consultores, leva mais ou menos 45 minutos para fazer um mecanismo STR completamente do zero, e 30 horas para levá-lo do começo do processo ao uso. Isso dá... 2,5 % de eficiência de valor agregado. Numa linha simples como essa! Como podemos...?

– Como calculou isso? – meu pai perguntou, levantando uma sobrancelha.

– Bem, tempo de valor agregado dividido pelo total de *lead time* –. Respondeu Phil, um pouco inseguro. – É assim que os consultores calcularam a eficiência do processo.

– Consultores! – meu pai exclamou com desdém. – Esse tipo de número não quer dizer nada. Não é nem a eficiência geral, nem o tempo de valor agregado total. E somente se refere à montagem de mecanismos. Sério, o que esse número lhe diz, na verdade? Ouça, não se preocupe muito com médias que demonstram que existe algo de errado, mas não lhe mostram uma solução!

– Mesmo assim! – insistiu Phil. – Uma eficiência de 2,5%! – Ele sempre se impressionara com estatísticas, me lembrei. Mesmo as mais insignificantes.

— Não perca o foco aqui –, meu pai resmungou. – Meu argumento é que, para começar, a única coisa que se deve considerar sobre um processo é:
• peças produzidas por operador por dia,
• porcentagem de refugo interno, e,
• estoque em processo.
— Você pode se preocupar com os detalhes mais específicos depois. Agora, pelo menos, pode estabelecer alguns objetivos significativos.
— Como? – eu perguntei.
— Entendi –, Phil concordou, pensativo, escrevendo em seu caderno. – Como uma melhoria de 10% em produtividade, 50% de redução de estoque, e assim por diante.
— Algo parecido, Philip. Mas de onde você tirou esses números?
Phil parecia estupefato por um segundo. – É o que os consultores sempre nos diziam. Tentem atingir 50% de melhoria em *lead time*, o que lhes dará algo como 10% de melhoria em produtividade e 50% de redução de estoque.
— Posso ver muito bem como esses objetivos foram alcançados –, disse meu pai com sarcasmo. – Vamos voltar ao trabalho real. Como você estabelece um objetivo, em primeiro lugar? – ele continuou, interrogando Phil com o feroz olhar Woods.
— Essa eu sei –, respondeu Amy num tom otimista. – Os objetivos devem ser SMART, o que quer dizer Simples, Mensuráveis, Alcançáveis, Realistas e...
— E pautados pelo Tempo –, meu pai completou com um suspiro. – Você deve ter um MBA. Digam-me, o que diabos querem dizer essas letras mistificadoras na prática? Na vida real, com pessoas reais e problemas reais.
— Provavelmente vou dizer uma coisa absurda agora, pai –, eu arrisquei. – Mas, o objetivo deles não seria trabalhar sem desperdício, como você disse antes?
— Na mosca! – ele disse, parecendo inesperadamente contente. – esse é o objetivo. Você olha para o que as pessoas fazem, imagina como poderia ser feito se fluísse sem obstáculos. E estabelece isso como seu objetivo. Faça as coisas funcionarem! Nada dessa coisa de tirar números de uma cartola!

– E depois? E se isso for atingido? – perguntou Phil.

O olhar de meu pai cintilou maliciosamente. – Ahá! É aí que você usa o método "Oh, no!" Taiichi Ohno, o gerente de produção que desenvolveu o *just-in-time* na Toyota, tinha um método simples para melhorar a produtividade. Quando as pessoas tinham, digamos, 100 recursos e trabalhavam sem problemas para atingir uma certa produtividade, ele chegava e retirava 10% dos recursos, esperando que atingissem o mesmo nível de produção com somente 90% dos recursos. É claro que, aí, eles enfrentavam todo tipo de problema, que então tinham que resolver. Quando finalmente haviam atingido um novo objetivo, ele chegava novamente e dizia "Ótimo, vou retirar mais 10% de recursos". Todos gritavam, então ficou conhecido como o método "Oh, no!".

– Trocadilho engraçadinho.

– Provavelmente é uma história apócrifa –, meu pai concordou. – Mas é eficaz.

– É isso que devemos fazer? – perguntou Phil preocupado.

– Em geral, sim, essa é a idéia. Em relação a essa pequena parte do processo aqui, teremos uma idéia melhor de como estimar o número ideal de operadores para um dado objetivo de produção. Mas, entendeu a história dos objetivos?

– Acho que sim –, falou Phil. – Antes de mexer no processo mesmo, nosso primeiro passo deve ser estabelecer objetivos de melhoria agressivos em termos de WIP, produtividade e qualidade.

– Certo –, resmungou meu pai. – Então, qual deve ser nosso objetivo de estoques ao longo da linha?

– Estoque zero! – proferi gracejando. – Não é disso que se trata toda essa onda?

Todos me encararam. Nossa, como eles levam tudo isso a sério.

– Certo –, disse meu pai. – Teremos que olhar a linha mais de perto.

Todos fizemos o caminho inverso no processo STR. Meu pai dirigiu-se diretamente a cada um dos operadores, deu-lhes a mão e falou com eles à parte. Phil, Amy e eu estávamos parados como bobos quando uma mulher negra e grande saiu de um escritório minúsculo ao lado da linha e veio em nossa direção.

– Oi, Glória –, falou Phil com alguma insegurança.

– O que está acontecendo aqui, Sr. Jenkinson? – ela perguntou num tom de voz bastante autoritário.

– Nada demais, estamos apenas –

– Treinando –, disse meu pai firmemente, voltando de sua conversa com os operadores. – Meu nome é Bob Woods e estou treinando esse pessoal aqui em eficiência de linha –, ele completou com os braços abertos num gesto amplo.

– Gostaria de lhe apresentar Glória Pritchard –, Phil disse. – Ela é supervisora das três linhas de montagem de mecanismos e sabe mais sobre como fazê-los do que nós jamais saberemos um dia. Está tudo bem, Glória. Estamos observando as eficiências da produção novamente.

Ela nos olhou com desconfiança. No lugar dela, nem eu saberia o que pensar de nosso pequeno grupo. Meu pai vestia os mesmos jeans e moletom cinza que ele parecia não querer tirar do corpo desde que havia se aposentado. Não se parecia em nada com um treinador de empresas. Mesmo como acadêmico, eu podia perceber como a presença da gerente de RH no chão de fábrica poderia deixar as pessoas preocupadas. Glória parecia estar a ponto de dizer alguma coisa, mas pensou duas vezes e virou-se, dizendo: – Bem, estarei na minha salinha. Grite se precisar de alguma coisa.

– Obrigada, Glória –, disse Phil, parecendo aliviado.

– Não tem um gerente de produção geral, não é? – meu pai perguntou.

Phil parecia estar confuso mais uma vez.

– Administrando todo o fluxo de valor? Do pedido à entrega? – Phil pensou na pergunta e respondeu: – Não. Temos pessoas que são responsáveis pela área de *design* de cada produto, um pelo STR, e um pelo QST-1 e QST-2. Dave ainda cuida do DG, mas só da parte do *design*. No chão de fábrica temos a Glória aqui e Jake Rogers é supervisor da montagem final.

Olhamos as fileiras de mesas onde cada operador estava ocupado com seu trabalho, cercado de peças e pequenas prateleiras com potes de várias cores. Enquanto pensávamos sobre essa questão, Amy comentou:

– Uma coisa é certa. Dá para ver todo o desperdício a que Phil se referia hoje de manhã. Veja –, ela folheou as páginas e começou a ler das anotações que ele havia feito:

– Primeiro *produção em excesso*. Obviamente, se temos essa pilha imensa de mecanismos prontos no fim de uma linha, digamos, de 80, estamos produzindo coisas demais para a próxima etapa. Em segundo lugar, *espera*. Veja, o segundo operador parece estar procurando algo. Está procurando uma peça que falta. E agora está chamando o supervisor. Terceiro *transporte*. Eles têm que mover as peças de estação de trabalho para estação de trabalho. Mas, apesar das estações estarem alinhadas, o trabalho não parece fluir facilmente. Veja, essa senhora está pegando quatro peças da estação anterior – e parecem pesadas! Quarto *processamento*. Eu não sei nada sobre processamento em excesso de peças. Mas, parte do problema deve ser uma questão de *design*. Estamos atrás de operações ineficientes na montagem. Tem alguém trabalhando num nível desnecessariamente alto de qualidade? Algum que não esteja relacionado à qualidade funcional do mecanismo?

Phil deu de ombros.

– Certo, quinto, *estoque*. Fica claro que todos eles têm mais componentes e WIP do que suas necessidades imediatas. Sexto *movimentação*. Eu não sei se esse é o caso, mas, há um minuto, vi um dos operadores sair e voltar com um pote de componentes.

– Eles se auto-suprem? – perguntou meu pai. – Se isso acontece, não contribui para agregar valor, não é? E mais do que isso. Olhe como estão trabalhando e pergunte para si mesmo se todos os movimentos são absolutamente necessários.

– E sétimo –, Amy continuou, – não entendo de *correção*, mas –

– Com certeza tem correção –, Phil concordou. – É por isso que precisamos de trabalhadores bem-treinados. Eles realmente precisam saber o que fazer com aqueles mecanismos. Glória também ajuda, conhece a montagem do avesso.

– Aí estão, Phil, seus sete desperdícios mortais –, ela afirmou, sacudindo a cabeça.

– Como foi que conseguiu ver tudo isso? – perguntou Phil.

– Deve estar brincando. Paguei minha faculdade trabalhando num restaurante de *fast food*. Se tivessem nos organizado da forma como esses caras aqui estão, posso lhe garantir, os Arcos Dourados teriam falido há muito tempo!

– Claro! – exclamou Phil de repente, estalando os dedos. – Fluxo de uma só peça! Se o fluxo passasse tão tranqüilamente quanto possível, lidaríamos com somente uma peça de cada vez. Assim, teríamos a meta de uma peça por operador: seis peças, mais o que colocamos no estoque de peças prontas!

– Certo –, concordou meu pai. – Bem pensado. E você deveria ouvir mais sua gerente de RH aqui. Você passou muito tempo na indústria de *fast food*?

– Tempo demais. Cheguei a gerente, mas a pressão no trabalho ficou pesada. Não conseguia fazer meu trabalho e continuar os estudos. Então fiquei com o ambiente menos exigente: meu diploma de RH –, ela acrescentou com um sorriso.

– Mesmo assim, devem ter lhe ensinado algumas coisas sobre o trabalho num ambiente estruturado –, meu pai sugeriu.

– Nem brinca. O trabalho na pontocom foi divertido depois daquilo. Esses caras eram tão, sabe, aéreos.

Aéreos?

– Basicamente, você tem razão. Phil –, disse meu pai, voltando à sua voz de palestrante. – No momento, cada operador tem de quatro a nove produtos em sua estação, ou em torno dela. Como a Srta. Cruz acaba de mostrar, isso tem algumas conseqüências. Primeiro, *lead time* longo. Lembre que o acúmulo de WIP tem impacto direto no *lead time*. Segundo, você deveria se perguntar por que eles não movem as peças num fluxo contínuo tranqüilo. Provavelmente suas tarefas não estão igualmente distribuídas. Balancear o trabalho entre eles será difícil enquanto cada um tiver estoque para compensar por esses desequilíbrios. Depois, como Amy já mostrou, eles têm que mover os produtos de mesa para mesa, que é tanto um desperdício quanto é perigoso, tanto para a pessoa quanto para o produto.

Meu pai pausou para dar ênfase ao que acabara de dizer e, depois, continuou:

– Também existe um problema de qualidade. Digamos que o cara fazendo a fiação final encontra um problema na montagem anterior, será muito difícil entender o que criou o problema, devido à defasagem de tempo entre a causa do defeito e sua detecção. Não dá para simplesmente virar-se para a pessoa fluxo acima e dizer "Ei, cuidado, se fizer desse jeito, terei problemas!". O defeito está escondido no estoque. Qualquer coisa pode acontecer quando o defeito não é facilmente detectável. E, finalmente, um problema que você não terá nessa linha, já que somente produz STRs: imagine se você mudar a produção de um tipo para outro, como na sua última linha. Cada vez que o fizer, terá que remover todo esse WIP, ou mantê-lo ali e causar a maior confusão.

– Então fluxo de uma só peça é a solução? – perguntou Phil.

– Numa situação ideal, sim. Se pudessem mover apenas um item de cada vez, a maioria desses problemas desapareceria. O número de itens seria igual ao número de operadores na linha, portanto você reduziria WIP e, ao fazer isso, *lead time* também. Nesse caso, poderia colocar as estações de trabalho lado a lado, já que não precisariam acumular todo esse estoque, o que também melhoraria a comunicação. Se os operadores encontram um problema, podem discuti-lo na hora. Por último, poderiam equilibrar melhor seu trabalho para remover os obstáculos no fluxo e prevenir que estoques em processo acumulem novamente. Nem sempre isso é possível, é claro, e às vezes existem processos como a estampagem de metais que possuem um ritmo completamente diferente. Mas essa deve ser sua meta.

– Mas eu pensava que tínhamos um fluxo de uma só peça –, Phil reclamou. – É isso que os consultores nos disseram, e é por isso que dividimos a antiga organização do chão de fábrica para adotar essa linha aqui!

– Droga, Philip –, disse meu pai com irritação. – Olhe bem para essa linha. O que vê?

– Fluxo contínuo? – Phil arriscou.

– Fluxo, sim, mas não contínuo. Olhe com atenção. Cada operador está trabalhando com pelo menos cinco peças na sua frente.

– Eu estou vendo –, Amy falou. – Eles colocam as peças numa fila organizada na frente deles e então trabalham em cada uma antes de mover todas as cinco peças para a próxima estação.

– Tem razão –, disse Phil. – Por que estão fazendo isso?

– Bem, provavelmente faz com que se sintam melhor, já que eles sempre têm peças extras com as quais podem trabalhar. Mas, pense em como isso afeta seu *lead time* –, meu pai respondeu. – Veja, – ele estava anotando uma explicação, – você disse antes que os mecanismos levam mais ou menos 45 minutos de tempo total para que o operador monte-os, certo? Portanto, o *lead time* de um único mecanismo é –

– Quarenta e cinco minutos.

– Sim, 45 minutos. Bem, isso é subdividido em seis etapas iguais, digamos, de oito minutos. Se os mecanismos estão sendo movidos em grupos de cinco, cada vez que você trabalha com um, os quatro restantes estão esperando. Então o *lead time* total para um mecanismo será de cinco vezes oito minutos a cada etapa –

– Quarenta minutos –, disse Amy.

– Quarenta minutos multiplicado por seis etapas dá 240 minutos de *lead time* para completar o primeiro mecanismo. Portanto, você tem um tipo de fluxo. O primeiro produto que entra é o primeiro que sai. Mas não se trata de fluxo de uma só peça.

– Quatro horas de *lead time* ao invés dos 45 minutos necessários se movermos apenas uma peça de cada vez. Entendi –, Phil concordava enquanto olhava os desenhos de meu pai. – Na verdade, os consultores ficavam teorizando sobre isso, mas nunca conseguiram colocar na prática. Primeiro puseram as estações de trabalho lado a lado, o que não era viável. Então, Dave e os operadores abriram a linha para que tivessem algum espaço.

– Que consultores –, enfureceu-se meu pai. – Quanto ao "como", chegaremos lá no devido tempo. Não é difícil, mas precisaremos de cronômetros.

– Cronômetros? – Phil repetiu. Fechei a cara, relembrando todo o horror relatado nas aulas de psicologia social sobre o inferno fordista onde o operador suava sob o olhar penetrante do *expert* em produtividade, de guarda-pó branco, o odioso cronômetro na mão, evocando a visão de Chaplin em *Tempos Modernos*.

– O que você esperava? – meu pai resmungou. – Estamos falando de *lead time* e ciclos de trabalho, portanto devemos ter uma idéia precisa de como as peças percorrem o fluxo. Cronômetros.

Phil sacudiu a cabeça resignadamente.

– De qualquer maneira, resolvemos parte das nossas questões objetivas. Sabemos agora que queremos reduzir o estoque WIP para uma peça por pessoa. Como Júnior aqui falou...

Odeio quando ele me chama assim.

– Mesmo que um estoque WIP absolutamente a zero não é fisicamente possível, nosso objetivo para a qualidade deve ser defeito zero. E a última coisa que precisamos resolver é nosso objetivo de produtividade, e sem adivinhações. Precisamos de cronômetros para entendê-la. Bem, chega por hoje. Encarregue-se do material e veremos tudo isso amanhã –, meu pai concluiu olhando para seu relógio.

– Posso fazer uma pergunta? – Amy perguntou enquanto saíamos da fábrica.

– Claro, Srta. Cruz.

– Não ouvi sua conversa ontem, mas, pelo que Phil me disse, entendi que o senhor pode nos ajudar a reduzir os custos de nossos processos de manufatura para que possamos melhorar nossa situação de caixa.

– Correto. É o que estamos fazendo.

Ela olhou para meu pai com um pouco de insegurança antes de falar:
– É isso o que não entendo. Eu não ouvi o senhor mencionar custos uma só vez.

Meu pai acenou. – E?

– Bem, em qualquer outra empresa, as pessoas só ficam buscando "redução de custos". Sabe, "corte os biscoitinhos", esse tipo de coisa. O senhor não vai fazer isso?

Inesperadamente, meu pai riu.

– Ainda não, Srta. Cruz, ainda não.

– É isso o que não entendo.

– Tenho que recapitular um pouco –, disse meu pai, justo na hora em que eu ia dar no pé. Ficamos parados ao lado da mesa da recepção enquanto lá fora o sol brilhava e o mundo real chamava.

– Como mencionei ontem, qualquer estratégia industrial deve tratar de reduzir custos para realizar lucros e, ao mesmo tempo, vender a preço de mercado. Mas há uma manha. O que acontece se você apenas reduz os custos sem saber exatamente o que está fazendo?

– Você pode também limitar sua produção –, respondeu Phil. – É o que o antigo proprietário fez com este lugar. Apertaram tudo o que é custo, ao ponto de os operadores terem que compartilhar as mesmas ferramentas, as máquinas não passarem por manutenção e, para resumir, nada funcionar. Quando assumimos, tivemos que começar pelo conserto do telhado que tinha uma infiltração imensa!

– Exatamente –, disse meu pai. – Antes de preocupar-se com custos, qual é a primeira forma de aumento de caixa?

– Cozinhar mais hambúrgueres para os clientes famintos a espera –, Amy disse, rápida como sempre. – Já entendi. Se você não faz entregas, pode ser tão custo efetivo quanto quiser, não entrará dinheiro. Fomos treinados a entender isso nos meus tempos de *fast food*.

– Isso. A melhor forma de cortar custos é simplesmente fechar a fábrica –, concordou meu pai. – E, por falar nisso, é o que acontece, às vezes. Conheço uma fábrica que foi transformada num "centro de custos" pela sua gerência geral. Os bônus da gerência da fábrica estavam ligados a quantos custos conseguiam cortar – e assim fizeram. Então as entregas danaram-se e os problemas de qualidade aumentaram de forma escandalosa. Depois de um ano, no mesmo mês, perderam dois clientes importantes e tiveram que fechar toda a fábrica. Acontece.

– O que queremos é economizar nos custos, não cortá-los. Para fazer isso, temos que saber exatamente quais são nossas prioridades. Primeiro, a entrega. Se não entregarmos, não seremos pagos. É o que estamos fazendo aqui. O problema imediato é entregar 100 disjuntores de tais e tais modelos por semana.

– STRs –, confirmou Phil. – Precisamos dobrar a entrega de 50 para 100 STRs por semana. Você tem razão, essa é nossa preocupação mais urgente.

– O problema –, disse meu pai, – é que garantir a entrega completa dentro do prazo numa operação que funciona como a sua significa ter um grande estoque WIP e de componentes para cobrir todos os problemas internos e as ineficiências.

– Fornecedores também –, acrescentou Phil. – Quando assumimos, o lugar estava uma bagunça, mas havia pedidos de clientes. Então gastamos todo o dinheiro que tínhamos para ter certeza de que as peças de nossos fornecedores estavam à mão para produzir os produtos. Isso, é claro, levou nossos estoques aos céus e nos colocou nessa sinuca.

– Exatamente. Mesmo assim, tinha razão em pensar nos fornecedores –, disse meu pai. – Primeiro, preocupe-se com a entrega, depois tente resolver a questão do estoque. Na primeira vez em que trabalhamos com a Toyota, como parte de seu programa de desenvolvimento de fornecedores, fizeram a gente aumentar os estoques em todos os lugares onde tínhamos problemas de entrega! Mal podíamos acreditar! Imaginem, os campeões mundiais de "estoque zero" pedindo para que aumentassem estoques em processo. A diferença, é claro, é que esses eram chamados de estoques pulmão. Mas, a satisfação do cliente sempre vem primeiro, o que significa, primeiro cuide da entrega. Quando já tínhamos isso sob controle, nos ajudaram a reduzir o estoque a seu menor ponto possível. Mas, em segundo lugar, você deve trabalhar com o estoque. Assim que puder garantir a entrega completa no prazo, é hora de se preocupar com reduzir o estoque que teve que deixar para lá. Vou lhe avisar que, à medida em que aumentamos a entrega de disjuntores STR, também aumentarão os estoques WIP, num primeiro momento. Só então encontraremos formas de reduzi-los.

– Como?

– De várias formas, mas, basicamente, você trabalha com estoques pulmão de peças, que aprende a reabastecer e, depois, se esforça para reduzir esse pulmão atacando as causas subjacentes.

– E os custos? – Phil insistiu.

– É a mesma coisa. No início, alguns custos aparentemente aumentarão, especialmente os custos de transporte. Mas, mantenha-se calmo. Ao reduzir os estoques de maneira inteligente, nos livraremos de muitas das ineficiências estruturais do processo. Não afetará "o custo" diretamente, mas terá impacto direto na produtividade e, portanto, –

– Em caixa –, falou Phil baixinho.

– Correto, caixa. Agora, quando tiver o estoque sob controle, podemos nos preocupar com os "custos", pois saberemos qual custo economizar. E saberemos qual não devemos mexer porque é importante para todo o sistema. Estoque é a chave, não em si, mas como o melhor indicador da efetividade de seu processo, como a agulha do velocímetro de seu carro. A agulha lhe diz algo, mas simplesmente mover a agulha na esperança de que seu carro irá mais rápido não faz muito sentido, não é? Bem, é isso o que muitas empresas fazem quando lançam campanhas de redução de custos, cegamente. Lembre-se, queremos economia de custos e não corte de custos. Bem, chega disso. Vamos lá. Philip, consiga os cronômetros para amanhã, certo?

Capítulo Três

TEMPO *TAKT*

Telefonei para Phil mais tarde naquela noite.
– Meu pai telefonou. Estão organizando uma regata no Iate Clube no fim de semana, então, ele não vai poder ir amanhã. Terá que esperar até segunda-feira.
– Droga! Que pena.
– Ele parece estar bem animado com a idéia, mesmo assim.
– Ele acha que nós poderemos fazer uma mudança?
– Sei lá. Mas, ele parece otimista, e sabe do que está falando.
– Ótimo. Bem, ouça... –, ele hesitou por uns segundos –, você é um médico, não é?
– Depende. Do que está falando?
– Eu lhe falei que estava dormindo mal, lembra?
– Você está sob muita pressão, sabe. O que está acontecendo exatamente?
– Eu não lhe falei nada, mas ficou pior. Tive um pequeno incidente há algumas semanas. Acordei no meio da noite com dores horríveis no peito e meu coração batia como louco. Não conseguia mexer o braço, ele estava duro e formigando todo. Para encurtar a história, Charlene levou-me ao hospital onde acharam que eu estava tendo um enfarte. Só que depois me falaram que não conseguiram detectar nada de errado. Disseram que estava sofrendo de ansiedade. Era um ataque de ansiedade. Disseram para eu ver um psiquiatra. – Tudo saiu num turbilhão, como se fosse uma confissão.
– Olha, você sabe que eu não sou desse tipo de médico –, eu disse.
– É, mas, sendo um psicólogo e tal, o que acha?
– Você fuma?

– Claro que não!
– Bebe?
– Fora... hum, bem, não, não de forma regular.
– Faz exercício?
– Ainda corro todas as manhãs.
– Tem algum histórico de problemas cardíacos na família?
– Não que eu saiba. Meus pais ainda estão em forma.

Eu sabia as respostas a essas perguntas, é claro, mas fazia parte da rotina. Detestava ter que ser "o psicólogo" com qualquer um de meus amigos. Eu havia entrado na área de pesquisa experimental justamente porque me sentira muito desconfortável com o trabalho clínico. E com amigos é pior. Muito pior.

– Bem, então as chances de haver alguma coisa errada com seu coração são pequenas. Mas não fique somente com a minha opinião. Tire um tempo para fazer um *check up* completo. Se há alguma coisa de errado, vai aparecer!

– Tudo bem. E sobre procurar um psiquiatra?

Suspirei. – Acho que deve se concentrar nos seus problemas concretos. Além da empresa, há mais alguma coisa? Sei lá, como vão as coisas com Charlene?

Ele hesitou um pouco antes de admitir. – Não muito bem. Temos discutido muito. Ela diz que estou irritadiço e mal-humorado. Eu estou achando-a, bem, você sabe.

– Parece que você está guardando muito estresse. Tem tido suores quentes e frios?

– De vez em quando –, ele respondeu na defensiva.

– Pensamentos recorrentes de fracasso? Medo de machucar-se ou de sofrer um acidente? Falta de sono?

– Sim, sim. Já entendi. É para ver um psiquiatra, não é?

– Eu não disse isso. Se sente que fará bem conversar com alguém, vá. Não resolverá o problema, mas pode ajudar a enfrentá-lo. Resolva o problema, Phil. Você consegue. Ajeite os negócios. Tome vitaminas. Concorde com tudo que sua mulher diz ou quer. Ordens do médico. Você vai ficar bem.

Ele riu. – Obrigado, amigão. Tem razão. Vou sobreviver.
– Não esquenta.

Fiquei olhando para a sala à minha volta por algum tempo. Enquanto falava com ele, eu havia descrito os mesmos sintomas de angústia que se apoderam de mim de vez em quando. Achei estranho que ele houvesse me ajudado a passar por alguns desses surtos de ansiedade sem se dar conta do que eram. Louvada seja a inocência! Pelas janelas, um reflexo prateado de luar traçava desenhos claros na sala escura. Depois de minha separação, havia alugado o apartamento do último andar de um edifício bem no meio do bairro latino. Eu estava convenientemente perto da universidade. Gostava da movimentação latina no local e não precisava me preocupar com o monte de ferrugem que eu chamava de carro. Havia me encantado imediatamente com as inesperadas janelas de sacada que o arquiteto colocara para poupar espaço de parede. Num dia sem neblina, dá para ter uma visão do oceano daqui, se fizer um esforço. Fiquei perturbado ao dar-me conta de que, após seis meses, ainda não havia mobiliado o apartamento depois do furacão Sarah ter passado pela minha vida. A sala estava vazia, com exceção do antiquado sofá de couro, que ela havia deixado para trás de tão volumoso que era para mover, e uma mesa num cavalete onde estava meu computador. Pilhas desorganizadas de papel e livros brilhavam soturnamente no pálido luar.

Pensei que tirar a licença ajudaria. Haviam me pedido para escrever um livro didático sobre "irracionalidade casual", que incluía psicologia cognitiva experimental e alguma coisa de psicologia do desenvolvimento. Era a minha chance. O livro tinha boas chances de ser adotado por várias universidades como livro texto e, portanto, direitos autorais me dariam dinheiro. Eu já havia publicado meu quinhão de artigos técnicos para revistas profissionais e, apesar de ninguém nunca ganhar um centavo por isso, o potencial de um livro para o mercado estudantil era algo completamente diferente. Não conseguira escrever o livro com aulas, alunos e todo o resto. Mas o isolamento que a licença permitia não parecia estar ajudando. Escrever era tão vagaroso e sofrido como sempre fora.

Em certa medida, essas excursões pela fábrica com meu pai e Phil eram um alívio irresistível para mim. Algo real. Pensei a respeito de Phil e seus sonhos empresariais, de minhas próprias ambições acadêmicas, de Sarah e sua busca pelo relacionamento perfeito, e novamente de meu trabalho sobre a irracionalidade e a desconcertante propensão humana para pensar veleidades. Havia aprendido no meu trabalho com esquizofrênicos que o fato de não poder compartilhar de seus delírios não fazia com que esses fossem menos reais para eles, da mesma forma como eu não acreditava na existência de fantasmas, mas acreditava na existência das pessoas que os viam. No entanto, meu trabalho mais recente abriu-me os olhos para o quanto todos nós fazemos o mesmo, sejamos sãos ou não. O mundo é nosso poço dos desejos e fomos programados para achar que, se acreditarmos em algo com força suficiente, deve necessariamente ser verdade, como encontrar minas de ouro no meio de refugo industrial.

– Bom dia –, disse Phil com ar feliz, nos levando para dentro de seu escritório. – Entrem. Quero que conheçam Dave Koslowsky. Já havia lhes falado dele, ele é nosso homem da produção aqui.

– Bom dia –, disse Dave, suavemente. Era um homem atarracado de uns cinqüenta anos, com cabelo grisalho e encaracolado, nariz pequeno e achatado e as bochechas vermelhas de quem passava muito tempo ao ar livre. Vestia uma camisa xadrez e um casaco bege feio, que logo me fez pensar em caça a patos. Dava para sentir a tensão nos seus ombros levantados e seus punhos fechados dentro dos bolsos. Parecia nervoso e tentei imaginar qual seria o problema. Meu pai deve ter sentido a mesma coisa porque imediatamente ficou tenso e cruzou seus braços na frente do peito.

– Phil pediu para que eu comprasse cronômetros –, Dave disse com voz grossa. – Você vai cronometrar os operadores enquanto trabalham?

– Exatamente! – respondeu meu pai com seu tato habitual.

– Não na minha fábrica! – Dave respondeu rispidamente, vindo na nossa direção como se fosse forçar sua passagem no meio de uma multidão. A boca de Phil abriu-se, estupefato, e Amy me lançou um olhar de aviso. Ela já sabia que isso aconteceria.

– Não tenho tempo para isso –, meu pai disparou, voltando-se imediatamente para a porta.

– Espere, pai, espere. Vamos conversar –, eu disse com calma. Para a minha surpresa ele parou e virou-se para nós, de frente para Koslowsky, que nos olhava de modo feroz.

– O que há com você, Dave? – explodiu Phil. Ele estava com o rosto todo vermelho, seja de raiva, surpresa ou constrangimento, ou os três sentimentos juntos.

– Puxa, Phil –, argumentou Dave. – Trabalhamos com esse pessoal! Não dá para simplesmente entrar lá e ficar parado com um cronômetro nas mãos enquanto trabalham. Pense! Vão ter um ataque!

– Não há maneira fácil de fazê-lo –, disse meu pai com seriedade. – Junte-os e diga que estamos conduzindo um estudo e para não se preocupar conosco, só isso. Vocês não fazem reuniões matinais aqui?

– É claro que sim. E o que digo para eles? Que o resultado é que ninguém vai ser demitido? Já passei por esses esforços de simplificação antes e só há um final para os operadores e eles sabem qual é. – Dave olhou para meu pai desafiadoramente.

– Quem diabos é você? O representante sindical? – perguntou meu pai.

– Calma, pai.

– Sou o gerente de produção, está claro? E não sei quem você é, mas não quero lidar com uma revolução aqui. E é exatamente o que vocês palhaços vão enfrentar se saltitarem fábrica adentro com cronômetros e estudos de tempo. Tudo já foi tentado antes.

– Ótimo, então terminei aqui –, disse meu pai asperamente. Ele não se moveu. – A decisão é sua, Philip –, ele disse para finalizar.

– Vamos lá, Dave –, Phil falou, quase em tom de lamúria. – Você sabe a situação em que estamos. Precisamos dos conselhos do Sr. Woods. Pode dizer o que quiser, mas ainda não achamos solução para nenhum dos problemas dos quais temos falado. – Isso deve ter sido duro, porque o rosto de Dave fechou-se.

– Demita-me se quiser, Sr. Jenkinson, mas não quero pessoas passeando pelo meu chão de fábrica com cronômetros sem aviso nem preparo. Eu mesmo faço, se quiser, mas não assim.

– Tínhamos uma combinação, Philip. Avisei que não toleraria nada disso. Até logo. Mike, leve-me para casa –, disse meu pai caminhando até a porta. Eu o segui enquanto uma discussão explodiu entre Phil e Dave. Já havia testemunhado brigas profissionais antes, mas, nada na universidade havia me preparado para a intensidade desse confronto que, como sempre, me deixou enfurecido com meu pai. Droga, quando iria lidar com as pessoas como um ser humano civilizado ao invés de agir como um John Wayne com todo mundo?

– Espere! – Amy estava correndo atrás de nós pelo estacionamento no momento em que estávamos chegando no carro. – Só uma palavrinha, por favor.

– Srta. Cruz –, disse meu pai serenamente, sem parar de caminhar. Quando chegamos no carro, virou-se para ela.

– Mil desculpas, Sr. Woods –, ela disse. – Sei que o senhor não queria se envolver, mas, por favor, entenda. David trabalha aqui há muito tempo. É tudo muito difícil, especialmente nesse momento. Nós realmente precisamos e valorizamos sua ajuda. De verdade.

– É, pai, vamos lá. Temos que conversar.

– O que você sugere? – ele cedeu. Amy suspirou aliviada e abriu-se em um de seus sorrisos rápidos. Eu gostava dela, tinha jeito com as pessoas. Mesmo com o desgraçado do meu pai.

– David vai se acalmar. Acho que ele é contra nós lidarmos diretamente com seus trabalhadores. Mas, se o senhor nos disser o que fazer, tenho certeza de que seria o primeiro a concordar de fazê-lo ele mesmo. É verdade, sempre ajudou no passado.

Podia ver a incerteza do meu pai. Ele havia se interessado, apesar de sua falsa indiferença. Além do mais, eu não conhecia bem as práticas industriais, mas via a lógica do argumento do cara de produção. Eu ficaria muito desconfortável parado na frente de um operador com um cronômetro na mão, pois já observara pessoas em situações experimentais no laboratório de ciências cognitivas.

Nesse momento, Phil saiu correndo do prédio; meu pai estava mexendo na porta do carro.

– Perdão, Bob – ele tartamudeou. – Não sei o que deu no Dave.

– Vou lhe dizer o que deu nele –, disse meu pai. – Eles provavelmente negociaram algum tipo de média por peça, ou tempo padrão, ou, seja lá o que for. Ele tem um combinado com os operários sobre o ritmo de trabalho. Droga! Esse pessoal aqui é sindicalizado?

– Não chega a tanto, mas, de certa forma, Dave está encarregado das relações com os empregados do chão de fábrica e devemos ter cuidado. Esses empregados são muito qualificados e não queremos perdê-los.

– E você? – disse meu pai, voltando sua ira contra Amy. – Você não é gerente de RH ou algo parecido?

– Sou –, ela respondeu calmamente. – E Dave e eu vamos ter uma conversa séria sobre isso. Uma conversa séria e *educada* –, ela acrescentou num tom um tanto quanto professoral. Meu pai limitou-se a lançar um olhar raivoso, e eu esperava mais faíscas, mas ela sorriu docemente. Então ele falou:

– Está certo, agi mal. Dave tem um argumento válido e eu provavelmente teria reagido da mesma forma no lugar dele.

Olhei para meu pai com espanto. Uma admissão de imperfeição? Muito bem.

– Mas não tenho mais paciência para nada disso. Passei toda minha vida lidando com gente que jogava na minha cara razões para não fazer isso, ou porque não podíamos fazer aquilo ou, sei lá... –, sua voz sumira e por um instante ele parecia muito amargurado e muito velho. Quase achei que podia ver a derrota no rosto de meu pai, algo que poucas vezes havia visto antes. – Só não esperem que volte lá para dentro quando não me querem.

Phil tinha no rosto uma expressão descaída. Eu sabia que ele procurava algum argumento que poderia convencer meu pai, mas, felizmente, ficou quieto. Meu pai passou a mão pelo pouco cabelo branco que lhe restava, e limpou a garganta sonoramente enquanto ficávamos num silêncio embaraçoso. Pensei em como parecíamos tolos, discutindo no meio do estacionamento.

– Está bem, tentaremos desse jeito por algum tempo. Não voltarei, mas –, disse, antecipando a explosão de Phil, – ainda podemos conversar sobre isto. Estarei no Iate Clube amanhã e, se quiser me fazer companhia, vou lhe dizer como deve proceder, e você faz o que puder na sua fábrica. Vamos ver se isso funciona, e se não der, bem, paciência, não há muito mais que eu possa fazer por você.

Phil se animou imediatamente, ajeitava repetidas vezes os óculos no nariz, um trejeito irritante que ele tem quando fica ansioso ou entusiasmado.

– Está ótimo, Bob, sim, realmente ótimo. Muito obrigado. Podemos fazer isso –, ele respondeu claramente aliviado. Quase jurei que Amy havia piscado para mim e mordi os lábios para não sorrir.

– Certo –, disse meu pai, após pensar um pouco. – Para começar, como é seu relacionamento com essa tal de Glória que conhecemos ontem?

– A supervisora do chão de fábrica? Bom, suponho.

Amy riu alto. – Todos têm medo dela. É ela quem realmente dirige tudo aqui, mas por que a pergunta?

– Você disse que ela era realmente boa em montar aquelas coisas?

– Sim –, disse Phil, – foi assim que conseguiu o cargo de supervisora. Por que?

– Bem, ainda precisamos estabelecer o número ideal de pessoas que queremos na sua bendita linha, e precisamos de alguns números! – meu pai resmungou. – Números reais, não aquele lixo vindo de um vago estudo de Deus sabe quando!

– Posso falar com ela –, falou Amy. – Ela é legal, mesmo.

– Está bem –, meu pai falou com dúvida. – Quero que pergunte a ela quanto tempo levaria para montar um mecanismo STR do início ao fim, incluindo os testes. Tudo isso de forma direta, sem intervalos, com o material completo e todo o resto.

Amy assentiu com a cabeça e anotou tudo no seu bloco.

– Seria melhor ainda se ela aceitasse que você a cronometrasse enquanto faz a montagem, talvez depois do turno. Você poderia tomar o tempo para cada segmento de trabalho, entende?

– Entendi –, Amy confirmou.

– Certo, Srta. Cruz, faça isso. E vocês, rapazes, venham ao Iate Clube amanhã para almoçar e conversaremos.

– Estaremos lá –, disse Phil.

A picape velha e arrebentada de meu pai já estava no estacionamento do Iate Clube quando cheguei. Perguntei a mim mesmo o que ele via naquela lata velha, mas dei-me conta de que provavelmente havia uma veia sentimental no velho que eu nunca notara antes. Normalmente, minha mãe era quem tinha um gosto por sedans novos e luxuosos. Imaginei que ele já estava trabalhando no *Felicity* (um nome bobo que veio com o barco e alguns marinheiros acham que é má sorte trocar o nome), então andei ao léu por algum tempo na sombra agradável dos pinheiros que margeavam o estacionamento do clube. Algum tempo depois, o velho Porsche laranja flamejante de Phil chegou num ronco, seguido pelo pequeno conversível vermelho estiloso de Amy.

Seu *tailleur* alinhado atraiu os olhares de alguns rapazes da localidade que estavam parados ociosamente ao redor de um barco a remo de competição semi pintado. Ela acenou para mim e sorriu animadamente. Apesar do sorriso fácil, seu rosto, na verdade, era bastante sério. Phil quase não me vê ao passar, enquanto ia na direção da entrada do Iate Clube, olhando para seus sapatos com o caminhar desalentado de um homem que carrega o mundo nas costas.

O clube era um prédio de dois andares que dava para o píer, de costas para um morro que tinha a fragrância dos pinheiros ponderosa. O andar de cima era um bar e restaurante com uma sacada grande e um *deck* com vista para o porto. Eu podia ver o barco de meu pai no fim do píer, e era realmente uma beleza. O lugar em si recreava os olhos, cheio de madeira envernizada e latão polido num falso estilo dos anos 20. Embora não costumasse acontecer muita coisa num dia de semana, havia a presença de alguns moradores locais e um grupo de turistas. Meu pai havia encontrado uma mesa agradável na sombra onde já estava distraidamente bebendo uma xícara de café.

– Quarenta e dois minutos –, anunciou Amy decididamente quando sentou, largando seu bloco de notas na mesa, o que fez meu pai sorrir.

– Como é que foi? – perguntou Phil.

– Muito bem. Glória preparou todas as peças primeiro, e cronometrei enquanto ela montava a coisa toda em 42 minutos, incluindo os testes. Mas, ela disse que geralmente leva muito mais tempo porque alguma coisa sempre dá errado.

– Ela se importou?

– Em ser cronometrada? Não, mas, perguntou para que era e se as pessoas deveriam se preocupar com seus empregos novamente. Sabe, depois de ter passado pela venda e tudo mais.

– O que disse para ela? – Phil falou, preocupado.

– Nada. Disse que perguntaria para você, mas que achava que isso não estava em jogo. Porém, devemos pensar numa estratégia de comunicação e rápido!

– É. Especialmente se você quer dividir o trabalho em dois turnos. As pessoas têm que se acostumar com a idéia e dar-se conta de que cabeças não serão cortadas –, meu pai enfatizou.

– Você tem razão –, Phil concordou, taciturno. – Mais trabalho.

– Não esquenta, chefe –, disse Amy alegremente. – Vamos conseguir. O tempo mesmo se divide assim:
- doze minutos para montar o mecanismo,
- quatro minutos para encaixar o motor,
- seis minutos para fazer a fiação do motor,
- sete minutos para encaixar a cápsula do tubo de vácuo,
- quatro minutos para fazer a fiação, e,
- nove minutos de testes.

– O encaixe do tubo de vácuo foi o mais difícil para Glória. Ela teve que mexer nele um pouco e depois tomar cuidado com a colocação. Ela disse que é uma operação delicada. Às vezes, encaixa sozinho e está tudo bem, mas outras vezes você tem que realmente refazer as conexões.

– Dá para ver que há um desequilíbrio enorme entre o primeiro e o segundo passo –, ponderou Phil, pegando o bloco.

– Não se importe com isso por ora –, interrompeu meu pai. – Esse é apenas um caso, não significa tanto. Talvez esse seja o jeito dela de trabalhar e que o cara que faz isso todos os dias é muito mais rápido. Mais cedo ou mais tarde, teremos que cronometrar, entende.

– Sim, entendi –, Phil respondeu.

– Muito bem, então nosso problema nessa etapa é descobrir qual o número apropriado de pessoas nessa linha, certo?

Todos assentimos como se estivéssemos na escola dominical.

– Agora, qual é o elemento crítico aqui?

– A velocidade com que trabalham? – perguntei.

Ele sacudiu a cabeça.

– O quão balanceadas estão as estações de trabalho? – sugeriu Phil.

– Não, pensem!

– Quantos queremos produzir a cada dia! – propôs Amy num súbito *insight*.

– Primeira da classe, senhorita. É tudo uma questão de tempo *takt*.

Todos nos olhamos, esperando que meu pai definisse esse novo termo. Ao invés disso, continuou sua palestra. – O que seus clientes fazem com esses disjuntores afinal?

– Eles os montam dentro de peças de equipamento maiores, como compartimentos estacionários, que farão parte de plantas de energia, navios, coisas assim –, disse Phil.

– Quantos desses disjuntores STR eles precisam num mês?

– Para os disjuntores STR há dois grandes projetos correndo paralelamente, um em atraso, pelo que entendi. Nosso pedido original era para 400 disjuntores de circuito STR por mês, mas avisamos desde o começo que não poderíamos fornecer isso, então, por enquanto, estamos entregando 200 por mês.

– Qual a freqüência da expedição? – perguntou meu pai.
– Temos que entregar 50 disjuntores STR em expedições semanais.
– Vinte dias de trabalho por mês?
– Sem contar acidentes e confusões, sim. Com freqüência temos que fazer hora extra para pôr o atraso em dia, o que nos custa uma nota.
– Tudo bem. Agora, seu cliente gostaria de 200 de seus disjuntores de circuito por mês, o que quer dizer 10 por dia, certo?
– Então em termos de mecanismos estamos falando de 40 por dia, não é?
– Certo. Quatro mecanismos STR por disjuntor.
– O que significa que, se o seu cliente consome essas peças com uma regularidade pontual, você deveria estar entregando um STR completo a cada 45 minutos, e entregando um mecanismo para sua montagem final a cada 11 minutos e 30 segundos.
– Como calcula isso? – Phil perguntou confuso.
– Vamos imaginar um fluxo perfeitamente tranqüilo –, disse meu pai. – O ouro flui pelo fluxo de valor e produz uma pepita a intervalos regulares, consegue enxergar?
– É ficção científica –, disse Phil sorrindo, – mas dá para ver.
– Você trabalha oito horas por dia, sem incluir o almoço, então temos 480 minutos. Vamos contar dois intervalos de 10 minutos, o que nos dá 460 minutos diários de trabalho. Seu fluxo de ouro deve produzir uma pepita a cada, 460 dividido por 40, 11,5 minutos, entende?
– Hmmm –, disse Phil. –É melhor contar intervalos de 15 minutos. Você está dizendo que um fluxo perfeitamente tranqüilo deve produzir um mecanismo a cada, vejamos, 450 dividido por 40... 11 minutos e pico?
– Então, 11,25 minutos –, disse Amy, de calculadora na mão.
– O que estou dizendo Philip –, meu pai disse lentamente, – é que se seu cliente tiver uma operação sem falhas, ele deveria consumir um dos seus STRs a cada 45 minutos. Portanto, se quiser evitar produção em excesso, terá que entregar precisamente um STR a cada 45 minutos para os produtos finais. Se for mais rápido, irá criar estoque, e, se for mais lento, seu cliente terá que esperar, certo? Para que isso ocorra, você terá que

produzir quatro mecanismos STR a cada 45 minutos, o que quer dizer um mecanismo a cada 11,25 minutos.

– Hipoteticamente, entendo o que quer dizer –, disse Phil. – A realidade é uma outra história. Nem sabemos quando expedir os produtos para o cliente.

– O que o senhor está dizendo, na verdade –, Amy falou pensativa, – é a entrega em primeiro lugar, nem mais, nem menos.

– Correto. E para fazer isso, você precisa de um ritmo, um marca passo. Isso é tempo *takt*. Fornece o ritmo para toda a fábrica.

$$\text{Tempo takt} = \frac{\text{Tempo de produção diário disponível}}{\text{Demanda diária do cliente}}$$

Phil anotou tudo isso zelosamente, observando em voz alta: – É o reverso da média de produção.

– Matematicamente, sim –, considerou meu pai. – Mas a perspectiva é completamente diferente. Suponha que você tenha que produzir 40 peças por dia, o que, em nosso caso, são 40 peças por 450 minutos. Isso significa que deveríamos estar produzindo 0,0888 mecanismo por minuto. E isso não faz sentido. Então as pessoas pensam em taxas de produção em termos de média para um dia inteiro. Por exemplo, poderíamos produzir 30 mecanismos nas primeiras quatro horas do dia e, no caso de uma falha qualquer, 10 de tarde, Ainda assim, estaríamos produzindo 40 peças por dia.

– Entendi –, Amy disse ponderando. – Ao ter como meta a manufatura de um produto a cada 11,25 minutos, teríamos menos folga. Teríamos uma noção de nossa posição em relação à demanda diária.

– Essa é exatamente a idéia. Além do mais, em operações tradicionais, o ritmo de produção pode ser determinado pelo gerente de produção. Se eu quiser utilizar meu equipamento completamente, por exemplo, posso decidir que realmente é possível produzir 50 peças por dia. Se fizer isso, posso aumentar consideravelmente minha taxa de utilização.

– Mas terá 50 produtos a mais até o final da semana! – comentei.

– E daí? Posso estocá-los e usar o dia a mais para produzir alguma outra coisa. Por que isso seria um problema? – perguntou Amy.

– Estoque! – Phil suspirou. – Na verdade, é isso que Dave faz com os disjuntores DG. Como a maior parte da demanda para esses é de manutenção, eles são feitos em lotes. Ele tende a produzir bastante e depois estocá-los!

– Exatamente, – meu pai observou. – A produção em excesso, que resulta em estoque a mais, é o resultado de produzir peças demais, seja antes do cliente pedi-las, seja excedendo sua demanda. Tempo *takt* é produzir o que o cliente consome, nem mais, nem menos.

– Mas o que acontece se o cliente, de uma hora para outra, quer mais? – perguntou Amy. – Digamos, 50 por dia?

– O tempo *takt* vai para nove minutos –, calculou Phil. – Pode ser, mas se estivermos produzindo um mecanismo a cada 11,25 minutos, como vamos, de repente, produzir um a cada nove minutos? Por mágica?

– Essa é a questão. Tente resolver, – meu pai desafiou.

Pensamos sobre isso em silêncio por um tempo.

– Glória monta um mecanismo STR em 42 minutos –, disse Amy.

– Certo.

– Então, quantas Glórias precisamos para produzir um mecanismo a cada 11,25 minutos?

– Quarenta e dois divididos por 11, 25 dá 3,73 –, respondeu Phil.

– Não dá para ter 0, 73 pessoa –, brinquei.

– Exato, então quatro.

– E a cada nove minutos? – perguntou meu pai.

– Isso dá 4,6! Mas precisamos de uma pessoa inteira, então dá cinco –, disse Phil. – Portanto, precisamos de quatro com um tempo *takt* de 11 minutos e cinco com um tempo *takt* de nove!

– Na essência, você entendeu –, disse meu pai com um sorriso satisfeito. – Existe uma relação direta entre tempo *takt* e o número de pessoas que estão trabalhando na linha. Lembre-se de que eles não estão cada um fazendo um produto inteiro; estão organizados numa linha de produção.

– Certo. Então existe uma relação entre o tempo *takt*, o número de operadores e... – Phil fez uma pausa. Amy completou sua frase:

– O tempo que leva para fazer o trabalho!

– É isso –, disse meu pai. – Isso se chama o conteúdo de trabalho do produto. E, no seu caso, o conteúdo de trabalho do mecanismo é 42 minutos, já que foi esse o tempo que Glória levou para fazer um do início ao fim, sozinha. Na verdade, se tivéssemos cronometrado cada um dos operadores na sua função especializada, teríamos um conteúdo de trabalho um pouco menor devido ao efeito da especialização.

– Você quer dizer que eles terminam seu trabalho mais rapidamente porque têm uma tarefa mais rápida para fazer e estão mais familiarizados com ela? – perguntou Phil.

– Sim, em geral, mas nos preocuparemos com ciclos operacionais depois. Vamos nos manter focados na relação tempo *takt*/operadores. Leva 42 minutos de conteúdo de trabalho para chegar a um mecanismo testado. Deve ser produzido um a cada 11 minutos. Então, quantas pessoas são necessárias nessa linha?

– Gente! Não mais do que quatro. E temos seis! Ahhh –, resmungou Phil com desagrado.

– Quarenta e dois dividido por 11 dá 3,8 –, confirmou Amy, e ela sinalizou para que Phil escrevesse:

$$\text{Número de operadores} = \frac{\text{Conteúdo total de trabalho}}{\text{Tempo takt}}$$

– Calma lá, rapaz. Chegaremos no motivo pelo qual você tem seis operadores trabalhando na linha, e não quatro, em um minuto. O importante é que podemos ter um objetivo SMART, com diria Amy, para essa linha: de seis para quatro pessoas. Não se preocupe como vai ser por enquanto.

– Num mundo perfeito, isso seria possível –, Phil concordou.

– E essa é exatamente a maneira como se estabelece um objetivo: para que seja exigente, mas não irreal.

– É um imenso aumento na produtividade! – Amy gaguejou.

– Difícil, mas não impossível.

– Porém –, Phil começou, entusiasmado, – se conseguirmos fazer isso em cada uma das linhas de montagem, liberamos um total de seis pessoas! O suficiente para começar um segundo turno para a linha STR!

– Essa é a idéia –, meu pai confirmou, com ar presunçoso.

– Vejam só!

– Calma, não estamos lá ainda.

– Mas, você realmente acha que conseguiremos?

– Se acho que pode ser feito? – meu pai disse com cuidado. – Sim. Mas, se acho que você pode fazê-lo? Não tenho idéia. Levando em consideração meu primeiro contato com seu gerente de produção, não teria tanta certeza ainda.

Esse é meu pai, pisa num homem quando ele está caído. Senti que Dave ainda pagaria pela recepção que havia nos dado, mais cedo ou mais tarde.

– Mas, de qualquer forma, essa não é a questão ainda. O que temos que entender primeiro é por que vocês estão usando seis operadores naquela linha e não quatro.

– Ahhh –, Phil reclamou, desanimado.

– Porque não são tão bons quanto a Glória? – sugeriu Amy.

– Pode ser, mas não acho que seja essa a razão.

– Porque o sistema é ineficiente –, tentei ajudar.

– Sim, mas de que forma?

Dei de ombros. O que entendia de fábricas, afinal?

– Pense ao contrário –, ele insistiu. – Seis pessoas produzindo 40 peças por dia –

– Ou menos! – resmungou Phil.

– Ou menos, significa um tempo total de trabalho para cada produto de 66 minutos, o que chega a 24 minutos a mais do que Glória levou.

– Isso dá quase 30%!

– Uma média de quatro minutos a mais por pessoa por produto –, Amy calculou. – Não é muito.

– Especialmente se considerarmos que aquela linha não está particularmente balanceada, se o jeito em que Glória trabalhou for parâmetro –, acrescentou Phil.

– Você poderia deixar isso de lado por um momento, Phil? – meu pai admoestou. Voltaremos ao balanceamento depois. O que estamos dizendo é que é gasto mais tempo em fazer o produto do que é absolutamente necessário, pelo menos pelo padrão de Glória. O que poderia ser? Digamos que eles não sejam lentos. Vamos supor que seja o que Mike falou, que é o sistema. O que pode estar acontecendo?

– Sei lá! – exclamou Phil, jogando as mãos para cima, frustrado. – Qualquer coisa: uma peça que falta, algo que não se encaixa, até uma ida para o banheiro.

– Exatamente. Variação –, disse meu pai.

– Quer dizer que pode ser qualquer coisa?

– Não qualquer coisa. Meu mentor da Toyota falava de três tipos de desperdício: há *muda*, do qual já falamos, trabalho que não agrega valor; mas também existe *muri*: sobrecarregar.

Phil simplesmente disse: – Aãã?

– *Muri* é todo o trabalho sem sentido que a administração impõe aos empregados devido à má organização, como carregar pacotes pesados, mover coisas de lá para cá, fazer tarefas perigosas, etc. É sobrecarregar uma pessoa ou uma máquina além de seus limites naturais. Trabalho ilógico é quase sempre uma causa de variação –, explicou meu pai, e acrescentou: – Por final, tem *mura*, irregularidade.

– O que quer dizer com isso?

– Variação *per se*, mas não no trabalho em si. Na verdade, é na programação. *Mura* é uma variação imposta ao processo por flutuações na programação de produção. Significa que, para absorver os picos de demanda, sempre precisamos de capacidade extra à mão – que é desperdiçada quando estamos num momento de baixa produção.

– *Muda, mura, muri* –, Amy repetiu. – Isso cobre uma porção de pecados!

– Sim, mas nessa etapa não sabemos o quê nem onde. O que sabemos é que há uma discrepância entre o que poderia ser numa situação ideal, e o que de fato acontece. Pela minha experiência, há um número muito maior de causas de variação num processo do que conseguimos enxergar. Esse é o motivo pelo qual você não consegue achar o gargalo, ou a falta de balanceamento na linha que gera o acúmulo de estoque em processo.

– Hmm, também explica porque os acúmulos nunca ocorrem duas vezes no mesmo lugar!

– Exatamente. Pelos números de Amy, podemos ver que o processo não está desordenadamente desbalanceado, que seria o caso numa seqüência de fluxo mais apertada, como na montagem final. Mas, também podemos ver que não está andando sem obstáculos. Nessa etapa, o que isso nos dá é nosso segundo objetivo: passar de seis operadores para quatro.

– Ainda acho difícil acreditar que a variação no processo possa explicar a diferença de seis para quatro operadores –, resmungou Phil teimosamente.

– Não é somente variação –, meu pai corrigiu. – Todos os tipos de desperdício que já discutimos! Veja por outro ângulo. Correção, por exemplo. Temos nosso objetivo para o estoque, uma peça por operador, e descobrimos nosso objetivo de produtividade. E quanto à qualidade?

– Você já disse antes –, eu falei. – Defeito zero.

– Zero de defeito interno, certo. O que acha disso, Philip? – perguntou meu pai, com um piscar de olhos.

– Não é possível! – Amy disse.

– É uma meta! – disse Phil. – Devemos nos empenhar para tal, mas é inalcançável. Alguma coisa sempre vai dar errado em algum lugar.

– O termo que aprendemos é um erro de tradução –, afirmou meu pai com um sorriso. – O conceito original é "tolerância zero para defeitos". A cada passo do processo, o operador foi treinado a identificar trabalho defeituoso que vem de mais acima no fluxo, e a recusá-lo. De fato, se o operador aceita o trabalho defeituoso que vem, acrescenta a isso seu próprio trabalho e passa adiante no fluxo, ele, ou ela, está tomando responsabilidade pelo defeito. Concordo que "defeito zero" parece inatingível como um valor absoluto, mas isso não vem ao caso –, meu pai continuou. – A Toyota ensina o princípio de *jidoka*, ou qualidade construída. A idéia chave é assegurar-se, quando um defeito ocorre, por qualquer que seja o motivo, de que seja interrompido logo que for possível no fluxo de valor acima.

– Quanto mais fluxo abaixo, e mais perto dos produtos acabados, o defeito for finalmente detectado, maior é o custo! – Phil exclamou, escrevendo:

Tolerância Zero para Defeitos

– E o pior caso é quando o defeito chega no cliente e é detectado ali. Podemos nem ficar sabendo. Para cada cliente que reclama, nove simplesmente se afastam, pelo menos é o que se diz –, Amy acrescentou num tom pseudo-sábio.

– Não em nosso ramo. Sempre nos falam dos defeitos –, Phil disse num tom de pesar. – Mas podem facilmente arruinar nossa reputação no mercado e, então, estaremos acabados.

– Eu sei, Phil. É como Henry Ford dizia: as duas coisas que não aparecem no balancete de uma empresa são seu pessoal e sua reputação –, eu concordei.

– E eu já falei isso? Mas, vocês estão entendendo o que quero dizer. Não é defeito zero no cliente. Vocês precisam ter tolerância zero para defeitos a cada etapa do processo. Isso significa que o operador recusa-se a trabalhar com componentes ou materiais defeituosos, ou a fazer qualquer correção.

– Nada de correção? – perguntou Phil, incrédulo. – mas, nesse caso, jogaríamos no entulho uma peça em cada quatro!

– E de onde exatamente você pensa que vem toda essa variação? – meu pai respondeu. – eu não disse para jogar as peças fora, eu apenas disse que os operadores na linha não fazem a correção e recusam qualquer coisa que não consideram bom o suficiente.

– Vai ser uma mudança bem interessante –, Amy assobiou.

– Por que eles têm que lidar com toda a porcaria que a empresa pode jogar no processo? Por que têm que lidar com *design* ruim, vendedores incompetentes e trabalho inferior? – meu pai discursava, começando a realmente ficar indignado com a situação.

– Então esse é realmente nosso objetivo de qualidade: defeito zero no processo –, Phil fazia um esforço enorme para entender tudo o que havia ouvido.

– É isso mesmo, rapaz. Não tem como escapar dessa!

– E você sabe como nos ajudar a chegar lá? – Phil perguntou, olhando para meu pai com dúvida e, pelo menos dessa vez, sem se deixar intimidar pela ferocidade dele.

– Posso dar-lhe algumas dicas no caminho, claro.

– Então, tudo pode ser resumido assim –, Amy disse, anotando em seu bloco de forma objetiva:

	Agora	Objetivo
Peças por dia	Mais ou menos 40	40
Estoque em processo (WIP)	33	4
Pessoas	6	4
Defeitos	?	0

– Você está brincando –, Phil interrompeu. – Está dizendo que nosso objetivo é reduzir WIP, deixe-me ver, em 90% e pessoal em 30%. Amy, isso é loucura. É irreal.

– Meu pai ignorou Phil. – Bem, Srta. Cruz, eu não poderia ter dito melhor. Esse é o objetivo de vocês. Está bem clara para vocês essa idéia? Vocês conseguem enxergar o ouro que estão garimpando no fluxo?

– Fluxo de uma só peça. Nada de refugo de estação para estação. E dois operadores a menos para a mesma produção –, ela respondeu com um sorriso desafiador. – Vamos lá. Por onde começamos?

– É fácil –, respondeu meu pai com um sorriso astuto. – Nas caixas vermelhas!

– Caixas vermelhas? – perguntaram Amy e Phil juntos.

– Sim, e tabelas Pareto simples. Você ainda não acredita que a variação no seu processo está causando tanta confusão. Eu começaria com uma ação simples: as caixas vermelhas. Você vai providenciar caixas vermelhas e colocá-las em cada estação de trabalho com uma instrução simples para os operadores: nada de correção. Se não estiverem satisfeitos com a peça que têm na mão, seja um mecanismo da estação anterior, seja um componente, eles vão colocá-la na caixa vermelha e fim de conversa.

– Mas, se fizerem isso, a linha vai desacelerar até parar por completo! – Phil protestou.

– Talvez sim, talvez não –, respondeu meu pai. – Já que tem tanto estoque, eles podem simplesmente pegar o próximo produto e trabalhar nele.

– Está bem –, Phil falou sem muita certeza.

– Preste atenção, meu jovem: você disse que faria o que eu mandasse, lembra? Eu só posso ajudá-lo se você me deixar ajudá-lo. Portanto, não discuta, simplesmente aja!

Agora, sim, parecia meu pai falando.

– O que acontece com as coisas nas caixas vermelhas? – perguntou Amy.

– Proponho que você fique por perto e observe um pouco. Quem sabe o que pode acontecer? Pelo jeito, podem jogar toda a fábrica fora e seu precioso Dave terá um ataque. Converse com Glória sobre isso. Peça para que ela crie um caderno e anote todas as causas para jogar fora cada peça. Depois, peça para que ela mesma faça a correção. Por enquanto, depois de ter corrigido uma peça, ela pode simplesmente recolocá-la na bandeja de entrada da estação junto com o resto do estoque. Veremos depois como fazer o mesmo sem estoque em processo.

Recebi um telefonema de Phil no dia seguinte, à noite.

– Mike? Oi, ouça, tenho usado o sistema da caixa vermelha, que seu pai sugeriu, o dia todo – você acha que eu poderia falar com ele a respeito?

– Não sei. Vou perguntar.

– Por que vocês não vêm até aqui? – foi a resposta de meu pai quando telefonei. – E peguem alguma comida chinesa no caminho, certo?

– Oi, meninos! – minha mãe abanou do enorme sofá, onde assistia, com atenção, algum filme recém lançado. – Bob está lá fora na varanda e a cerveja está na geladeira!

Meus pais realmente tiveram sorte em encontrar essa casa quando se mudaram da região dos Grandes Lagos. Ela estava localizada bem ao lado de um *resort* freqüentado por celebridades, nas colinas; portanto, apesar de viverem numa área razoavelmente urbana, só podíamos ver, a nossa volta, matos desabitados e eucaliptos gigantescos que exalavam sua fragrância no ar fresco da noite. Meu pai descansava na varanda, olhando para os últimos raios de sol refletidos na piscina. Phil e eu nos acomodamos com a refeição improvisada e as bebidas. Pensei em como meus pais tiveram senso de oportunidade; meu pai se aposentara um pouco antes da bolha da Internet estourar. Ele pagara pela casa e pelo barco à vista e estava bastante seguro em relação aos altos e baixos de seus fundos de pensão. Com todos os desafios ainda pela frente na minha carreira profissional, eu invejava sua paz de espírito.

– Vinte por cento! – Phil repetia, sacudindo a cabeça e movendo a garrafa de lá para cá. – Vinte por cento de correção nas caixas vermelhas! Em um dia.

– Devagar, 20% de quê?

– De todas as peças produzidas. Começamos hoje de manhã e calculamos os resultados agora há pouco. Dos 35 mecanismos montados do início ao fim dos testes, oito precisaram de correção em alguma etapa do processo. Quatro depois da primeira fiação, apesar de não termos descoberto ainda o porquê. Foi impressionante! Já de início explicamos o sistema da caixa vermelha para os operadores, e eles entenderam imediatamente. Havíamos recém começado quando a mulher que encaixa os motores tinha enchido quase toda a caixa dela! Descobrimos que muitos dos motores que recebemos de fornecedores têm problemas e ela, às vezes, acaba mexendo neles para corrigi-los, sozinha. E, então...

Ele só balançou a garrafa de cerveja mais um pouco, sem saber como descrever o caos que obviamente tomou conta da linha de produção.

— Como Dave reagiu? – perguntei.

— Amigo, ele desmoronou! O melhor de tudo é que, se cada uma dessas oito peças tivesse sido feita certa a primeira vez, a linha teria produzido 43 peças hoje. Dave deu-se conta de que a correção feita na linha pelos operadores provavelmente escondia esse tipo de desperdício todos os dias. Ele não sabia o que dizer. Sério, vocês tinham que ter visto. Achei que o cara ia ruir. Ainda bem que temos a Amy. Depois da primeira hora, ela passou metade do tempo segurando a mão dele. Não teremos mais resistência vindo da parte dele agora.

— Não dá para culpá-lo pelo que ele não sabe –, disse meu pai, o que eu achei muito justo da parte dele depois de todo o drama de dias atrás. — Isso não quer dizer que não é o trabalho dele, o mais básico. Operadores devem apenas fazer trabalho que agregue valor. É responsabilidade da gerência que isso ocorra, e livrar-se do desperdício.

— Eu sei, eu sei. Tenho pensado muito sobre esse negócio de *muda*, *mura*, e *muri*. Não estamos nem perto disso, não é? E depois, o que realmente me deixou fulo da vida é dar-me conta de que Dave está apenas dando o melhor de si, assim como os operadores. Vamos ter que admitir que temos *designs* bastante inferiores.

— Você conseguiu descobrir essa, então? – admoestou-lhe meu pai.

Pude perceber a mágoa de Phil na penumbra. Você pode pensar o que quiser dele, mas uma coisa é certa – ele não é burro.

— É. O problema é que falei no assunto com Gary Pellman, o diretor de engenharia de produtos, e ele nem quis ouvir falar no assunto.

— Quem é esse?

— Quando assumimos a empresa, Matt despediu toda a estrutura gerencial, exceto Dave e esse cara, Gary Pellman, a quem já conhecia. É ele quem está encarregado de nossos engenheiros de produto. Ela lida com a customização de nossos produtos para atender as exigências específicas dos clientes. É um cara bem conhecido dessa área por causa de toda a experiência que tem com os pedidos dos clientes. E é um cara que se melindra facilmente também.

— Projetistas, prima donas, tudo a mesma coisa –, resmungou meu pai.

– Bem, é justamente sobre isso que eu gostaria de conversar com você, Sr. Woods. O que faço? Amanhã volto para a fábrica e tenho que dizer alguma coisa para o pessoal de operações.

– Relaxe. Não estará dizendo nada que eles já não sabem há muito tempo. Lembre-se de que eles já lidam com esse tipo de problema há anos. Prepare a Srta. Cruz para ouvir um monte de "eu tenho falado há milênios, mas ninguém dava a mínima!".

– Entendo isso, mas não resolve o problema, não é?

– Parece que não. O que resolveria?

– Para começar –, meu pai disse, – arranje um engenheiro para trabalhar diretamente com os operadores e descubra porque tem tanto retrabalho nos mecanismos.

– Posso lidar com o lado da revenda, mas temos que fazer alguma coisa com os nossos desenhos! Nossa, 20%! –, disse Phil.

– Você não esperava por isso, não é?

– Para ser franco, não. Temos um número tão baixo de peças defeituosas no final do processo.

– Certo, pense assim: existem várias formas de medir a qualidade –, meu pai começou a contar nos dedos. – Primeiro você faz uma inspeção final e conta os defeituosos no final do processo, junto com os casos lamentáveis que passaram e chegaram nos clientes. Isso lhe dá uma porcentagem de defeitos: tantas peças defeituosas entre tantas produzidas. No seu caso, você havia mencionado algo como cinco por 1.000. Isso mostra a qualidade de seu produto, mas não lhe diz quase nada sobre o processo, ou onde está seu verdadeiro problema.

Segundo: o próximo passo é contar refugo interno, ou, todas as peças que você tem que jogar fora ou corrigir durante o processo. Como você já viu, esse número pode ser surpreendentemente alto no tipo de montagem que depende muito do *know-how* dos operadores. Mesmo assim, suponha que um produto tenha dois defeitos. Você provavelmente só irá detectar um. Para ser mais preciso, você pode começar a identificar todas as coisas óbvias que não dão certo a cada etapa da montagem. Vamos chamá-las de oportunidades de defeito. Dessa forma, pode detectar o erro e contar os tipos de defeitos à medida em que ocorrem. Ao contar os defeitos por um milhão de oportunidades, você terá uma idéia razoável do funcionamento de seu processo.

Bem, não é possível fazer a qualidade entrar em um produto pela inspeção, como dizem, mas certamente dá para fazer o contrário! A primeira coisa a fazer é continuar com o sistema das caixas vermelhas e treinar os operadores a reconhecer o quê, exatamente, tem de errado no produto com o qual estão trabalhando.

– Eu já havia pensado nisso, e já conversamos com Glória e Amy para que isso seja feito –, Phil falou.

– O segundo passo –, meu pai continuou, – é conseguir que as pessoas liguem os defeitos com a maneira em que o trabalho é feito fluxo acima. Geralmente, os operadores não têm uma noção clara do que significa um bom – ou mau – trabalho. Ninguém lhes falou antes e acabam tendo que descobrir sozinhos. Então, vocês devem ajudá-los a descobrir. Tente fazer estas perguntas:

Como eles sabem que estão fazendo o trabalho da forma certa?

Como sabem que não estão criando problemas para as etapas que seguem na linha?

O que fazem quando encontram um problema?

– Como, por exemplo, jogar na caixa ou chamar a Glória, ao invés de lidar com o problema eles mesmos?

– Sim, mas essa última é complicadinha. Então, é muito importante lidar com isso cuidadosamente. No Sistema de Produção da Toyota, montaram um painel enorme chamado *andon* e assim, se um operador tivesse um problema, um número se iluminava e o supervisor logo aparece.

– Ouvi dizer que os operadores podem realmente interromper a linha se encontrarem não-qualidade –, Phil observou.

– Bem, é o que as pessoas dizem, mas não é exatamente assim. Quando um operador tem um problema, ele chama por ajuda, puxando uma cordinha ou apertando um botão. Então, um gerente da linha vem correndo para ver o que pode ser feito na hora. Se o problema não é resolvido dentro de um ciclo de trabalho, o processo realmente vai parar, ao invés de produzir não-qualidade. Mas, na verdade, o operador não parou a linha. O que ele fez foi apenas chamar por ajuda. A linha pára se a ajuda do gerente não for rápida o suficiente, ou eficaz o suficiente. A pressão é sobre a gerência e não somente sobre os operadores. É tudo uma questão de tolerância zero para defeitos. Se você levar tão a sério quanto eles, acaba fazendo essas coisas.

– É uma grande responsabilidade para um operador, não é? – perguntei, interessado no ponto de vista de motivação.

– É verdade, e faz parte do sistema. Há mais pressão para os operadores, mas também há mais responsabilidade e a oportunidade de resolver o problema para sempre. Também há mais responsabilidade para a gerência de linha de frente. Teremos que discutir isso muito mais quando chegarmos no assunto de trabalho padronizado e coisas assim. Agora, vamos nos concentrar na retirada de não-qualidade do produto pela inspeção, e torná-la a responsabilidade de cada operador. E, lembre-se, não estamos fazendo nada além de estabelecer um controle de qualidade pós-fato. Não é qualidade construída de verdade, portanto, teremos que voltar a esse assunto depois.

Phil pôs sua garrafa na mesa e ajeitou seus óculos. – Acho que entendi do que está falando. Teremos que criar um sistema mais permanente para lidar com os problemas que o sistema da caixa vermelha detecta.

– Correto. Você deve trabalhar com os operadores para entender os detalhes das oportunidades de defeito – onde eles têm mais chances de encontrar um – e como esse problema afeta o resto da linha. Vai ser interessante, de qualquer forma, conseguir com que eles discutam a questão entre si.

– Mas, e a parte de *design*? Estou convencido de que algo deve ser feito para melhorar nossos *designs* básicos. Não podemos simplesmente depender da habilidade dos operadores para compensar pelos problemas de *design*, não é?

Meu pai respirou fundo e pegou outra cerveja. Ele provavelmente tinha algumas cicatrizes de guerra para mostrar quanto a essa questão.

– Não tem o que discutir nesse caso, Philip. Alguém vai ter que melhorar o *design* do produto. A pergunta é "quem" e como você vai convencê-los a fazer isso.

– Isso não é a função de Pellman?

– Ele simplesmente vai dizer que está muito ocupado com o atraso devido às modificações dos clientes, que não tem tempo para mais nada, e que todo o pessoal dele está muito ocupado. E deixe a produção lidar com os problemas de qualidade.

– É mais ou menos o que ele já disse –, admitiu Phil. – E, infelizmente, é provavelmente a verdade também.

– É muito provável –, meu pai concordou.

– Espere um segundo –, disse Phil, pensando em voz alta. – Temos um engenheiro mais jovem, Josh. É um cara esperto e está se irritando sob o comando de Gary.

– E ele é bom?

– Acho que sim. Ele é rápido e certeiro e os clientes gostam dele. Ambicioso também. Ele tem falado para nós que precisa de maiores desafios. Phil pensou por alguns segundos e prosseguiu: – E se eu deixar todo o fluxo STR para ele, dando-lhe uma solicitação específica dizendo que ele deve trabalhar com os operadores e melhorar os *designs* genéricos para que não haja tanta oportunidade para erros e correção?

– Para mim, faz sentido, se ele estiver interessado –, disse meu pai. – Você pode dar-lhe a responsabilidade pelo processo todo, pela entrega e pela qualidade também. O ideal seria se ele reportasse a você e ao Matt. Mas, nesse caso, não deve forçar a barra. Por enquanto, deixe-o sob o comando do cara da engenharia. Pelo que vi, você provavelmente poderá lidar com a questão da produção com Dave.

– Com Dave? Sem problemas. Ele tem um temperamento difícil, mas é um cara bom. Geralmente conseguimos convencê-lo. É mais uma questão de convencer Matt e Gary –, ele resmungou. – Odeio tudo isso! – ele exclamou de repente. – Sou um cientista, droga! Odeio todo esse negócio de lidar com pessoas e política.

– Bem, meu jovem, ao fim e ao cabo, o negócio todo é ter que lidar com as pessoas –, disse meu pai, depois que o momento de raiva havia passado.

– É, mas, eu não preciso gostar.

– Não precisa mesmo. Eu nunca gostei!

Eles ficaram ali sentados, companheiros na desgraça, embalando suas cervejas, revivendo suas guerras no chão de fábrica, o veterano e o novato. Senti um arroubo inesperado de ciúme. Era disso que meu pai se ressentia em seus filhos? Do fato de que meu irmão, um roteirista, e eu havíamos escolhido carreiras tão distantes quanto possíveis da área de negócios?

– Então está bem! – exclamou Phil, depois de algum tempo. – Qual é a vantagem de ser o chefe se eu não puder fazer o que quero? Vou falar com Matt e convencê-lo a dar o cargo para Josh. Então veremos se ele é tão bom quanto pensa que é. Vou colocá-lo no trabalho direto com os operadores para que melhore o *design* desses mecanismos dos diabos. E depois, o que acontece?

– Bem, você acredita agora que a variação pode estar causando muito mais ineficiência no processo?

– Está brincando? Enxerguei a luz –, Phil brincava. – Fui convertido!

– O próximo passo é redesenhar sua linha de produção para liberar dois operadores, mas acho que não vamos lidar com isso hoje à noite. Por enquanto, concentre-se em melhorar a qualidade no processo.

Graças a Deus! –pensei. Era uma noite tão agradável.

No domingo de manhã, meu pai voltou a trabalhar com o verniz, desta vez no telhado a bombordo, no convés de *Felicity*. Cheguei um pouco atrasado e fui abordado por Harry para uma conversa amigável no momento em que saía do carro. Quando cheguei no final do píer de madeira, deparei-me com uma cena um pouco surreal. Meu pai estava de joelhos aplicando uma camada de verniz com a concentração que um relojoeiro suíço reserva para as molas mais delicadas; Phil estava sentado na cabina, inclinado por cima de um caderno que repousava em seus joelhos, furiosamente fazendo anotações. E Amy, que havia trocado seu estilo de executiva por shorts de brim e uma blusinha branca, estava descansando no convés, usando um par de óculos de sol bem grandes, preguiçosamente movendo os pés para lá e para cá no ar. Ela não se inseria em nenhum dos cânones de beleza das tais "garotas californianas", sendo baixa e um tanto quanto cheia de curvas, mas pude reparar que possuía um belo par de pernas. De repente, dei-me conta de que eu a estava encarando! Subi a bordo atrapalhado, e parei na cabina em frente a Phil, que me cumprimentou distraidamente.

– Vou repetir, Phil, não faça nada disso sem antes cronometrar o ciclo de cada operador pelo menos 20 vezes!

– Mas, isso levaria 200 minutos. Três horas para cada?

– Está bem, então, mas pelo menos 10 vezes. E não discuta, você precisa dar validade estatística a qualquer número que usar, ou as pessoas não irão se convencer. Nem mencione o tempo que obteve com Glória, isso não é relevante. Entendeu?

– Acho que sim.

– O ciclo do operador é o tempo que leva para um operador fazer seu trabalho, certo? – perguntou Amy.

– Sim, mas você deve ser mais específica. Um ciclo operacional deve ser medido de um ponto fixo a outro ponto fixo. Mickey! Cuidado onde põe os pés, tenho todo meu material de pintura ali!

Está certo, pai, bom dia para você também.

– Veja, suponha que eu seja um operador na produção e minha função é pintar. Agora, molho o pincel na lata, aplico o verniz, vejo se está bem, e molho o pincel novamente. Isso é um ciclo. Agora, se você pegar seu relógio, poderá medir quanto tempo leva para que eu pinte esse trecho.

– Espere, não é tão fácil –, ela disse, tentando contar.

– Exatamente. O difícil é ter um ponto preciso para iniciar e outro para parar. Digamos que você inicie o ciclo quando molho o pincel na tinta. Agora, pode medir a partir desse ponto até a próxima vez que eu molhar o pincel.

– Certo.

– Certo? Agora, observe isso –, meu pai disse, endireitando-se. Ele fez uma careta quando seus joelhos estalaram, desceu até o local onde eu quase havia tropeçado nas suas preciosas latas, e começou a limpar seu pincel. Depois, voltou ao seu local de trabalho perto da portinhola.

– Você ainda está contando o tempo? – ele perguntou com uma gargalhada.

– Não, eu –

– Exatamente, você foi enganada. Eu disse de ponto fixo a ponto fixo!

– Droga! – ela falou baixinho.

– É exatamente o que eu penso, Srta. Cruz. Não se preocupe, é um erro muito comum e já vi mais de um gerente de fábrica fazer exatamente a mesma coisa. Mas veja bem, se o operador precisa regularmente se distanciar para lavar o pincel, isso faz parte do ciclo, certo?

– Variação! –, murmurou Phil, como se tivesse tido um epifania.

– Variação. Um ciclo deve ser medido de ponto fixo a ponto fixo. O ponto mais baixo lhe dará o que é um trabalho "normal", e o ponto mais alto lhe diz o tempo que leva se você tem que ir atrás de suprimentos, se o equipamento não funciona, seja o que for. Nesse tempo, o ouro não está fluindo pelo rio!

– E seu barco não está sendo pintado! – eu acrescentei, para poder fazer parte da conversa.

– Exatamente. Como posso terminar meu trabalho se tenho que passar meu tempo de papo com vocês meninos?

– Puxa! Nunca havia pensando nisso dessa forma. Você tem razão, nossos processos estão cheios de variações! – disse Phil.

– Ouça a voz da verdade!

– Então, para cada operador, medimos um ciclo de trabalho, digamos, de 10 medidas. E, depois disso? – perguntou Amy, voltando ao assunto.

– Depois, vocês desenham um gráfico que mostra tanto os tempos mínimos quanto os máximos para o ciclo. Passe seu caderno para cá, Philip!

Meu pai desenhou:

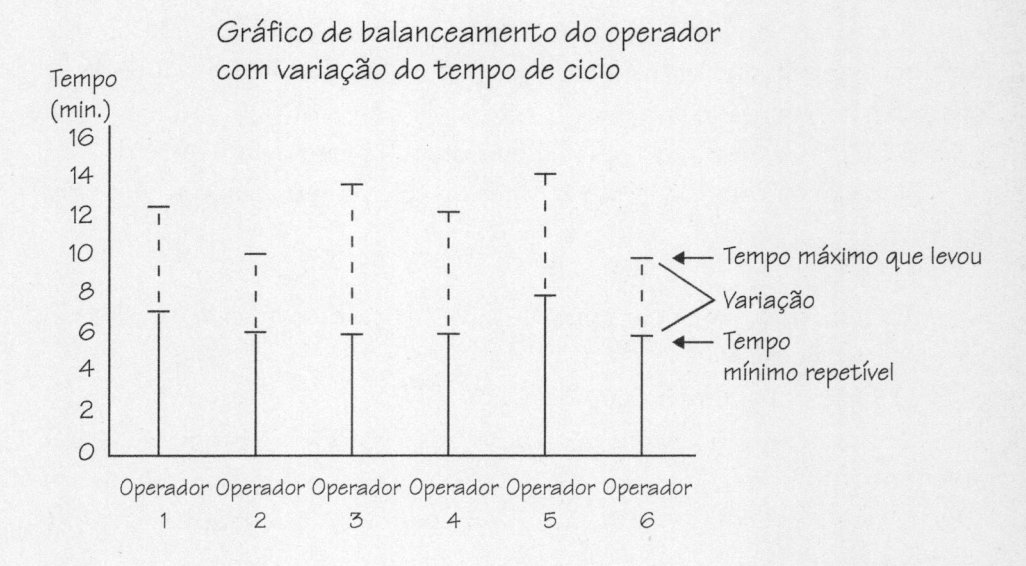

Gráfico de balanceamento do operador com variação do tempo de ciclo

Tempo (min.), eixo vertical de 0 a 16. Barras para Operador 1 a Operador 6, indicando tempo máximo que levou, variação e tempo mínimo repetível.

— É um gráfico de balanceamento —, ele acrescentou com uma piscada para Phil.

— Eu sabia que balanceamento entraria em algum lugar —, meu amigo resmungou.

— E depois? — continuou Amy. — Fazemos a média para cada operador?

— Não! — respondeu meu pai enfaticamente. — Nada de médias! As médias não significam nada. Fiquem com o mínimo e o máximo ou, se quiserem introduzir algo diferente, o mínimo mais a variação, e chame isso de "delta".

— Por que nada de médias? — perguntou Phil. — Tudo que fazemos está baseado em médias.

— E isso é uma grande bobagem —, meu pai disse com seu tato habitual. — Médias não querem dizer nada no mundo real. Veja, o mínimo revela o melhor que o operador pode fazer em condições normais. O que o máximo revela é a pior variação com a qual ele ou ela tem que lidar quando trabalha. A média lhe diz alguma coisa de real? Faça-me o favor de não falar de médias.

Eu quase jurei que podia ouvir Phil remoendo essa idéia. Amy desceu e sentou-se ao seu lado para estudar o gráfico que tinha nas mãos.

– Mas, com certeza –, ela começou com cautela, – com tudo que dissemos, o tempo de ciclo médio do operador deve ser equivalente ao tempo *takt*, não é?

– Pense! – meu pai disparou. – Ei, Mickey, você poderia me passar outra lata de verniz?

– Ahá! – exclamou Phil, endireitando-se. – Você tem toda razão. Não é a média, é o tempo de ciclo mínimo que deve ser equivalente ao tempo *takt*! Nenhuma variação!

– Certo. Agora, peguem o gráfico e desenhem a linha para o tempo *takt*. Isso mostrará duas coisas. Primeiro, se os tempos mínimos para cada operador são mais ou menos idênticos, o que significa que a linha está equilibrada. Segundo: como esses tempos mínimos se comparam ao tempo *takt*, e, finalmente, que tipo de variação aparece em cada ciclo do operador. Quando forem feitas as medidas, você tenta detectar pelo menos dois motivos principais de variação para cada operador, tais como correção freqüente, ou a busca de peças, ou, sei lá mais o quê.

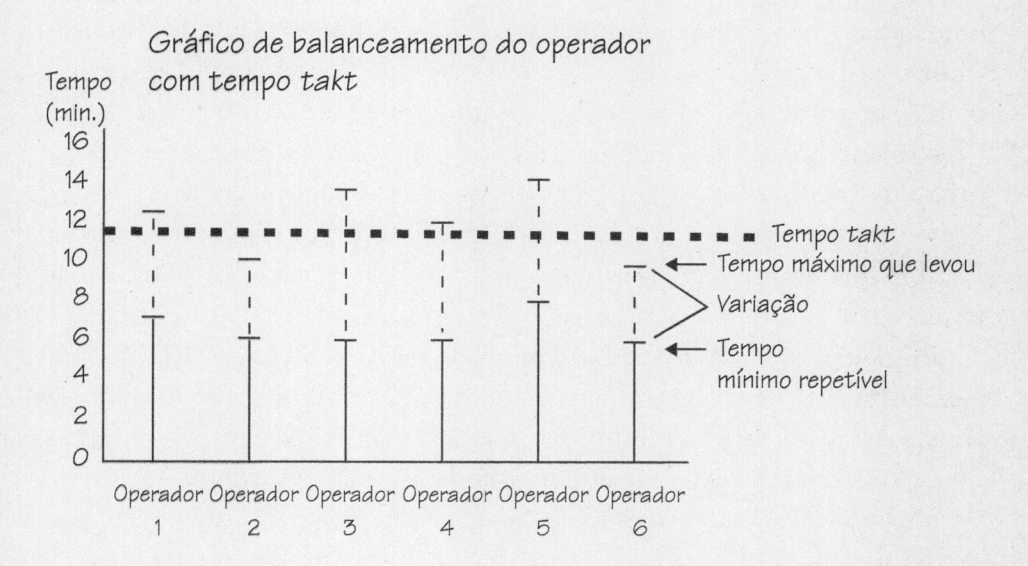

Gráfico de balanceamento do operador com tempo takt

– Mas, se eu fizer isso com os tempos de Glória –, disse Amy, – verei que a maior parte das operações estão bem abaixo de tempo *takt*!

– Com já disse –, meu pai olhou para ela de onde trabalhava, – não use os tempos de Glória. Eles não representam nada para as pessoas que estão fazendo o trabalho agora. Mas, essencialmente, você está certa.

– E é assim que poderemos melhorar a produtividade!

– Isso. E não é tão difícil –, explicou meu pai. – O que você precisa fazer agora é decompor cada ciclo operacional em movimentos básicos. Cada operação tem seu próprio ciclo natural. Imagine que estamos fazendo uma série de operações numa seqüência em que o conteúdo de trabalho exceda o tempo *takt*. O que você faz?

– É evidente que temos um problema –, eu falei, – porque o operador não terminou seu trabalho!

– Exatamente. Esse é o problema.

– Entendi! – exclamou Phil. – Você passa o trabalho para o operador seguinte!

– Mas, não está completo –, eu protestei. – Não faz sentido passar um pincel quase seco para outra pessoa!

– Numa seqüência apertada, faria –, disse meu pai. – Veja, a grande mudança de mentalidade que precisamos desenvolver na célula de produção é que o operador não deve pensar em termos de fazer sua tarefa do início ao fim, mas uma série de operações num tempo padrão – o tempo *takt*.

– Como estava pensando em "tarefas" antes, eu simplesmente ignorei o fato de você ter saído para fazer outra coisa –, sugeriu Amy.

– Exato. Não queremos pensar em tarefa, queremos pensar em fluxo. Lembre que o ouro deve fluir sem obstáculos através do processo. Então temos duas conseqüências:

Primeiro: você subdivide "tarefas" como encaixe ou fiação como sendo elementos das operações, com cada operador fazendo uma quantidade de trabalho equivalente ao tempo *takt*, não importa se for encaixe ou fiação, ou alguma combinação, e depois passando a peça para frente.

Segundo: você elimina todas as possíveis causas de interrupções nesse conjunto de operações, como correção, reabastecimento, e assim por diante!

– É simples, mas não é fácil. Dave não vai gostar! –, Phil falou baixinho, ajeitando seus óculos, todo concentrado.

– O que interessa é o fluxo, não a tarefa –, meu pai repetiu.

– E como os ciclos são menores do que o tempo *takt*, poderemos combinar tarefas e, portanto, liberar pessoas na produção, certo?

– Que moça inteligente! – meu pai disse sorrindo. – Você deveria dar-lhe um aumento.

– Me dá um aumento, Chefe –, ela disse, cutucando Phil com seu cotovelo. Ele levantou os olhos para o céu como se dissesse "por que eu?".

– Entendo a teoria –, Phil disse. – Mas como saberemos quais as partes da operação que devemos remover?

– Bem, pegue seu gráfico, desenhe o tempo *takt* e complete a primeira estação até o tempo *takt*, o mesmo com o segundo, e o terceiro, até chegar na última, em que alguns elementos da operação vão certamente ser deixados para trás.

– Não dá para cortar as pessoas no meio. Mesmo que sobre trabalho precisando de um décimo do tempo *takt* para a última operação, vai ser preciso um cara inteiro lá, sem ter o que fazer na maior parte do ciclo –, meu pai disse. – É por isso que vão ser necessárias melhorias constantes para reduzir os ciclos de trabalho do operador, para depois eliminar o pouquinho do tempo que sobrou. Isso se chama *kaizen*!

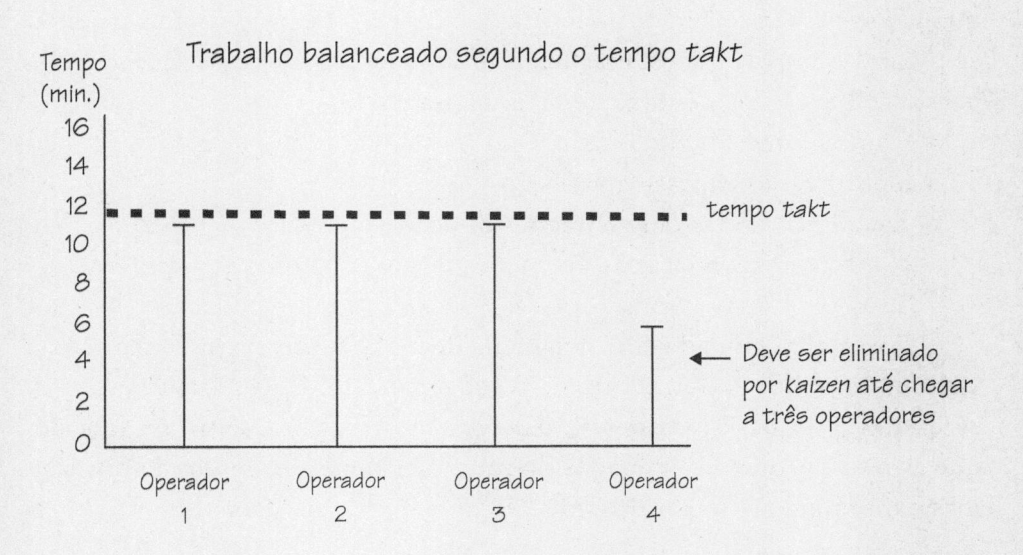

Trabalho balanceado segundo o tempo takt

Phil respirou fundo. – Espere aí –, ele pediu. – Isso está indo rápido demais para mim.

– É o que parece –, meu pai assentiu. – Vamos nos deter em balancear a linha e discutiremos o *kaizen* depois. Mas esse é um ponto histórico chave. Taiichi Ohno deu-se conta de que nenhum operador gosta de ser visto sem fazer nada, mesmo que a linha esteja completamente desbalanceada. Enquanto o operador tiver estoque, ele poderá trabalhar em alguma outra coisa.

– Entendi, é aqui que há uma ligação com o estoque em trânsito –, Phil disse, tentando acompanhar.

– Correto. Agora Ohno impôs o fluxo de uma só peça, em que não eram permitidos estoques entre operações. Devido aos desbalanceamentos entre as linhas em relação à quantidade de trabalho para cada operador, algumas pessoas não estavam fazendo nada, enquanto outras se esforçavam para acompanhar. Esse pessoal achava outras coisas para fazer, até que, segundo a lenda, Ohno ordenou que eles ficassem parados com seus braços no ar se não havia nenhuma outra peça com a qual trabalhar!

– Brincadeira! – eu murmurei.

– Bem, essa é a história. De qualquer maneira, supostamente, foi então que ele percebeu que um décimo de um operador ainda requer a presença física de uma pessoa inteira. E é por isso que não faz muito sentido quando as pessoas falam de melhorias percentuais de produtividade numa seqüência complexa de operações. É muito melhor falar do número de pessoas. Bem, o que temos que fazer agora é:

• fazer algumas medições,
• identificar as causas da variação,
• separar as tarefas em operações básicas, e,
• combinar e balancear as operações de acordo com o tempo *takt*.

– Só isso? – Amy perguntou.

– É isso, mas cuidado com a maneira de se comunicar! – meu pai aconselhou brandindo o pincel no ar. – Você deve dizer às pessoas o que está fazendo e porquê. Em especial, deve ser muito clara quanto ao fato de que as pessoas que são liberadas do processo não estão sendo demitidas, mas darão início a uma nova linha!

– É –, Phil concordou, – além de trabalhar muito para eliminar as causas de variações, como abastecer as estações e assim por diante...

– Com toda certeza!

– Ainda nessa lógica –, Phil continuou, – eu não entendi a ligação disso com manter o estoque de uma só peça num fluxo de uma só peça. Os operadores não tendem a criar estoque, seja como for?

– Ah –, disse meu pai, abaixando o pincel, – tem um truque legal para isso. Vire o senso comum de cabeça para baixo. A idéia é puxar e não empurrar.

– Empurrar e puxar. Já ouvi falar disso antes. Eu tive um professor de administração que vivia falando nisso –, disse Amy. – Mas nunca consegui entender o que ele queria dizer.

– Bem, é porque professores pensam como professores, e não como agricultores japoneses –, meu pai respondeu com um olhar sarcástico em minha direção. – No início, os trabalhadores da Toyota ainda possuíam pequenos lotes de terra que cuidavam depois do trabalho. Todas essas técnicas foram criadas por pessoas muito práticas. Nós complicamos em excesso ao tentar entendê-las. Na verdade, é muito simples. Veja, – ele disse, sentando ao meu lado na cabina e simulando uma operação.

– Tenho uma pilha de materiais, faço meu produto e *empurro* para o próximo cara. É um sistema de empurrar. Enquanto eu tiver minha pilha de material, fico aqui fazendo meu serviço e passando o material adiante. O que me interessa o que acontece com ele lá adiante?

– Pelo que você dizia na outra noite –, eu comentei, – a pessoa nem sabe se ela está fazendo o trabalho da forma certa. Ela só está empurrando adiante.

– Exatamente. É muito simples: pego esse material, monto meu produto e empurro pela porta.

– E onde entra o *puxar*, então?

– Aaaa, aqui é que entra o truque legal. Entre as estações de cada operador marco um local especial com espaço somente para um componente. Pode ser uma bandeja plástica, ou um quadrado marcado a giz na mesa, não importa. O que interessa é que tenha espaço somente para um produto final. Desse ponto em diante, a regra operacional é muito simples:

• se o quadrado estiver vazio, eu faço um novo produto.
• se o quadrado está cheio, eu paro de trabalhar.

– E enquanto o quadrado estiver cheio, eu não faço nada? – perguntou Phil.

– É isso aí. Braços para cima!

– Mas, você não estaria desperdiçando o tempo do operador? – perguntei.

– Na verdade, não. Pense um pouco. Se um operador começar a fazer outro produto, ele ou ela estará simplesmente criando –

– Estoque! – exclamou Amy.

– Certo –, disse meu pai. – É assim que o estoque começa a acumular. Bem, num sistema normal de produção não dá para realmente ver isso, devido a toda a variação que esconde esse tipo de ineficiência, mas, na verdade, na maioria dos fluxos de produção, há um mesmo número de pessoas trabalhando enquanto outras estão simplesmente andando para lá e para cá.

– Era isso que você procurava no primeiro dia em que visitamos a fábrica. Quem agrega valor e quem simplesmente está andando por aí –, lembrei. – Eu presto atenção! – reclamei, quando meu pai olhou-me com surpresa.

– Mike tem razão –, ele respondeu, ainda espantado. – Estamos pensando em puxar porque o quadrado vazio é um sistema puxado. Somente fazemos o que o fluxo abaixo acaba de consumir, e essa é a base de todo o sistema puxado.

– É só isso? – Phil refletiu. – tão simples assim?

– Bem, a verdade é que é simples numa célula de produção, mas ampliar isso para toda a fábrica é um pouco mais complicado.

– Como a fábrica toda fica sabendo quando puxar? – perguntou Amy, tentando entender.

– Excelente pergunta, apesar de ser bastante simples de responder. Qual é o tempo *takt*? 11,25 minutos. Eles devem puxar a cada 11,25 minutos, certo? Bem, são 40 peças por dia, porque a demanda do cliente foi o ponto de partida para calcularmos o tempo *takt*.

– Bem –, meu pai continuou, – lembra daquelas prateleiras enormes sobre rodas onde são carregados os mecanismos?

– Sim, elas carregam 20 peças cada uma.

– Bem, coloque duas num local após os testes e diga aos operadores que devem encher duas dessas prateleiras até o fim do dia. Nem mais, nem menos.

– No ritmo de um mecanismo de boa qualidade a cada 11 minutos –, Amy acrescentou. – Entendi.

– Mas isso cria um acúmulo de estoque! – Phil protestou.

– No início, sim, mas se conseguirmos baixar para 40 peças, já é bem melhor do que as cento e tantas que tem agora entre testes e montagem final. Não se preocupe mais com isso por enquanto, voltaremos a falar nisso. Para começar, concentre-se num sistema puxado bem simples. Os operadores têm duas prateleiras de 20 peças para encher, uma de manhã e outra de tarde, e eles somente podem trabalhar se o quadrado abaixo deles estiver vazio e se tiver espaço na prateleira. Se não, eles devem esperar.

– Certo, entendi. O que acontece enquanto eles esperam?

– Com eles, nada. Só esperam. Mas, a expectativa é que a gerência comece a se mexer para descobrir porque eles estão esperando!

– Você quer dizer a Glória, não é?

– E Dave e você. Lembre-se de que Glória já vai estar ocupada lidando com todo o retrabalho.

– Ah, o retrabalho! – Amy falou. – Como isso vai ser possível se eles estarão somente trabalhando com uma peça de cada vez. Ao retirar do sistema, o fluxo não será completamente afetado?

– Não é bem assim –, meu pai resmungou como resposta. – Só não quero que vocês se confundam. O que vocês precisam fazer é estabelecer um local separado para o retrabalho, como uma outra caixa. Assim, quando um operador vê uma peça que precisa ser corrigida, ele ou ela a coloca na bandeja de retrabalho. Certo?

– E então pára de trabalhar porque não tem estoque vindo de cima.

— Sim, pára de trabalhar num primeiro momento. A supervisora leva essa peça e faz o retrabalho fora da linha numa bancada especial para esse fim. Quando a correção estiver pronta, é bem provável que o operador já estará trabalhando numa outra peça –, meu pai explicou.

Phil pensou nisso por alguns segundos e, então, sugeriu como se testasse uma hipótese: – Se ela trouxer a peça corrigida de volta, de acordo com sua regra de uma peça por quadrado, isso irá bloquear o trabalho que vem fluxo acima, porque o quadrado acima estará cheio, se for introduzida outra peça no fluxo.

— Exatamente, por isso a peça corrigida deve ser colocada novamente na bandeja de retrabalho. Ficará lá até o problema aparecer novamente.

— Então o operador poderá trocar a peça nova que precisa ser corrigida por aquela que já foi corrigida –, Amy concluiu, – o que não afetará o fluxo.

— É isso, simples, mas nem sempre fácil.

— Tenho certeza –, concordou Phil, coçando a cabeça e tentando anotar tudo.

— Está muito bem –, meu pai aprovou, olhando por cima do ombro de Phil. – Bem, meninos e meninas, o dia está passando e meu barco não está sendo pintado. É só por hoje, pessoal. Vocês pensem em tudo e voltem com as perguntas. Agora, vamos lá!

— Mike? – disse a voz no telefone alguns dias depois. – É Amy.

— Oi, o que manda?

— Ouça, podemos conversar com vocês?

Ela queria dizer meu pai.

— Foi um dia pesado e estamos um pouco confusos –, sua voz parecia cansada. – Phil está bem chateado e acho que ajudaria se ele pudesse conversar sobre isso. E eu também, na verdade.

— Vou ver o que meu pai está fazendo. Estou trabalhando agora, mas talvez poderiam vir até aqui. Seria mais fácil para mim.

— Claro! Phil sabe onde é?

– Sabe –, eu sorri pensando em como ele odiava ter que estacionar o carro dele nesse bairro.

– Já vamos indo. Até!

– Vou falar com meu pai e pedir para ele aparecer –, falei ao desligar. Perguntei para mim mesmo qual seria o motivo para tanto pânico.

– Eu não sabia que você vivia no bairro latino – ela disse ao entrar logo atrás de Phil. – Me criei num lugar assim.

– E não sente falta?

– O quê? As cantadas e tudo mais? Nunca! Passei toda minha juventude tentando sair.

– É, bem, eu gosto bastante daqui. As pessoas são simpáticas, é perto da universidade e "Oi, Phil, entre".

– Eu avisei que o gosto de Mike em termos de decoração é minimalista, para não dizer outra coisa –, Phil brincou enquanto Amy avaliou a sala vazia e finalmente acomodou-se no sofá ao lado de Phil.

– Esse lugar precisa é de um toque feminino –, meu pai queixou-se ao sair da cozinha com uma xícara quente de café e sentando-se na cadeira da escrivaninha.

– O que você vê aqui é justamente o resultado de um toque feminino –, eu respondi mal-humorado, um pouco surpreso com a raiva repentina em minha voz. Tirei uma pilha de livros do caminho e sentei-me contra a parede.

– Sei, sei –, ele disse já desinteressado. – Bem, o que está acontecendo?

– Começou hoje de manhã quando um vendedor fez um escândalo porque queria ser pago na hora por uma entrega –, disse Phil, parecendo bastante desanimado.

– O que deu início a um rumor de que o lugar estava falindo – novamente –, continuou Amy.

– Depois, na reunião de gerentes falei para Gary que daria a Josh a responsabilidade pela estabilização do *design* dos produtos STR.

– Sem ter discutido isso previamente com sua gerente de Recursos Humanos –, Amy interrompeu secamente.

– É, então, me fuzile! – respondeu Phil com uma petulância fora do comum. – Droga, você quer meu emprego? Pode levar!

– Calma, rapaz –, meu pai interveio. – E como foi?

– Tão bem quanto eu esperava. Gary caiu em cima, reclamando de que não fora consultado, e que decisões estavam sendo tomadas atrás de suas costas, que a cadeia de comando deveria ser respeitada, enfim, as mesmas coisas de sempre. Matt começou a concordar com ele e propôs que esquecêssemos tudo; então, tive que me impor!

– E foi o que ele fez –, Amy acrescentou com um pequeno sorriso.

– Meu Deus, como odeio tudo isso. E, depois... Dave!

– Espera –, disse meu pai. – O que você fez quanto ao Joshua?

– Vai ser como eu disse. É uma confusão, mas o cara está todo animado. Não sei se ele entendeu o desafio ainda, mas vou fazer questão de que ele trabalhe com os operadores. O problema é que Dave meteu os pés pelas mãos!

– Ele foi direto falar com Glória –, Amy explicou, – apresentando um novo arranjo para a linha de produção de mecanismos, combinando os serviços de encaixe e de fiação. Naturalmente, ela mandou-o para aquele lugar, dizendo que não era possível, não com o ritmo de produção que ele esperava. Tive que descer e ver o que estava acontecendo e, então, tive que ouvir as reclamações dela sobre como estavam abusando de sua confiança. Uma embrulhada.

– Foi idéia sua, Philip? – meu pai perguntou. – Você disse a Dave para redesenhar a linha?

– Claro que não –, Phil respondeu, irritado. – Eu apenas havia explicado a ele o que tínhamos conversado, e ele foi lá e deu uma de salvador da pátria! O problema é que eu deveria ter previsto isso. É um comportamento típico de Dave. Ele sempre quer resolver tudo sozinho.

– Então, agora os operadores estão absolutamente contra tudo, e tive que assegurá-los de que não demitiríamos ninguém, e que se tivéssemos tido essa idéia, já teríamos falado com eles. Mas não estavam nem um pouco convencidos –, Amy relatou.

– Por que as pessoas têm que ser tão resistentes a mudança? – Phil reclamou.

– Como assim? – meu pai perguntou, irritado.

– Ninguém parece querer mudar coisa alguma, certo? Diabos, eles não querem nem mover suas estações de trabalho 50 centímetros para a esquerda!

– Não venha com essa! – meu pai respondeu com impaciência. – Já fiz mais *workshops* de redesenho de fluxo e leiaute do que consigo lembrar, e movíamos tudo: robôs, prensas, tudo. Na primeira vez em que trabalhamos com verdadeiros mestres da área, eles simplesmente chegaram na fábrica para uma visita. Era tarde da noite. Eles começaram a olhar para tudo que fizéramos e perguntaram se havia uma equipe de manutenção à noite. Claro, dissemos, temos três turnos. Então, chame-os aqui, disseram. E começaram a mover as máquinas para lá e para cá até as três da manhã, e ainda estavam lá as cinco para explicar aos operadores como o novo fluxo funcionaria. Não analise, rapaz, simplesmente aja!

Com ar incerto, Phil ficou sentado sacudindo a cabeça.

– Você não entendeu, não é? – meu pai falou bruscamente com um súbito lampejo de impaciência. – O que interessa são as pessoas! Não são as máquinas, ou a organização, nem mesmo o dinheiro. São as *pessoas. Entendeu?*

Phil e Amy olhavam para ele, e eu também. Do que estava falando?

– Pergunte ao Mike, ele é psicólogo!

– Sim, bem –, eu balbuciei, – claro, o que importa são as pessoas.

– As pessoas não são máquinas –, meu pai ralhava. – Elas têm idéias e sentimentos e conhecem seu trabalho. Você deve trabalhar *com* as pessoas, não contra elas. O dinheiro é apenas a folha de controle, uma forma de medir como as pessoas podem ser inteligentes quando trabalham juntas! Credo!

Ele tomou um gole de sua xícara, sacudindo a cabeça, frustrado. Ficamos olhando para ele, como se estivéssemos de castigo. Não era o tipo de conversa que eu esperara do homem e estava realmente curioso.

– O que você quer dizer, pai? Sendo mais específico?

– Pense um pouco. Só porque o ambiente de trabalho de um operador está limitado a sua estação de trabalho, não quer dizer que sua mente está.

Eles são os *experts*, entendeu. *Experts* dentro de seu universo estreito e especializado, mas, mesmo assim, são *experts*. O cara do encaixe é *expert* em encaixe. Então, quando você vem e diz que ele terá que fazê-lo de forma diferente, é claro que ele pensará que você não entende bulhufas. Ele pensa que sabe como fazer melhor, e está certo. É o que faz oito horas por dia, encaixar. Ele sabe mais sobre isso do que nós algum dia saberemos.

– Mesmo assim, ele ainda pode errar? – Phil perguntou.

– É claro que sim. Ele tem que trabalhar dentro de sistema pré-determinado. E ele pode não entender todo o processo, ou todo o *design*. Por exemplo, ele pode saber encaixar suas cápsulas exatamente da forma certa para que seus disjuntores de circuito funcionem, mas pode não saber porquê. Você sabe, porque desenhou as cápsulas. Então vocês terão que conversar!

– O senhor tem toda razão, Sr. Woods –, Amy concordou, mordendo o lábio inferior, um hábito que tinha quando estava tentando entender algo. – Comunicação I.

– Esqueça a comunicação! – meu pai respondeu com o descaso de sempre por aquilo que as pessoas diziam. – Liderança. É tudo uma questão de liderança. Não dá para simplesmente dizer para as pessoas como trabalhar, elas não são robôs. Também não dá para comunicar-se porque na maior parte do tempo, a gerência não é confiável. Sem ofensa nenhuma, Srta. Cruz, boa parte do discurso vindo de gerência é papo furado, especialmente vindo de RH. Faça com que eles lidem com o problema por eles mesmos. Olha, detesto dizer "falei, não falei?", mas se tivessem me deixado lidar com tudo do meu jeito desde o início, as coisas teriam sido bem mais fáceis.

Phil respirou fundo, tirou os óculos e esfregou os olhos. – Certo, então, o que fazemos agora? Há alguma maneira de ajeitar as coisas?

– Começamos bem do início, como deveríamos ter feito –, respondeu meu pai, após alguns segundos pensando.

– Amy? – ele perguntou – Você conduziu sessões em grupo quando trabalhava no negócio de *fast food*?

– Toda hora.

– Certo, o que importa aqui é que os operadores, e Glória em especial, descubram por si o impacto que a variação tem na performance deles. Todo mundo quer produzir peças de boa qualidade e atingir metas diárias. O que precisamos mostrar a eles é como o sistema os impede de atingir isso.

– Entendi o que quer dizer –, disse Amy. – Devo formar um pequeno grupo com Glória e alguns caras experientes e pedir para que eles cronometrem seus ciclos de trabalhos eles mesmos.

– Sim, e deve insistir nas 10 medidas, para que eles concordem que o ciclo mínimo de trabalho é real, e não alguma estratégia gerencial para aumentar a produtividade. Eles dirão, "está bem, às vezes leva meia hora para fazermos isso porque nos deparamos com alguma dificuldade, mas em geral, conseguimos fazê-lo em sete minutos". Confiarão em suas próprias medidas.

– Depois teremos que explicar a eles como iremos remover todas as causas de variação do trabalho –, ela continuou.

– O que significa que teremos que resolver seus problemas também –, Phil interrompeu, – como quem fornece o material e assim por diante.

– E, aos poucos, se darão conta de que alguns serviços podem ser combinados –, disse Amy.

– E falaremos a eles sobre o sistema de fluxo de uma só peça –, Phil acrescentou. – Tudo bem.

– Nunca percam de vista que, fundamentalmente, estamos trocando grandes expectativas por mais responsabilidade –, meu pai continuou. – Então, vocês devem trabalhar junto com os operadores para implementar esse sistema e não simplesmente jogá-lo na cara deles!

– Mas, e o redesenho da linha em si? Deixamos os operadores decidir sozinhos? – Phil parecia ter uma certa dúvida quanto a isso.

– É, e quanto às células em forma de U de que os consultores tanto falavam?

– Você quer dizer uma forma em U perfeita com exatamente 1, 2 metro no meio? – perguntou meu pai achando graça.

– É, essa. Eles não conseguiram implementá-la ou explicar para nós como fazê-lo, mas nos disseram que era assim que deveria ser!

– Não conseguiram implementar as células porque não conseguiam controlar o estoque no processo e, portanto, as pessoas sempre precisam mais espaço –, meu pai explicou. – Quanto à forma em U, esse é um desenho normalmente associado a Toyota e que realmente não se aplica no seu caso.

– Por que? – perguntou Amy, sempre curiosa.

– No seu caso, há tanto a montagem manual direta, sem equipamentos ou máquinas sofisticadas, quanto um conteúdo de trabalho relativamente grande, portanto é melhor manter os operadores na mesma configuração de uma pessoa por estação, lado a lado.

– Mas, suponhamos que você tenha um conteúdo total de trabalho bem menor, digamos de alguns minutos, e que precisa usar equipamento pesado como robôs ou soldadores. Nesse caso, as peças se moverão pelo processo, mas as pessoas também. O que você vai querer então é um leiaute que minimiza o quanto as pessoas caminham para lá e para cá. Por exemplo, se um operador faz tudo, o desenho mais eficiente seria a célula em U. Ele poderá, então, fazer um circuito completo para cada produto. Agora, se o tempo *takt* diminui, você precisará colocar dois operadores na mesma célula.

– A idéia é que cada operador faça um pequeno circuito dentro da célula. Por exemplo, eles podem fazer o início e o fim de um produto e, depois, os passos intermediários. Lembrem-se de que já eliminamos a idéia de "tarefa", portanto, particularmente em operações em que não há a necessidade de capacidades especiais, que não é o caso de vocês, é possível adaptar o leiaute do jeito que for desejado. A medida de 1,2 metro é apenas a distância certa para que as pessoas possam se virar e trabalhar nos dois lados da célula sem dar mais do que um passo. É só isso.

– Estamos falando novamente nessa idéia de romper com a noção de fazer uma "tarefa" num produto, e vê-lo mais como uma seqüência de operações elementares –, Phil falou pensativo.

– É isso aí. Em alguns casos, quando há máquinas para carregar e descarregar, por exemplo, teremos operadores fazendo o ciclo oposto ao do produto.

– Como assim?

– Bem, se você segue um produto e precisa carregar e descarregá-lo de uma máquina, o que você faz no meio tempo enquanto a máquina está trabalhando?

– Entendi, você espera.

– Exatamente, você espera. Agora, suponhamos que há mais um produto em espera antes de cada passo do processo. Se estiver fazendo o ciclo contrário ao produto, o que você faz primeiro é descarregar a máquina, posicionar a peça na máquina seguinte e então começar o ciclo da máquina, certo? – meu pai olhou para nós todos para ter certeza de que estávamos acompanhando.

– Depois, vai para uma estação fluxo acima, pega o produto que foi descarregado pela próxima máquina, e põe na máquina que você acabou de esvaziar. Na verdade, as máquinas costumam ser mais rápidas do que as pessoas, então não é um grande problema. É por isso que a Toyota insiste tanto em máquinas que se auto-descarregam. Vocês entenderam? À medida que os produtos vão em direção ao valor agregado, digamos, no sentido horário, seu operador irá no sentido anti-horário, descarregando, carregando e colocando em funcionamento a máquina 3. Depois, volta para a máquina de número 2, descarrega, carrega e põe a funcionar, e vai para a de número 1, repetindo o procedimento. Finalmente, dirige-se à máquina de número 4, descarrega-a na caixa de peças prontas, carrega-a e coloca-a em funcionamento, e vai para a máquina 3, iniciando a célula novamente.

– Estou entendendo –, disse Phil. – Isso não se aplica a nós, então?

– Não nessa fase. Operações contínuas, lado a lado, estão ótimas. Contanto que os dois operadores estejam do mesmo lado para que possam ser supridos de frente. Lembre-se, o importante é manter apenas um quadrado entre as estações e permitir somente uma peça. Se há um gargalo, o operador espera. Dará para ver a falta de balanceamento!

– Bob? – Amy perguntou. – Poderíamos voltar um pouco? Tem algo que perdi. Você mencionou que na célula em U, se o tempo *takt* diminui, devemos passar de um operador para dois. Como funciona isso?

Meu pai respirou fundo. – Você tem certeza de que quer entrar nessa questão agora mesmo? Pode confundi-la mais do que ajudar...

Ela tinha certeza.

— Esse é um conceito totalmente diferente. Vamos ajustar sua suposição de que o conteúdo de trabalho total de seu produto seja, o quê?

— Quarenta e dois minutos.

— Certo. Sua demanda do cliente é de 40 por dia, portanto dividiremos 40 por 450 minutos disponíveis, gerando um tempo *takt* de 11, 25 minutos. Bem, suponha que a demanda do cliente chegue a 60. O tempo *takt* será mais rápido, digamos 7,5 minutos. O conteúdo total de trabalho não mudou, mas —

— Sim, o número de operadores necessário na linha vai mudar. 42 dividido por 7,5 é... 5,6 operadores, ou seja, seis operadores, sendo que um terá uma carga menor, certo?

— Correto. Então, se a demanda varia de 40 peças por dia para 60 peças por dia, você deverá ser capaz de modificar a organização de sua linha de quatro para seis naquela célula. Células *lean* estão organizadas de forma a poder fazer isso. O truque é criar trabalho padronizado para que você tenha padrões específicos de trabalho para cada nível de tempo *takt*. É óbvio que a quantidade de trabalho por operador mudará conforme o takt.

— Então porque você sugere que devemos criar um segundo turno com os operadores a mais ao invés de simplesmente aumentar nossa produção na linha que já existe? — perguntou Phil, confuso.

— Você é quem estava todo entusiasmado com o segundo turno. Na verdade, eu prefiro muito mais aumentar a produção nessa linha. Se vocês estiverem com vontade de fazer assim, vão em frente. Mas, estamos falando de pessoas, não robôs, lembrem-se! Não se esqueçam do método "Oh, no!". Se Amy conseguir acertar tudo com os operadores, ela irá conseguir convencê-los a tentar fazer o mesmo trabalho com quatro pessoas ao invés de seis. Eles vão conseguir?

— Num primeiro momento, não! — Amy respondeu com um olhar divertido. — Tentaram fazer isso com a gente no restaurante de *fast food*, mas ninguém removeu o desperdício e a variação do processo para que o ouro pudesse fluir.

— Exatamente. E?

— Então minha tarefa será pressionar todos na fábrica para que resolvam os problemas dos operadores. Ótimo. Pensem nisso um pouco. Vocês conseguem me imaginar indo falar com o pessoal de qualidade e dizendo para eles darem um jeito? – perguntou Amy.

Phil fez uma careta.

– A questão é que se você simplesmente tentar aumentar a produção naquela linha com a estrutura atual, vai dar tudo errado. Não há uma lógica de pessoas por trás. Então, para começar, o jeito mais fácil de aumentar a produtividade é manter o mesmo nível de produção e tentar retirar pessoas, o que força todos a resolver os problemas e manter o fluxo de peças na linha.

– Mas, e quanto à flexibilidade de que estávamos falando? Perguntou Phil.

– Esse tipo de flexibilidade é para mais tarde. Para poder trabalhar com turnos de quatro ou cinco ou seis operadores, você deve primeiro ter resolvido todos os problemas deles. E precisa ter trabalho padronizado para todos os níveis de produção. Chegará lá algum dia, rapaz, mas primeiro aprenda a ficar de pé para depois aprender a voar. É a lei da natureza, não a minha.

– Está totalmente claro para mim; é um conceito brilhante!

– É mesmo. Uma pessoa para 10 peças, 10 pessoas para 100. É espetacular quando você vê tudo funcionando, mas você está longe disso nesse momento.

– Certo, já pensei em como será meu *workshop* –, disse Amy, mordendo o lábio. – Em que devo prestar atenção em especial?

Meu pai ponderou tudo um pouco antes de responder.

– Primeiro, evite a interferência da gerência. Certifique-se de que nem Dave nem Phil estejam rondando quando você trabalhar com os operadores, mas, em segundo lugar, e essa é realmente importante, tenha Dave e Phil no local quando apresentar o novo leiaute e faça-os se comprometerem imediatamente e publicamente com as mudanças.

– Eu posso me encarregar disso –, concordou Phil com determinação.

– Segundo, certifique-se de que eles entenderam o combinado. A entrega vem em primeiro lugar, então, não importa o quê, eles devem encher uma prateleira com 20 mecanismos a cada quatro horas, e tentar fazer isso o mais tranqüilamente possível. Em troca, você conseguirá que a empresa toda trabalhe para que os operadores resolvam seus problemas e atinjam essa meta. Você terá que ser enfática quanto à combinação porque eles já estão tão acostumados a lidar com o papo furado de sempre que não vão acreditar em você. E, Philip –, ele disse, apontando na direção de Phil com a xícara, – essa é a sua oportunidade de sucesso ou fracasso. A gerência está se comprometendo a permitir que os operadores façam seu trabalho. O que significa liberá-los de tudo que não agrega valor diretamente. Em troca, significa pôr todo o chão de fábrica a seu dispor, ao contrário do que normalmente acontece. Eles irão testá-lo nesse ponto, então é bom você cumprir. Vai conseguir?

– Veremos –, disse Phil com cautela. – De qualquer forma, farei o melhor possível.

– Cuidado: isso quer dizer colocar muita pressão em pessoas que estão acostumadas a serem senhores absolutos na produção, como aquelas nas áreas de compras, qualidade e engenharia. Você consegue imaginar o cenário?

– Sim –, ele disse, num tom confiante, mas cauteloso.

– Terceiro: você terá que garantir que seu suprimento de material seja projetado adequadamente.

– Você quer dizer como eles guardam seus componentes? – perguntou Phil.

– Sim, e como eles são entregues.

– Se seguirmos a lógica até o fim, tudo deverá ser levado até suas estações de trabalho sem que nunca precisem procurar por peças.

– Certo. Em fábricas com muito menos conteúdo de trabalho e tempo *takt* mais baixo, prateleiras sobre rodas contendo peças em caixas pequenas são instaladas ao alcance da mão dos operadores. Na prateleira mais baixa fica a caixa de onde o operador retira os componentes. Na prateleira de cima, é colocada a caixa vazia para ser levada pelo operador de logística.

– Mas, no seu caso, o mais fácil é começar com um sistema de caixa dupla nas prateleiras da estação de trabalho. Coloque uma caixa na frente, de onde irão retirar os componentes. Atrás fica uma segunda caixa que está cheia. Quando um operador esvazia a primeira caixa, ele coloca a vazia na parte de cima das prateleiras para ser preenchida, e puxa a segunda caixa no lugar daquela. A pessoa que faz o abastecimento, e deve ser alguém com plena responsabilidade por essa função, até o supervisor, voltará e colocará a caixa cheia atrás daquela que eles já estão usando. Certo?

— Sim, uma em uso, uma cheia, e uma pessoa designada a fazer a reposição. Certo!

— Mas, e todas essas caixas vão caber nas estações? — perguntou Amy, o que fez com que meu pai risse inesperadamente. Ela imediatamente se melindrou.

— Não, não estou rindo de você. É uma pergunta muito boa. É que demorou um tempo enorme para que eu entendesse justamente esse ponto. Você não tem nem idéia de como foi difícil para que nós veteranos da produção em massa entendêssemos todo esse papo de *just-in-time*. Eu realmente entendo Dave, eu já passei por isso. Lá estávamos nós, participando do programa Toyota de fornecedores, e eles nos dizendo a toda hora para diminuir o estoque, reduzir o estoque, ter menos estoque WIP, e não importava o que fazíamos, sempre queriam mais redução de estoque. Então, um dia, eu soltei os cachorros: "Por que vocês insistem tanto com esse negócio de estoque?", perguntei para um consultor da Toyota. "Eu sei que é custoso e que afeta o caixa, e tal, mas não é para tanto!". "Estoque é mais problemático do que você pensa", ele disse. "É mesmo? Como?", eu perguntei. E então ele me explicou: "Funciona assim. Queremos que um operador possa fazer vários modelos diferentes na mesma estação de trabalho por uma questão de flexibilidade, certo?". Certo. "Queremos que o operador tenha todos os componentes de que ele precisa para que haja a menor movimentação que for possível, certo?". Certo. "Bem, já que também queremos estações de trabalho pequenas para limitar os movimentos desnecessários, isso significa caixas bem pequenas para que caiba tudo, portanto — reduzam o estoque!".

Ele riu mais um pouco ao lembrar da história. — Foi nesse momento que me dei conta de que ainda pensava como um gerente que "conduz tudo pelos números", enquanto que eles estavam raciocinando como camponeses japoneses. Sabe, tudo visual e prático. Tudo em seu lugar. Foi um momento realmente revelador. Então, eis a sua resposta. É claro que isso quer dizer muitas caixas, portanto, consiga caixas menores!

– Mas, isso vai enlouquecer a logística! – protestou Phil. – Quanto menor a caixa, maior a freqüência com que terá de ser preenchida. Os caras da loja também não vão gostar.

– Lembre-se do que eu disse na primeira vez. A satisfação do cliente sempre vem em primeiro lugar, então, comece preocupando-se com a entrega, depois com a redução de estoque, e somente depois racionalizaremos os custos. Sim, o sistema *just-in-time* trata de mover peças em caixas pequenas o tempo todo. O que não quer dizer que haverá mais gente para fazer isso, mas uma organização melhor. Simplesmente aceite isso por enquanto. A verdade é que você tem muitos recursos sendo desperdiçados bem na sua frente em toda a fábrica, mas não consegue enxergar ainda. Não se preocupe, no fim, faremos mais com menos. Por enquanto, concentre-se nas caixas menores.

– Dave vai ficar muito confuso! – disse Phil, sacudindo a cabeça, aflito.

– Bem, mas vocês justamente produzem disjuntores para isso, não é? – meu pai disparou, rindo longamente de sua própria piada sem graça.

Capítulo Quatro

PADRONIZANDO O TRABALHO

Havíamos combinado de nos encontrarmos no Iate Clube na sexta de noite para ver como fora a semana. Recebi um telefonema de Amy avisando que estavam saindo cedo, e ainda estava claro e quente quando chegamos na baía. Ao chegarmos no píer, vimos meu pai remexendo no fundo de seu barco. Ele havia aberto os baús de popa de *Felicity* e espalhara todas as suas tralhas pelo convés, dando um aspecto de ferro velho à doca num raio de três metros à sua volta. Enquanto pensávamos no que fazer, ele jogou uma lata de tinta vazia num amontoado de lixo no meio da confusão. Finalmente, tendo conseguido reconhecer o imenso plástico azul do barco, sentei-me. Amy sentou-se ao meu lado, com um aspecto surpreendentemente fresco, apesar do calor da tarde, enquanto Phil sentou-se, desajeitado, no chão. Meu pai saiu do barco e sentou-se em um balde que estava virado de cabeça para baixo.

— Tenho que pintar o porão — ele resmungou — uma coisa que odeio fazer. Então, é uma boa oportunidade para fazer uma limpeza. Não liguem para a confusão. Como foram as coisas?

— Muito bem —, ela disse, satisfeita. — Eles estavam interessados na experiência – o que foi uma surpresa – e até cronometraram uns aos outros!

Eu já sabia que as coisas tinham ido bem porque Phil me telefonara contando que a crise financeira estava sendo resolvida aos poucos, pois um de seus financiadores havia concordado em estender seu crédito. De qualquer maneira, conforme me dissera, precisavam mostrar alguma melhoria rapidamente.

— Conseguiram remover algumas pessoas?

— Sim. Conseguimos convencê-los a aceitar a idéia de dois turnos e descobrimos que, há algum tempo, a fábrica funcionava em dois turnos.

Alguns dos funcionários antigos gostaram da idéia e disseram que preferiam o primeiro turno porque isso lhes dava mais tempo para fazer algumas coisas em casa. Nem sabíamos desse interesse. Enfim, vão decidir entre si como organizar as coisas. Parece que adiantar o horário de entrada para as 6 da manhã é menos problemático do que eu havia pensado, para os operadores, pelo menos. Ainda bem que os engenheiros não estão diretamente envolvidos!

– Quem você tirou?

– Dois dos mais antigos. Amy sugeriu que nesse meio tempo eles poderiam nos ajudar com a estabilização do processo e conseguir o mesmo com as outras linhas.

– Boa idéia –, disse meu pai, visivelmente impressionado. – As pessoas tendem a remover aqueles que têm o pior rendimento, o que é uma burrice, porque, assim, nunca aprenderão. Remover os antigos para usar como núcleo da equipe do novo turno foi muito bem pensado.

– Viu? Eu disse. Ela sorriu para Phil, cheia de si.

– Está bem. A outra coisa interessante que aconteceu é que Josh tem se envolvido no caso do retrabalho. Ele fez uma análise de nossos problemas de retrabalho e descobriu que nosso fornecedor de motores fez uma pequena modificação em seu *design*, e não sabíamos nada a respeito. Um terço do retrabalho é devido ao ajuste que temos que fazer ao novo *design*. Também descobrimos que o funcionário que encaixa o motor já havia notado isso, tentou nos dizer, mas ninguém prestou atenção.

– Não me surpreende!

– É triste, mas é verdade. De qualquer maneira, Josh está em contato com o fornecedor para que ele volte ao *design* antigo ou estude uma forma de modificar nosso mecanismo, o que seria uma alternativa. Ele está cheio de idéias de como simplificar o mecanismo do ponto de vista da montagem.

– Ótimo, mas fique atento para que isso não prejudique a performance de seu produto quando chegar no cliente.

– Eu sei, eu mesmo estou verificando tudo, já que tive que retirar Josh completamente da supervisão do Pellman. Ali temos uma outra crise em ebulição, mas vamos deixar esse problema para mais tarde.

– Bem, e quais são os resultados que obtiveram?

Amy tirou seu bloco do bolso. – Até o final do dia de hoje, fizemos 32 mecanismos com quatro operadores. Tivemos seis WIP e seis retrabalhos.

	Antes	Agora
Peças por dia	Aproximadamente 40	32
Estoque	35	6
Pessoal	6	4
Qualidade	?	6 retrabalhos

– Não houve nenhum aumento de problemas na fase de testes? – meu pai perguntou.

– Não, tudo parece bem.

– Você deve verificar –, disse meu pai com firmeza. – Cada vez em que o processo for mexido, você precisa verificar a qualidade duplamente.

– Está bem, vou dar uma olhada –, disse Phil. – Mas com os 32 mecanismos produzidos hoje, estamos indo para trás em relação a nossa meta de 80!

– Isso é com apenas quatro operadores! – Amy revidou. – Mesmo assim, ainda é uma melhoria na produtividade. E é um milagre que tenhamos conseguido fazer a linha começar o trabalho –, ela resmungou. – Mas, se conseguirmos nos estabilizar, chegaremos lá. O fluxo está muito melhor e conseguimos detectar os diversos problemas encontrados porque, às vezes, estão todos trabalhando juntos e, em outros momentos, um está trabalhando, mas o resto está parado. O efeito mais interessante disso tudo é que, quando ficam parados, todos ficam curiosos para saber o que acontece fluxo abaixo. Em um caso, descobrimos que o cara que faz a fiação do motor estava criando dificuldades, a cada duas peças, para o montador de cápsulas, por causa do jeito como ele colocava os fios. No entanto, eles nunca haviam conversado a respeito.

– Que bom saber –, disse Phil com preocupação.

– Tenha paciência, rapaz, paciência –, meu pai falou com condescendência. – Continue, Amy.

— Tem uma coisa que eu queria lhe falar, Sr. Woods. Quando contamos o tempo – e fizemos 10 medições para cada estação – vimos que o tempo de Glória não era tão diferente do conteúdo de trabalho mínimo, que é 39 minutos.

— Então tudo deve correr bem com quatro operadores –, comentei.

— Teoricamente, sim, mas ainda há enormes variações nos ciclos de trabalho. De qualquer maneira, quando fizemos as medições, tivemos problemas porque você havia nos dito para dividir cada função em operações elementares.

— E?

— Nem sempre os mecanismos são montados do mesmo jeito, então fica difícil de medir.

— Ah! Na mosca! Muito bem, Amy, muito bem –, meu pai interrompeu com uma risada.

— Muito bem o quê? – ela perguntou, perplexa.

— Você acertou na mosca, como se diz. Você está tocando na questão de estabilização e isso envolve as pessoas novamente.

— Muito bem –, disse meu pai, animado com o assunto. – O que é um bom operador?

— Um cara que trabalha bem?

— Sim, mas o que significa isso na prática?

Olhamos para ele, confusos.

— Alguém que não nos causa problemas, que não cria defeitos? – disse Phil em dúvida.

— Olhem aqui –, disse meu pai.

Ele se inclinou e juntou diversos objetos da pilha aos seus pés: uma chave de fenda, um pote pequeno de cola, uma lixa e um objeto plástico de uso indefinido. Ele os colocou num círculo à sua frente e começou a virá-los um após o outro, sem ordem.

— Cada tarefa pode ser dividida em subtarefas básicas. Para cozinhar massa, preciso ferver a água, acrescentar sal e óleo, ferver a massa, mexer para que não grude, coar a massa no coador e, depois, servir.

Ele enfatizava cada ação virando um dos objetos a sua frente.

– Bem, o que é trabalho de qualidade?

– Trabalho que você faz bem.

– Não. Não se você tiver esquecido de algo! – disse Amy de repente. – Fazer bem significa fazer cada uma dessas tarefas sem esquecer de nenhuma. Cada subtarefa em si pode ser dividida em outras tarefas básicas, e assim por diante.

– Acertou! – disse meu pai, orgulhoso de sua melhor aluna. – Um funcionário que trabalha bem é aquele que não esquece nenhuma de suas subtarefas no percurso. O problema é que todos temos espaço limitado em nossas cabeças e, se a lista for longa, é fácil esquecer de alguma coisa. Especialmente quando há um tumulto, ou num momento de pânico. Agora, o que é um operador eficiente?

Isso produziu mais silêncio. Meu pai continuou a virar cada objeto, agora na mesma seqüência.

– Alguém que sempre faz as tarefas na mesma ordem! – exclamei.

– Certo. Se eu sempre fizer cada tarefa na mesma ordem, serei mais rápido. E as chances de esquecer de alguma tarefa serão menores. Então, se um dos objetos estiver faltando quando eu chegar ao trabalho –, ele retirou a chave de fenda enquanto falava, – é fácil esquecer de torcer a chave de fenda, já que não está na minha frente. Pronto, criei um defeito. Agora, se eu sempre trabalho na mesma ordem, vou notar a falta da chave de fenda e lidar com isso. E que mais?

–Você tem razão –, eu disse. – Você sabe como sou distraído.

Meu pai levantou as sobrancelhas exageradamente. – Bem, antes de sair de casa, faço uma verificação seqüenciada para ter certeza de que desliguei o fogão e as luzes, de que eu tenho a carteira e as chaves, e assim por diante; enfim, verifico todas as coisas que tenho a tendência de esquecer. Funciona.

– A ordem que você estabeleceu não faz muito sentido –, sugeriu Phil apontando para as ferramentas na nossa frente. – Você poderia trabalhar num círculo, que seria uma seqüência muito mais lógica.

– De fato, se eu sempre trabalhar na mesma ordem, dou-me conta de que minha seqüência pode ser otimizada. É como se levantar de manhã, lavar as mãos e o rosto, ir ao banheiro e, então, dar-se conta de que você tem que lavar as mãos novamente. Ao tentar trabalhar numa seqüência, você pode melhorar a sua eficiência.

– Você também pode acrescentar passos à seqüência –, eu pensei em voz alta. – Concordo que temos espaço limitado em nossas cabeças. O que tende a acontecer quando ensina algo para as pessoas é que cada novo item que adiciona empurra um velho item para fora daquele espaço; portanto, ganhamos algum conhecimento, mas também perdemos algo. Bem, o conhecimento guardado numa seqüência, e não como passos independentes, será memorizado como um só volume. Assim, poderá acrescentar mais conhecimento àquele espaço.

Meu pai olhou para mim com curiosidade. – Eu não havia pensado dessa forma, mas você tem razão. A seqüência não somente é a chave de fluxo de uma só peça, é também a base da multicompetência. Tudo se encaixa. Você tem razão, Mike, isso faz sentido.

Eu tinha razão? Está certo!

– Está dizendo que para estabilizar o processo devemos convencer os operadores para que sempre trabalhem na mesma ordem? – perguntou Phil.

– Sim, e esse é precisamente o trabalho do supervisor –, meu pai respondeu. – E não estou falando apenas dos operadores. Isso se aplica a qualquer trabalho repetitivo feito na sua empresa, exceto a criação artística.

– E mesmo nesse caso –, eu comentei, – a técnica individual do artista provem de fazer as coisas repetidamente muitas vezes, e saber, por exemplo, que faz muita diferença o número de camadas de tinta que vai aplicar.

– Siga a lógica –, disse meu pai. – Ponto um, – ele contava nos dedos, – a produtividade vem de...

– Reduzir as variações nos ciclos dos operadores –, respondeu Phil como um aluno diligente.

– Então, ponto dois, para fazer isso, devemos...

– Retirar todas as tarefas que não agregam valor direto e que perturbam os ciclos dos operadores –, Amy contribuiu.

– Sim, e três? – ele perguntou segurando o terceiro dedo. – Três?

– Ah! Fazer com que os operadores sempre trabalhem na mesma seqüência! – ela exclamou com entusiasmo.

– Acertou em cheio. O segredo do fluxo de uma só peça é reduzir a variação no ciclo de trabalho. Falei para vocês que o segredo para reduzir a variação no ciclo de trabalho é trabalho padronizado. Sempre faça as mesmas operações na mesma seqüência. Isso tudo baseado num tempo *takt* uniforme e com um estoque padrão, é claro, mas já falaremos sobre isso.

– Mas, você mesmo disse que as pessoas não são máquinas. Como podemos esperar que elas sempre sigam a mesma seqüência? – eu perguntei.

– Esse é o desafio. É precisamente por isso que digo que estamos lidando com pessoas. Teremos que convencê-las de que essa é a forma correta de trabalhar.

– Parece a marinha!

– Parece qualquer operação de linha de frente –, salientou Phil. – É uma questão de seguir o procedimento, não é?

– Sim, mas você não está na marinha ou no exército. Você está numa fábrica e terá que fazer seu pessoal entender o que é trabalho padronizado.

– Já vi que essa tarefa vai sobrar para mim –, disse Amy, um pouco desanimada.

– Acertou. Bem, o trabalho padronizado é a chave para manter o desperdício longe do processo, e é uma noção tão fundamental que teremos que envolver as pessoas profundamente para entendê-la. Então, trabalho padronizado envolve um tempo *takt*, uma seqüência de operações e...

– Estoque? – sugeriu Phil.

– Sim, o estoque necessário, o que mais?

– Envolve também –, pensei num *insight* repentino, – os pontos chaves nos quais você deve prestar atenção redobrada? Sabe, o que você chamou de oportunidades de defeito.

– Certo, muito bem pensando. Agora, preste atenção –, meu pai disse. – Também devemos salientar cada ponto no processo onde nos deparamos com questões de segurança para os operadores. Os engenheiros tendem a ignorar esses itens com muita facilidade. As questões de segurança são uma parte do trabalho padronizado.

– Não é brincadeira! – exclamou Amy. – É tão incrivelmente preciso. Quem tem tanto rigor?

– No sistema Toyota –, explicou meu pai, – estabelecer e implementar o trabalho padronizado é uma parte importante do trabalho do supervisor. Isso, em adição ao treinamento dos novos operadores na seqüência padrão e a previsão de problemas que potencialmente poderiam perturbar o trabalho.

– E nós devemos implementar isso lá na fábrica? Nem pensar –, disse Phil.

– Não nesse momento, não se preocupe –, meu pai assegurou a Phil. – O trabalho padronizado não é uma regra sacramentada que você força as pessoas a aceitar. É uma forma de trabalhar. É como nesse barco. Não há três maneiras de fazer certas operações básicas, como um bom nó. Um tipo específico de nó só tem um modo de ser feito, e fim de conversa. Até por questões de segurança. Assim, consigo ver de relance se todos os nós estão feitos de modo certo, que é uma preocupação a menos.

Você não consegue impor o trabalho padronizado. As pessoas só irão se ressentir e ignorar o padrão assim que você virar de costas. Você precisa envolvê-las para que entendam que essa é a maneira certa de trabalhar. Estamos falando de pessoas, entendeu?

– Certo –, Phil parecia concordar. – Então, como se faz?

– Acho que lembro –, disse meu pai com calma, – de ter visto enormes cartazes com Cinco Ss em sua fábrica quando visitamos. Você tem conduzido iniciativas Cinco Ss?

– Nós não –, respondeu Phil. – A gestão anterior. Na verdade, eles tiveram um grande movimento Cinco Ss antes de vender o lugar para que parecesse mais atraente. Continuou por algum tempo, mas achamos muito difícil de manter vivo. Deve ter morrido de morte natural.

–Cinco Ss? – perguntou Amy.

– É outro macete japonês. Deixe-me ver, "separar e descartar" –, disse Phil.

– *Seiri* –, confirmou meu pai.

– Organizar.

– *Seiton*.
– Limpar.
– *Seiso*.
– Manter.
– *Seiketsu*.
– E disciplinar.
– *Shitsuke*.

– É isso: *seiri, seiton, seiso, seiketsu* e *shitsuke*. Eu entendo os três primeiros, descartar, organizar e limpar, mas ninguém parece entender bem "manter" e "disciplinar".

– Não me surpreende –, concordou meu pai. – Para a maioria das pessoas, os Cinco Ss significam "limpe seu quarto".

– É assim que sempre entendi –, concordou Phil.

– O primeiro S, *seiri*, é bastante óbvio –, meu pai continuou. – É o que estou fazendo agora –, ele mostrou a bagunça que estava a sua frente com a mão. – Todo local de trabalho naturalmente acumula lixo. E isso também vale para mesas e sistemas de computador –, ele acrescentou dirigindo-se a Amy, que acenou com a cabeça. – De vez em quando, temos que olhar a pilha, separar o que for útil e descartar todo o resto, como estou fazendo agora com essa bagunça. Não é fácil, temos que lutar contra a tendência de acumular coisas que existe em todos nós.

– A mãe acha que você poderia começar pela garagem –, gracejei, mas meu pai apenas me olhou com irritação e continuou.

– A maioria das pessoas reclama de ter que jogar coisas fora, mas, no fim das contas, concordam que é uma coisa positiva. De certa forma, *seiri* também pode ser feito no mais alto grau, como em atividades ou linhas de produção mal-sucedidas.

– Com disjuntores de circuito DG –, disse Phil com uma careta.

– Ou com pessoas, claro. Mas, no chão de fábrica, os gerentes normalmente não enxergam o ponto mais importante de *seiri*. Não é só descartar o lixo. É uma questão de tomar decisões.

– Não entendi –, murmurou Phil.

– Bem, pode parecer uma tolice, mas, ao perguntar para uma operadora se ela realmente precisa daquele pedaço de cano de ferro velho, estamos tratando de mais do que apenas descartar o lixo. Talvez ela precise, e o use para alguma coisa, o que deveria nos alertar, pois não estamos enxergando algum problema no processo. Uma vez, lembro de ter visto batatas velhas numa linha. Descobrimos que estavam usando um tipo especial de cola que só aderia adequadamente se fosse aplicada com um pedaço de batata. Todos os métodos "formais" atrapalhavam demais para serem usados com eficiência, então, os operadores haviam achado seu próprio jeito "informal". Em segundo lugar, talvez a funcionária não precise do cano e ao jogá-lo fora, está realmente tomando uma decisão, se responsabilizando pelo ambiente de trabalho.

— Você está fazendo isso parecer uma grande questão administrativa –, Amy disse, – mas nada mais é do que boa gestão doméstica.

— Sim, mas o ponto fundamental é que os operadores comecem a tomar responsabilidade pela gestão doméstica de seu universo de trabalho: suas estações de trabalho. O simples ato de descartar o lixo já é uma escolha e um compromisso.

— Eu preciso pensar sobre isso –, disse Phil, muito sério.

— A segunda etapa é *seiton*, organizar –, meu pai continuou. – Depois de ter separado toda essa bagunça, preciso encontrar um lugar para cada coisa, o que num barco é tanto uma dor de cabeça quanto uma necessidade vital. Como o alicate é sempre necessário numa emergência, não é possível perder tempo procurando por ele numa situação de pânico. Então, é melhor saber exatamente onde as coisas estão! A primeira coisa que observo num marinheiro é se ele mantém seu barco em ordem ou se é uma bagunça.

— É como numa cozinha –, concordou Phil, que cozinhava como *hobby* em algumas ocasiões.

— Exatamente. *Seiton* é muito importante para o operador, porque, como verão, nada foi organizado para ajudá-lo a manter a estação em ordem: não há prateleiras, ou divisórias, nada. Bem, para que *seiton* funcione, é necessária a intervenção da gerência. Estamos falando de coisas bem simples como prateleiras, mas dentro do universo do operador.

— Você tem toda razão! – exclamou Amy. – Durante o *workshop*, eles viviam reclamando de coisas assim.

– É claro que reclamam. Os operadores passam toda sua vida profissional nas estações de trabalho. E também é um bom teste para avaliar o compromisso da gerência. Eles estão tão acostumados a ver a gerência falar e não agir, que quando vocês desenvolverem *seiton* com eles, esperarão ver algumas mudanças mais imediatas. Se não ocorrerem, vocês perderão toda a credibilidade.

– Num certo sentido, você está envolvendo os operadores, não é? – eu teorizei. – Primeiro: você os envolve nas escolhas sobre o que vão guardar e o que vão descartar, e depois estabelece um acordo ao aparecer com algumas das vantagens que eles pediram. É muito perspicaz.

– No fim e ao cabo –, meu pai anuiu, – temos que ajudá-los a nos ajudar com os produtos, então é um bom negócio para todos. O objetivo de *seiton* é organizar as ferramentas e peças para que haja maior facilidade de uso. Não custa muito, de qualquer forma. Comece com um orçamento baixo e observe o resultado. Lembre-se de que as coisas pequenas contam no universo do operador.

– Eu nunca havia visto isso por esse ângulo –, confessou Phil. – E quanto à "limpar", então?

– *Seiso* é onde ocorre mais confusão. *Seiso* não se trata de limpar seu quarto, ou de ter uma fábrica organizada e limpa. É mais sobre padronização.

– Como assim? – Phil estava curioso.

– Bem, por que você acha que a marinha é tão obcecada com cuspir e polir? Antigamente, eles esfregavam, lavavam e poliam o convés todos os dias. Por quê?

– Devido a um comportamento anal obsessivo-compulsivo, tipicamente militar –, sugeri com um sorriso.

– Poupe-me, Júnior. A limpeza de peças é a melhor maneira de achar rachaduras e antecipar falhas no futuro. Lembre-se que a primeira preocupação quando se está em alto mar é qual peça vai quebrar primeiro. Geralmente, algo quebra nas piores condições, quando tudo está sob a tensão de um mar revolto e mau tempo. Se alguma coisa quebrar, posso ter problemas sérios. Então, quando tudo está calmo, limpo, faço o polimento e substituo todas as peças sob tensão. A limpeza é essencialmente sobre verificação e padronização.

– O que também serve para as pessoas! – disse Amy, com mais uma de suas tiradas intuitivas. Todos olhamos para ela.

– Ela tem toda razão –. Meu pai disse. – Pense um pouco. Depois de ter me preocupado com o equipamento, devo me preocupar com as pessoas: saber qual peça humana falhará primeiro. As pessoas, em geral, não são muito boas na disciplina da padronização, então, ao pedir que elas coloquem o equipamento em ordem, você também poderá verificar quem o faz de boa vontade e quem se arrasta e o faz emburrado. Uma equipe insatisfeita é um acidente pronto para acontecer. O que devemos lembrar é que a manutenção contínua é mais do que manter o quarto em ordem. É uma ferramenta de gestão. O mesmo serve para o argumento de que algumas pessoas são naturalmente mais organizadas do que outras. A questão aqui é o comportamento profissional no local de trabalho.

– Agora vejo porque nunca realmente entendi o valor dos Cinco Ss –, disse Phil. – Eu achava que era uma questão de ordem, nada mais. Vai ver que é por isso que nunca peguei os dois últimos Ss direito.

– É provável. *Seiketsu*, "padronizar", diz respeito a conduzir os três anteriores regularmente. Por exemplo, após uma viagem, o barco precisa ser lavado de ponta a ponta. Após cozinhar uma refeição, a cozinha deve ser colocada em ordem.

– Não é divertido –, reconheceu Phil.

– Nada divertido para o amador, mas essencial para o profissional, no caso de um grande *chef* de cozinha. Como supõe que ele irá querer sua cozinha? *Seiketsu* é sobre estabelecer rotinas e horários precisos para a ordem e manutenção. Uma vez após cada turno? Antes de um intervalo? Não importa. O que importa é estabelecer um conjunto de tarefas de limpeza que se torne automático.

– Sempre na mesma seqüência? – sugeri.

– Claro. É assim, na verdade, que vamos introduzir essa noção aos operadores. Estabelecer a disciplina dos Cinco Ss é uma forma prática de introduzir o trabalho padronizado, pois poderemos facilmente sugerir formulários de controle de limpeza padronizados, uma coisa com a qual as pessoas estão familiarizadas.

– E, assim, você também os obriga a ter o compromisso de se responsabilizar pela estação de trabalho!

– Exato. A responsabilidade não é um comando, é um sentimento. Mandar as pessoas serem responsáveis não funciona, você deve convencê-las a aceitar a responsabilidade com sendo própria. É um pouco complicado porque, ao mesmo tempo, você não vai querer criar minifeudos, vai querer reter o controle geral, o que torna os Cinco Ss uma ferramenta tão poderosa.

– Mesmo assim –, Amy comentou, – é necessário que alguém supervisione tudo. Senão, voltamos a depender de pessoas "organizadas".

– O que nos leva ao quinto S, *shitsuke*: disciplina –, meu pai continuou. – Garantir que a disciplina diária Cinco Ss é mantida é uma questão exclusivamente de gestão. Nas minhas fábricas, costumava ser parte da responsabilidade do líder da equipe, mas também pode incluir qualquer sistema de auditoria que você criar. Seja qual for o mecanismo, o importante é garantir que os Cinco Ss sejam mantidos todos os dias, não importa o que acontecer.

– Tenho que admitir que nunca pensei nos Cinco Ss como uma função essencial de gestão –, admitiu Phil, ajeitando os óculos várias vezes no rosto.

– Está no cerne da coisa. Na época áurea de aprender sobre produção *lean*, lá pelos anos 80, trabalhamos com uma firma de consultoria japonesa que nos obrigou a fazer dois anos de Cinco Ss antes de sequer tocar em qualquer outro assunto. É claro que resmungamos bastante, mas cumprimos. Fique contente de eu não estar insistindo que você faça a mesma coisa! Nos fizeram passar por todo o processo até chegar nos formulários de trabalho padronizado como parte dos Cinco Ss. Quando apresentaram a transformação do *layout* e o fluxo de uma só peça, era como se tudo fosse perfeitamente natural. Mais tarde, tentamos pegar um atalho nas etapas de Cinco Ss em outras fábricas, porque somente havíamos entendido o sentido dos três primeiros Ss. É claro que foi um fracasso total. Levou anos para eu entender completamente o significado de Cinco Ss.

– Trabalho padronizado! – exclamou Phil.

– Não é só isso.

– Envolvimento do funcionário! – disse Amy. – Os operadores estão no mesmo barco de mudança desde o princípio!

– Exato. Essa foi uma das lições mais difíceis de aprender. Éramos da velha, dura escola Taylorista na qual projetávamos o trabalho para o operador e, depois, tínhamos que verificar se eles estavam fazendo exatamente o que fora planejado pelos *experts*. Mais ou menos como Dave fez com o redesenho da linha.

Meu pai esticou as pernas, bem à vontade, sentado em seu balde virado. Com a barba branca por fazer e o vento mexendo alguns fios de seu fino cabelo, vestido em roupas manchadas de graxa, ele mais parecia personagem de uma foto tirada por Dorothea Lange na época da Depressão americana, alguém que de alguma forma havia se perdido numa pintura de Winslow Homer. Ele passou os olhos pela baía por alguns minutos e continuou.

– É claro que sabíamos tudo sobre relações humanas e tal e a teoria X e Y e sobre como ser legais uns com os outros e toda essa bobagem, mas, pelo que vimos, os japoneses que tentávamos copiar não eram grandes fãs desse negócio de "puxa, gente, que legal!". Eles tinham engenheiros que diziam aos operadores o que tinham que fazer, como nós. Levou anos para entendermos que os engenheiros podiam realmente falar com os operadores porque estes se sentiam envolvidos e tinham muitas contribuições importantes a fazer. Basicamente, os operadores entendiam o que os engenheiros estavam tentando fazer com o processo e os ajudavam ao invés de atrapalhá-los, simplesmente porque entendiam que isso significava uma melhoria nas condições de trabalho.

– O resumo dessa ópera –, disse Amy com um olhar petulante, – é que eu vou ter que fazer esse negócio de Cinco Ss até atingirmos a meta de produção, certo?

– E produzir formulários de trabalho padronizado –, meu pai concordou.

– Mas, pelo que você disse antes, isso não deveria ser a função de Glória, que é a supervisora?

– Em última análise, sim, mas temos que começar de algum ponto e rápido.

– Sem dúvida! – disse Phil.

– E isso não é nem metade da história –, meu pai respirou fundo. – Mas, é melhor limpar essa bagunça antes que escureça –, ele gemeu, ao levantar-se do velho balde. – Sugiro que vocês voltem amanhã para continuar essa conversa. Amanhã falaremos sobre *kaizen*!

– Charlene não vai se importar de você passar todos os fins de semana trabalhando? – sondei quando eu e Phil voltávamos para os nossos carros.

– Ela já está acostumada agora –, foi sua resposta curta; e nada mais consegui tirar dele.

Capítulo Cinco

ESTAMOS FALANDO DE PESSOAS

Quando cheguei no Iate Clube na manhã seguinte, o estacionamento estava quase lotado. Encontrei uma vaga onde o cascalho terminava e a grama quase começava e, ao sair, deparei-me com Amy que estava parada ao lado de seu carro olhando para a baía, perdida em pensamentos.

– Olá –, eu disse. – Pensando na vida?

Ela virou-se para mim, assustada e presenteou-me com um de seus sorrisos gloriosos. Ela estivera tão perdida em pensamentos que nem ouviu quando cheguei. O porto estava fervilhando com a atividade de elegantes barcos à vela sendo transportados para lá e para cá.

– Amanhã é dia de regata –, especulei.

– O que? Ah, sim, os barcos, certo.

– Então, em que você pensava tão profundamente? Desistir das lições?

– Na verdade, é bem ao contrário –, ela respondeu, séria. – Eu ainda estou digerindo o *workshop* com os operadores. Foi como abrir a caixa de Pandora. Você não tem idéia do que eles dizem sobre a gerência. Foi legal, de certa forma, porque puderam falar tão abertamente, mas, nossa, como nós parecemos idiotas!

– Não é isso que o RH deve fazer? Falar com as pessoas?

– Ou se parecer com idiotas? Claro –, ela falou num tom de deboche. – Mas também somos nós que admitimos e demitimos. Em geral, o que corre por aí é: faça qualquer coisa, mas não fale com o RH. Não é de se estranhar, eu mesma não falaria com o RH –, ela acrescentou com um sorriso travesso.

– Então, é bom que eles estejam falando contigo.

– Claro, sem dúvida. Mas, também é difícil de entender. Sabe, seu pai não é exatamente da escola da "comunicação".

– Você acha? – comentei, simulando surpresa.

– Nas aulas de administração, nos ensinaram a distinguir a abordagem Taylorista: existe uma forma de conduzir as coisas, os operadores trabalham apenas pelos seus salários, a organização é como uma máquina, e assim por diante.

– Parece o que meu pai está falando.

– Ah, mas veja, a outra abordagem é o movimento de Relações Humanas, a empresa como um ambiente social, teoria X *versus* teoria Y. Se os operadores estão motivados e se sentindo responsáveis, irão se comportar assim, mas se os levarmos pelo medo, farão o mínimo possível.

– Entendo o que você quer dizer. Meu pai também está dizendo, de seu jeito, que a estação de trabalho do operador é seu universo e que a gerência deve construir a responsabilidade e a confiança nesse domínio.

– Sei, consigo ver o valor de toda sua idéia dos Cinco Ss como ferramenta de envolvimento. Eu só acho complicado porque seu ponto de vista desestrutura as perspectivas já estabelecidas.

– Você não deve levar nenhuma dessas teorias tão a sério. Ordens médicas –, eu brinquei com ela. – Se há uma coisa que se aprende como psicólogo é que aquilo que funciona, funciona, e é só.

– Você pode estar certo –, ela disse, dando-me mais um de seus sorrisos. – Vamos descobrir o que mais seu pai quer acrescentar à minha lista de tarefas!

Encontramos meu pai já no meio de uma séria conversa com Phil no bar. O Iate Clube havia se tornado o ponto de encontro de pessoas jovens, saudáveis e bronzeadas – todas com aquelas roupas sintéticas e coloridas usadas para velejar. Algumas estavam apenas contando histórias entusiasmadas umas para as outras, enquanto tomavam um bom café da manhã; outras se moviam de lá para cá com algum propósito, sacolas de velejar, entre outros apetrechos misteriosos, nas mãos. O lugar havia perdido seu ar gracioso de boteco para velhos marinheiros, e se transformara num clipe da MTV.

– Vocês estão atrasados –, disse meu pai como cumprimento. Amy e eu trocamos um olhar. – Sigam-me, quero lhes mostrar uma coisa.

Passamos pela turma da vela, entramos no prédio e descemos a escada. Eu nunca havia estado no primeiro andar do Iate Clube, que dava direto na água. Atravessamos uma imensa sala de reuniões com muitos gráficos incompreensíveis presos a quadros brancos; até mesmo as paredes tinham desenhos feitos a giz. Meu pai nos conduziu para uma sala adjacente menor. Com o dedo sobre os lábios, ele abriu a porta, acenou para alguém lá dentro e fez sinal para que ficássemos perto da porta em silêncio. Lá dentro, cinco ou seis jovens tripulantes estavam sentados confortavelmente em cadeiras de plástico ao redor de uma tela de vídeo no qual um homem mais velho, a pele bronzeada mostrando que passava a maior parte de seu tempo no sol e no mar, fazia comentários sobre certas operações. Percebi que estávamos assistindo a um vídeo feito a bordo de um veleiro de competição durante manobras.

— Jack, o que houve com você nesse momento? – perguntou o homem mais velho

— Pois é, me atrapalhei, cara.

— Preste atenção no tempo!

O cronômetro estava correndo na lateral da imagem onde, supostamente, Jack estava sendo gravado de costas, evidentemente lutando para desengatar uma linha de algum lugar.

— Essas presilhas! – resmungou Jack, – estão apertadas demais. É um saco tirá-las do cabo.

— Está bem, nós as trocaremos. Agora, Christie, veja como você passa a escota para frente. Se você o fizer desse jeito, Dev terá que deslizar para trás pelo menos um metro e meio para que possa segurá-la firmemente.

Meu pai nos fez um sinal para sair, e fechamos a porta com cuidado. Retornamos ao andar de cima e nos sentamos em torno de uma mesa da varanda, que uma tripulação recém havia deixado vaga. Uma brisa fresca soprava, e era agradável ficar descansando e observando toda a atividade fora do comum que ocorria lá embaixo.

— Uma grande regata classe J vai acontecer amanhã entre aqueles barcos brancos lá –, meu pai mostrou para Amy. – Todas as tripulações competem com o mesmo tipo de barco, então fica bem mais interessante.

– E aquilo que acabamos de ver foi um *kaizen*? – perguntou Amy, mais uma vez, um passo à frente, intuindo o centro da questão.

– Muito bem, você está com a bola toda, moça! É, dá para dizer que sim.

– Eles estavam revisando as manobras de treinamento, não é? – perguntou Phil.

– Sim, mas, especificamente o que eles estavam procurando?

– Dificuldades, problemas, as coisas que não deram certo –, sugeri.

– Trabalho padronizado! – murmurou Phil, arregalando os olhos.

– Mais do que isso –, meu pai corrigiu. – Melhoria contínua. É claro que, em uma competição, uma manobra não só deve ser padronizada, mas tão rápida quanto possível. Então, estavam procurando todas as causas de variabilidade, como aquelas presilhas, para melhorar o tempo.

– Mas, não é somente isso –, refletiu Amy, ainda pensando como gerente de RH. – O senhor mais velho também estava usando as sessões para conseguir que eles trabalhassem como uma equipe.

– Muito bem. Notem como ele conduziu a equipe a se focar na maneira como interagiam, e na coordenação precisa entre tarefas. Esse senhor é o capitão da equipe e ganha a taça aqui a cada dois anos. Ele é realmente muito bom.

– Então a questão aqui é reduzir a variabilidade da manobra através da padronização, o que aumenta a coordenação da equipe? – perguntei.

– Você não é o psicólogo nessa equipe? Afinal, o que estão ensinando na universidade hoje em dia!

– Obrigado, pai, eu também te amo.

– É o contrário. Poucas tripulações têm uma performance tão boa quanto essa porque poucas têm o mesmo espírito de equipe e coordenação precisa. O que o capitão está fazendo é levar sua tripulação a se responsabilizar por suas estações. Se um equipamento não serve, eles o trocam ou encontram uma forma melhor de usá-lo. Ao construir seu envolvimento, ele consegue...

– Seu compromisso pessoal de acertar as manobras com exatidão durante a corrida! – Amy falou sem esperar. – Claro, não estão apenas trabalhando para o capitão, mas para si mesmos também.

— E para seus colegas –, meu pai acrescentou anuindo.

— Você está dizendo que *kaizen* é mais uma ferramenta para construir o envolvimento dos funcionários? – perguntou Phil.

— *Kaizen* – quer dizer melhoria contínua, não é? – eu quis saber.

— Não era essa a idéia inicial de *kaizen* – melhoria contínua? – Amy perguntou. – Tenho a lembrança de que a teoria diz que no Ocidente somos muito bons em melhorias de grande efeito.

— Como em tecnologia, o que fizemos com os novos tubos de vácuo –, comentou Phil.

— Mas não com as melhorias pequenas, diárias. O resultado é que as conseqüências das melhorias de efeito se deteriorariam com o tempo. Fomos ensinados que a abordagem japonesa diz que 10 pequenos passos de 10% cada são mais fáceis de dar do que um grande passo de 100%.

— Gostei disso! – meu pai sorriu. – Mas não era exatamente esse o problema. A verdade é que as sugestões de operadores raramente contribuiam significativamente para a economia de custos. Em parte esse é o motivo para ficarmos atentos em comunicar a parte de *kaizen* que se refere a "investimento zero".

— Investimento zero? – perguntou Phil, que havia começado a fazer anotações novamente.

— Bem, investimento zero em termos de gerência. Pequenas coisas. A questão é lutar contra a mentalidade do reflexo imediato, de "grande máquina", que reage a todo problema instalando uma nova tecnologia mais cara e menos flexível. Na verdade, as pessoas invariavelmente pedem mais equipamento, mais automação, mais de tudo, antes de colocar suas cabeças a funcionar para achar uma forma de melhorar o trabalho através de uma melhor organização.

— Mas qual é o sentido, então, se você acha que as sugestões não são tão úteis? – perguntei, confuso.

— Só um pouco –, disse Phil, seriamente concentrado, – não é que não sejam úteis, mas não são fonte significativa de economia de custos. Porém, se nos concentrarmos no fato de que o universo do operador é sua estação de trabalho, da mesma forma como acontece nas manobras dos tripulantes, essas pequenas melhorias podem fazer milagres para facilitar seu trabalho e melhorar o conteúdo desse trabalho.

— Exatamente, Philip, 10 vezes 10% –, meu pai confirmou. — nunca subestime o impacto de contribuições pequenas e compactas. Mas, você tem razão, não procure a prosperidade nas sugestões do operador. Não está ali porque, geralmente, está fora de seu mundo, tem mais relação com a engenharia ou o *design* do processo todo. Mesmo assim, toda boa idéia ajuda, a longo prazo.

— E envolve os operadores em se comprometer com um padrão — e, conseqüentemente, temos o tempo *takt*! — concluiu Amy.

— Exatamente. Vocês lembram como balanceamos a linha com o tempo *takt*? — perguntou meu pai.

— O conteúdo total de trabalho dividido pelo tempo *takt* nos dá o número certo de operadores –, respondeu Amy na hora.

— Isso funcionou bem com o conteúdo total de trabalho de Glória, que foi 42 minutos. Mas, o que acontece se for usado o conteúdo mínimo de trabalho que vocês mediram com a equipe, que era, o quê mesmo?

— Trinta e nove minutos.

— Com um tempo *takt* de 11,25 minutos, obtêm-se 3,47 operadores.

— Portanto precisamos de *kaizen* para baixar o conteúdo total de trabalho!

— Sim. Muita besteira foi dito sobre *kaizen* nos últimos anos, mas no final, há um objetivo muito prático que precisamos ter em mente, que é reduzir o conteúdo total de trabalho na linha para reduzir o número de operadores no tempo *takt* equivalente.

— O que se faz –, meu pai continuou, — é, primeiro, conseguir que a linha funcione somente com três operadores, pedindo para que o líder de equipe ajude quando há um atraso, e ver o que acontece. Assim, cria-se uma pressão para melhorar. Depois, volta-se ao gráfico que usamos para medir os ciclos de trabalho, lembram? Havíamos anotado a seqüência de operações chave — cronometramos, com no mínimo 10 medidas, 20, se possível.

— Entendi –, disse Phil, virando a página de seu caderno.

– Certo. Depois, pedimos para os operadores fazer um estudo mais detalhado de seu ciclo de trabalho e empilhamos as operações assim, como um bolo em camadas. Em alguns casos, pode ser por pedaços de cinco segundos. Em seu caso, será em minutos.

– Já fizemos isso! – exclamou Amy. – Foi quando balanceamos a linha.

– É a mesma coisa, mas com mais detalhe –, meu pai respondeu. – Quando tiverem acertado as pilhas – o que supõe que treinamos os Cinco Ss o suficiente para que os operadores tenham aprendido a manter a mesma seqüência de trabalho – podemos trabalhar cada um dos itens para ver o que pode ser eliminado ou simplificado.

– Os operadores precisam fazer isso? – perguntou Amy.

– Claro. Eles precisam de reforço e supervisão, mas, fundamentalmente, é seu trabalho e sua área de conhecimento. A melhor maneira é usar um vídeo, ou pedir para que um líder de equipe de uma linha conduza o *kaizen* em outra linha. O objetivo de um *kaizen* é modificar o ambiente de trabalho para produzir uma nova tabela de trabalho padronizado com conteúdo de trabalho menor.

– Deixe-me entender a lógica mais uma vez –, disse Amy. – Produzimos pepitas de ouro regularmente no tempo *takt* puxando uma peça de cada vez através do fluxo, certo?

– Certo.

– Para fazer isso, devemos eliminar as variações no ciclo de trabalho dos operadores para que possamos aproximá-lo, o máximo possível, do conteúdo mínimo de trabalho.

– Continue.

– Depois, estabilizamos o ciclo de trabalho com o trabalho padronizado, que representa a seqüência de operações básicas do conteúdo mínimo de trabalho.

– Correto.

– E então, tentamos reduzir esse conteúdo mínimo de trabalho através de *kaizen,* para reduzir mais ainda o número de pessoas na linha?

– Com o mesmo tempo *takt,* sim.

– E isso é viável? – perguntou Phil, anotando tudo.

– Os primeiros 20% são muito fáceis –, meu pai afirmou. – Depois, fica mais complicado. Mas, não cometam o erro mais comum. Não percam o foco. Sabemos que o ouro está no processo, e também sabemos quanto. Mas, somente após termos a certeza de que os operadores podem trabalhar no tempo *takt*, nós teremos algum ganho de peso. Os Cinco Ss e *kaizen* são as ferramentas com as quais podemos meticulosamente peneirar o ouro no processo. Nesse sentido, tudo o que foi dito sobre melhorias contínuas e pequenas é verdade, mas seu objetivo é bem mais específico: tempo *takt* baseado na demanda do cliente.

– Nossa, mas é trabalho de formiga! – resmungou Phil.

– É garimpar por ouro, meu rapaz. Ninguém falou que seria fácil. Pense nos garimpeiros batendo a areia nos rios por horas sem fim para conseguir uma só pepita. Qualquer um pode fazer o discurso, mas percorrer o caminho requer determinação, obstinação e paciência –, meu pai acrescentou com seriedade.

– No entanto –, Amy salientou, – essa é nossa tarefa. Estamos falando de agregar valor real aqui. E precisamos conseguir que os funcionários o façam por eles mesmos – parece-me uma genuína missão de RH!

– É esse o espírito da coisa! – disse meu pai com aprovação. – É esse o trabalho real de RH. E, devo acrescentar que poucos de seus colegas, pelo menos dos que eu conheci, estão dispostos a iniciá-lo.

– O que eu não entendo é porque você insiste em dizer que não há redução de custos em atividades *kaizen* –, ponderei. – Se você realmente tiver a paciência de ficar lapidando o conteúdo de trabalho, com o tempo, deve conseguir alguma economia real, não é?

– Com o passar dos anos, sim –, meu pai concordou. – Mas não imediatamente, e os ganhos vêm de economia de custos, não de corte de custos. Lembrem-se quando eu mencionei o suposto método "Oh, no!" de melhoria de produtividade? A Toyota continuou crescendo, mas a atitude de Ohno era de que o crescimento deveria se basear em economia antes do investimento. Qual o comprimento de um pedaço de fio? Mais cedo ou mais tarde, você precisará fazer investimento de capital, mas não antes de ter retirado tudo que podia de tudo que você tem. Lembre que, quando ele começou, logo após a guerra, a economia japonesa havia sido reduzida a nada e tudo era escasso. Ohno decidiu que precisava de trabalhadores experientes para iniciar novas linhas com novos produtos. Então, cada vez que uma linha estava funcionando a todo vapor produzindo, digamos 150 peças por dia com 100% de recursos, ele vinha e retirava 10% do pessoal para colocá-los numa nova linha. É claro que o tempo *takt* não havia mudado, portanto, o conteúdo de trabalho para cada um dos operadores restantes aumentava consideravelmente. Como resultado, passavam a noite enlouquecidos, fazendo *kaizen* para baixar o conteúdo de trabalho ao nível de antes. Para a Toyota, foi um ganho real de produtividade. Eles estavam produzindo a mesma quantidade com 90% dos recursos originais.

— O que é justamente o contrário de produzir 170 peças com 100% dos recursos — é mais fácil de atingir, mas seria superprodução, já que o tempo *takt* não mudou —, observou Phil.

— Exato. E você pode usar o recurso que economizou para iniciar uma nova linha de produção. Bem, se você fizer isso durante 30 anos, e é isso o que a Toyota fez antes de nós sequer considerarmos levá-los a sério, certamente fará uma diferença considerável. Então, Mike, você tem razão, a longo prazo, você certamente economizará custos com *kaizen*. Mas, eu não gosto de enfatizar esse ponto porque a maioria dos gerentes que eu conheço tem a tendência de esperar resultados óbvios e imediatos em relação ao custo, e não é assim que realmente funciona.

— A entrega em primeiro lugar —, disse Phil, ajeitando seus óculos com entusiasmo. — Entregue, reduza os custos de não-qualidade e o retrabalho, aumente a produtividade e reduza o estoque: assim você realmente estará economizando custos!

— O método "Oh, no!" —, eu disse rindo. — Esse deve ter sido um cara muito amado!

— O que será que nos chamarão se fizermos o mesmo? — perguntou Amy com um sorriso atrevido.

— Bem, muitos nomes me vêm à cabeça —, disse Phil, — nenhum deles muito lisonjeador. Mas, realmente devemos começar imediatamente com esse negócio de *kaizen*. Você sente que está apta a conduzi-los, Amy?

– Olha, você me conhece –, ela disse. – Estou pronta para qualquer coisa. Mas, acredito que há mais por trás disso do que apenas *kaizens* –, ela acrescentou, pensativa. – No restaurante *fast food*, também tínhamos que fazer um monte de outras coisas, como uma reunião diária de cinco minutos no início de cada turno –

– Reuniões de cinco minutos? – perguntou meu pai, surpreso.

– A cada turno –, ela confirmou. – O supervisor do turno repassava os problemas que haviam ocorrido no turno anterior com a equipe, e conversava sobre o que fazer para garantir que não acontecesse novamente no turno seguinte. Tínhamos um quadro branco para anotar todas as tarefas "a serem feitas", como trocar a lâmpada no banheiro, esse tipo de coisa. Era muito bom porque podíamos resolver os problemas à medida em que surgiam.

– Estou impressionado! – disse meu pai. – E, sabe o que mais? Vamos fazer exatamente o mesmo. Mas antes, preciso conversar mais com você sobre o líder da equipe. Mas não agora –, ele disse levantando as mãos. Preciso ajudar com a parte administrativa de amanhã. Hoje é treino e a regata em si vai acontecer amanhã. Se você quiser, pode aparecer aqui amanhã de manhã e discutiremos o papel do líder de equipe.

– Amanhã é domingo, pai –, eu me queixei. – Dá para dar um tempo?

– Como quiser –, ele deu de ombros.

– Amanhã está ótimo! –interrompeu Phil, ansioso para satisfazer o mínimo desejo de meu pai. – E você, Amy?

– Não tenho nada melhor para fazer –, ela falou, alegremente resignada. Ou era ironia pura? Eu não conseguia distinguir.

– Está decidido, então –, disse meu pai. – Cheguem cedo.

Cheguei no raiar do dia e, mesmo assim, já estava tudo em pandemônio: carros, multidões, veleiros brancos brilhando na primeira luz da manhã. Consegui estacionar e vi a caminhonete do meu pai, espremida entre muitos outros veículos, ao lado do prédio principal, mas não via a abóbora laranja de Phil em lugar nenhum. O lugar estava um burburinho de gente por todo lado quando entrei, mas imediatamente vi Amy num canto da varanda, sentada numa espreguiçadeira no sol e totalmente concentrada num livro, alheia à confusão à sua volta.

— O que você está lendo?

— Oi, Mike —, ela disse, mostrando-me a capa do livro que tinha nas mãos.

— *Cem Anos de Solidão* —, eu assobiei. — Material do bom.

— Hmm. Estou indo devagar. Seu pai está lá embaixo em algum lugar com os organizadores.

— E você está lendo esse livro em inglês? — eu lamentei, sentando num lugar perto dela.

— Sim —, ela ergueu os óculos na testa e olhou para mim com desconfiança, — por que?

— Em inglês? — repeti como um pateta. — Um dos maiores clássicos da língua espanhola? Você não me disse que seus pais vieram do México? — eu gaguejei, sentindo-me repentinamente pisando na bola. Ela não pareceu se importar e lançou um de seus largos sorrisos.

— Oh, *si, señor*! — ela respondeu com um sotaque mexicano exagerado. — Meus *padres*, eles trabalham nos campos, *señor*. Falo espanhol com bastante fluência, mas ler é mais fácil em inglês.

Eu fiquei calado, me sentindo um idiota.

— Meu namorado é louco por literatura sul-americana —, ela explicou, dando de ombros, fechando e abrindo o livro novamente. — Eu não tenho muito interesse, mas ele está todo ligado nessa história de raízes e herança e tal. Então, tento apoiar e ler alguma coisa. Eu não tenho certeza de que esteja gostando —, ela disse com uma careta. — E é verdade —, ela acrescentou com um pequeno sorriso, — que meus pais vieram do México e colhem verduras em Monterey. Consegui uma bolsa, obtive meu diploma, consegui um emprego e ajudo os dois no que posso. Agora, quanto à minha identidade nacional, sou apenas mais uma americana comum.

Namorado, está legal.

— Eu não diria comum —, eu murmurei.

— E o livro tem uma personagem com meu nome, não é? Então, tive que ler.

— Amaranta? Lembro.

– Sim, Amaranta. Não é o tipo de leitura que normalmente gosto, confesso. Não sou uma pessoa que lê muito.

– Eu gostei –, disse na defensiva.

– Claro, você é um intelectual!

– É um clássico! – respondi, sentindo-me vagamente insultado. – Eu ainda lembro que cada personagem tem uma característica extraordinária, sabe, como aquele bruxo, Melquiades.

– Sim, e a loucura de José Arcádio Buendia.

– A tristeza de Aureliano.

– A beleza de Remédios –, ela respondeu, gostando do jogo.

– As paixões de Amaranta.

– Sim, *las passiones de Amaranta* –, ela repetiu, me encarando com um sorriso vago e lento.

Um anjo passou por nós. Uma legião de anjos passou e senti meu rubor, hipnotizado pelos seus olhos profundamente escuros.

– O que você está lendo? – perguntou Phil, trazendo uma cadeira que empurrava por entre as pessoas para sentar-se conosco, afugentando o momento.

– Aí estão vocês! – chamou meu pai de longe, acenando com um maço de papéis do Iate Clube e fazendo sinal para que o acompanhássemos. – Venham, venham, estão terminando de instruir as tripulações sobre a corrida –, ele disse, nos levando a uma sala grande no térreo do clube que estava cheia de marinheiros e equipamento.

– Observem!

O que havia para ser observado? As tripulações estavam se dirigindo aos barcos para sair do porto em tempo para estarem bem posicionadas na largada, enquanto que os membros mais ilustres do comitê de competição discutiam em voz baixa. A medida em que a sala esvaziava, vi que uma das tripulações estava ficando para trás ao lado da tabela que detalhava o percurso da regata. Era a mesma tripulação que havíamos visto analisando sua performance em vídeo. O capitão era mais velho do que eu pensara num primeiro momento, com rugas profundas no rosto e pouco cabelo. Todos estavam ao redor dele no quadro enquanto ele detalhava cada uma das manobras que esperava que fizessem durante o percurso. Por exemplo, ele insistia que, já que o percurso era curto, deveriam estar preparados para baixar o balão quase no mesmo momento em que havia sido içado, o que significava prestar atenção nas bujarronas por cima do mastro.

– O que eles estão fazendo? – Phil cochichou para meu pai.

– A primeira tarefa de um líder de equipe. Ele está conduzindo-os pela corrida passo a passo, assegurando-se de que sabem o que esperar e quando.

– Ah, para que eles ajam dentro do tempo designado para cada ação? – perguntou Amy.

– Tempo *takt*! – meu pai enfatizou. – A maioria das tripulações tem dificuldades com a contagem do tempo para suas manobras, elas nunca começam cedo o suficiente, então, geralmente, quando a marca aparece, as pessoas estão em pânico total, que é o que causa a maioria dos acidentes na água.

Depois de ter certeza de que todos haviam entendido o percurso daquele dia, o capitão perguntou para cada um dos membros da tripulação se alguém tinha algum ponto específico para colocar para seu colega antes de saírem. Isso levou o número um e a mulher que precisava passar a escota para ele a brincar um com o outro, referindo-se, suponho, ao incidente de que falavam ontem. Era tudo dito num tom bem-humorado, mas a mensagem estava sendo passada. Eles debandaram e passaram por nós, conversando com descontração.

– O que vimos é parecido com as reuniões que eu mencionei no negócio de *fast food*. Enfatizavam aquilo em que se deve prestar atenção e o que deve ser feito durante o turno –, disse Amy. – Os supervisores na fábrica conduzem reuniões matinais, mas não são nada parecidas com isso!

– Para começar, tem bem mais gente. Um supervisor geralmente atende várias linhas e todos os operadores participam –, respondeu Phil, ponderado, enquanto meu pai falava com o capitão amigavelmente.

– Sim, e tratam mais de recados da gerência que precisam ser passados. Nada é dito a respeito de tempo *takt* ou problemas práticos –, Amy respirou fundo. – Acho que, mais uma vez, não entendemos a questão.

– Vem comigo, pessoal. Vou dar um passeio até a primeira marca. Tenho que cuidar para que nenhum dos barcos a toque quando a bordejarem –, disse meu pai, batendo as mãos. Ele pegou um velho par de binóculos, um *walkie-talkie*, passou para mim uma pasta de plástico, e lá fomos nós.

Eu podia sentir um alvoroço no ar enquanto caminhávamos pelo píer até a lancha antiquada que meu pai escolheu. Barcos estavam sendo rebocados para fora do porto com suas velas esvoaçando, as pessoas gritavam e havia aquela confusão normal de todos tentando chegar na linha na hora. Fazer parte dessa animação era muito mais divertido do que eu imaginara. O prazer que meu pai sentia era evidente enquanto manobrava seu velho barco por entre os iates, e acenava com descontração para as pessoas quando passávamos. O mar estava parado e havia vento o suficiente para levantar as velas, mas, como meu pai explicou, os barcos classe *J* eram muito leves e conseguiam mover-se a uma velocidade impressionante com pouco vento na água calma. Amy havia sentado num banco ao meu lado. Com seu cabelo amarrado num lenço vermelho, um longo cacho negro caído na testa, e seus enormes óculos, tinha um ar de estrela de cinema. Phil luzia um sorriso que ia de orelha a orelha, o que retirava anos de preocupação do rosto. Deixamos o porto para trás e fomos na direção dos variados tipos de barco que apareciam na distância, todos se colocando em posição para a corrida que fariam ao redor de enormes bóias laranja infláveis. Meu pai guiou a lancha em direção a uma das marcas vistosas que, à primeira vista, parecia que ocuparia o barco todo, aproximou-se e lançou a âncora bem a sua frente. Quando soou uma buzina, olhamos para a frenética atividade na linha de partida e nos ajeitamos o mais confortavelmente possível para desfrutar do sol.

– Você está me dizendo que um líder de equipe é como o comodoro de um barco? – Phil perguntou no silêncio que se seguiu.

– Mais como um capitão, esse é um *nuance* importante –, respondeu meu pai.

Olhamos para ele sem ter certeza do que queria dizer.

– Um comodoro é Deus a bordo, ele, ou ela, toma as decisões estratégicas que podem pôr a própria vida da tripulação em risco. Um capitão, especialmente em barcos pequenos como esse, não exerce um cargo tão elevado. Ele, ou ela, é parte da tripulação, para começar, e faz escolhas táticas sobre a corrida. A estratégia é estabelecida pelo percurso em si.

– Não sei se entendi –, disse Phil.

– Bem, vamos dizer que o comodoro é como o supervisor tradicional, enquanto o capitão é um líder de equipe. Se alguém fica doente ou falha em suas tarefas, o capitão não pensará duas vezes antes de assumir o posto durante aquele tempo. Um comodoro, ou, Deus me livre, um supervisor, jamais faria isso. Achariam algum substituto, ou ficariam sem alguém naquela vaga. Para usar outro exemplo militar, pense em todos os filmes de guerra que já viram. Uma patrulha é feita por um tenente, que geralmente é um jovem sem experiência, recém saído do treinamento para oficiais, e um sargento, que é parte da equipe, mas coordena o *show* do dia a dia, ele age tanto como carrasco quanto como mãezona.

Concordamos, visualizando os clichês de milhares de guerras de Hollywood.

– Os comodoros são necessários no topo, com certeza, mas toda hierarquia tende a ficar cheia de oficiais com autoridade demais e responsabilidades de menos. O líder de equipe não tem posição hierárquica. Ele, ou ela, é parte da equipe em si, e sua tarefa é garantir que a produção ocorra no tempo *takt*. Líderes de equipe são sargentos, não oficiais, eles são parte de cada célula de produção, às vezes da própria linha. Eles recebem 5% a mais, e ganham um bônus um pouco maior, mas não são, repito, não são gerentes.

– Mas, quantos são necessários?

– Eu diria um para cada cinco ou sete operadores.

– É um aumento de custos e tanto –, resmungou Phil com uma cara feia. – Isso não aumentaria seus custos fixos?

Meu pai só riu. – Certo, rapaz, está certo. É claro que sim, se você somente contratasse líderes de equipe, mas a questão é que não dá para fazer isso. Eles precisam surgir entre os funcionários. Na verdade, você cria a posição de líder de equipe através de melhorias de produtividade na célula. Assim que der para extrair alguém através dos *kaizens*, o operador mais experiente assume o papel de líder de equipe!

– Aí vêm eles! – gritei.

Podíamos ouvir ordens sendo vociferadas do primeiro barco, que ainda estava distante, apesar de o som poder ser ouvido claramente. A matilha seguia como cães atrás da lebre. A medida que os barcos classe J se aproximavam, podíamos ver o primeiro capitão segurando a cana do leme e gritando ordens e insultos para sua tripulação que corria pelo convés, preparando-se para ajeitar a escota quando tivessem contornado a marca.

– Esse parece saber o que está fazendo! – disse Amy.

– Ele? – meu pai falou indignado. – Ele sabe iniciar bem, e depois se tornar um pé no saco com suas reclamações ao comitê de corrida. Ele nunca ganha e sempre culpa alguém. Olhe, ali vem Marty.

O primeiro barco passou o marcador com menos de meio metro de distância e meu pai vigiou como uma águia para que não tocassem a bóia. Quando passaram, podíamos ver um emaranhado de pessoas e cordas enquanto corriam para içar o balão e arriar a bujarrona. O número um gritava que tinha algo preso no mastro, mas o capitão estava gritando outra coisa qualquer para alguém, e passaram a marca ainda tentando desembaraçar toda a bagunça. Alguns outros barcos passaram e reconhecemos a tripulação que havíamos visto de manhã. O capitão não estava pilotando, estava parado na escotilha, observando a água e seu convés em silêncio. Ele acenou quando passou por nós e meu pai retribuiu. Nenhum membro da tripulação sequer nos viu, estavam todos concentrados em suas tarefas individuais. Deram a volta na bóia com bastante folga e tiveram que içar mesmo antes de terem saído da perna. Ouvimos a vela abrir com um estalido e observamos enquanto o barco avançou duas posições num pulo, num surto repentino de velocidade.

– Viram a diferença? – meu pai exclamou. – O primeiro que passou é mandão e barulhento. Ele é a cabeça pensante e trata cada um de seus companheiros como uma extensão de seu corpo. Então, ele dá as ordens e todos seguem dentro do possível. É assim que supervisores antiquados dirigem o chão de fábrica. Vocês viram o que aconteceu? Houve um problema com o balão e o mastro. O número um não estava no ritmo do percurso, mas, mesmo assim, o capitão estava prestando atenção em outra operação no sarilho, provavelmente vendo como pôr mais pressão na bujarrona para evitar colidir com a bóia, já que estavam perto demais.

Numa planta, supervisores ficam mudando operadores e carga de lugar para manter a produção, mesmo que haja problemas no processo. Uma vez tendo estabelecido as coisas, já que a única decisão possível é quem tem prioridade e quem não tem, os supervisores usam suas próprias noções sobre quais ordens são importantes e continuam com essas, independente de todo o resto.

– Dave ainda tem a tendência de fazer assim –, Phil concordou.

– E isso não se enquadra exatamente na idéia de que as entregas vêm primeiro e em tempo *takt*, não é?

Phil permaneceu calado. – E o outro capitão, Marty? – perguntou Amy, intrigada.

– Lembre-se de que ele planejou tudo desde o início com sua equipe. A tripulação sabe exatamente quem está fazendo o quê e quando. Vocês viram como todos estavam concentrados? Eles estão esperando sinais dos outros para coordenar a manobra.

– Entendo –, interrompi. – Não é necessário que passe tudo pelo capitão. Não é preciso que a informação passe pela coordenação central.

– Que se torna um "gargalo" –, Phil acrescentou.

– É verdade. Bem, Marty ainda está no comando do *show*. Mas, em geral, ele olha a sua volta e tenta antecipar o que poderia dar errado e – olhem para ele!

Observamos o barco navegando na mesma direção do vento, balançando de leve sob a imensa vela amarela usada para tempo bom. Marty havia saído de dentro de seu buraco e estava ajudando o número um a passar a bujarrona por cima do mastro do balão.

– Quando ele vê que algo não está bem, ele age antes de surgir algum problema, não no momento em que tudo fica fora de controle. Como a tripulação está extremamente focada em suas tarefas, não pode ficar de olho no que pode vir a acontecer com ela. Esse é o trabalho do capitão –, explicou meu pai. – A função do líder de equipe é garantir que seus companheiros estejam em uma boa posição para fazer seu trabalho, e prever qualquer problema que possam encontrar e resolvê-lo para eles.

– Assim como treiná-los e assegurar-se de que usem *kaizen* para suas manobras –, Amy sugeriu.

– Eu vou resumir –, Phil respondeu, anotando tudo e expondo seu precioso caderno ao vento e borrifo. – Primeiro, o líder de equipe comunica o tempo *takt* e discute a produção daquele turno como os operadores.

Quadro de análise da produção			
Hora	Plano	Peças sem defeito	Comentários
1			
2			
3			
4			
5			
6			
7			
8			
$\dfrac{\text{Peças sem defeito}}{\text{Número de operadores} \times \text{horas}} =$			

– Sim. Na maioria dos casos afixamos um quadro de análise da produção com a meta por hora/produção real de peças sem defeito –, meu pai rabiscou num pedaço de papel tirado de sua pasta de plástico. – Assim, temos o tempo *takt*, os objetivos hora a hora, o número de peças sem defeito produzidas, e comentários explicando a diferença entre o objetivo e o que está acontecendo. Os operadores se reúnem por cinco minutos diante desse quadro, em pé, para que a reunião seja rápida, e discutem as dificuldades encontradas no dia anterior e como resolvê-las. Em primeiro lugar, e o que é mais importante, surgem as questões de segurança, se houver alguma, depois todos os outros problemas que foram observados no turno anterior que podem aparecer novamente nesse turno.

– Em segundo lugar, o líder de equipe certifica-se de que todas as condições de trabalho estejam normais e prevê problemas em potencial. Terceiro, o líder de equipe se responsabiliza pelos Cinco Ss e pelo treinamento no local de trabalho para ter certeza de que todos os operadores podem fazer seu trabalho padronizado num certo ritmo, no tempo *takt* –, concluiu Phil.

– O líder de equipe deve garantir que o trabalho padronizado seja sempre respeitado, deve juntar as informações sobre problemas de qualidade do turno e é responsável pelo retrabalho –, meu pai acrescentou.

– Não é brincadeira. Vocês sabiam que é igual a dirigir o turno de um restaurante *fast food*? –, disse Amy, equilibrando-se no meu braço após o movimento causado por uma lancha que passou por nós. – Era exatamente o que tínhamos que fazer. Dirigir a equipe, assegurar-se de que todos estavam fazendo exatamente o que deveriam, organizar a limpeza no fim do turno e completar a papelada do turno.

– Sim, mas ainda precisaria de pessoas para cuidar das interfaces –, questionou Phil.

– E também encorajar o *kaizen*. É para isso que o supervisor está lá – meu pai acrescentou. – E o gerente de produção faz o planejamento e o cronograma de produção. De qualquer forma, vocês entenderam bem o papel do líder de equipe?

Phil respondeu:

– Reuniões de cinco minutos no início do turno para falar da meta de produção do dia, e dos problemas detectados no turno anterior,

– certificar-se de que o trabalho padronizado seja aplicado,

– certificar-se de que as instruções de produção ou de planejamento estejam funcionando,

– lidar com o retrabalho e com os problemas de qualidade,

– garantir que os Cinco Ss sejam mantidos, e,

– administrar a linha, como juntar os dados necessários.

– Esse líder de equipe –, eu comentei, – precisa ser um super-homem!

– O que você quer dizer? – perguntou Phil com a cara séria.

– Bem, pense em todas as coisas que ele deve fazer. Ou ela. Amy, o que você acha?

– Posso prever algumas dificuldades –, ela respondeu com cautela. – Certamente, precisaríamos de muito mais treinamento do que estamos fazendo agora.

– Você começa passo a passo –, meu pai falou. – Não é necessário fazer tudo de uma vez. Comece com as reuniões de cinco minutos para discutir com a equipe o que o líder de equipe do turno anterior comunicou. Depois, peça que os líderes de equipe coordenem os Cinco Ss no fim do turno. O resto se encaixará a medida em que você for trabalhando.

– E o supervisor?

– O supervisor faz mais ou menos a mesma coisa, só que um nível acima. Ele está mais ligado a manter a logística do negócio funcionando, como recolher peças regularmente e assim por diante, e cuidar dos problemas em potencial, que a equipe não estará vendo porque estará ocupada com o trabalho –, propôs Amy.

– Em parte, mas não se esqueça do trabalho padronizado. O papel do supervisor é também o trabalho padronizado em todos os níveis: nas operações, na logística – a todo momento.

– Então, o supervisor dirige o *kaizen*, certo?

– Sim, e o treinamento no local –, explicou meu pai.

– É difícil visualizar o papel desse líder de equipe na prática –, disse Phil.

Meu pai passou as mãos pela cabeça, deixando seus finos cabelos brancos de pé. – Bem, como verá em sua fábrica, espero, o líder de equipe *não* é um gerente, mas um funcionário *líder* que garante que a equipe trabalhe com tranqüilidade e tenha resultados. Entendeu?

– Sim, consigo entender. Duvido que possamos implementar tudo isso, mas entendi. Acho.

Meu pai nos levou para o píer no intervalo entre duas etapas da corrida e depois voltou para seu posto de observação, falando pelo rádio, sem sequer olhar para trás. Eu estava um pouco surpreso com a familiaridade dele com esse ambiente do Iate Clube, como se tivesse feito isso toda a vida.

Será que era isso que ele realmente quis todo esse tempo? Caminhamos até a varanda ao lado do bar e pedimos sanduíches e cerveja. Na distância podíamos ver as velas brilhando, fazendo manobras para conseguir uma posição na partida de uma nova etapa. Sentei-me, cansado, numa cadeira baixa.

— E então, como está lidando com meu pai? – perguntei.

— Ele é igual ao que eu lembrava –, respondeu Phil, com um sorriso. – Abrupto e direto.

— Sim, você pode tirar o homem da marinha, mas nunca a marinha do homem.

— Veja como vocês choramingam –, brincou Amy. – Acho-o um charme. – Ela bateu os cílios rapidamente.

— Para você, ele pode até ser –, resmungou Phil. – Ele está encantado contigo.

— Isso é papo furado machista –, ela respondeu na hora. – É que sou a única rápida o suficiente para entender o que ele quer dizer. Estou sempre atenta!

— É, mas você não teve que crescer respondendo "Sim, senhor!" desde a hora do café da manhã até o fim do dia!

— Não importa –, respondeu Phil esfregando seu rosto exausto. – Ele realmente faz com que eu me sinta um idiota na maioria das vezes. Por que não nos ensinam essas coisas? Parece tão óbvio quando seu pai explica.

— No entanto, levou-lhe a vida inteira para aprender e ele nunca recebeu um agradecimento por nada.

— A gente aprende todo esse negócio de "vamos ser tolerantes e amorosos" nos cursos de administração –, disse Amy em desalento, – mas quando você começa a trabalhar é dureza. Ninguém quer saber das pessoas, são apenas números no L&P. Seu pai pode não ter o jeito mais delicado de ser, mas, pelo menos, ele leva as pessoas a sério.

— Eu sei que você tem razão, provavelmente sou suspeito para falar. Depois de todos esses anos, ainda acho-o irritante para burro.

— Ele é seu pai, o que você esperava? Afinal, você é psicólogo.

— Eu sei, eu sei. Devo confessar que a conversa de vocês sobre conduzir equipes realmente me fez pensar.

– Como assim?

– Bem, Amy, como você foi ensinada a motivar as pessoas?

– Profissionalmente? Na base da cenoura num bastão, basicamente –, ela disparou. – A cenoura é o contracheque e o bastão é ser demitido. Apesar de que isso não tem nada a ver com o que fomos ensinados na faculdade. Era tudo uma conversa de valores e ambiente social naquela época. Mas tenho visto muito pouco disso no mundo dos negócios.

– Não fale assim! – Phil protestou. – Eu realmente acredito que o respeito e a confiança são a base de um relacionamento saudável no trabalho.

– E você é tão cego em relação às políticas dentro da fábrica que eu tenho vontade de te dar um puxão de orelha –, ela respondeu com impaciência. – Às vezes, parece que está em outro planeta! Como pode ser tão desligado do que acontece?

Ele olhou fixamente para ela, em total desconforto.

– O ponto de vista de seu pai sobre envolvimento é realmente muito bom. É difícil de explicar, mas estou começando a sentir do que se trata. Não se trata de cenoura e bastão, é mais sobre, sei lá, domínio e responsabilidade.

– *Esprit de corps*, foi o que ele disse, um espírito de luta, mas não estou bem certo do que ele quer dizer com isso. Tem algo a ver com fazer com que as pessoas se sintam especiais, que fazem parte de alguma coisa, e mantê-las sob pressão. A motivação não é bem a minha área. Trabalho mais com a razão e a lógica, mas estive pensando antes. Vamos supor que as pessoas respondam ao estresse.

– Isso realmente acontece?

– Bem, não somente ao estresse negativo, mas também ao estresse positivo, como interesse ou ambição. Se elas não sentirem estresse o suficiente, não vão se interessar e, portanto, será muito difícil motivá-las a fazer algo. Mas, se estiverem sob muito estresse, vão entrar em pânico. Ficarão paralisadas, ou com raiva, e farão coisas completamente irracionais.

– Faz sentido. Todas as técnicas de envolvimento que seu pai mencionou estão relacionadas com lidar com a curva de estresse –, disse Amy. – Por um lado, tem a pressão para manter o tempo *takt*, e todas as certezas são retiradas, o que aumenta o estresse. Mas, por outro lado, tem todo esse trabalho com os operadores, com Cinco Ss e *kaizen*, que os ajuda a ter algum controle sobre o ambiente, e isso deve ser reconfortante.

— Sim, e demonstra o compromisso da gerência. Então, a gerência está olhando para seu trabalho, que é estressante, mas a gerência também está interessada em resolver os problemas, o que lhe dá confiança.

— Mas também diz respeito à responsabilidade –, ela insistiu. — Sabe, se eu estiver lá somente para apertar um botão, provavelmente não me envolverei muito. Mas, se eu fizer o esforço de pensar na minha estação de trabalho, em limpá-la e estudá-la, é como esse pessoal e seus barcos. Eles começam a se interessar. Têm interesse em seu trabalho. O genial nisso que seu pai está nos dizendo são as maneiras de desenvolver o operador em sua esfera de atuação. Entende? Não importa se o cara só faz furos o dia todo, contanto que lhe demos a crença de que ele é um mestre em fazer furos!

— O, mestre do furo sagrado!

— Estou falando sério –, ela disse franzindo as sobrancelhas. — Pense bem. Os operadores são tão espertos como qualquer um de nós, mas não têm as mesmas oportunidades.

Não pude deixar de reconhecer o quanto ela era inteligente, e lembrei-me de repente: — Meu pai diz que no Japão existem mestres para qualquer coisa. Lembro-me de um filme em que havia o mestre de sopa com massinha. Ele era um preguiçoso, mas os cozinheiros de todo o país iam até ele para aprender a arte de fazer sopa com massinha.

— Mesmo assim. Um mestre de fazer buracos. Um mestre de apertar parafusos, e assim por diante. Você ri, mas isso dá uma dimensão totalmente nova a esses trabalhos.

— Não estamos rindo. Você é muito convincente.

— Pelo menos convenci a mim mesma –, ela disse, cruzando os braços e fazendo uma tromba, o que nos fez rir.

— Pesquisas foram feitas sobre esse tema, na verdade. Alguém anda testando o que faz as pessoas felizes no trabalho e descobriu que é preciso chegar a um ponto de equilíbrio entre os desafios das tarefas que você precisa fazer e sua competência nelas. Se há desafio demais, você fica superestressada e ansiosa –

– Esse sou eu! – disse Phil, levantando seu copo.

– Se há de menos, você fica entediada e apática. Outra questão é que as pessoas precisam de uma teoria que explique razoavelmente bem o que está acontecendo com elas. Contanto que faça sentido, elas estão bem. E adivinhe como se chama essa teoria na pesquisa psicológica?

– Diz.

– Fluxo. Sem brincadeira!

– Pára!

– Juro! É muito parecido com tudo isso que meu pai está falando –, eu continuei. – Lembro que quando comecei a estudar psicologia tivemos mais uma discussão sobre qualquer coisa, mas, no meio de tudo isso, ele usou um argumento interessante. Ele disse que um de seus gurus havia lhe ensinado que ele deveria estar produzindo pessoas antes de produzir peças.

– Produzir pessoas antes de produzir peças? – Phil repetiu.

– É. Isso foi uma grande revelação para mim na época. Dá para fazer a ligação com o papel de líder de equipe. Ele argumentou que o trabalho da gerência era desenvolver as pessoas, que, então, agregariam valor ao produto. Discutimos sobre o fato de que naquela época ele realmente acreditava em "produzir pessoas", literalmente. Vocês sabem como ele é. Faça isso, não faça aquilo, não discuta, faça! – eu falei imitando a voz de meu pai.

– Exatamente como ele faz –, Phil riu. – É isso exatamente o que temos feito com nossos funcionários com os Cinco Ss e *kaizen*.

– E o que seu pai tem feito com a gente! – comentou Amy.

– Está bem, então. Vamos brindar à produção de pessoas! – propôs Phil, levantando o copo.

– E ao pai de Mike! – acrescentou Amy.

– E assim, bebemos à saúde de meu pai, curtimos o sol e a companhia um do outro.

Capítulo Seis

NIVELAR PARA PUXAR

Não tive contato com Amy ou Phil por umas duas semanas, até que Phil apareceu inesperadamente na minha porta uma noite.

– Tem cerveja? – ele perguntou quando entrou.

– Na geladeira –, falei bruscamente, voltando-me com impaciência para minha escrivaninha, irritado com a distração agora que eu estava finalmente conseguindo escrever alguma coisa.

– Com vai o livro? – ele perguntou, passando uma lata para mim.

– Como sempre. Sou lento para escrever –, respondi com cansaço. – E vocês? Meu pai perguntou se eu havia tido notícias de vocês nos últimos dias.

– Está complicado! – reclamou Phil. – Uma verdadeira complicação.

– Está pior do que estava há um mês?

– Está melhor. Estamos realmente conseguindo segurar as pontas. Nosso maior financiador está mais seguro ao ver que estamos mexendo nas coisas na planta. Mas agora tenho problemas de outra natureza para resolver: meus funcionários.

– O que houve? A idéia do segundo turno não funcionou?

– Nem chegamos a adotar essa idéia. Na verdade, o problema do pessoal surgiu com Glória, a supervisora de área. Ela havia sido uma defensora da iniciativa Cinco Ss nos tempos difíceis do passado, então quando a ressuscitamos e ela viu que não era brincadeira, adotou o negócio com uma energia redobrada. Com Amy conduzindo os *workshops* de fluxo e leiaute nas duas outras linhas, essas duas têm a área de sub-montagem totalmente acertada, e conseguiram encaixar uma quarta linha ali, produzindo STRs, apenas com a retirada da bagunça que havia, reduzindo o espaço entre as estações e consertando coisas para construir as estações extras. Com um mínimo de investimento, temos duas linhas de STR na produção diária.

– E isso é bom, não é?

– Claro, estamos fabricando 80 mecanismos STR por dia, num dia bom, quase sem aumentos nos custos fixos. Minha produtividade aumentou 20% com 10 peças por pessoa por dia nas quatro linhas.

– Qual é o problema, então?

– As pessoas, já disse. Amy e Glória se uniram e estão dirigindo a área como um dos navios de guerra de seu pai. O pessoal da montagem final não está conseguindo agüentar e, apesar de fazerem todas as horas-extra possíveis, o estoque está acumulando entre a área de sub-montagem e a montagem final.

– Então soltem Amy naquela ponta para que ela faça a mesma coisa!

– Não é tão fácil. Glória e Amy pegaram Jake Rogers, o supervisor da montagem final, num canto para conversar sobre fluxo de uma só peça. Ele é um velho meio simplório, está próximo de aposentar-se e está realmente atrelado ao seu jeito de fazer as coisas. Então, imagine com foi a conversa! Dave não quer saber de se envolver e de qualquer forma, ele e Rogers são amigos há anos. Dave sentiu-se tão humilhado pelo sucesso de Amy com a montagem de mecanismos que se afastou completamente de questões relacionadas com produção e agora se envolve somente com a programação e o planejamento. Ah! e antes que eu esqueça, para recuperar um pouco de sua reputação, ele decidiu arrumar a bagunça no almoxarifado, então, houve mais Cinco Ss, mas no estilo de Dave.

– Não houve muito envolvimento do pessoal, não é?

– "Muito"? Não que eu me importe, aqueles patetas mereceram, mas isso iniciou outro incêndio na planta. Agora, é claro, parece que ajeitar um lado apenas cria problemas do outro. E o problema agora é Gary Pellman, o gerente de engenharia. Começou quando Joshua se responsabilizou pelos produtos STR. Agora ele tem um monte de idéias para melhorar o produto e como você pode imaginar, está sempre à disposição de Amy.

– Posso imaginar.

– Pellman está começando a sentir o aperto, e Amy pode ser um pouco agressiva às vezes. Então, ele está dizendo que ela está ficando muito cheia de si. E, enquanto ela faz o papel de heroína no chão de fábrica atrapalhando Dave, o trabalho de RH em si, como as avaliações anuais e tal, não está sendo feito.

– E o que pensa Matt a respeito disso tudo?

– Matt segue o que Pellman diz. Mas, também tem um outro cara, Kevin Morgan, que lida com logística e compras para as duas fábricas. Fui conversar com ele para mostrar mais alguns resultados das caixas vermelhas e a conversa não foi legal. Ele é um cara que recém contratamos para gerenciar a logística integrada das duas fábricas, um gerente de cadeia de suprimentos. Pellman já o conhecia antes. Bom, no fim das contas, Matt e eu sempre concordamos que ele cuidaria de vendas e finanças enquanto que eu lidaria com engenharia e produção, portanto,... – as coisas estão um pouco tensas, é só isso.

Ele respirou fundo e tomou um gole de cerveja. Parecia que não havia dormido no último mês.

– A questão é que agora nossos verdadeiros problemas estão começando a aflorar –, ele disse com outro suspiro. – Está sendo difícil para o pessoal da montagem final, mas conseguimos mais ou menos dobrar nossa produção de disjuntores STR, certo?

Concordei com a cabeça, de forma encorajadora.

– Então, conseguimos pôr em dia a maior parte de nosso atraso nos pedidos e, milagrosamente, os clientes até nos pagaram diretamente na entrega, o que resolveu o problema de caixa por mais um mês.

– Isso é bom.

– E Matt tem outros clientes esperando para comprar mais STRs.

– Ótimo, então qual é o problema?

– O problema é que descobri agora que as customizações no *design* que os clientes estão pedindo para os novos contratos estão paradas no setor de engenharia e não estarão prontas para que comecemos a nova produção quando estivermos com o atraso resolvido!

– O quê?

– É que, tradicionalmente, o setor de engenharia está sempre dizendo para a produção que eles fazem a parte inteligente do serviço ao customizar produtos complexos para clientes exigentes. A produção é sempre o "mau" porque nunca consegue expedir a produção em tempo. O que estou descobrindo é que a engenharia leva um tempo imenso para acertar os *designs*, e que a produção é lenta porque precisa lidar com todo tipo de falha em *design*.

– Como as correções com os quais Joshua está lidando?

– Sim! E isso é só o começo. Descobrimos que, na linha, os operadores às vezes precisam fazer buracos para passar os fios porque não estavam nos desenhos, coisas assim.

– E o que diz, como é? Pellman?

– Ele está reclamando, fazendo-se de durão. Ele quer que Josh pare. Ele quer que Amy baixe a bola, ele quer...

– E o que você acha disso?

– Bem, quando eu falo assim, fica evidente, não é? Só que –

– Só que?

Devo entrar no módulo "psicólogo" hoje à noite: o que o paciente disser deve ser recolocado como pergunta.

– Só que, Mike, você sabe, não sou muito bom com essas coisas –, ele disse quase num tom de súplica. – Você sabe que eu nunca soube lidar com conflitos. Nem em casa, nem no colégio. Não sei o que fazer. Devo pedir para Amy baixar a bola?

– Como você se sente a respeito disso? – perguntei. – Qual é a sua prioridade?

– A prioridade é clara: precisamos levantar esse negócio.

– E?

– Sim, eu sei. Devo continuar lutando.

Sentamos ali por algum tempo, tomando nossas cervejas. Quase podia sentir a tensão que emanava dele, o ranger constante de suas engrenagens mentais e a conseqüente ansiedade.

– Sabe, Phil, estou achando que meu pai tinha razão sobre uma coisa.

– Ele tinha razão sobre um monte de coisas. O quê?

– Bem, você não vai gostar de ouvir, mas acho que você ainda está tentando lidar com essa confusão toda como se fosse um problema técnico. Mova essa máquina aqui, mude esse *design*, e pode estar com razão até certo ponto, mas...

— O quê?

— Estamos falando de pessoas, é só isso. Você está tendo um problema de liderança, não apenas um problema de produção ou de negócios. Matt é um empresário. Ele está sempre por aí indo atrás de novos negócios. Ele não está interessado em cuidar do negócio, e, por conta disso, você ficou com o pepino. Bem, você não quer assumir o papel de liderança de forma afirmativa porque não é seu estilo e você odeia conflitos. Sabemos disso. Mas, a não ser que eu esteja enganado, a natureza odeia vácuos —

— Sim, concordo com isso. Se há algo de que entendo, é de vácuos —, ele tentou brincar.

— Ouça o que está dizendo. Amy é ambiciosa e agressiva e muito inteligente. Agora que ela descobriu o que sabe fazer bem, tirou o coitado do Dave do caminho. Tenho uma suspeita de que quem realmente dirigia o negócio era Gary Pellman. Ele é experiente, entende do riscado e dirige a parte de maior *status* da empresa, a engenharia. Ele é o maioral. Mas, de repente, você puxa o tapete dele com essa história de Joshua para começar —

— É pior do que isso —, Phil interrompeu. — Comecei a lançar a idéia de que a engenharia deveria se organizar por fluxos de valor, como a produção, com um gerente de fluxo de valor administrando a cadeia toda, de vendas à engenharia até a produção e entrega, para cada família de produtos.

— Viu? Onde fica Pellmann nisso?

— Ele sabe um bocado sobre nosso produto, nosso mercado e nossos clientes.

— Eu não perguntei isso. Onde fica Pellman em termos de poder?

Phil começou a falar e parou. Terminou sua bebida em silêncio, remoendo tudo.

Por que é tão fácil enxergar os problemas de nossos amigos e continuarmos tão cegos quanto aos nossos? Quanto mais eu pensava a respeito, mais me convencia de que Phil estava lutando com um papel de liderança para o qual não estava preparado. Meu pai tinha razão desde o início.

Como psicólogo, sei que as pessoas preferem o conforto a levarem sermões de como resolver seus problemas. Sim, sua cabeça dói de tanto sol, puxa, isso deve doer. Mas, dizer a elas que devem parar de dirigir no sol em seus carros conversíveis não faz com que se sintam melhores. Elas geralmente já sabem qual é a solução, mas não a adotam por "n" motivos pessoais.

Meu pai nunca teve empatia por uma só pessoa na vida. Ele via o mundo como um conjunto de problemas e soluções e ponto final. Era um verdadeiro engenheiro. Sua visão das pessoas era de que, se você não fazia parte da solução, fazia parte do problema. Eu havia escolhido uma profissão em que problemas reais são, em geral, ignorados, e a idéia é fazer com que as pessoas se sintam melhor, independente de quão inúteis sejam. Quanto mais atrapalhadas, mais ajuda precisam. O que faz sentido, não é?

Ao me envolver na situação de Phil, estava começando a respeitar a atitude obstinada de meu pai. Os problemas da empresa de Phil eram reais e podiam ser resolvidos. Mas resolvê-los exigia mais firmeza do que o esperado, especialmente de Phil, que, no fim das contas, nunca havia se reconciliado com a idéia de ser um empresário, muito menos um administrador. Ele ainda se via como um cientista que tivera um golpe de sorte e que, agora, tinha que lidar com um papel de liderança que nunca desejara. Agora, parecia que ia realmente ter que trabalhar pelo dinheiro que ganhara.

— Eles fizeram o quê? — meu pai gritou pelo telefone quando entramos em contato um pouco mais tarde para informar-lhe dos recentes acontecimentos.

— Uma quarta linha, pelo que entendi, com um turno por dia.

— Então, eles têm duas linhas paralelas produzindo os mesmos mecanismos de STR?

— Foi o que eu entendi.

— Diga para Philip que isso é uma idiotice.

— Acho que você mesmo deve explicar-lhe isso, ele está aqui.

— Não, espere um pouco. Diga a eles para nos encontrarem para o almoço amanhã no Shopping Pacific.

– No shopping?

– Você ouviu. Boa noite, Junior.

No shopping? Phil e eu nos olhamos perplexos. O que estava preparando agora?

Amy não estava contente. Ela ouvira poucas e boas de meu pai, quando esperara grandes elogios, e agora estava amuada enquanto caminhávamos com ele pelos corredores de um supermercado. Ele estava atrás de produtos de limpeza e explicando para Philip porque dobrar o número de linhas não era uma idéia tão boa assim.

– Você dobrou sua produção diária, certo?

– Sim, estamos chegando a 20 STRs por dia.

– O mercado está absorvendo isso?

– No momento, ainda estamos pondo o atraso de pedidos em dia. Estávamos atrasados nas entregas, então os clientes estão felizes de ver dois caminhões por semana chegando, apesar de que, acho que logo veremos a mercadoria se acumulando nos seus prédios. Mas, se conseguirmos ajeitar algumas questões com o setor de engenharia, teremos novos pedidos que absorverão nossa capacidade nova.

– Certo, e o que acontece com o tempo *takt* do mecanismo STR?

– Fica pela metade, acho, algo como cinco minutos e meio.

– E, Srta. Cruz, o que significa isso?

– Eu sei, já descobri. Deveríamos ter uma linha única funcionando no tempo *takt* mais baixo e com mais operadores –, ela respondeu de mau humor.

Amy estava evidentemente sob pressão e não tão sorridente como costumava ser. Parecia que todos seus melhores esforços eram elogiados de um modo geral, mas não traziam nada além de críticas nas questões específicas. Eu percebia que ela precisava de um ombro amigo, algum reconhecimento por todo o trabalho que fizera.

– O que não entendo é porque duas linhas paralelas são tão problemáticas. Estamos produzindo de acordo com o tempo *takt*!

– Então, por que não ter apenas uma linha?

– As pessoas gostam de seu trabalho do jeito que está. Elas se sentem bobas quando você subdivide as operações em partes cada vez menores –, Amy explicou. – Você sabe do que estou falando?

– Claro que sei. A maldita mentalidade do artesão. Você está lidando com um negócio, sabia? A melhor maneira de evitar erros e padronizar o trabalho é conseguir que os ciclos operativos fiquem abaixo de um minuto. Um minuto, ouviu? Portanto, se o seu tempo *takt* permite que você baixe para cinco minutos, é só lucro! Os operadores errarão menos e você vai aumentar a produtividade ainda mais!

– Entendi –, ela finalmente respondeu. – Mas não é você quem precisa falar para Glória que teremos que mudar tudo novamente e subdividir as tarefas em unidades menores!

– Ninguém disse que seria fácil –, falou meu pai. – Mas tenho mais uma razão para insistir em uma linha apenas e não duas paralelas, que vai ficar clara mais tarde. Está relacionada com a questão do supermercado.

– É por isso que estamos aqui? – resmunguei.

Passamos pelo caixa onde meu pai pagou pelas suas miudezas. A moça do caixa nos olhou de maneira estranha. Quantas pessoas são necessárias para comprar uma lata de tinta? Então, enquanto ainda estávamos lá, ele perguntou: – O que vocês estão vendo?

Senti-me melhor ao ver que Phil e Amy estavam tão confusos quanto eu. Via pessoas fazendo fila nos caixas. Havia um pessoal jovem perto dos caixas que ajudava os clientes a colocar a mercadoria em sacolas, o que me pareceu uma boa estratégia. Não faziam isso na loja de minha vizinhança e sempre levava um tempão para pagar e recolher a mercadoria, o que fazia você esperar o dobro de tempo na fila. Algo relacionado com o fluxo, eu supus.

– Imaginem que isso aqui é uma fábrica.

– O caixa é a montagem final, é disso que você está falando? – perguntou Phil.

– Pode ser. O que vocês estão vendo?

Eles olhavam e olhavam até que Amy disse: – Produção puxada! Estão puxando de um grande sortimento de componentes por toda a fábrica, é isso?

– Sim, e?

– Prateleiras –, ela disse, voltando ao seu jeito de sempre. – Há quantias determinadas de caixas nos espaços das prateleiras. Precisam ser re-estocadas, de alguma forma.

– Muito bem. Mas por que isso importa?

– Não sei –, ela murmurou, mordendo seu lábio inferior. – Há pessoas se movendo entre os corredores, se servindo do que precisam, levando tudo para a montagem final. Existem estoques em locais determinados nas prateleiras.

– Qual é seu problema com o transportador da montagem final?

– Nem me fale, não quero lembrar daquele idiota do Jake Rogers. Você sabe que ele me chamou de "menina"?

– Não se preocupe com isso agora, resolva o problema.

Ela o encarou com um olhar que teria feito eu dar um passo para trás, mas, meu bom e velho pai simplesmente a encarou da mesma forma com seus olhos azuis, sem piscar.

– Está bem –, ele disse após alguns segundos. – Vamos tentar um outro ângulo. Philip, qual é seu maior problema?

– Fluxo? – ele propôs sem muita certeza.

– Ouro, certo? Como o ouro fica entalado no fluxo de valor, lembra?

– Estou acompanhando.

– Então, onde fica entalado?

– Nos mesmos três pontos que viu desde o início. Tenho uma montanha de estoque de cápsulas, depois, de mecanismos montados, e no transportador e nos produtos acabados.

– E por que nesses pontos?

– Interrupções no fluxo, você disse?

– No caso do transportador, é fácil –, disse Amy. – Dave programa longos períodos para unidades prontas, então, acumula. Por exemplo, se ele reserva um dia inteiro para QSTs, ficamos com um acúmulo de mecanismos

STR que não vão para o transportador – um dia inteiro de produção de STRs chega a 80, portanto, acumula rapidamente. E acabam rindo de mim porque a minha melhoria de processo parece ter aumentado o estoque.

– A verdade é que aumentou –, meu pai disse sem muito tato. – A pergunta é por que Dave faz isso? Por que fazer somente QSTs num dia?

– É porque não somos um supermercado –, disse Phil, combativo. – Recebemos pedidos mensais de clientes e planejamos a manufatura por semana. Na sua capacidade máxima, Jake consegue montar 50 disjuntores por dia. Portanto, se precisa entregar 100 disjuntores STR, 50 disjuntores QST-1, mais 50 QST-2 e 20 disjuntores DG, ele vai pôr o STR em funcionamento o dia todo na segunda e terça, o QST-1 na quarta, o QST-2 na quinta e o DG na sexta.

– Por que é feito assim?

– Em geral, acho que é porque sempre fizemos assim. O pessoal dele consegue fazer a mesma montagem durante o dia todo. Eles acham mais fácil repetir a mesma montagem. Tem menos risco de erro.

– Eles têm razão, é claro, mas, qual é o resultado?

– Enquanto ele está fazendo a montagem final de QSTs ou de DGs no transportador, os mecanismos STR simplesmente acumulam na frente da montagem! – exclamou Amy.

– É. Você está empurrando esses mecanismos todos para ele, que não vão ser usados antes de estarem no planejamento, então, simplesmente acumulam.

– E ele é lento. Tem dias em que trocamos dois operadores da montagem do mecanismo DG para o transportador para aumentar sua produção, mas ainda está bem abaixo das 50 unidades prontas que precisamos por dia!

– Esse é outro assunto. Concentre-se no problema, Srta. Cruz. Você está empurrando mecanismos STR para Dave e estes acumulam. Como isso se relaciona àquilo que está vendo aqui?

– Não tem relação. É uma idiotice –, ela disse com irritação. – É como se a moça do caixa dissesse para aquele cliente lá "Desculpe, não posso passar seus itens. Primeiro vou passar todas as pessoas que têm manteiga e depois cuidarei daquelas com pão." – de repente, ela ficou em silêncio total quando meu pai começou a dar uma pequena risada.

– Vamos –, ele disse, – deve haver um lugar para tomar café aqui.

– Essa é a questão –, disse meu pai tomando seu café. – Estamos conduzindo nossas fábricas como os soviéticos costumavam conduzir sua economia. Como assim fica mais fácil para o produtor, só dá para comprar açúcar em alguns dias. Então, é melhor estocar o açúcar. Em um outro dia, será detergente, e assim por diante. Longos períodos, estoques grandes! Temos um grande mecanismo central de planejamento que coordena tudo, o maldito MRP –

– MRP? – interrompi.

– O sistema *Material Requirements Planning* (Planejamento de Necessidades de Materiais) –, meu pai explicou. – Onde parei mesmo? Estava reclamando do excesso de algumas peças e da falta de outras.

– Você quer dizer que temos que convencer Jake a planejar a montagem final de forma diferente? – perguntou Phil.

– Exatamente, Philip. Lembra de nosso amigo Taiichi Ohno? A lenda diz que ele teve uma visão quando ouviu falar dos supermercados americanos. Em um supermercado as pessoas se servem da mercadoria que precisam de uma grande variedade de escolhas sem precisar de ajuda de um vendedor. E a loja reabastece as prateleiras com freqüência para repor o que foi comprado. Nem sei se ele realmente pôs os pés num supermercado americano, mas certamente viu as duas implicações mais importantes.

– O cliente vem e pega exatamente o que precisa.

– E?

– É como o caso dos hambúrgueres! – exclamou Amy. – Você só produz para reabastecer o que já foi levado. Na hora do almoço, por exemplo, havia muitas pessoas no balcão –, ela explicou animada –, e já havíamos colocado fileiras de hambúrgueres recém feitos, um por tipo, como *cheeseburger*, hambúrger de frango, etc. Cada uma dessas filas podia apenas conter sete hambúrgueres. Quando um cliente pedia um *cheeseburger*, por exemplo, pegavam um do início da fileira, assim sabíamos que seria preciso produzir mais um no final para substituir aquele.

– Certo, é uma boa comparação. Na verdade, você tem dois tipos de produção puxada. Um é o reabastecimento, por exemplo, para os hambúrgueres padrão, como o *cheeseburger* básico, que tem alta demanda. Para esses, mantêm-se um pequeno estoque e quando um for consumido, produz-se outro. Como as pessoas estão sempre pedindo esses, não dá tempo para que estraguem na prateleira. E o estoque cobre picos na demanda, no caso, por exemplo, de cinco pessoas pedirem o *cheeseburger* básico ao mesmo tempo e não ser possível fazer tudo na hora.

– Exatamente! – exclamou Amy com entusiasmo. – É bem isso que acontece.

– Agora, também existem itens especiais, como *cheeseburger* sem picles, que não podem ficar no pulmão porque não são pedidos com freqüência e podem estragar. Se houvesse um estoque desses –

– Seria superprodução! – interrompeu Phil com um olhar de "eureka!".

– Exatamente. Então, é preciso trabalhar mais para fazer os extras sob demanda, que é o ideal, é claro.

– Mas, como somente temos um número fixo de pessoas fazendo os hambúrgueres num dado momento –, continuou Amy, – ou ficamos sobrecarregados com a demanda de pedidos especiais ou, ao contrário, com tempo de sobra nas mãos. É a variação.

– *Mura* –, disse Phil que realmente parecia estar gostando da idéia de variação.

– Isso mesmo –, meu pai concordou, – irregularidade. Então, o que se faz é usar o estoque. Você produz por pedido enquanto os pedidos especiais estiverem chegando, e o resto do tempo trabalha para reabastecer o estoque com os produtos de maior freqüência de vendas. Isso nivela sua carga de trabalho. Ohno levou duas idéias chave para a Toyota de como organizar sua planta como um supermercado. Primeiro: o cliente caminha fluxo abaixo e pega o que precisa do supermercado de peças disponibilizado pelo fornecedor que está fluxo acima; e, segundo: o fornecedor somente produz o que já foi consumido, seja na puxada de reabastecimento ou na puxada seqüencial, se produzirmos por pedido.

– O sistema de produção puxada!

– Exato. A idéia é sempre minimizar o *lead time*. Agora, pense em como nossas fábricas são conduzidas. Projetamos um cronograma semanal de produção, seja manualmente ou de algum MRP, e enviamos instruções de produção para cada processo.

– A linha do mecanismo STR recebe uma ordem diária que diz "produz 80", assim como todas as outras linhas –, disse Amy.

– Como a economia soviética. Agora você produz seus 80 mecanismos e tenta empurrá-los para o transportador, que está ocupada com os disjuntores QST-1. E, assim, se acumulam. No dia seguinte, você produz mais 80, mas, agora, estão ocupados produzindo o QST-2. Agora você tem um acúmulo de 160 mecanismos.

– Com o custo que tem essas cápsulas, prefiro nem somar o total em dólares! Vai me fazer mal –, resmungou Phil.

– Sim, mas três dias depois, de repente, o transportador começa a produzir disjuntores STR freneticamente e some com todo seu estoque rapidamente. É como se houvesse uma festa para colegiais no restaurante de hambúrgueres e todos pedissem frango de uma só vez.

– Eles esvaziam o estoque completamente e, então, o que nos resta é produzir um por um, o que leva horas.

– E é isso que Jake está fazendo no momento na montagem final ao "pedir" um grande número de STRs –, concluiu Phil.

– Certo. Com sua estrutura atual, a única forma que vocês têm de entregar grandes pedidos da montagem final de uma só vez é –

– Ter um enorme estoque nas prateleiras! – exclamei, satisfeito de poder acompanhar.

– Exatamente. E esse é o motivo de haver tanto ouro se amontoando no fluxo de valor antes do transportador de montagem final.

– O que está dizendo é que vamos ter que misturar os pedidos que vão para o transportador para evitar o acúmulo de estoque de mecanismos? – Phil exclamou. – Essa não vai ser fácil.

– Com certeza! – disse Amy com o olhar sombrio.

– É –, disse meu pai, fazendo uma careta para o café aguado que estava tomando.

O velho café do shopping estava recebendo cada vez mais pessoas de grupos heterogêneos, de famílias e trabalhadores, que nos cercavam com seu barulho e conversa, mas meu pai não parecia se importar e continuou.

– No TPS (Sistema Toyota de Produção) isso é chamado de *heijunka*, o que se traduz como nivelamento.

– Como é feito?

–Bem, depende da demanda do cliente. Nesse momento, como é a sua demanda?

– Com o que foi posto em dia em STRs? Estamos tentando produzir 100 STRs por semana, mais ou menos 55 QST-1s, aproximadamente 50 QST-2s e não mais do que 20 DGs por semana.

– E seu transportador de montagem? Qual é a capacidade diária?

– Forçando, podemos ter 50 unidades prontas por dia –, respondeu Phil.

Meu pai fez algumas anotações num guardanapo e perguntou: – Então, o transportador funciona assim:

Segunda-feira: 50 STR.

Terça-feira: 50 STR.

Quarta-feira: 50 QST-1.

Quinta-feira: cinco QST-1 e 45 QST-2.

Sexta-feira: cinco QST-2 e 20 DG, sendo que na sexta lidam com o atraso acumulado da semana devido aos vários problemas que tornam a linha lenta ou param-na completamente.

– Geralmente é pior do que isso –, disse Phil. – Começamos a patinar lá pela quarta e, com freqüência, trabalhamos o dia todo na sexta, além das horas extras, mas isso está relacionado à forma como o planejamos.

– Como um STR leva quatro mecanismos, estamos estocando 80 mecanismos STR por dia de quarta a sexta –, Amy explicou. – Isso dá 240 WIP de mecanismos! Sem contar os outros tipos de mecanismos.

– Claro, seu transportador está consumindo 200 mecanismos na segunda, enquanto que vocês empurram somente 80 da montagem de mecanismos. Portanto, precisam de um estoque de pelo menos 120 na segunda de manhã. A montagem final precisa de mais 200 na terça e vocês produziram somente 80 mais uma vez. Então, para não deixar a montagem final à míngua seu estoque de segunda de manhã precisa de 240 peças, que é exatamente o que vocês produzem de quarta a sexta.

– Na verdade –, Amy interrompeu, – os operadores do transportador de montagem enfrentam mais problemas do que nós, portanto, não completam todas as 50 unidades na segunda, o que dá uma brecha para os mecanismos –, ela murmurou. – E também podemos fazer hora extra com os mecanismos.

– Vá devagar –, meu pai disse levantando a mão. – Esses detalhes são importantes, mas vamos nos focar em um princípio em especial. Tirando a variação, nesse momento, ainda estão empurrando a produção para o transportador. Devia ser o contrário. A programação do transportador é que deve dar sinal de quanto vocês devem produzir, como em um supermercado.

– Entendo o princípio do negócio –, murmurou Phil, – pelo menos acho que sim. Mas como podemos programar o transportador?

– Pela demanda do cliente –, meu pai respondeu. – Calcule.

– Está bem, temos nosso plano semanal, que podemos extrair a partir do plano mensal –, Phil pensou em voz alta.

– Tempo *takt*! – exclamou Amy, mais uma vez intuindo a resposta. – A demanda sempre volta ao tempo *takt*, não é?

Meu pai apenas sorriu e pegou outro guardanapo. – Vamos visualizar assim:

Produto	Demanda semanal	Demanda diária	Tempo takt baseado em 450 min./dia
STR	100	20	22,5 min.
QST-1	55	11	40,9 min.
QST-2	50	10	45 min.
DG	20	4	112,5 min.
Total	225	45	10 min.

– Em geral, a partir desses números, é evidente que vocês devem tirar uma unidade completa do transportador de montagem a cada 10 minutos para satisfazer sua demanda global.

– Sim, isso dá um total de 45 por dia e 225 por semana. Eu ficaria satisfeito com isso –, disse Phil.

– Vamos imaginar uma programação com períodos de dez minutos:

Tempo	10 min.	10 min.	10 min.	10 min.	10 min.	10 min.	10 min.	10 min.	10 min.	10 min.	10 min.
Transpor-tador											

– Qual o item de tempo *takt* mais longo que temos?

– DG, é claro –, respondeu Amy. – Temos que produzir um desses a cada 112 minutos.

– Está bem, então vamos programá-los para períodos de 100 minutos:

Tempo	10 min.	10 min.	10 min.	10 min.	10 min.	10 min.	10 min.	10 min.	10 min.	10 min.	10 min.
Transpor-tador										DG	

– Qual o próximo em tempo *takt*?

– QST-2, um a cada 45 minutos.

– Ótimo, olhe:

Tempo	10 min.	10 min.	10 min.	10 min.	10 min.	10 min.	10 min.	10 min.	10 min.	10 min.	10 min.
Transpor-tador				QST-2				QST-2		DG	

— Entendi! — exclamou Amy. — Agora podemos inserir o QST-1 a cada 41 minutos.

Tempo	10 min.	10 min.	10 min.	10 min.	10 min.	10 min.	10 min.	10 min.	10 min.	10 min.	10 min.
Transportador			QST-1	QST-2			QST-1	QST-2		DG	

— E o resto com STR! — Phil anunciou.

Tempo	10 min.	10 min.	10 min.	10 min.	10 min.	10 min.	10 min.	10 min.	10 min.	10 min.	10 min.
Transportador	STR	STR	QST-1	QST-2	STR	STR	QST-1	QST-2	STR	DG	STR

— Algo assim —, meu pai concordou, — mas você pode nivelar sua seqüência de produção ainda mais se quiser:

Tempo	10 min.	10 min.	10 min.	10 min.	10 min.	10 min.	10 min.	10 min.	10 min.	10 min.	10 min.
Transportador	STR	QST-1	STR	QST-2	STR	QST-1	STR	QST-2	STR	DG	STR

— E assim por diante. A idéia é ter a seqüência mais nivelada possível, no tempo *takt* por produto. Assim, teremos um STR pronto a cada 20 minutos.

— Nossa! — proferiu Phil esfregando o rosto. — Vamos ter que pensar muito para acertar isso.

— Sei lá —, disse Amy. — É bastante claro. É necessário nivelar o fluxo das unidades prontas para puxar regularmente as peças dos mecanismos.

Isso também ajudaria com a montanha de peças de gabinetes que estão saindo das prensas!

– Está bem. Você está disposta a falar com Jake sobre isso aqui? – perguntou Phil, irritado.

– Ah, não. Eu não. É a sua vez –, ela respondeu.

– Não estamos partindo do pressuposto de que não haverá variações em nossa programação semanal? – perguntou Phil.

– É bom ter lembrado disso –, meu pai respondeu. – Sim, estamos contando com o fato de que, já que vocês têm pedidos de clientes por algumas semanas ainda, o volume está estável nesse período, portanto, está somente nivelando o *mix*. Na verdade, todo o esquema do tempo *takt* é uma ferramenta de nivelamento. Tomamos o nível médio como referência e tentamos segui-la o mais proximamente possível.

Phil tomava notas rapidamente, com dúvida estampada no rosto. Amy puxava o cabelo, pensando com muita concentração. Eu tentava ler o futuro na borra de café no fundo do meu copo.

– Vá devagar –, meu pai respirou fundo. – Nesse momento você está enchendo essas benditas prateleiras de 20 peças de mecanismos, certo?

– É o que você disse que deveríamos fazer –, Amy reclamou. – qual é o problema?

– Estoque, é claro –, meu pai respondeu com irritação. – Mas, vamos deixar assim. Tentem fazer esse cara, o Jake, pelo menos nivelar sua produção o suficiente para produzir a mistura certa de cada tipo todos os dias: 20 STRs, 11 QST-1s, 10 QST-2s, 4 DGs, dando um total de 45. Se ele produzir 20 disjuntores STR por dia, vocês precisam ter 80 mecanismos prontos para passar a ele. Isso dá quatro prateleiras, ou um dia de produção na montagem de mecanismos, o que não é nada mal quando comparado com as 12 prateleiras que vocês têm agora.

– Se ele fizer os 20 disjuntores STR de uma só vez, vai consumir os 80 mecanismos em, vamos ver, três ou quatro horas –, calculou Phil, pensando em voz alta. – Isso significa que ele precisa de um estoque de 80, enquanto estamos produzindo os 80 para o dia seguinte. Estou certo?

– É isso mesmo. No geral, terão um máximo de 80 mecanismos no fluxo –, meu pai anuiu.

— Bem, o que você está dizendo é que, se ele continuar a nivelar a produção até fazer um STR a cada 20 minutos durante o dia, teremos tempo de produzir o necessário para os quatro mecanismos –, Phil continuou. – Portanto, não teremos mais do que uma prateleira de quatro mecanismos em estoque na montagem final.

— Essa é a idéia –, meu pai concordou, pedindo mais café para todos. – Café de verdade, por favor! – ele reclamou para a garçonete que simplesmente o ignorou.

— E assim, produziremos somente o que ele consumir. A idéia do supermercado –, Phil continuou, – é brilhante.

— Fácil falar –, disse Amy com insegurança. – Mas as questões práticas são desanimadoras.

— Não se preocupe com isso por enquanto –, disse meu pai. – Passar a produzir cada peça a cada dia ao invés de cada peça a cada semana já é um grande passo para frente e terá um enorme impacto em seu WIP. O que interessa é que vocês compreendam que o estoque que têm entre os processos não será reduzido se não captarem a ligação entre o comportamento do cliente e as restrições dos fornecedores. O estoque é criado pelas diferenças de fluxo entre os dois processos. Se você nivelar a montagem final, poderá puxar constantemente do processo fornecedor sem precisar de muito estoque.

— É –, Amy disse com dúvida. – Contanto que não haja nem variação, nem tempo perdido. Isso significa ser incrivelmente exato em nossa capacidade de produzir unidades finais de acordo com o tempo *takt*.

— É isso que significa de qualquer forma –, meu pai rosnou, – só que você não consegue enxergar. A variação está escondida em um estoque sem controle. É claro que precisamos de algum pulmão no sistema até que seja possível fazer tudo direito, mas se não consegue lidar com essa questão, certamente vai continuar a ter a quantidade de estoque que tem no momento. É a lei da física.

— Não é verdade –, respondeu Phil. – Aprendi a lição. Estamos falando de pessoas. Agora teremos que fazê-las enxergar a verdade. Nossa!

A exclamação de Phil causou uma repentina e sonora gargalhada de Amy.

– Certo –, disse Phil finalmente, folheando as páginas de seu caderno. – Entendi o que você quer dizer. Também entendi porque é contra a solução de Amy e Glória de uma linha paralela para o mecanismo STR, apesar de eu ser obrigado a lembrá-lo de que você havia dito que era mais fácil melhorar a produtividade retirando pessoas de uma linha já existente do que conseguindo que o mesmo número de pessoas produzisse mais.

Meu pai olhou-o com dureza, mas manteve a compostura.

– O que está dizendo agora é que reduzir a variação no ciclo operacional não é o suficiente. Também é necessário nivelar o *mix* do transportador?

– Sim, *heijunka*. Correto. O estoque de mecanismos irá diminuir ao nivelar a montagem final por si só. Mas, então terá que lidar com as implicações disso fluxo acima, com a estamparia também, onde você provavelmente tem tamanhos de lotes que precisam ser verificados, assim como o estoque de peças compradas cujo tamanho deve ser reconsiderado e levado à linha de acordo com o tempo *takt*!

– *E* terá que fazer alguma coisa com os ciclos dos operadores –, Amy acrescentou, porque agora o transportador *não* está conseguindo lidar com a produção extra de STR.

– Está bem, você pode fazer isso.

– Não vou conseguir a não ser que acerte as contas com aquele idiota do Jake Rogers.

– Está bem, está bem –, repetiu Phil com irritação e respirando fundo. – Verei o que posso fazer. O que quero dizer é que devemos saber como fazer isso e temos pessoas do mecanismo DG que podem ajudar.

– Continue assim, meu rapaz, está indo bem –, disse meu pai com alguma benevolência.

– Onde eu queria chegar era no tempo *takt* –, disse Phil devagar. – Se entendi bem, é a chave, não é?

– Certamente –, resmungou meu pai.

– Então se partirmos do pressuposto de uma demanda diária estável de 20 STRs, 11 QST-1s, 10 QST-2s, e quatro DGs, isso dá 45 unidades finais para serem produzidas a cada dia, certo? Portanto, tempo *takt* é 450 minutos dividido por 45: isso dá 10 minutos.

– Digamos que tudo vá bem e puder produzir tudo isso em um dia normal –, meu pai concordou.

– Bem, existem quatro mecanismos por disjuntor STR e QST-1, três por disjuntor QST-2 e um por disjuntor DG. Isso significa que, se estivermos no fluxo perfeito, teremos que produzir quatro mecanismos STR a cada 22 minutos, quatro QST-1s e três QST-2s a cada 21 minutos e um mecanismo DG a cada duas horas.

– Uma situação exótica –, meu pai concordou.

– Bem, você também está sugerindo que faz sentido ter somente duas linhas de mecanismos funcionando em um tempo *takt* de cinco minutos, uma produzindo mecanismos STR, e a outra produzindo tanto QST-1 quanto QST-2?

– Já vimos isso antes! É claro que sim –, disse meu pai com impaciência. – Ao diminuir o tempo *takt* e o ciclo operacional também haverá bastante espaço para melhoria.

Amy revirou os olhos, mas ficou quieta.

– Tenho quatro operadores numa linha de mecanismos STR –, disse Phil, – quatro na outra, quatro na linha de mecanismos QST e cinco na linha DG/QST. Isso dá 17 pessoas. Se estiver supondo um conteúdo de trabalho de 40 minutos para os mecanismos STR e QST, mesmo que este último tenha um *design* mais simples, preciso de oito pessoas trabalhando numa única linha STR.

– Supondo que elas concordem em trabalhar com operações mais curtas –, Amy lembrou.

– Sim, e preciso produzir 74 mecanismos QST por dia, o que dá um tempo *takt*, digamos, de seis minutos. Então, sete pessoas para uma linha de QST também.

– Bem –, Phil continuou, – na verdade, não preciso de uma linha para o DG. Preciso apenas de um operador que faça o mecanismo do início ao fim quatro vezes por dia.

– O que você precisa é eliminar totalmente a linha de produção de DG –, respondeu meu pai.

– Estou fazendo o possível, certo? Mas, não é tão fácil assim. Temos compromissos. De qualquer maneira, ali temos uma pessoa. Ainda tenho duas pessoas que podem se colocadas na linha de montagem final para ajudar a acelerar, se estiverem com problemas para acompanhar.

– Se funcionar, é assim que vai parecer, comparado com o nosso ponto de partida –, disse Amy desenhando uma tabela:

		Antes	Depois
Mecanismo STR	Peças	40/dia	80/dia
	Pessoal	6	8
Mecanismos QST-1, QST-2 e DG	Peças	70/dia	78/dia
	Pessoal	12	7+1

– Certamente estaremos dando um impulso à produtividade direta.

– Não é isso que importa, Philip. Não perca o foco. A questão é que você entregou mais STRs aos clientes, recebendo dinheiro, sem aumentar os custos. Essa é toda a questão: aumento de caixa.

– Sim, além de evitar as penalidades por entregas em atraso, portanto, recebendo todo o dinheiro que esperávamos.

– Seu próximo desafio não é tanto a produtividade, mas os estoques entre os processos – apesar de que a linha final deve ser capaz de entregar os produtos acabados. Isso significa elaborar um plano para a montagem final que irá nivelar o fluxo.

– Espere um pouco –, disse Amy enquanto meu pai acenou para que trouxessem a conta. – Entendo toda a teoria, mas preciso ter clareza para aplicá-la. Você quer dizer que se eu passar para duas linhas ao invés de quatro, terei um ganho em produtividade porque o ciclo operacional será muito mais curto, e, portanto, será mais fácil reduzir a variação, certo?

– Isso. Porém, se acha que vai haver resistência demais, essa mudança pode esperar até que tiverem feito mais *kaizen*.

O quê? Moleza do velho? Não estou acreditando.

– Também está dizendo que precisamos suavizar a seqüência de produção alternando os modelos. Isso facilitará a puxada dos mecanismos do supermercado e permitirá a redução do estoque em processo.

– Mas, na prática –, Amy interrompeu, – como implementamos a lógica do supermercado? Você não gosta das prateleiras. O que sugere no lugar delas?

– Não sei, o que você acha?

Os dois olhavam para ele pensativos.

– Vamos, Amy, você está no caminho certo. Comparou o caixa com a linha de montagem final. O que significa isso para o produto?

– O produto é a cesta do consumidor! Sim, é claro. E há infinita variedade, já que não existem duas cestas iguais.

– E?

– Bem, vamos supor que cada operador no transportador de montagem final é um comprador. E recebe um suprimento de mecanismos que, idealmente, estão em caixas com o número exato de mecanismos necessários para um disjuntor. Isso significa quatro para o STR.

– Caixas especiais?

– Ela tem razão, Philip. Precisa começar a pensar em caixas pequenas, identificadas, cada uma com o número certo de mecanismos. Imagine uma caixa de plástico com uma divisória para cada mecanismo.

– E o custo disso?

Meu pai simplesmente deu de ombros.

– A logística vai enlouquecer.

– Continue, Amy.

– Se fizermos assim, as caixas devem ser colocadas em prateleiras bem ao lado dos operadores que trabalham no transportador. Assim, quando os operadores precisarem dos mecanismos para a próxima unidade, simplesmente os pegarão de um corredor do supermercado.

– Excelente, exatamente isso –, meu pai disse com o sorriso satisfeito de um tio complacente. – Ao lado de todas as outras peças que precisam para montar a unidade final no transportador.

– Mas como? Quero dizer, na prática?

– Rodas, Amy, rodas. Imagine prateleiras em rodas. Prateleiras em fluxo. As linhas de mecanismos precisam montar e empacotá-los em caixas de quatro.

– Ou três, dependendo do produto –, Phil interpôs.

– Ou três, e quando terminarem com uma caixa, eles a põe num conduto em cima de rodas que alimenta a área de correia. Assim, os operadores do transportador poderão escolher o que precisam de acordo com sua programação.

– Legal. E todas as peças devem chegar lá assim?

– Certamente. Podem chegar diretamente, porque a célula está bem ali atrás deles, ou serem colocadas na prateleira pela logística, vindo de um dos setores. Nesse caso, como queremos reduzir o estoque de mecanismos, recomendo uma ligação direta entre a montagem de mecanismos e o transportador, assim eliminamos estoques e movimento.

– Isso significa mudar as linhas de mecanismos de lugar novamente! – ela exclamou.

– E? – perguntou meu pai com desdém.

– Nada, nada. Hora de *kaizen* novamente.

– Mas, é brilhante –, Phil acrescentou de repente. – Flui. Entendi sua idéia. É claro!

– Pense no ouro, Philip. Pense no ouro.

– Genial.

– Muito bem, cavalheiros –, disse Amy com energia. – Mãos à obra.

– Espere, precisamos pensar bem antes –, Phil deixou escapar, e então, olhou-nos com tanto sentimento de culpa, por estar mais uma vez protelando, que todos rimos.

Saí da cidade por algumas semanas para participar de um projeto de pesquisa na Costa Leste e telefonei para Phil na noite em que voltei. Eu não esperara envolver-me tanto nos eventos dramáticos da fábrica, mas aqui estava eu, impaciente para saber notícias de como as coisas estavam indo por lá.

– Guerra total, meu irmão, vou lhe dizer!

– O que quer dizer com isso?

— Bem, o supervisor do transportador, Jake Rogers, disse que não ouviria de uma menina como conduzir sua montagem de jeito nenhum.

— É mesmo?

— Sério. Disse que já estávamos colocando pressão demais no pessoal dele e que aquela idéia maluca de alternar os tipos de disjuntores no transportador jamais funcionaria. Teríamos infinitos problemas de qualidade e assim por diante. A repetição é que facilitava o trabalho dos operadores e fim de papo.

— Ele provavelmente tinha alguma razão.

— Talvez, mas considerando todo o estoque que criava fluxo acima, era uma razão muito cara. Em todo caso, tenho certeza de que o pessoal se adaptaria com o tempo, já que monta os quatro tipos de disjuntores. Então pressionei para que negociássemos, mas ele não cedia!

— E, o que aconteceu?

— Eu disse para Jake que seria desse jeito ou nada.

— Você ameaçou demiti-lo? – perguntei, espantado.

— Sim. E ele imediatamente perguntou que tipo de acordo eu estaria oferecendo para que ele saísse sem confusão.

— O quê?

— Bom, a vida é cheia de surpresas. Passei, o pepino para Matt e *adios* Jake Rogers. Ele saiu antes de terminar a semana.

— Mas eu pensei que estavam mal de grana.

— É, mas Matt negociou algum acordo que parcela o dinheiro em algumas vezes à medida que vem para nós. Ele estava próximo de se aposentar e realmente acho que já não agüentava mais. Ou tinha outros planos. Sei lá.

— O que você fez depois?

— Veja só –, ele respondeu todo contente. – Glória e Amy escolheram um novo líder de time, uma das operadoras da linha de montagem final.

— É mesmo? Alguém do povo, sem um título?

— Com certeza. Uma das coisas que estamos aprendendo é que algumas pessoas pegam esses novos métodos rapidamente e realmente querem fazer as coisas funcionar. É isso que importa, e Glória e Amy já sabiam quem deveriam escolher. Então, Ester Ramirez, a nova supervisora, já conseguiu um acordo da equipe de montagem final e estão fazendo o que seu pai sugeriu. Estão fazendo cada produto a cada dia, apesar de ainda estarem agrupados.

– O que quer dizer isso?

– 20 STRs de uma vez, depois 11 QST-1s, depois 10 QST-2s, e depois os DGs.

– E isso ajuda com o estoque?

– Você está brincando? É espetacular. O WIP de mecanismos baixou visivelmente. Não ao ponto que poderia ser se pudéssemos nivelar completamente a montagem final, mas, mesmo assim, é como água e vinho. O melhor é que temos um novo produto, o STR-X, chegando para a produção, e acho que isso que fizemos dá algum espaço para que seja incorporado.

– Amy deve estar contente!

– Está. Você sabe como ela é. Está pressionando o pessoal de *design* para acertar os problemas de retrabalho na nova linha de QST. Ainda estamos cheios de problemas nessa área, mas acho que vai dar tudo certo. Ela me perguntou onde você andava, por sinal.

– Perguntou é?

Quem diria.

– Não dá para entender o gosto de certas pessoas –, ele disse entre risadas.

– Muito engraçado. Na verdade, estou lhe telefonando para dizer que meu pai está convidando você e Charlene para jantar sábado de noite. Ele convidou um de seus colegas, um professor de administração que se especializou em produção *lean* e todo esse negócio de *just-in-time*, e pensou que você pudesse se interessar em conhecê-lo e conversar sobre o assunto.

– Interessado? – respondeu Phil animado. – Pode ter certeza. Vou ver se Charly tem algo planejado. Eu adoraria ir.

– Que bom. Vou dizer para meu pai.

– E, ah... quer que eu leve Amy também? – ele riu.

O convite de meu pai surpreendeu-me e, é claro, esperava que a conversa basicamente fosse sobre fábricas. De fato, quando cheguei, Phil já estava numa conversa animada com um homem baixo e gorducho de óculos grossos e quadrados e um blazer de lã, com todo o jeito de um acadêmico. Stephen MacAllister era professor de Administração em alguma universidade de Michigan e um especialista naquilo que chamava de produção *lean*. Eu sempre pensara nessas idéias e nesses termos como elementos daquilo que meu pai chamava de Sistema Toyota de Produção – mas, aparentemente, nos Estados Unidos, esses princípios, iniciados pela Toyota após a Segunda Guerra Mundial, e que, para ser justo, tinham suas raízes no trabalho de Henry Ford e outros, incluíam-se sob o termo produção *lean*.

Meu pai conhecera Stephen em sua primeira visita ao Japão num grupo de estudos e se tornaram amigos desde então. MacAllister pesquisara sistemas *just-in-time* a partir de uma perspectiva acadêmica, enquanto meu pai conduzira seu próprio trabalho de campo. Haviam trocado idéias e conselhos durante boa parte de suas carreiras e, juntos, provavelmente sabiam mais sobre produção *lean* do que qualquer pessoa de sanidade normal desejaria saber. Steve aceitava trabalhos de consultoria de vez em quando, e era esse o motivo para sua visita na cidade. Normalmente, nessas ocasiões, vinha para jantar, para a consternação de minha mãe que era obrigada a agüentar um sem número de discussões sobre sistemas de produção. Como Stephen vinha jantar nessa noite, meu pai achou que seria uma boa oportunidade para apresentá-lo a Phil, e assim, fomos convidados para esse jantar de improviso.

– Você se lembra da primeira vez em que fomos ao Japão? – perguntou Steve, confortavelmente refestelado em sua poltrona, balançando de leve seu copo de conhaque. Era careca, barrigudo e vestia *tweed* – tinha todo o perfil de um acadêmico (eu, por outro lado, juro que não sou nada assim). Surpreendentemente, conseguíramos passar o jantar agradavelmente, sem tocar no assunto de sistemas de produção. Na verdade, minha mãe e Charlene deram-se às mil maravilhas e, na maior parte do tempo, a conversa tratou das dificuldades das mulheres no local de trabalho e depois, passou às atividades de minha mãe como crítica de cinema. Charly parecia estar de bom humor e Phil à vontade com ela – supus que as coisas estavam indo bem melhor entre os dois.

Após a sobremesa, minha mãe e Charlene passaram à sala de TV, falando sobre algum filme novo do Oriente Médio sobre mulheres sob véus. Era hora dos veteranos passarem às suas lembranças.

– Dias de glória! – meu pai concordava com um sorriso ameno.

– Lembra daqueles engenheiros franceses que, ao ver seus cartões de *kanban*, falaram para nós "esses japoneses não são muito espertos: podiam ter computadorizado seu sistema de cartões *kanban* em um toque!".

– Vamos ser justos, Steve, também não sabíamos muito a respeito.

– Tem razão. Tempos bons aqueles!

– Lembra da primeira vez em que me deparei com essa abordagem *lean*? – recordou meu pai, servindo-se de uma generosa dose do conhaque que Stephen trouxera.

– Sim –, riu MacAllister. – Eles talvez se interessem em ouvir essa história.

– Tive meu primeiro contato com o sistema Toyota quando dirigia uma fábrica de peças para um grande fornecedor automotivo. Toyota e GM formaram uma *joint venture* aqui e a matriz decidira que deveríamos fornecê-los. O resultado disso foi que escolheram minha fábrica como piloto, e tornei-me parte do programa de Desenvolvimento de Fornecedores da Toyota.

A primeira coisa que os consultores da Toyota disseram quando entraram em minha fábrica é que a caixa de peças era muito grande. Queriam que fosse cortada pela metade! "Por que vocês querem que a caixa de peças seja menor?, protestei, "isso só vai fazer com que alguém tenha que fazer a viagem duas vezes para mover o mesmo número de peças, não é?".

Depois, disseram-me para criar um espaço separado em nossa doca de expedição e que colocássemos peças prontas ali a cada duas horas, mesmo que viessem pegar os produtos uma vez a cada duas semanas! "Vocês querem que eu finja que estão vindo pegar peças a cada duas horas quando, na verdade, virão dia sim, dia não?", perguntei.

"Sim", responderam. Além do mais, como produziria duas peças da linha somente para eles, queriam que trabalhasse mais para reduzir o tempo de troca de ferramentas. "Para aumentar a produção?", "Oh, no", responderam, "para fazer mais trocas!". A essas alturas, estava pronto para jogar todo o bando de malucos para fora de minha fábrica.

— Agora entendi porque se compadeceu do coitado do Dave —, ri.

— Corrija-me se estiver errado —, Phil inquiriu com seriedade, — mas acho que entendi aquela parte sobre mais trocas de ferramentas. É o que você tem nos falado, diz respeito a nivelamento, não é? Quando há um maior número de trocas de ferramentas, as peças são produzidas em quantidades menores e com maior freqüência.

— Lotes menores —, Steve concordou sabiamente.

— Só que dá para fazer isso no seu transportador sem ter o trabalho de trocar as ferramentas, que é uma dor de cabeça sem tamanho, como logo vai descobrir quando chegar a hora de reduzir os tamanhos dos lotes nas suas prensas! — meu pai resmungou.

— Ainda não entendi como isso faz com que você se torne mais eficiente no todo —, perguntei. — Por que lotes menores levam à eliminação de desperdício?

— Ah —, MacAllister respirou fundo. — Boa pergunta. A clássica analogia da Toyota é aquela do lago e das pedras. O estoque, eles dizem, é o nível de água no lago. As pedras são as ineficiências. Quando a água está em um nível alto, as pedras estão escondidas, portanto, dá para operar com um alto nível de estoque e com muitas ineficiências. Mas é um desperdício e não é custo-eficiente. No entanto, se reduzir o nível de água do lago, as pedras começarão a aparecer e será necessário resolver esses problemas para continuar a produzir — para navegar com segurança. Agindo assim, estará se tornando mais e mais eficiente porque está eliminando o desperdício.

— Já ouvi isso antes —, concordou Phil, — mas me parece muito teórico. Quero dizer, entendo o princípio, mas na prática...

— Sim, bem —, murmurou o professor, num tom acadêmico. — No entanto, é central para entender a produção *lean*. A maioria das pessoas fica tão impressionada com a imagem de uma linha de montagem que perdem de vista a verdadeira realização de Ford. Quando ele começou a fabricar automóveis, cada peça que saia da máquina precisava ser corrigida por um ajustador para que pudesse ser montada às outras peças. Trabalhando muito na tecnologia, Ford eliminou a necessidade de ajustadores e assim, abriu caminho para a linha de montagem.

– A padronização de peças –, explicou Phil, voltando a seu assunto predileto. – Mas, como isso está relacionado aos lotes menores?

– Certo. A questão toda é que o tal sistema de produção em massa de Ford não é nem um pouco incompatível com a produção *lean* – é apenas um caso especial. Trabalha-se o fluxo com um produto único e máquinas específicas. Um modelo, uma cor, sem opções, e assim por diante. O sonho pessoal de Ford era o carro perfeito para agricultores, sem enfeites.

– As pessoas podem escolher o carro que quiserem, contanto que seja um Modelo T preto.

– Exatamente. Bem, a Toyota, em seus primeiros tempos, não tinha esse luxo. Então pegaram o sistema de montagem de Ford e desenvolveram o caso geral, levando a variedade em consideração –, observou MacAllister.

– Desculpe –, reclamou Phil, sacudindo a cabeça, – ainda não entendi. Mike tem razão. Como isso está relacionado à redução de desperdício?

– Está bem, aqui vai, esse é o segredo dos mestres do TPS. Você tem papel? – perguntou MacAllister olhando à sua volta.

Tive que rir do olhar consternado de Phil quando viu que não trouxera o ubíquo caderno para o jantar. Com extrema generosidade de minha parte, fui pegar papel e caneta na cozinha.

– Obrigado, Mike. Tenho que lembrar como funciona –, continuou MacAllister. – Imagine se tiver uma única máquina que faz três produtos, como quadrados, círculos e triângulos.

– Preste atenção –, disse meu pai. – Nunca vai conseguir entender a produção puxada se não entender isso aqui. É a primeira coisa que meu *sensei* me ensinou, além do lago e das pedras. Por algum motivo, poucas pessoas já ouviram falar nisso.

Phil olhou com concentração para o bloco de MacAllister, ansioso para descobrir os segredos ocultos dos mestres em *lean*.

— Bem, essas três peças sempre devem ser entregues juntas. Imagine que você esteja fornecendo para uma montadora de veículos e as três peças fazem parte do mesmo veículo, mas saem de uma só máquina, não de três máquinas especializadas diferentes. Infelizmente, com um tempo de troca longo, seus lotes são assim:

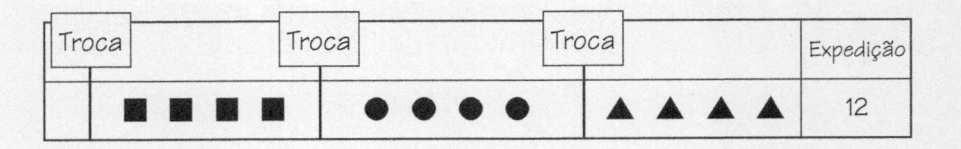

[diagrama: Troca ■■■■ Troca ●●●● Troca ▲▲▲▲ Expedição 12]

— No fim do dia, estão sendo expedidas as 12 peças, em quatro conjuntos de quadrado, círculo e, depois, triângulo. Para poder fazer a expedição, é necessário ter 12 peças em estoque. Bem, como podemos reduzir esse estoque?

— Fácil! — exclamou Phil. — Reduza o tamanho do lote.

— Está bem, vamos dobrar as trocas:

[diagrama: Troca ■■ Troca ●● Troca ▲▲ Troca ■■ Troca ●● Troca ▲▲ Expedição 12]

— Tudo ótimo, mas não reduzimos o estoque —, disse MacAllister.

— Como assim? — perguntei, intrigado. Pensei que havia entendido que ao reduzir o tamanho do lote, o estoque seria reduzido.

— Não reduzimos o estoque. Ainda temos 12 peças a serem expedidas.

— Droga —, Phil exclamou num *insight* repentino. — Claro! Para reduzir o número de peças que temos, também devemos dobrar as entregas.

— Exatamente —, respondeu MacAllister. — Vamos lá.

Troca	Troca	Troca	Expedição	Troca	Troca	Troca	Expedição
■ ■	● ●	▲ ▲	6	■ ■	● ●	▲ ▲	6

— Até chegar em fluxo de uma só peça –, Phil prosseguiu, animado. – Mas, terei que dobrar as entregas novamente se quiser ver o benefício?

— Sim –, disse MacAllister que desenhou mais uma vez:

	Expedição		Expedição		Expedição		Expedição
■●▲	3	■●▲	3	■●▲	3	■●▲	3

— Mas, dá para ver as implicações disso?

— Claro, é por isso que, mesmo você tendo apenas uma expedição semanal para a Toyota, pediam para que simulasse produções puxadas regulares. É a única maneira de reduzir estoque WIP. É genial.

— Tem mais por trás disso tudo! – exclamou MacAllister, seu rosto vermelho e seus olhos brilhando. Gente, ele estava mesmo muito entusiasmado com seu argumento. – Você está enxergando? O que aconteceria se você voltasse para seus lotes grandes, mas, mesmo assim, aumentasse o número de expedições? Veja, começamos com:

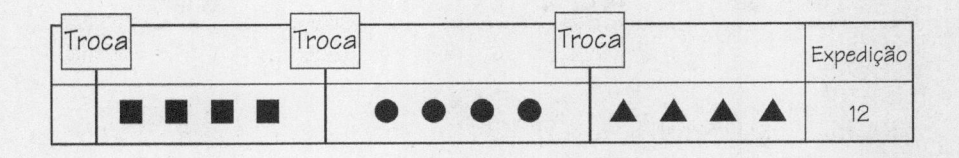

Troca	Troca	Troca	Expedição
■ ■ ■	● ● ● ●	▲ ▲ ▲ ▲	12

— Então vamos dobrar o número de expedições e incluir um pulmão de peças estocadas para conseguir completar as expedições, sem ter produzido a demanda exata:

	Troca	Troca	Expedição	Troca	Expedição
Produção	■■■■	●●		●● ▲▲▲▲	
Pulmão	▲▲		6	■■	6

— O que está me dizendo é que, se eu continuar a produzir lotes de quatro, mas mantendo dois em estoque, ainda poderei expedir dois conjuntos de quadrados, círculos e triângulos de manhã e mais dois conjuntos de tarde? – exclamou Phil aturdido.

— Sim, sim, veja, de manhã estará produzindo dois quadrados a mais do que precisa ser expedido. No entanto, precisará dos dois à tarde quando não estiverem sendo produzidos quadrados.

— E reduzimos o estoque porque agora precisaremos apenas manter oito peças no total para poder expedir, ao invés de 12 –, disse Phil.

— Correto –, confirmou MacAllister. – Da mesma maneira, à tarde, expedirá os quadrados a mais, e produzirá dois triângulos a mais que precisará expedir no turno da manhã seguinte. E poderá fazer mais, poderá dobrar as expedições novamente.

	Troca	Expedição	Troca	Expedição	Troca	Expedição		Expedição
Produção	■■■		■ ●●		●● ▲		▲▲▲	
Pulmão	● ▲▲	3	■■ ▲	3	■■ ●	3	■ ●●	3

— Acho que entendi –, disse Phil com animação. – Assim, poderemos expedir um conjunto de quadrados, círculos e triângulos a cada expedição, mas teremos que manter seis peças no total em estoque. Agora, vou tentar com mais trocas – digamos, seis – e quatro expedições por dia. Preciso de um pulmão, de qualquer maneira. Vamos ver:

	Troca	Troca	Expedição	Troca	Expedição	Troca	Troca	Expedição	Troca	Expedição
Produção	■ ■	●		● ▲ ▲		■ ■	●		● ▲ ▲	
Pulmão	▲		3	■	3	▲		3	■	3

— Assim, posso entregar um conjunto de quadrados, círculos e triângulos quatro vezes por dia com apenas quatro peças em estoque em qualquer dado momento. É impressionante! – exclamou Phil.

— Legal, não é? Aqui está o resumo:

Trocas	Peças em estoque baseadas em entregas por dia		
	1 entrega	2 entregas	4 entregas
3	12	8	6
6	12	6	4
12	12	6	3

A conversa tomou outro rumo a partir dali, enquanto Phil estudava com concentração a folha anotada. Juro que quase dava para ouvir as engrenagens de sua cabeça se movendo. Ele redesenhou o exemplo de MacAllister com cuidado e disse de repente: – Está bem, entendi a produção puxada. Com isso, reduzimos o estoque. Mas, como isso pode ajudar a reduzir desperdício e diminuir os custos?

Meu pai e MacAllister olharam para ele com o mesmo sorriso divertido e tolerante.

— Trata-se de rigor e disciplina –, disse o professor. – Olha, se você tiver o dia todo para fazer expedição, dá para perder algum tempo de manhã com um problema ou uma pane e depois tentar recuperar o tempo antes da expedição da noite. Já vimos que esse tipo de variação é exatamente o que esconde toda sorte de operação desnecessária. Mas, se tiver que expedir a cada duas horas, é preciso resolver os problemas mais rapidamente porque –

– Tenho menos estoque! – exclamou Phil com um assobio de reconhecimento. – O lago e as pedras!

– Deixe-me dizer de outra maneira –, meu pai interrompeu, – há alguns anos atrás, uma das fábricas em que havíamos implantado o *just-in-time* foi vendida para outro grupo. Quando a nova gerência chegou, não acreditaram no sofrimento a que nos submetíamos. Tínhamos períodos de produção muito curtos, o que significava muitas trocas de ferramentas, que eles achavam uma bobagem porque estávamos perdendo tempo valioso de produção. Usávamos pequenas caixas de plástico para as peças, que também era uma bobagem, porque tínhamos operadores de materiais correndo para lá e para cá carregando essas caixas pequenas, quando seria muito mais eficaz retirar uma carga grande de uma só vez, e assim por diante. Portanto, voltaram aos tradicionais lotes grandes e "econômicos".

Bem, essa planta funcionava em três turnos. Tínhamos estabelecido um sistema *just-in-time*. Assim, se uma máquina tinha um problema durante a noite, o líder de equipe chamava o gerente de produção. Tendo sido acordado às 2 da manhã, ele perguntava quanto estoque de peças finais tinham dali por diante. Três horas no máximo, respondiam. Então, ele se despedia de sua esposa com um beijo e, no meio da noite, dirigia até a fábrica para corrigir problemas, e os problemas eram corrigidos! Com o sistema de lotes grandes, se acordassem o gerente de produção no meio da noite por causa de um problema de máquina e ele perguntasse quanto estoque tinham, responderiam, dois ou três dias. Então, ele diria: "Para que diabos vocês me acordaram? Irei de manhã".

Então –, meu pai concluiu, – a fábrica voltou a ser preguiçosa e gorda.

– Parece tão fácil quando você conta –, questionei. – As pessoas realmente conseguem suportar esse tipo de pressão?

– Meu filho, o psicólogo –, meu pai debochou. – Mas, tenho que confessar que a primeira vez em que meu *sensei* me explicou isso tudo, foi exatamente o que eu disse: não dá para administrar um sistema de produção assim, foi meu argumento. É preciso e exigente demais! "Muito bem!", meu mestre respondia, "muito bem. Agora entendeu o lago e as pedras", e ele então desenhou o odioso lago como o tamanho do lote e as pedras como as ineficiências escondidas no estoque.

Isso fez MacAllister rir de um jeito que parecia dizer "que tempos aqueles". – Lembro-me de um gerente americano que trabalhava para uma fábrica da Toyota –, ele riu um pouco, – que me contou a história dos três gerentes, um francês, um japonês e um americano, que estão construindo uma unidade de produção no Peru. São capturados por guerrilheiros que dizem a eles que, como são agentes de dominação capitalista internacional através da globalização, serão mortos a tiros. Mas, como os guerrilheiros respeitam a liberdade de expressão, será permitido, a cada um, uma última palavra. O francês grita, "*Vive la France!*", e depois é morto. O gerente japonês é o próximo e diz, "gostaria de lhes falar sobre o lago e as pedras". Nesse exato momento, o gerente americano dá um pulo para frente, abre a camisa de supetão, enfrentando os rifles, e grita, "Se eu tiver que ouvir sobre o lago e as pedras mais uma vez, mate-me primeiro!".

– Esse sou eu –, meu pai uivou de tanto rir, – esse aí. Se tiver que ouvir mais uma vez a história do lago e das pedras, mate-me primeiro. Essa você nunca me contou antes!

– E agora você está descontando tudo em nós, não é, pai? – brinquei, ainda chateado com seu comentário do "psicólogo". – Então é sobre resolver os problemas à medida que aparecem.

– Exatamente. – concordou MacAllister. – Há uma tendência fora da Toyota de transformar *lean* em um programa, sabe, uma receita, com todas as plantas tendo que seguir passos pré-estabelecidos e rígidos. Claro que nunca funciona. *Lean* é sobre o desenvolvimento de pessoas que têm uma atitude pragmática de resolver os problemas à medida que aparecem.

– Primeiro como contra-medida –, resmungou meu pai, – e depois como a solução de problemas identificando a causa raiz.

– É impressionante –, Phil murmurou. – Tenho que confessar que acho tudo um pouco espantoso, para não dizer assoberbante.

– É natural, pois, no fim das contas, estamos falando de –

— Pessoas, sim. Vamos lá, gente, chega! – protestei. – Vamos nos juntar às damas antes que elas venham reclamar.

— Bem, Bob –, disse Phil, parado à porta de seu Porsche enquanto Charlene entrava no carro, – obrigado mais uma vez por tudo. Se entendi bem o que Steve disse, agora devo organizar pessoas para que corram de lá para cá na fábrica com pequenas caixas de peças o tempo todo, não é?

— Algo assim, filho. Também vai precisar entender muito mais sobre produção puxada. Vamos fazer o seguinte: quando tiver digerido tudo isso, apareça lá no Iate Clube e veremos como continuar.

Que maravilha, pensei. Mais fins de semana falando de *heijunka* e tempo *takt*.

— E leve aquela moça inteligente com você –, disse meu pai piscando.

— Que moça? – ouvi Charlene perguntar a Phil quando este espremeu o corpanzil em seu ridículo carro esporte laranja.

Isso, pai, me deixe constrangido.

O tempo passou voando e só conseguimos nos reunir após algumas semanas. Cheguei atrasado naquela manhã, vindo diretamente do barbeiro. Estavam todos descansando e tomando um café da manhã no *deck* do Iate Clube. Era uma manhã nevoenta com um friozinho no ar, e, lá de cima, mal podíamos enxergar o mar. O porto se espalha na ponta de uma angra profunda e os pinheiros do outro lado desaparecem na névoa como se fosse uma antiga pintura chinesa em seda.

— Mickey! Estou vendo que finalmente se livrou daquela maldita barba!

— Sim, parece mais jovem assim –, Amy deu uma risadinha. – Menos sério.

— Estou de licença e não tenho alunos para impressionar com minha idade e sabedoria nesse momento.

— Podemos confessar agora, amigo, que nunca ficou bem, parecia desleixado.

– Agora é que você me diz? Será que vim até aqui para discutir cabelo facial?

– Estamos repassando aquele exercício dos quadrados, círculos e triângulos.

– Boa sorte! – disse, sentando-me e olhando um guardanapo na mesa cheio de quadrados e círculos. Phil se atrapalhava tentando explicar tudo para Amy, sob o olhar divertido de meu pai que parecia estar apreciando seu tradicional café da manhã. Minha mãe certamente teria alguma coisa a dizer sobre o bacon e os ovos, se estivesse aqui!

– Entendi agora –, ela disse. – Lotes menores, entregas mais freqüentes, estoque menor. Tudo bem.

– É muito simples –, meu pai concordou com um sorriso. Pude perceber que ele estava se divertindo, o que me surpreendeu um pouco.

– Temos que ver como funciona na prática –, disse Phil com o rosto preocupado. – Agora que estamos começando a nova produção de STR-X.

– STR-X?

– É, finalmente conseguimos resolver o atraso dos STRs para nosso cliente principal, então pediram para que fossemos mais devagar e ficássemos nos 50 por semana, que podemos entregar agora. Eles têm um caminhão que vem buscar 10 STRs por dia. Felizmente, conseguimos resolver os problemas do novo disjuntor STR-X. Utiliza as mesmas cápsulas STR, mas com três mecanismos ao invés de quatro, portanto, os mecanismos são um pouco diferentes. Não é tão potente quanto o STR, mas é mais barato e serve bem para alguns casos. Tínhamos um cliente em potencial interessado já há algum tempo, mas o pessoal da área de desenvolvimento não conseguia fazer com que os mecanismos funcionassem com segurança.

– Sei –, Amy bufou. Ela não gostava muito da equipe de desenvolvimento.

– Finalmente conseguimos ajeitar isso –, continuou Phil com um olhar melindrado, –espero. E Matt conseguiu um contrato com um cliente para 40 STR-Xs por semana. Portanto, vamos adiante com isso.

– Como estão sendo construídos?

– No momento, Glória e os antigos que colocamos na frente da produção de DGs estão montando um por um, para que entendamos o fluxo de trabalho. No início queríamos criar uma linha especial para o STR-X, mas Amy tem defendido a idéia de integrá-lo à produção atual de STR.

– Olha, estou apenas seguindo a lógica –, disse Amy. – Temos somente duas linhas agora, uma que faz mecanismos STR o dia todo, e a outra que alterna entre QST-1 e QST-2 – agora o pessoal está começando a pegar o funcionamento disso.

– E como tem conseguido isso?

– Bem –, respondeu Phil, – tenho trabalhado com seu conceito de nivelamento. Tenho tido bastante resistência de Glória, que diz que trocar de QST-1 para QST-2 o tempo todo só confunde os operadores. No momento, conseguimos baixar a demanda semanal para uma demanda de dias, então, temos 11 QST-1s e 10 QST-2s, o que dá 74 mecanismos para serem construídos por dia, dando um tempo *takt* de seis minutos mais ou menos. Nesse momento concordaram em produzir os QST-1s de manhã e os QST-2s de tarde.

– Portanto, estão produzindo cada produto no turno, o que é um bom começo –, disse meu pai. – Mas, daria para nivelar mais!

– Entendo o que quer dizer –, respondeu Amy. – Num cenário ideal, poderíamos estar alternando um mecanismo QST-1 com um QST-2, mas não tenho argumentos suficientemente fortes para convencê-los.

– Quanto tempo leva para que troquem de um para outro?

– No momento, em torno de 10 minutos. Os moldes devem ser substituídos e as peças movidas de lá para cá, mas tenho certeza de que poderiam reduzir esse tempo à quase nada.

– Como? – perguntei curioso. Esse ímpeto implacável para a melhoria sempre me incomodou. De alguma forma, sempre achei que o mundo real imporia seus limites mais cedo ou mais tarde.

– Poderíamos ter todas as peças necessárias tanto para o QST-1 quanto para o QST-2 bem ali na estação de trabalho. Não consegui ainda porque significaria caixas ainda menores, mas no momento, eles precisam repor as caixas de peças QST-1 pelas caixas de peças QST-2 para trocar de produção, o que consome tempo e, claro, – ela levantou as mãos com um sorriso, antecipando as objeções de meu pai, – é um desperdício.

– Não ia dizer nada, mocinha –, disse meu pai com um sorriso rápido.

– Não tenho certeza se quero forçar a questão bem agora –, ela concluiu. – Devo tentar?

– Não necessariamente –, respondeu meu pai, servindo-se de outra panqueca e espalhando uma abundante quantidade de mel por cima. – Mas, terá que fazê-lo em algum momento.

– Entendo a idéia geral –, murmurou Phil, tentando chamar a atenção da garçonete para obter mais café, – mas, no nosso caso, não entendo bem porque.

– O caso é que quanto maior for o tempo da linha de produção, se estiver usando os mesmos recursos para outro produto, maior será o estoque dos outros produtos, já que irá retirá-los com o tempo. É um caso típico de desperdício por excesso de produção: produzir demais, ou cedo demais.

– E, se a retirada não for regular, precisaremos de estoques ainda maiores para ter certeza de que não teremos peças faltando –, disse Amy com um assobio lento e baixo. – Agora entendo porque temos peças saindo pelo ladrão.

– É isso. O que o MRP faz é simplesmente aplicar uma fórmula mágica para calcular quando uma atividade fluxo acima precisa produzir mais um lote além daquilo que está estocado e evitar peças faltantes. Portanto, se você usar enormes e imprevisíveis quantidades de seu estoque, o MRP estará à mercê de pedidos de reabastecimento erráticos e você acabará com vastos estoques.

– Um multiplicador –, concluiu Phil.

– Sim, Philip, um multiplicador de variação.

– Entendo –, disse Phil após um longo silêncio em que ambos tentavam entender as implicações de tudo isso. – Mas, isso não responde as questões de troca. Sim, sei que você vai nos dizer que temos que reduzir o tempo de troca e tudo mais, mas isso ainda é um problema.

– Parem de supor o que vou dizer –, resmungou meu pai. – Eu ia reconhecer que o tempo de troca deve ser levado em consideração. A regra Toyota é investir 10% do tempo de produção em flexibilidade.

– Isso quer dizer trocas de produção? – Amy quis saber.

— Sim digamos que 10% de seu tempo disponível sejam utilizados para trocas. Quanto mais rápidas forem, mais serão feitas, até chegar em tempo zero de troca e fluxo de uma só peça. — Ele deixou que os outros absorvessem essa informação antes de continuar. — Isso significa que o tamanho de seu lote de produção será 10 vezes a quantia que é produzida durante o tempo necessário para uma troca. Claro que vai querer que seu tempo de troca baixe até perto de um minuto para gastar menos tempo com trocas, mas podemos usar essa regra básica para começar, antes de iniciarmos cálculos mais complexos.

— Por que o lote deve ser 10 vezes o tempo de troca?

— Na verdade, há uma fórmula —, fazendo uma careta e pegando o caderno de Phil. — Aqui: tome o tempo de produção disponível durante um período (digamos uma semana) e subtraia disso todo o tempo de funcionamento necessário (ciclo de peças multiplicado pela média de demanda). O tempo restante (ignorando o tempo perdido e o refugo) fica disponível para trocas. Como regra geral, vai reservar em torno de 10 – 15% de seu tempo para trocas. Isso o levará a muitas trocas a mais do que num cálculo de Lote de Pedido Econômico. Reduzirá estoques e colocará nas mãos dos operadores a responsabilidade por reduzir ainda mais o tempo de trocas e aumentar a disponibilidade da máquina.

— Certo —, disse Amy, sacudindo a cabeça em dúvida. — Em nosso caso, 10 vezes 10 minutos, o que significa que deveríamos ter períodos de produção de 100 minutos? Isso dá 14 mecanismos por peça, 14 QST-1s, depois 14 QST-2s, e assim por diante?

— Exatamente. Terá o mínimo de estoque sem gastar tempo demais em trocas. Agora, se o tempo de troca de produção baixasse para cinco minutos...

— Estaríamos cortando nosso lote pela metade! — ela exclamou.

— Isso mesmo. O que também significa redução de seu estoque global de QSTs.

— De qualquer forma, é tudo completamente teórico —, Phil respirou fundo, olhando as anotações de meu pai em seu caderno, — já que o cliente fluxo abaixo, ou seja, no transportador de montagem final, não está nem de longe nivelado.

– Ainda não –, respondeu Amy com um sorriso leve e determinado.

– É, vá sonhando. Imagine tudo o que temos que explicar para –

– Exatamente, Philip –, meu pai interrompeu, – esse é seu desafio. O próximo passo é realmente colocar um sistema de produção puxada em funcionamento.

– Como podemos fazer isso? – Phil protestou. – Pensei que o objetivo principal do sistema de produção puxada fosse somente produzir o que fosse levado pelo cliente. Mas, não dá para fazer isso em nossa fábrica, estamos fazendo entregas para nossos clientes ao nosso bel prazer, ou quando eles berram. E, para piorar, nunca se sabe bem quando irão querer as peças. A maioria pede para que mantenhamos um suprimento em consignação e, assim, tenhamos sempre o estoque deles.

– Bem, isso deve mudar! Lembre-se do que o pessoal da Toyota pediu que eu fizesse? Apesar do caminhão deles passar a cada duas semanas para pegar peças, tínhamos que colocar peças na pista de expedição de duas em duas horas. É o que devemos fazer agora, para depois estabelecermos um sistema *kanban* de fato.

– Um supermercado para a planta inteira, não é? – disse Amy. – Um supermercado de produtos acabados para unidades completadas. Precisamos designar locais específicos para cada um dos produtos, locais que serão abastecidos regularmente, independente de quando os clientes nos pedirem para entregar. É o que esse estoque deve ser: um corredor de supermercado.

– Sim. Eu chamo isso de criar o *cliente perfeito* dentro da fábrica. Esse estoque de produtos acabados nos ajudará a simular uma produção puxada regular em todo o sistema de produção.

– Uma produção puxada regular em que sentido?

– Caminhões virtuais –, meu pai respondeu com uma piscada de olho. – Sabemos que a entrega real não é regular, mas, mesmo assim, ainda queremos puxar, da maneira mais nivelada possível, do transportador. Então, imaginemos que, se nossos clientes fossem perfeitos, viriam e pegariam as peças *just-in-time*: pequenas quantidades em horários regulares, por exemplo, quatro vezes por dia. Dividiríamos nosso estoque de produtos acabados em dois locais físicos distintos. Teríamos metade da mercadoria na área do transportador, após os testes e o empacotamento. A outra metade do estoque ficaria numa área de preparação para embarque onde prepararíamos os caminhões reais de entrega progressivamente.

– Me perdi –, reclamei. – Isso não significaria mais movimentação inútil de caixotes? Por que dois locais? Isso não é *muda*?

– Tem razão –, meu pai riu. – É *muda*, mas, nesse caso, estamos combatendo a irregularidade, ou *mura*. Ora, não olhe para mim assim! Deixe-me explicar. Por um lado, não podemos controlar a hora exata em que os caminhões virão. Por outro lado, precisamos ter um sistema puxado suave no transportador. Então, separamos as questões.

– Entendi! – disse Amy. – O supermercado do transportador controla o transportador, portanto puxamos dela de forma regular e suave, e levamos os caixotes às áreas de preparação para embarque onde lidamos com a variação na hora da entrega!

– Exatamente, contanto que não estejamos lidando com variações de volume também, mas veremos isso mais adiante.

– O que significa, de qualquer maneira –, concluiu Phil, – que, para começar, devemos organizar a confusão que tem na doca de expedição. Precisaremos da ajuda de Dave nessa situação, já que ele é quem lida com isso mais ou menos sozinho.

– Está bem, mas antes de falar mal de Dave novamente –, admoestou meu pai, inesperadamente defendendo Dave, – devemos ter clareza do que queremos fazer. Então, todos entenderam a questão do supermercado?

– Acho que sim –, Amy respondeu rapidamente. – A idéia é colocar um supermercado de itens acabados por cada processo no final de cada processo, incluindo a montagem final. É isso?

– Como vocês visualizam o funcionamento disso para a linha de mecanismos? – perguntei para ficar no jogo.

– Precisaremos de alguma prateleira de fluxo no fim da linha de mecanismos, certo?

– Como seria? – continuei.

– Um corredor para cada produto, suponho, com pequenas caixas –, observou Amy. – Teria que funcionar no sistema de *first in, first out* (primeiro que entra, primeiro que sai) também. Basicamente, como no caso dos hambúrgueres. Há uma pista em declive para cada tipo, e à medida que suprimos da cozinha, deslizam até chegar no balcão.

– Muito bom –, disse meu pai num tom encorajador. – Isso é um sistema puxado de reabastecimento, lembre-se, e não funciona em todos os casos. Mas, aqui é exatamente o caso. Haverá um supermercado de peças prontas no fim de cada processo.

– Para que os operadores do processo seguintes possam servir-se? – disse tentando bravamente acompanhar.

– Isso criaria variação no seu ciclo de trabalho –, Phil corrigiu.

– Alguém passa e pega as peças por eles, então!

– Para mim está tudo tranqüilo quanto ao supermercado de mecanismos –, disse Amy. – E precisamos pensar da mesma forma no caso de um supermercado de produtos finais no fim do transportador.

– É –, Phil concordou, – mas ainda estou confuso quanto a essa "área de preparação de embarque".

– É para absorver a variação do cliente! – anunciei, começando a por os pedaços no lugar.

– Variação de entrega, é claro –, concordou meu pai. – O truque é tentar minimizar o impacto da variação em nossas operações. Se os clientes fossem perfeitos, viriam e pegariam peças regularmente, para suprir suas próprias necessidades regularmente e não criar estoque. Mas não são, seja lá porquê. E, se não formos regularmente ao supermercado pegar as peças, a produção fluxo acima irá parar com o tempo.

– Então, precisamos buscar coisas regularmente do supermercado como se fossemos os clientes –, inferiu Phil, pensando em tudo com cuidado.

– Um *cliente perfeito*, sim. O truque é organizar uma área próxima à expedição onde se prepara o caminhão para o próximo carregamento. Quantos caminhões saem de sua fábrica a cada semana?

Amy ficou pensativa enquanto Phil somava tudo.

– No total –, ele disse, – dá para simplificar as coisas dizendo que vemos dois caminhões por dia. Ainda expedimos 20 STRs para Richmond todos os dias em seu *milk run*, mas isso vai baixar para 10 na semana que vem. Depois, uma vez por semana expedimos 20 QST-1s para Sacramento, 15 para Pittsburgh e mais 20 para Ontário. Vinte QST-2s vão aqui perto para Oakland e 30 para Farmington, os 20 DGs que faltam vão em unidades individuais para todo lado. Isso dá mais ou menos 10 expedições por caminhão por semana, e, ocasionalmente, buscas individuais de DGs.

– Cada caminhão vai para apenas um cliente?

– Na verdade, não. Sacramento, Pittsburgh e Farmington são instalações da mesma firma, e constroem equipamentos com uma variedade de disjuntores. Para falar bem a verdade, há diferenças entre gabinetes no QST, dependendo para quem e para onde expedimos. Os STRs vão somente para Richmond, que vem buscá-los diariamente com transporte próprio.

– Não é tão simples, Phil –, Amy lembrou. – Nem todos os QSTs são realmente iguais. Temos pelo menos três variedades de QST-1 e duas de QST-2.

– Ah, certo, tem razão. Os mecanismos são os mesmos, mas o gabinete e o painel de instrumentos são específicos para cada cliente. Deveríamos falar de QST-1A, QST-1B e QST-1C, o mesmo para os dois QST-2X e QST-2Y. Quanto aos DGs, nenhum é igual ao outro. Pittsburgh, por exemplo, pede alguns QST-1A, QST-1C e QST-2Y.

– Em seu caso, a entrega é bastante certa, não é?

– Quase sem surpresas –, disse Phil. – A maioria de nossos clientes trabalha com projetos, portanto, sabemos com bastante antecedência onde precisamos entregar as coisas. De qualquer forma, eles geralmente pegam o que oferecemos. Então, quanto mais regulares formos, mais felizes ficam.

– Excelente. Nesse caso, vamos supor a organização da área de expedição da planta a partir de seis zonas de preparação desenhadas no chão, uma para cada tipo de expedição. Bem, é preciso puxar regularmente de seu supermercado e trazer os caixotes para a área certa de preparação para embarque –, meu pai explicou.

– Está dizendo que precisaremos de sete corredores em nosso supermercado de mercadorias finais no fim do transportador.

– Vejamos –, disse meu pai, pensando. – Precisamos de corredores para o STR, STR-X, QST-1A, QST-1B, QST-1C, QST-2X, QST-2Y. Isso dá sete, certo. Oito, na verdade, se precisamos de um corredor para o DG também. Agora, vamos pensar em termos de supermercado. O pão com a marca da loja e o pão de outras marcas estarão muito próximos, mas, assim mesmo, em locais diferentes nas prateleiras. Com exceção dos DGs, que podem estar todos no mesmo corredor, obviamente, já que nenhum é igual ao outro. Mas existem poucos desses.

– Certo –, disse Phil, olhando ao longe e tentando elaborar a questão. – Oito corredores. Depois, na expedição teremos seis áreas de preparação para embarque, sem contar os DGs. Depois, um operador de materiais vem e se abastece do supermercado, entregando para a área de preparação para embarque durante toda a semana, apesar de o caminhão partir apenas uma vez por semana. É muito estranho!

– Estaria movendo os caixotes, em todo caso –, meu pai salientou. – Quando o caminhão chega, aposto que todos entram em pânico tentando encontrar os caixotes certos e carregá-los no caminhão. Se fizermos assim, quando o caminhão chegar, todos os produtos estarão lá, poderemos carregar sem drama e mandar embora.

– A vantagem que vejo, já de saída –, disse Phil com entusiasmo, – é que, se estivermos atrasados com uma entrega, saberemos imediatamente. Digamos que a gente pegue os caixotes de QST-1B que vão uma vez ao dia para Pittsburgh, de onde sempre vem reclamações sobre entregas que faltam. Expedimos cada quinta. Digamos que a gente coloque dois caixotes de QST-1B na área de preparação para embarque na sexta, mais dois na segunda, dois na terça, dois na quarta e os últimos dois na quinta para completar os 10, e o caminhão sai. Se não tiver seis caixotes lá na quarta de manhã, já saberemos que temos problemas! É genial.

– Parabéns, você acaba de descobrir o gerenciamento visual –, meu pai comentou com um sorriso largo.

– Há tanto para aprender de tudo isso! – Amy exclamou numa expressão repentina de exasperação.

– Não é tão difícil, droga –, meu pai ralhou. – Ao invés de mover todos os caixotes de uma só vez porque o caminhão está esperando, você nivela regularmente durante a semana. O que há de difícil nisso?

– Está bem, entendi a lógica –, ela respondeu com um meio sorriso. – Com que freqüência devemos selecionar do supermercado?

– Responda você a pergunta!

– No tempo *takt*, suponho.

– É óbvio. É o que faria um cliente perfeito: selecionaria coisas do supermercado em tempo *takt*. Às vezes, não é prático, então, pegam-se vários caixotes de uma só vez e estabelecem-se ritmos de coleta. Primeiro a Toyota estabeleceu um ritmo de duas horas, mas logo baixamos isso para 20 minutos.

– Em nosso caso, não tem muito sentido em amontoar os caixotes nas empilhadeiras. É ineficiente e perigoso.

– Então teremos um operador de materiais pegando um disjuntor encaixotado a cada 10 minutos do supermercado de produtos acabados e levando-o à área de preparação para embarque.

– Isso certamente vai mudar a forma com que trabalham, posso lhes garantir!

– Sério? – ela disse com uma risada repentina.

– Mais trabalho! – Phil respirou fundo.

– Mais braços para torcer –, disse Amy, tanto para si mesma quanto para nós todos.

– Há uma coisa que eu queria lhe perguntar, Bob, se não se importar –, começou Phil com cautela. Meu pai levantou as sobrancelhas.

– Como você sempre sabe exatamente o que devemos fazer? Quero dizer, por que temos que puxar agora? Não poderia esperar? Já fizemos tanto. Não seria melhor deixar as pessoas descansarem agora?

– É a sua fábrica, a decisão é sua. Você ainda tem essas pilhas de estoque por todo lado, portanto, na minha opinião, a situação de caixa não deve ter mudado tanto assim.

– Está bem, tem um argumento forte.

– Ouça, Phil. Temos que continuar pensando no maldito lago e nas pedras. Enquanto não tiver um sistema puxado estabelecido, não tem o mecanismo humano para garantir que haverá melhorias continuas e que todo o sistema não voltará ao ponto de partida. São as pessoas que importam, não as peças, lembra?

Phil anuiu, tirou os óculos e esfregou o rosto com as mãos, cansado.

– E, quanto à saber o que fazer, a resposta é bem simples. Estou repetindo com você exatamente o que o pessoal da Toyota me fez passar tantos anos atrás, e que repeti em inúmeras fábricas desde então. E, enquanto as pessoas estiverem dispostas a tentar, acredite ou não, funciona. É mais ou menos sempre a mesma seqüência:

Um, classifica-se o máximo de problemas de qualidade quanto possível, assim como o tempo de parada e outros problemas de instabilidade, fazendo os engenheiros se preocuparem seriamente com refugo interno.

Dois, certifique-se de que o fluxo de peças pelo sistema é tão regular quanto possível. Isso envolve a instalação das células em U e a determinação de alguns locais de mercado, evitando variações no ciclo de trabalho dos operadores, e assim por diante.

Três, insista na idéia de trabalho padronizado e certifique-se de que o ritmo de trabalho se estabilize nos vários processos.

Quatro, começa-se a puxar, para que nenhuma peça ou material vá para frente antes de ser pedido. É isso que temos que começar a fazer agora, e envolve estabelecer seu cliente perfeito, verificar a programação de produção e, em última análise, substituir pedidos de produção semanais, ou mesmo diários, por algum sinal freqüente, como cartões *kanban*.

Cinco, uniformiza-se o fluxo de produção reduzindo o tamanho dos lotes, aumentando o ritmo de entregas internas e nivelando sua demanda interna.

Seis, trabalha-se dia e noite com grupos de *kaizen* e de qualidade. E quando finalmente estiver funcionando com perfeição, você estará pronto para um jogo de "Oh, no!". Retire os recursos e comece tudo de novo.

— E isso nunca falha? — perguntei cinicamente.

— O método? Nunca. Por que deveria? Só falha quando as pessoas desistem e escolhem o caminho de menor resistência. É como fazer exercícios: sem determinação, não há resultados.

— É, sem ônus, não há bônus! — grunhiu Phil. Ele rabiscava em seu caderno enquanto Amy esticava-se na espreguiçadeira, mostrando suas lindas pernas, aparentemente imperturbável. Olhando mais de perto, porém, via-se que o último mês tentando colocar a fábrica nos eixos tivera suas conseqüências. Seus olhos estavam fechados e seu queixo levantado, mas, mesmo assim, parecia cansada.

– Eu sei que você disse que não o faria –, disse Phil, finalmente tendo resolvido suas questões internas, – mas, realmente acho que precisamos de você na fábrica novamente se quisermos ir adiante.

Meu pai olhou para ele carrancudo, mas não protestou.

– Pelo que entendi, muito disso tudo está relacionado com planejamento e programação de produção. Depois, acaba de mencionar *kanban*. Bem, já ouvi falar, mas não conheço ninguém que realmente saiba pôr isso em funcionamento. Nossos consultores certamente não sabiam. Falavam muito a respeito, mas quando chegava na hora da implementação mesmo –

– Philip, eu já disse –

– Se –, interrompeu Phil, levantando a mão –, se eu conseguir pôr algum bom senso na cabeça de Dave e convencê-lo a trabalhar junto conosco, você estaria disposto a tentar novamente?

Meu pai permaneceu calado, apenas manteve seu rosto em uma carranca que já desencorajara muitos de alma mais forte.

– Se ele não concordar, estou disposto a demiti-lo –, disse Phil com sobriedade. – Estou convencido que esse é o caminho para ir adiante, e nunca mais quero estar na situação de pânico em que me encontrei nos últimos meses. Vou brigar com o pessoal de *design* sobre as questões de qualidade, portanto, preciso acertar a produção. Estou disposto a fazer tudo que for necessário.

Olhei para meu amigo com espanto. Era a mesma pessoa despreocupada e avessa a conflitos que eu conhecera todos esses anos? Parecia diferente. Até no aspecto físico: sério e decidido. Num instante, percebi que ele tinha exatamente o mesmo aspecto endurecido e desafiador que vira no rosto de meu pai todos esses anos, e senti um calafrio. Não havia sido eu, afinal, a levantar a questão de liderança com Phil? Agora, estava quase arrependido de ter proferido aquelas palavras precipitadas, algo que costuma ocorrer em meu ramo de trabalho.

– Não há nenhuma necessidade disso –, falou meu pai num tom reconfortante. – Seu funcionário, Dave, está provavelmente metido em algo que não conhece, é só isso. Vocês precisam da experiência dele, portanto, se ele estiver a fim de entrar no jogo, lhe darei uma segunda chance. Vamos fazer o seguinte: organize um supermercado para seu produto final e quando tiver feito isso, dê um grito e darei uma olhada.

– Que alívio –, disse Amy, dobrando as pernas. – Quer dizer que não serei a única a lutar contra a inércia daquele lugar! Parece uma ótima idéia.

– Ah, não, Srta. Cruz. Não tenha idéias. Eu falo e você luta! – disse meu pai com uma grande gargalhada.

Capítulo Sete

KANBAN REINA

Não havia se passado mais do que uns dois meses desde que meu pai saíra enraivecido pela primeira vez da fábrica, mas o lugar estava irreconhecível. Mesmo pelo meu olhar inexperiente, pude notar os efeitos de uma rigorosa campanha Cinco Ss, até na nova pintura branca que ainda exalava um cheiro forte.

— Se a planta de tubo de vácuo podia se parecer com um laboratório científico –, explicou Phil, – achamos que essa também poderia. O que está achando dos Cinco Ss?

— Nos chamam de "as bruxas" assim que saímos da sala –, Amy riu, referindo-se ao trio de mão-de-ferro que havia formado com Glória e Ester Ramirez, a nova líder de equipe da montagem final, uma mulher maternal de origem mexicana, e que trabalhara na linha de montagem por muitos anos. – As *brujas*! Conduzo uma auditoria Cinco Ss a cada duas semanas e cada célula recebe uma nota.

— Lembra quando não sabíamos o que fazer além dos três primeiros Ss? – Phil acrescentou. – Bem, agora tenho que fazer uma verificação cada vez que uma célula está pronta para passar de um nível S para outro!

— Isso demonstra que você se importa, chefe *querido* –, ela argumentou. – É difícil acreditar como as pessoas levam tudo tão a sério agora. Às vezes, acho que as aterrorizo.

— Bem, você *me* aterroriza! – brinquei.

— Devia ver como sou no chão de fábrica –, ela respondeu. – Esperava muito mais resistência dos funcionários depois do incidente com Jake Rogers, mas, na verdade, todos têm sido uns amores. Até começamos alguns projetos *kaizen* com o pessoal mais velho. Surgem algumas idéias muito boas, contanto que não seja pedido que anotem coisas. Aqui estamos.

A área de montagem de mecanismos estava transformada. Haviam levado todo o processo de montagem para uma área completamente diferente da planta, logo atrás do transportador. Também haviam transformado as quatro linhas de mecanismos em duas, que estavam quase irreconhecíveis. Eram compactas e cada operador tinha uma pequena quantidade de material em frente à sua estação de trabalho. – Tentamos manter o estoque de materiais tão pequeno quanto possível –, disse Amy. – Assim, reabastecemos regularmente, repondo apenas o necessário.

Entre as duas linhas havia um corredor largo que, eu supunha, permitia o abastecimento dos operadores sem interrupção.

– Como funciona aquilo? – perguntei.

– Com um sistema de caixa dupla –, ela respondeu. – Cada componente fica nas prateleiras em frente aos operadores. Eles mesmos retiram a peça de uma pequena caixa plástica específica para cada uma, com uma caixa a mais atrás dessa. Quando terminam com esse contêiner, passam-no por baixo, através de uma abertura, que é um sinal para que seja substituída por alguém de fora da célula.

– Quem está encarregado do abastecimento? – perguntou meu pai.

– Deveria ser a logística –, ela respondeu com uma careta. – Porém, o sistema não está funcionado perfeitamente ainda e, portanto, com freqüência, Glória se encarrega disso. Felizmente, apesar de cada operador precisar de muitos componentes pequenos, o que nos obrigou a ter caixas bem pequenas, a montagem é feita com base no tempo *takt*, que é de sete a 10 minutos. Assim, uma caixa não precisa de reabastecimento por um bom tempo.

– É muito trabalho para Glória –, meu pai protestou. – Ainda mais se ela estiver lidando com o retrabalho.

– Sabemos disso –, ela falou irritada. – Estamos tentando garantir entregas a cada hora da logística, mas –

– Lembre-me de lhe falar a respeito disso antes de ir embora –, meu pai interrompeu, e foi adiante.

Um único espaço vazio separava cada estação e havia uma abertura para descartar da linha as peças que precisavam de retrabalho. Finalmente pude entender o que meu pai queria dizer com colocar o operador em primeiro lugar. Tudo estava organizado para simplificar o trabalho do operador, com as estações de trabalho tendo a prioridade principal, e toda a logística disposta ao redor.

– Como podem ver –, disse Amy apontando para um quadro branco, – montamos um quadro de produção para cada uma das linhas, e cada linha tem uma reunião de cinco minutos na primeira hora da manhã. O pessoal rastreia os objetivos por hora do turno anterior, se for o caso; tenta prever os problemas que terá e explicar a razão de atrasos, se for o caso também. No fim do dia, Glória faz uma avaliação com cada um dos líderes de equipe e anota todos os problemas. Ela freqüentemente lida também com outros departamentos e com os engenheiros para que esses problemas não surjam novamente.

– Vejo que também estão controlando o número de dias sem acidentes –, falou meu pai com aprovação.

– Sim, outro procedimento que eu lembrei dos tempos em que fazia hambúrgueres.

– A segurança em primeiro lugar. Ótimo.

– Tudo está indo realmente bem. Onde estou tendo mais dificuldade –, ela disse com um olhar de desalento, – é com aqueles engenheiros horríveis. Com exceção de Josh, que realmente mete a mão na massa, não há nenhum que venha até a linha de produção para ver o contorcionismo que temos que fazer para construir seus *designs* idiotas. Estão sempre ocupados demais para vir aos *workshops* de *kaizen*. Olham para a gente de cima para baixo. Idiotas!

Não pude suprimir um sorriso e ela sorriu também, um pouco ansiosa.

– O início da produção do novo STR-X foi um pesadelo. A cada duas peças, uma era jogada nas caixas vermelhas. Ainda bem que tínhamos o Joshua que trabalhava noite e dia para que o processo fluísse. E ele não teve nenhuma ajuda de seus colegas. Phil e eu estamos revisando o sistema de avaliação anual – terão uma surpresa, podem esperar!

– Ah, finalmente o verdadeiro trabalho de RH! – brinquei.

– Bobo –, ela disse com um olhar de revés. – Bem, vamos lá: nosso supermercado de mecanismos.

– Vejam só! – meu pai exclamou quando chegamos na área de montagem.

Um pouco antes da montagem final, havia um verdadeiro supermercado com contêineres de mecanismos nos corredores de prateleiras. Diferentemente das prateleiras do supermercado de minha vizinhança, essas eram impressionantemente compridas. Prateleiras em declive se estendiam até o local onde as duas linhas de mecanismos estavam produzindo, lado a lado. No fim de cada linha, uma prateleira de fluxo começava levando caixas de mecanismos diretamente ao transportador. Os mecanismos chegavam diretamente à estação onde eram montados para formar os disjuntores de circuitos. Os operadores precisavam apenas se servir do contêiner em questão na prateleira atrás deles e dar alguns passos até sua estação de trabalho. Pensei que meu pai os criticaria por tanta movimentação desnecessária, virar-se, carregar as peças e caminhar, e esperava mais um discurso sobre a transformação de movimento em trabalho, mas não foi o que aconteceu. Ele parecia espantado com o tamanho do objeto que tinham construído.

– Mas, olhem para isso –, ele falou. – Por que a fizeram tão grande?

Phil e Amy simplesmente sacudiram as cabeças enquanto Dave Koslowsky apenas o encarou com uma expressão calculadamente interessada. Ele se mantivera quieto de um jeito um tanto quanto belicoso, mas não demonstrara nenhuma hostilidade direta. Phil ainda tinha um alto conceito dele, apesar de sua evidente dificuldade com novas idéias. Trabalhava duro e era verdadeiramente dedicado à planta e aos funcionários. Sua resistência era mais fruto da relutância natural de um homem prático, um gato escaldado, do que provinda de alguma rigidez sem cura. Phil tinha certeza de que, se produção *lean* fazia qualquer sentido, certamente seria possível convencer Dave em termos que ele pudesse entender.

– Quero dizer, é bom, mas é enorme! As prateleiras devem ser mais compridas do que um campo de futebol –, meu pai insistiu.

Glória, no entanto, que recém se juntara ao nosso grupo com Ester Ramirez da área de montagem, parecia muito irritada. Amy sussurrava insistentemente em seu ouvido.

– Você se dá conta do trabalho que tivemos com isso? – disse Phil com exaspero. – Só para conseguir que Matt aprovasse os contêineres plásticos!

— Sim, é ótimo –, disse meu pai. – Mas por que tão grande?

— Você sabe porque –, disse Amy encolerizada. – Porque temos estoque demais.

— O que posso dizer de positivo –, comentou Dave, tentando ser simpático, – é que funciona muito bem, e, para ser justo, há mais ou menos metade do WIP ali do que tínhamos antes. E os mecanismos vêm diretamente da montagem de mecanismos para a montagem final e assim, ahn, o tempo não "agregador" de valor do movimento dos mecanismos foi reduzido, como dizem. Isso deve ter alguma importância, não é?

— Tudo muito bem e tal –, disse meu pai com impaciência. – Mas por que não fazê-la menor?

— Porque ainda não estamos tão bem em relação ao nivelamento no transportador, por isso –, falou Amy bruscamente. Eu podia sentir a exasperação pesando no ambiente.

— Ei, onde está seu espírito positivo, mocinha? E –, meu pai acrescentou com seriedade, – quanto ao que vi lá trás na montagem do gabinete. Suas prensas –

— O que tem as prensas? –, chiou Dave, pronto para explodir novamente, enquanto Phil pôs uma mão em seu braço para acalmá-lo. Deus meu, meu pai realmente não tinha jeito com as pessoas.

— Ouça, Bob –, disse Amy bastante enfadada. – Entendo que nosso objetivo é o fluxo de uma só peça para que consigamos fazer o mecanismo em seqüência direta com o transportador e livrar-se dessa prateleira de fluxo completamente. Mas, precisamos chegar lá um passo de cada vez. Pelo menos, foi o que nos ensinou, não é? Sem riscos para o cliente! A entrega em primeiro lugar, então, de fato, é um grande supermercado.

— Certamente está tudo ali. Você conseguiu, meus parabéns, merece um tapinha nas costas –, meu pai concedeu. – Agora, temos que pensar em como reduzi-la!

Amy bufou, exasperada, mas não disse uma palavra.

— Está bem, está bem. Explique devagar. Como enche esse troço? – meu pai perguntou à Glória.

– No início –, ela disse tensa, – achávamos que um contêiner deveria conter todos os mecanismos para um disjuntor, mas, vimos que seria pesado demais para carregar com facilidade. Então, escolhemos bandejas menores de plástico, cada uma com um mecanismo. Quando terminamos de testar cada mecanismo novo, o operador o coloca numa bandeja que é colocada na prateleira de fluxo no corredor à direita. Veja, etiquetamos as bandejas. Depois, fica numa fila, esperando que um operador no transportador venha pegar a bandeja do outro lado da prateleira de fluxo, bem ao lado da estação de trabalho, e assim por diante.

– Estou vendo. É impressionante. E como os operadores sabem quais mecanismos fazer?

– Como sempre fizemos –, Glória deu de ombros. – Recebemos uma programação de produção do controle de produção, a não ser que Dave dê uma contra-ordem. Concordamos que tentaríamos construir cada produto a cada dia, portanto, fabricamos mecanismos STR de manhã na linha 1, e STR-X de tarde. Depois fazemos o QST-1 e o QST-2 na linha 2. Fabricamos os DGs um por um em uma bancada, de acordo com a nossa necessidade.

– Basicamente, vocês estão empurrando.

– Estamos? – Amy parecia confusa. – Os operadores no transportador estão puxando as peças, como compradores no supermercado.

– Sim, mas ainda não está sendo reproduzido o que foi consumido na mesma ordem, não é?

– Dá para repetir? – interrompi. – Foi um pouco rápido demais para mim.

– *Just-in-time* –, disse meu pai irritado. – Produza o que foi consumido na mesma quantidade e na mesma ordem. Veja, apesar de os operadores do transportador estarem puxando do supermercado de mecanismos, a linha ainda está empurrando mecanismos no supermercado. Deve haver enormes variações nos corredores.

– Sim, é verdade –, confirmou Glória. – E isso explica porque o supermercado é desse tamanho.

– Entendi o que quer dizer –, Amy concordou séria. – Estamos seguindo as instruções do planejamento de produção ao invés de reabastecer o que acabamos de consumir. O ideal seria que, cada vez em que um mecanismo é montado num disjuntor de circuitos, pudéssemos estar produzindo outro.

– É isso.

– É aqui que finalmente entra o *kanban*? – Phil quis saber.

– É –, respondeu meu pai. – Trata-se de *kanban*. A pergunta que se faz é: Como? Confie em sua intuição.

– Bem –, Phil respondeu, – se quisermos produzir um mecanismo novo cada vez que um for consumido, precisaremos de algum sinal do transportador para avisar a produção de mecanismos de qual item foi retirado do supermercado. Como uma mensagem de computador ou –

Meu pai fulminou Phil com um olhar.

Phil ficou completamente parado por alguns segundos, pensou bem, e disse: – Certo, vamos pensar como um agricultor japonês, esqueça do computador. Hmmm. Sei lá, um sinal qualquer –, concluiu sem muita convicção.

– Amy? Glória?

Todos permaneceram em silêncio, perplexos.

– Vamos lá, pessoal! Vocês precisam apenas de um cartão qualquer. Pode ser de plástico ou papelão, qualquer coisa que possa identificar a peça, e que seja colado nas caixas de mecanismos. Quando um operador de montagem final pega uma caixa, cria-se uma maneira de retirar o cartão da caixa e mandá-lo de volta para a linha de montagem de mecanismos para que fique numa fila. É só isso.

– Então, teremos uma fila de espera de cartões que nos dizem como reproduzir exatamente aquilo que recém foi consumido pelo transportador –, Gloria raciocinou. – É engenhoso. Por que não pensamos em algo assim?

– Você não sabe como pode ser difícil chegar a usar o bom senso às vezes –, disse meu pai. – Geralmente usamos cartões, que é uma forma muito simples. Crie um, com a descrição da peça e do número que tem no contêiner (que nesse caso é um), e coloque na fila.

– Não olhe para mim, Glória –, brincou Phil. – Minha formação é sofisticada demais para que consiga pensar em algo tão prático.

– Espere –, disse Amy depois de todos terem parado de rir. – Isso quer dizer que vamos construir os mecanismos em unidades de quatro.

– Sim, eu sei –, meu pai sorriu. – Querem construir, digamos, 20 STRs, um atrás do outro, porque não querem o trabalho de trocar de modelo a toda hora. Então, juntem os cartões até que haja um lote grande o suficiente.

– Juntar os cartões? – perguntou Glória, contraindo os olhos em concentração.

– Determinem que uma caixa conterá os cartões de STR, outra, os cartões de STR–X, à medida que voltarem do transportador de montagens. Se o tamanho de seu lote for de 20 mecanismos STR, retornarão 20 cartões. Prenda-os e coloque o grupo de cartões na fila de espera. Simples.

– Vamos ver se entendi –, disse Glória com cautela. – O cara do transportador pega uma bandeja do supermercado que tenha, digamos, mecanismo STR. Ele tira o cartão da bandeja e o coloca na "caixa de cartões STR". Quando tiver 20 cartões na caixa, prendo esses 20 e levo até a linha de mecanismos, colocando o grupo de cartões em fila.

– Sim, para que os operadores de mecanismos saibam que devem produzir 20 mecanismos STR quando virem os cartões.

– Parece bastante simples quando dito dessa forma –, Glória concordou.

– Sabe do que mais –, disse meu pai com um sorriso amável, – podemos torná-lo ainda mais fácil. Podem construir a "caixa de cartões STR" na forma de uma torre com 20 fendas. Assim, quando 20 cartões voltarem, saberá imediatamente quais precisam ser levados para a lista de espera da linha de mecanismos.

– Deus, como é irritante! – explodiu Amy. Meu pai sorriu e levantou a sobrancelha.

– Quero dizer –, ela gaguejou, – é tão óbvio!

– Eu sei. Também ficava tão frustrado quanto você quando parava para pensar depois. Simplesmente não temos essa forma de enxergar as coisas, é só isso.

– Ainda preciso entender algo –, Phil protestou. – Você está dizendo que sempre façamos um número fixo de mecanismos do mesmo tipo.

– Sim, estamos trabalhando num tamanho de lote fixo que é 10 vezes o tempo da troca –, disse Amy, pensativa, puxando o cabelo. – Acho que calculamos algo em torno de 15 mecanismos num lote.

– Certo, mas isso não cria um problema? – perguntou Phil. – Estamos instalando 4 mecanismos STR em cada gabinete STR, mas somente três mecanismos STR-X nos gabinetes STR-X. Baseado no que está dizendo, se fizermos lotes de 15 de cada, vamos construir muito mais STR-X do que é necessário!

– Não é o caso –, disse Glória na hora. – Significa apenas que o grupo de 15 cartões STR voltará com maior freqüência do que aquele do STR-X. Portanto, veremos, por exemplo, dois grupos de STR na fila de espera para cada grupo de STR-X. Estou certa?

– Exatamente –, meu pai concordou. – Estamos partindo do pressuposto de que os mecanismos STR e STR-X levam o mesmo tempo para montar, e é por isso que ambos os lotes produzem o mesmo número de mecanismos. Está absolutamente certa. Apesar de estar formando lotes, que distorcem o sinal de consumo que vem do transportador, a ordem dos lotes que aparece na lista de espera vai refletir a ordem do consumo de mecanismos no transportador. Aí você tem seu *kanban*, Philip.

– Parece simples demais! Os consultores falavam e falavam sobre coisas tão complexas. É só isso?

– Se sua intenção não for apenas tentar justificar honorários absurdos de consultoria, sim, é só isso –, acrescentou meu pai com um meio sorriso. – Talvez precise anotar todo tipo de informação nos cartões, como o nome da peça e o número, e quantas peças num contêiner e quantos contêineres num lote, e quantos cartões num *loop*, e assim por diante, mas, basicamente, é muito simples. Há outros tipos de *kanban* para lidar com peças soldadas ou componentes do fornecedor, e assim por diante. Mas, a lógica básica é sempre a mesma. O primeiro princípio de *kanban* é que o processo cliente vai até o processo fornecedor para pegar as peças necessárias.

– Há um segundo princípio?

– Sim, o processo fornecedor produz apenas a quantidade que o processo cliente retirou. Esse é o problema que estão enfrentando atualmente com seu supermercado de mecanismos e é precisamente o que o *kanban* deve facilitar.

– Bem –, Phil resumiu, – precisamos tentar tornar o fluxo de disjuntores no transportador tranqüilo, alternando os tipos e nivelando o horário.

– E devemos puxar e não empurrar, sendo que o *kanban* nos dirá o que fazer na linha de mecanismos –, Amy concluiu com um sinal para Glória.

– E devem reduzir essa prateleira monstruosa –, meu pai terminou. – É ótimo ver um supermercado nesta fábrica, mas desse tamanho, sei lá, chega a ofender de certa forma.

– Sim senhor, tentaremos.

– Vamos ver o estão fazendo com o cliente perfeito então –, meu pai falou, indo em direção à área final do transportador com seriedade estampada em seu rosto. Vi que Dave imediatamente ficou tenso e um leve rubor apareceu em suas bochechas, mas permaneceu quieto. No fim da linha de montagem final, logo após os testes e o empacotamento, haviam montado uma grande área com 10 corredores de trilhas em roldanas pesadas de metal onde eram colocados os caixotes empacotados. Cartazes enormes, pendurados do teto, identificavam cada produto em seu corredor. Quando chegamos, um operador havia terminando de colar uma etiqueta num dos caixotes e estava ajeitando-o no ponto final do corredor, empurrando todos os outros caixotes para frente. Alguns corredores estavam vazios, enquanto que outros tinham caixotes empilhados.

– Entendi o que você quer que a gente faça aqui –, Dave começou, – mas não está funcionando. Essa área tem um excesso de fluxo contínuo e ainda temos que empilhar estoques de disjuntores acabados lá, contra a parede. E, às vezes, com pode ver agora, o corredor está vazio.

– Estou vendo –, disse meu pai secamente.

– Bom, mas, incluímos esses três corredores para o caso de criarmos mais produtos novos –, disse Phil, na defensiva.

– Certo, mas olhe para esse. Está entupido com um excesso de STR, não é?

Todos se remexeram, enquanto Amy permaneceu quieta. Como não era habitual seu silêncio, minha suspeita era de que já haviam tido inúmeras discussões a esse respeito.

– Como é feito o carregamento a partir daqui?

— Fizemos o que você sugeriu lá –, Dave continuou, mostrando uma área perto da doca aberta onde vários retângulos haviam sido pintados no chão, a maioria vazia.

— Aqui temos a área de preparação para embarque, uma por local de cliente.

— Por que estão todas vazias então? – perguntou meu pai.

Dave deu de ombros e Glória e Ester trocaram olhares. Se elas sabiam alguma coisa do que estava acontecendo, não estavam dispostas a falar. Ester havia se parado um pouco atrás da mulher maior, fora da linha de tiro.

— Os movimentadores de materiais não entendem qual é a lógica de mover caixotes o dia inteiro se o caminhão sai apenas uma vez por semana –, disse Amy, tensa.

— Os movimentadores de materiais? Tem certeza de que essa é a opinião deles? – perguntou meu pai ironicamente, levantando as sobrancelhas.

— A logística, na verdade –, disse Dave. – Trabalham para Kev Morgan, não para mim. E não consegui pensar numa boa razão que os convencesse.

— Sempre digo que ... –, Amy deixou escapar, parecendo muito irritada.

— Calma, Amy –, disse meu pai de forma surpreendentemente gentil. – Nada disso é óbvio para ninguém no início. – Ele olhou diretamente para Dave. – Mas, você consegue ver a lógica?

— Vou ser franco com você. Entendo o que quer fazer. Mas, em primeiro lugar, não sei se vai ajudar. Isso apenas significa mais idas e vindas. Em segundo lugar, de qualquer forma, não sei organizar isso na prática.

— Tudo bem, vamos devagar –, disse meu pai com paciência incomum. – Porém, – acrescentou com um olhar reprovador para Phil, – não espere que eu brigue com a logística em seu lugar. Você mesmo terá que lidar com isso.

Phil concordou com o rosto sombrio.

— Primeiro: está vendo por que está tendo problemas com o supermercado?

– Porque não há uma produção puxada nivelada! – Amy se intrometeu, olhando com impaciência para Dave, com quem provavelmente já discutira a questão muitas vezes antes.

– Se retirar grandes quantidades irregularmente –, confirmou meu pai calmamente, – não conseguirá manter um supermercado organizado. É como se tivesse que abastecer 500 amigos que repentinamente perderam toda a sua comida e todos os seus suprimentos, então vou ao supermercado mais próximo. Simplesmente vou esvaziar todas as prateleiras de uma só vez e terão uma dificuldade imensa para reabastecer.

– Entendo isso –, disse Dave num tom briguento. – Mas é igual ao que falou sobre misturar os disjuntores que montamos no transportador. Está tudo muito bem se conseguir, entendo seu argumento sobre baixar os estoques. Mas, mesmo assim, vai me custar mais na montagem. Todo mundo sabe que o que dá lucro nesse jogo é o volume!

Após deixar o silêncio que seguiu se estender um pouco, meu pai respondeu: – Já se perguntou por que um refrigerante custa o dobro num *resort* de férias do que em um armazém perto de sua casa?

– O que isso tem a ver? – respondeu Dave com irritação. Mas, logo acrescentou: – Porque conseguem se safar com essa, suponho.

– Em parte, mas é mais porque trabalham apenas metade do ano, portanto, precisam recuperar seus custos fixos durante a temporada de férias. O que você está me dizendo é que o custo da montagem baixa com o volume e até concordaria com isso. Mas, isso não é o custo do produto, é apenas o custo da montagem.

Dave olhou para ele, perplexo, mas atento.

– Cada vez que você cria um pico e, em seguida, um vale na demanda, cria estoque, concorda comigo?

– Acho que sim.

– Precisa de estoque suficiente para a entrega durante a demanda de pico. No resto do tempo, a demanda é baixa, mas nunca se sabe quando o próximo pico virá, então o estoque é mantido como segurança.

– Sim, entendi. E, se você é obrigado a baixar o estoque –, disse Dave, olhando para Phil, – quando o pedido finalmente chega, está desabastecido.

— Certo, mas, também deve ser adicionado ao preço das peças o custo de manter esse estoque.

— Até certo ponto, pode ser.

— E, porque está lidando com picos e vales, está criando oscilações para seu fornecedor também, que, em conseqüência, também terá estoques. Na prática, é um ganho fantasma em produtividade, já que não está produzindo de acordo com a demanda do cliente, está apenas juntando estoque, o que aumenta os custos.

— Você quer que peguemos um disjuntor do supermercado de produto acabado a cada dez minutos e o coloquemos na área de preparação para embarque, é isso? –Dave perguntou finalmente, esgotado.

— Como se você fosse um cliente perfeito –, meu pai concordou. – Pegue produtos no mesmo ritmo em que seu cliente os usa em sua própria linha.

— Não importando como realmente os expedimos.

— Exatamente. Encha a área de preparação para embarque aos poucos, com base no tempo *takt*, para diminuir picos e vales em seu próprio fluxo. Pense nisso. Se estiver expedindo somente uma vez por semana, estará criando um pico de demanda enorme na data da entrega e um vale no resto do tempo. Da forma que expliquei, podemos gradualmente nivelar a demanda de produção.

— Me parece pouco natural, mas estou disposto a tentar –, disse Dave dando de ombros. – Se eu puder convencer o pessoal da logística.

— Nem que tenha que empurrá–los nessa direção –, disse Phil com firmeza.

— Você quer dizer puxar –, corrigiu Amy com um sorriso maroto.

— Mesmo assim, não consigo entender como dizer ao movimentador de materiais qual contêiner ele deve remover –, Dave admitiu franzindo as sobrancelhas.

— Não deveria ter que dizer –, respondeu meu pai. – É isso o que quero dizer. A pessoa responsável pela remoção deve saber exatamente o que pegar e quando. Usaremos *kanban* novamente.

– Como o *kanban* anterior? – perguntou Amy. – Não consigo entender como seria aplicado.

– Bem, aquele caso se referia a um *kanban de produção*. Aqui precisaremos usar o *kanban de retirada*.

– Quer dizer que temos mais de um tipo? – perguntei, espantado.

– É, Mickey, pelo menos dois. Será que dá para agüentar? – ele alfinetou e voltou-se para Dave.

– Para começar, vamos considerar a variedade de produtos que existe aqui. Se eu entendi bem o que Philip me disse, existem duas famílias de produtos, o STR e o QST, mas são customizados para cada cliente.

– Cada um de nossos clientes requer um painel de instrumentos diferente e o tamanho do gabinete varia até certo ponto também –, explicou Dave. – No momento, regularmente produzimos sete unidades acabadas diferentes de STR e QST, e cada DG é diferente. No geral, se agruparmos nossos clientes por pontos de entrega, nosso plano diário se divide em 10 STRs, oito STR-Xs, cinco QST-1As, dois QST-1Bs, quatro QST-1Cs, quatro QST-2Xs, seis QST-2Ys e uma variedade de DGs.

– Vamos esquecer os DGs por enquanto e começar com os produtos mais comuns. Amy, como você lidaria com o cliente perfeito?

– Algo assim, veja: se temos áreas de preparação para embarque lá, precisamos de apenas uma pessoa que fique fazendo o circuito com a empilhadeira da área de preparação para embarque até o supermercado de produtos finais, caixote por caixote, regularmente. É isso?

– Quanto tempo isso levaria? – perguntei.

– Não sei –, respondeu Dave olhando para Amy que apenas sacudiu a cabeça, – de dois a cinco minutos.

– Então, eis a resposta. A pergunta que vem agora é: como essa pessoa vai saber o que pegar do supermercado?

– Cartões de *kanban*? – disse Phil sem muita certeza.

– Na mosca. Passe seu caderno para cá. Digamos que a cada meia hora o movimentador de materiais precisa receber a informação de pegar um produto específico e levá–lo até a área de preparação para embarque. Começaremos com a construção de uma caixa que chamaremos de *heijunka*, ou caixa de nivelamento, com um espaço para cada retirada. Criaremos filas para as sete linhas de produtos, assim:

Produtos	8:30	9:00	9:30	10:00	10:45	11:15	11:45	12:15	13:45	14:15	14:45	15:15	16:00	16:30	17:00	17:30
STR																
STR – X																
QST – 1A																
QST – 1B																
QST – 1C																
QST – 2X																
QST – 2Y																

– E os DGs? – Amy quis saber.

– São exóticos, lidaremos com eles em separado. Agora, considere que um cartão acompanha cada produto. Com a demanda que vocês têm, podemos colocar os cartões da forma mais nivelada possível para facilitar a carga, assim:

Produtos	8:30	9:00	9:30	10:00	10:45	11:15	11:45	12:15	13:45	14:15	14:45	15:15	16:00	16:30	17:00	17:30
STR		∕		∕	∕		∕	∕			∕	∕		∕		∕
STR – X	∕		∕		∕		∕		∕		∕		∕	∕		
QST – 1A	∕					∕			∕				∕			∕
QST – 1B				∕							∕					
QST – 1C	∕						∕				∕			∕		
QST – 2X			∕					∕			∕			∕		
QST – 2Y	∕			∕			∕		∕			∕				∕

– Isso informa aos movimentadores de materiais o que precisam retirar do supermercado a cada 30 minutos.

– Quer dizer que às 8h30min devem pegar um STR-X, um QST-1A e um QST-2Y? –, Amy perguntou.

– E às 9h, um STR-X, um QST-1C –, continuou Phil. – E pegam dois ou três caixotes de cada vez.

– Claro. Tem coisa mais fácil? Eles pegam os cartões, retiram os produtos do supermercado de unidades acabadas e levam os caixotes até a área de preparação para embarque correspondente. Com certeza, até mesmo o pessoal de logística consegue fazer isso, não é?

– Se quiserem, não tenho dúvida –, respondeu Amy com um olhar que revelava os inúmeros conflitos que já haviam ocorrido, enquanto Dave levantou seus olhos aos céus, abrindo e fechando as mãos em frustração.

– Lembre-se de que eles estão fazendo o trabalho de qualquer maneira. Precisarão fazer essa volta em algum momento se quiserem carregar seus caminhões –, meu pai insistiu com irritação. – E, ao fazê-lo dessa forma, podem evitar os costumeiros pânicos de carregamento quando o caminhão está esperando e não se consegue encontrar uma empilhadeira disponível, ou quando não se tem idéia de onde encontrar as unidades na planta!

– Como numa segunda-feira normal aqui –, Phil sorriu.

– Faremos com que sigam um circuito padronizado! – Amy teve um estalo. – E isso nos ajudará com a produtividade da logística!

– Exatamente –, concordou meu pai. – Esse é um efeito secundário benéfico do nivelamento. Provavelmente descobrirão que têm duas vezes mais movimentadores de materiais do que realmente precisam!

– Tenho certeza de que não –, Dave chiou. – Nunca encontramos um quando é preciso!

– Ao contrário, Dave –, continuou Amy com otimismo. – Pense um pouco: se tiverem que seguir um circuito padronizado, saberemos exatamente onde estarão e quando.

– E como essa pessoa saberá para onde levar os contêineres? – eu quis saber.

– Há uma lista com o material que irá para cada caminhão –, meu pai respondeu com simplicidade. – Em geral, é apenas isso. A caixa de *heijunka* conduz o trabalho do movimentador de materiais. A qualquer momento, esse funcionário vê quais são os próximos produtos que precisam ser retirados do supermercado e levados à área de preparação para embarque.

– Mas, é exatamente isso! O que está sugerindo nos diz como organizar o trabalho do movimentador de produtos finais no ritmo da demanda de cliente, – Amy contrapôs, – mas não nos informa como organizar a produção no transportador.

– Será? Pense um pouco.

– Sei que devemos produzir no transportador na mesma ordem em que os produtos acabados são retirados, para reabastecer nosso supermercado de produtos acabados –, ela disse sem pestanejar, como se fosse perfeitamente óbvio. – O que não consigo entender é como fazer isso na prática.

– Como vocês fazem isso agora? – meu pai perguntou para Dave que se mexia desconfortavelmente.

– Tenho tentado aplicar alguma coisa de sua abordagem, então divido nossa demanda semanal por dias e elaboro um horário de carregamento para o transportador, que depois passo para Ester, que tenta aplicá-lo. Amy e eu já conversamos a respeito disso, e tento fazer o que você nos disse, cada tipo de gabinete a cada dia. Mas pára por aí: ainda fazemos os 10 STRs um atrás do outro, depois os QSTs, e assim por diante. Não tentei ir além.

– Bem, já é um começo. Funciona? – meu pai perguntou para Ester, que parou para pensar antes de responder, olhando primeiro para Amy e depois para Dave.

– Mais ou menos. Temos problemas com peças faltantes, portanto, tenho que fazer modificações –, ela falou devagar. – Depois, temos horas de pânico quando algumas unidades acabadas estão faltando para uma entrega, e temos que fazer essas em primeiro lugar.

– O que posso dizer de positivo sobre a área de preparação para embarque –, Dave contribuiu, – é que agora vemos os problemas quando surgem de antemão, o que não ocorria antes. Assim, podemos corrigi-los com antecedência e incorrer em um menor número de falhas nas entregas.

– É verdade –, Phil comentou. – Não tenho tido notícias de Pittsburgh ultimamente.

Meu pai pensou por um bom tempo e respirou fundo.

– Está bem, não sei se vocês estão preparados para isso, mas posso explicar como reproduziriam no transportador a ordem de retirada do supermercado de disjuntores prontos, que é, afinal, a única maneira de estabilizar seu supermercado para que tenha somente o número mínimo de peças. Por onde começamos?

– Montagem final? – arrisquei, provocando um olhar de desprezo resignado de Phil e Amy.

– Preparação para embarque! – corrigiu Amy, com um olhar de "seu idiota" em minha direção.

– O cliente em primeiro lugar, como sempre –, concordou meu pai com um rápido sorriso.

Ele rasgou uma página do caderno de Phil e dobrou o papel em quatro.

– Bem, estou na frente da caixa de *heijunka* e tenho um cartão de *kanban* que me diz que devo pegar um contêiner de STR –, ele disse, indo em direção ao corredor de STR no supermercado com o papel na mão.

– Pego esse contêiner. Mas, de alguma forma, terei que mandar uma instrução ao transportador informando-lhes que devem fazer outro STR para substituir aquele que eu acabo de retirar, certo?

– Está certo –, disse Phil, – até aqui tudo bem.

– Como faço isso?

– Instrução de produção – daquele outro tipo, não é? – disse Phil incerto. – De alguma forma, devemos mandar outro cartão para o transportador.

– E é exatamente isso que faremos –, meu pai concordou. – Colocaremos um cartão de *kanban* no contêiner quando for levado aos produtos finais. Depois, esse segundo cartão será devolvido à produção no momento em que esse contêiner for levado aos corredores de expedição.

Com a caneta de Phil, meu pai fez uma cruz grande numa outra folha de seu caderno, e dobrou-a de tal forma que a cruz ficasse bem visível. Pôs esse novo pedaço de papel em cima do contêiner de STR, enquanto dava a primeira folha de papel dobrada para Dave, dizendo, – Segure isto.

– Agora, sou um movimentador de materiais –, meu pai explicou, voltando até Dave e pegando o papel da mão dele. – Pego o *kanban* da caixa de *heijunka* na expedição e assim, tenho meu *kanban* de retirada na mão –, disse, movendo o papel no ar. – Isto aqui me diz qual contêiner devo pegar do supermercado de produto acabado. Pego o contêiner e o coloco na empilhadeira –, continuou, fazendo o movimento. – Agora, retiro o *kanban* de produção, que está afixado no contêiner – disse, retirando o cartão da caixa – e o substituo com o *kanban* de retirada que trouxe comigo. Está claro? – perguntou ao trocar os papéis.

– Depois, coloca-se o cartão *kanban* de produção na fila de espera para que seja produzido! – Amy exclamou. – Funciona!

– Claro, o cartão *kanban* vai até um ponto, podemos chamá-lo de local de recolhimento, pode ser colhido pelo movimentador de materiais, e levado até a produção para ser reabastecido.

– E o *kanban* de retirada? O que acontece?

– O *kanban* de retirada vai com o contêiner para o processo seguinte, nesse caso, para a área de preparação para embarque, para que se tenha certeza de que as áreas sejam preenchidas corretamente.

– Certo, acho que estou entendendo –, disse Phil. – É coerente com os princípios *kanban* que você mencionou no início. Primeiro: o processo fluxo abaixo vai até o processo fluxo acima para pegar peças. Segundo: o processo fluxo acima pode produzir somente o que foi retirado e na mesma ordem exatamente. Algo mais?

– Bem, Ohno tinha seis regras *kanban* que poderemos implementar aos poucos. Para que as duas primeiras regras funcionem, você deve ter certeza de que nada seja produzido, ou retirado, sem um *kanban*. Isso significa que cada peça e contêiner em sua planta deve ter um *kanban* afixado. É claro que, para isso funcionar, deve haver apenas peças de boa qualidade nos contêineres, já que defeitos irão atrapalhar todo o sistema. Finalmente, deve aos poucos reduzir o número de cartões no *loop* para aumentar a sensibilidade do processo. Claro que não é preciso aplicar todas as regras de uma só vez para começar.

– Aí vai –, Amy concluiu num tom alegre. – As regras são assim:

Um: o processo seguinte vem retirar do processo anterior.

Dois: o processo anterior apenas produz o que foi retirado.

Três: a produção ou retirada somente ocorre com os cartões *kanban* correspondentes.

Quatro: não é permitido que haja peças sem um cartão *kanban* afixado a elas.

Cinco: tolerância zero para defeitos nas peças entregues pelo processo fluxo acima.

Seis: redução do número de *kanban* com o tempo.

– Ouviram bem? – disse Phil, olhando para cada um diretamente. – Vamos ao trabalho!

Algumas semanas depois decidimos nos reunir mais uma vez no Iate Clube, apesar de ser um dia de trabalho. Eu não ouvira notícias de Phil, portanto, supus que ia tudo bem, e, de fato, ele apresentava um aspecto muito otimista quando saiu de seu Porsche. Meu pai já se encontrava na varanda numa animada conversa com Amy e, por incrível que pareça, com Harry. O homenzarrão vestia seu uniforme de iatista, com o boné de marinheiro caído por sobre o olho e tudo. Um ligeiro odor de bebida, tão cedo de manhã, fazia pouco para melhorar sua imagem.

– Então –, ele disse em voz alta quando Phil e eu nos juntamos à mesa, – parece que você conseguiu livrar sua cara?

– Estamos progredindo a passos largos na fábrica, onde houve melhorias incríveis que nos permitiram aumentar a produção com o mesmo número de operadores –, disse Phil com orgulho. – Portanto, já colocamos o atraso em dia, o que levou a um aumento de caixa que é suficiente para nos manter estáveis, e estamos expedindo novos produtos.

– Ei –, disse Amy, – fizemos mais do que somente isso. Por que estou me sacrificando lá no chão de fábrica? Organizamos a área de mecanismos em células, triplicando sua produtividade e dobrando a qualidade. Transferimos tudo para as proximidades do transportador, que está sendo abastecida no sistema FIFO (Primeiro que Entra, Primeiro que Sai). E montamos um supermercado de produtos acabados depois da montagem final.

– E quanto à redução do estoque? – Harry pressionou.

– Estamos enfrentando problemas com o *kanban* –, admitiu Amy, frustrada. – E com a logística! – acrescentou com uma careta.

– Ah, é?

— Não é brincadeira. O gerente de logística nem quer ouvir falar em retiradas regulares do supermercado de produtos acabados – ou de qualquer outro local. Ele disse que não estava interessado em aumentar seu custo de logística triplicando o trabalho dos movimentados de materiais!

Harry e meu pai trocaram um olhar e riram. Eu, pelo menos, não entendera a graça do que Amy havia dito.

— E disse que sabia tudo sobre *kanban* e estava trabalhando nisso –, ela acrescentou com o rosto vermelho de raiva. Era impossível não perceber como ficava bem ruborizada desse jeito.

— Que idiota! – ela concluiu, reclinando-se na cadeira e escondendo seus olhos faiscantes sob os óculos de sol. Amy era a pessoa com o pavio mais curto que já conhecera. Emoções fortes iam e vinham tão rapidamente, que mal dava tempo de perceber quando passavam pelo seu rosto antes de desaparecerem e o bom humor de sempre voltar.

— Os negócios de sempre, não é, Bob? – disse Harry com uma risadinha.

— É. Mas, desta vez, a luta não é minha –, respondeu meu pai com firmeza.

— Na verdade, eu sei que não deveria perguntar –, Phil começou com cautela, olhando para meu pai, – mas, realmente agradeceríamos se pudesse passar lá na fábrica mais uma vez e nos dizer o que estamos fazendo de errado.

— Não quero ser grosseiro –, respondeu meu pai com uma carranca, – mas quando eu disse "não", era sério. Quantas vezes eu tenho que dizer que já estou farto de fábricas? Não voltarei para lá. Chega.

— Entendo seu ponto de vista, mas realmente precisamos de seu *input* –, insistiu Phil.

Fiquei surpreso de ver sua persistência. Ficou claro que Phil não estava aceitando o "não" de meu pai. Talvez ele tivesse mais jeito para ser empresário do que eu imaginara inicialmente. Amy se manteve quieta atrás de seus óculos escuros e trocamos um rápido sorriso.

— Que seja. Bem, de qualquer forma, hoje não. Harry e eu vamos pescar.

– Não seja um desmancha-prazeres! – exclamou Harry, inesperadamente vindo na defesa de Phil. – Gostaria de ver o que você está fazendo com esses rapazes – e dama –, acrescentou com um gesto na direção de Amy que olhava para ele impassivelmente. – Vamos lá! Será como nos velhos tempos!

– Não, não será –, meu pai falou com o olhar carregado. – E não havia nada de tão maravilhoso nos velhos tempos, de qualquer maneira.

– Vamos lá, Phil, tenho certeza de que você gostaria de me mostrar sua fábrica! – Harry falou.

– Certamente.

– Você não sabe em que está se metendo, rapaz –, meu pai avisou Phil num tom levemente paternal. – Harry costumava papar plantas bem maiores do que a sua para o café da manhã.

– Ah, não seja uma velha, Bobby. Vai ser divertido. Vamos, é só um passeio rápido pela fábrica!

– E nossa pescaria?

– Ainda podemos ir. É coisa de minutos. Depois nos preocuparemos com os peixinhos. Não é como se fossemos pegar alguma coisa grande.

– Por favor, Bob. Estamos realmente enrascados com o *kanban*. Precisamos de sua ajuda.

– Está bem, Philip –, meu pai aceitou de má vontade, – mas depois não diga que não avisei.

Um comentário um tanto quanto sinistro para uma simples visita a uma fábrica.

– Então, qual é o problema?

Fomos direto até a fábrica e estávamos mais uma vez em frente ao supermercado de mecanismos. Glória não estava, mas Ester Ramirez havia se juntado a nós enquanto Harry era levado em um *tour* pela fábrica, acompanhado de longe por Kevin Morgan, o gerente de logística. Ester não tinha o brilho de Glória. Era uma mulher quieta e atarracada que não expressava muito suas opiniões; tinha um certo cansaço no olhar, o cabelo curto e preto, e uma expressão séria. Dirigiu um sorriso para Amy que lhe fez um afago no braço.

– É o seguinte: não importa o quanto tentamos, parece que não conseguimos manter uma programação tranqüila –, Dave admitiu com pesar. – Não é porque o *kanban* não funciona. Ainda não conseguimos chegar a um acordo com os movimentadores de materiais, mas tenho usado, dentro do possível, a idéia da caixa de *heijunka* para alternar a programação de produção na montagem final. Em alguns dias funciona bem, até ajuda a estabilizar o supermercado de unidades acabadas. Só que a gente não consegue manter isso.

– Por que não?

– Em geral, devido a peças faltantes. Então, o que você quer que a gente faça? Que paremos o transportador?

– Sim –, Ester concordou, apontando para uma pilha de caixas de metal que estavam sendo penduradas nos ganchos do transportador, uma por uma. – Os gabinetes não vêm como devem. Às vezes temos bastante de um tipo e nada de outro. E, o mesmo acontece com as outras peças também, para as placas de circuitos.

Meu pai simplesmente olhou para o transportador e não disse nada.

– Então, se não podemos construir um determinado tipo, continuamos com aquele que temos até que sejam encontradas as peças para o novo modelo –, Dave acrescentou.

– O que, por sua vez, atrapalha qualquer tentativa de *kanban* que estejamos tentando implementar nas linhas de mecanismos –, Amy concluiu. – Acho que as peças faltantes vindas da prensa avacalham a programação nivelada no transportador e a variação passa para o supermercado de mecanismos.

– Tem razão, Amy –, Dave concordou. – Também acho isso. Quero dizer, se não tenho gabinetes, o que devo fazer? Vou continuar a construir aquilo para o qual tenho peças, não é? Na verdade, estamos tentando implementar um *kanban* para puxar os gabinetes da área de prensa e solda.

– Bem, me parece que estão conseguindo entender o que está havendo –, disse meu pai com calma. – Ainda não entendi para que precisam de mim aqui, a não ser que seja para segurar a mão de vocês.

– Mas –, Ester insistiu –, não é apenas o caso dos gabinetes que faltam. Também temos peças faltantes entre os componentes comprados.

— O que está havendo aqui, Philip? — disse meu pai desconfiado. — Você havia me dito que já resolvera essa questão faz tempo.

— Pensei que havia sido resolvido —, Phil respondeu um pouco aborrecido. — Dave? O que você tem a me dizer quanto às peças faltantes? Não estou sabendo de nada.

— Bem, seria melhor conversar com a logística sobre isso então, não é? — disse Dave, em um tom amargurado.

— O que quer dizer isso?

— É Morgan de novo —, Amy suspirou.

— O que está havendo por aqui, pessoal? — perguntou Phil mais uma vez, aflito.

— Não é minha área, portanto, não esperem que eu comente! — Dave se defendeu.

— Amy? O que é?

— O que ouvi dizer —, Amy começou cautelosamente, — é que, como existe muita pressão para diminuir o estoque, Matt tem passado para Kev alguns objetivos bastante difíceis de alcançar quanto ao estoque de peças compradas. Mas, não investiguei o assunto, então, não tenho certeza.

— Então, estão reduzindo o estoque e agora vocês têm peças faltando —, meu pai gargalhou. — É típico. Está bem, antes de jogar pedra na logística, vamos cuidar de nosso próprio telhado. Portanto, vamos dar uma olhada na montagem dos gabinetes. E isso não tem nada a ver com compras. O que estão esperando? — perguntou abruptamente, em seu estilo inimitável. — As coisas acontecem lá, não aqui, então vamos ver como vocês fabricam esses gabinetes!

— Pois deveria! — Dave irrompeu sala adentro, voltando do *tour* acompanhado de Kevin Morgan, que tinha um ar de desconfiança estampada em seu rosto. Era um homem relativamente jovem, de rosto tenso e estreito, com o cabelo curto e avermelhado. Fazia parte da nova equipe de gestão da fábrica, contratado para substituir a antiga turma que havia sido despedida por Phil e Matt após a compra. Era protegido de Gary Pellman e tudo indicava que era um homem de números. Lidava com a parte de logística nas duas fábricas, além de tratar um pouco de compras. Lembrei que seu título oficial era algo como "gerente da cadeia de suprimentos", ou qualquer coisa importante do gênero.

— Você não vai se arrepender do que vai ver –, Harry murmurou com um olhar maroto, o mesmo indisciplinado de sempre. – E Bobby, meu chapa, será que você está perdendo seu toque mágico? Já foi lá ver? O lugar onde fazem as caixas! Que bagunça! E suas máquinas, caramba!

— O que quer dizer sobre as máquinas? – perguntou Dave, melindrado.

— Estão absolutamente em desordem. Trapos para óleo – nunca ouviram falar em Cinco Ss? O que Bob tem falado com vocês?

— Fizemos Cinco Ss naquela área! – respondeu Amy furiosa.

— Ao redor das máquinas, sim, apesar de isso não beneficiar em nada a produção. E *dentro* das máquinas? Onde faz alguma diferença? Não é por nada que não conseguem ter uma programação sem obstáculos. Não me surpreenderia nada se me dissessem que as máquinas estão em pane metade do tempo!

— Espere aí, vamos parar –, Dave começou a dizer, furioso e com o rosto vermelho.

— E já viu o estoque que eles têm de peças prensadas? Há coisas subindo pelas paredes. Contêineres chegando até o teto. Bob, eu nunca aceitaria esses caras como fornecedores. Pensei que você disse que estava trabalhando com eles!

Estranhamente, tudo isso não causou qualquer reação em meu pai. Ele apenas ficou parado, com o olhar calmo, sem concordar ou discordar.

— Viu o que eu estava dizendo sobre tempo de parada? – disparou Morgan de repente, com um dedo em riste na frente do rosto de Dave. – Se suas prensas não estivessem tão sucatadas, poderíamos acompanhar a programação de produção!

— E se sua programação não fosse tão apertada, pelo menos teríamos peças para poder produzir alguma coisa! – respondeu Dave com veemência, enquanto Amy e Ester trocavam olhares de quem já esperava por essa explosão.

— Escute, tenho feito minha programação com uso de *just-in-time* há muito tempo! Reduzi o estoque em 10%. Calculei os lotes econômicos baseados em todos os pedidos de clientes, e estancamos a perda de caixa que era resultado de pedidos de peças em excesso que estavam afundando esta empresa –, disse Morgan, mostrando suas realizações nos dedos. – Consegui que nossos fornecedores entregassem *just-in-time* também, portanto, não reclame da programação de produção. Não é culpa minha se a produção não consegue alcançar seus objetivos!

– Seu metido! – Dave explodiu. – São precisamente suas programações idiotas que estão nos atrasando. Com todo nosso trabalho, finalmente estamos conseguindo produzir o necessário, entendeu? Mas, você tem nos apertado por todos os lados – não tem material entrando e nada saindo! Não posso produzir nada se não tenho as peças das quais preciso. Será que vai conseguir um dia colocar isso nessa sua cabeça oca?

– Cara, nunca é sua culpa, não é? Não vejo o que está fazendo para resolver as coisas. E não dá para culpar os fornecedores quando você não respeita sua própria programação, ainda mais agora que estou implementando o *kanban* com fornecedores! Quanto a isso, não recebi qualquer ajuda de você.

– *Kanban*? – meu pai perguntou.

– Preste atenção, Bobby, essa é a parte boa –, disse Harry como se os outros não estivessem presentes.

– *Kanban* uma ova –, gritou Dave, fora de si. – Nunca tivemos tantas peças faltantes. Só para conseguir seu bônus, você...

– Eu não preciso ficar ouvindo isso! – Morgan gritou também.

– Espere aí, acalme-se, precisamos esclarecer isto –, disse meu pai num tom de voz tão estranhamente calmo que eu sabia, com todos meus anos de experiência, que havia problemas a caminho. A única pessoa que parecia minimamente à vontade no meio desse tumulto todo era Harry, que tinha o ar contente de um adolescente num *rally* de caminhões monstros.

– Em primeiro lugar, como foi que conseguiu baixar o estoque de peças compradas tão rapidamente? – meu pai perguntou.

Kevin Morgan olhou para ele com fúria, mas não disse nada.

– Ele me disse que baixou os estoques pulmão nos cálculos MRP –, interrompeu Harry, sempre com o espírito de agitador.

– *Você o quê?* – Phil perguntou boquiaberto.

— Estamos tentando reduzir o estoque, não é? — gaguejou Morgan na defensiva. — Então, verifiquei todos os estoques pulmão no MRP, e vi que estavam incrivelmente altos comparados com o normal. Então, reduzi tudo.

— E não se preocupou em estar criando a falta de peças?

— Não. E por que deveria? Estou lhe dizendo que tínhamos um excesso de dias de estoque de peças.

— Dias médios de estoque, não é?

— Óbvio —, ele respondeu debochado.

— E nunca lhe ocorreu que o estoque médio ainda poderia significar que havia grande quantidade de algumas peças e nada de outras? — gritou Dave, pulando de raiva. — Uma peça que falta já atrapalha toda a produção!

Morgan permaneceu calado, apenas olhava para Dave com ar de superioridade.

— Que história é essa de *kanban* com fornecedores? — meu pai perguntou com calma.

— É assim: nas peças críticas, o MRP calcula uma demanda diária e envia uma mensagem eletrônica de *kanban* para o fornecedor que entrega *just-in-time* para a fábrica.

Inesperadamente, Harry riu em alto e bom som.

— Por que nunca me falaram sobre isso? — perguntou Amy friamente.

— Não terminei ainda —, ele respondeu na defensiva. — De qualquer maneira, é um assunto da logística, não de RH.

O comentário de Morgan pegou mal. Amy permaneceu calada, mas seus lábios se apertaram e seus olhos falavam por si. Ester falava com insistência no ouvido de Dave, provavelmente tentando acalmá-lo.

— E nunca há peças faltando nesses itens, é claro? — meu pai continuou.

— Não verifiquei isso especificamente —, respondeu Morgan sem muita confiança, — mas já fiz isso antes. Já montei um *kanban* com fornecedores na empresa onde trabalhei antes. Fui treinado como *"black belt"* e fomos treinados no sistema *just-in-time*. Na verdade, tentei implementar isso quando cheguei aqui, mas ninguém me ouvia.

– E, é claro –, insistiu Harry dramaticamente, – você sempre tem certeza de que a ordem de compra que envia para os fornecedores está absolutamente nivelada. E, sem surpresas, eles devem enviar o mesmo número de peças em intervalos regulares.

– Por que deveriam? – gaguejou Morgan, totalmente inseguro agora. – O mais importante do *just-in-time* é que eles atendam nossas necessidades. Não é?

– E como você faz isso? – perguntou meu pai com muita paciência.

– Como já disse, calculo nosso consumo semanal de componentes no MRP e depois envio um pedido, que eles têm três dias para entregar, com exceção, é claro, das peças que vem de longas distâncias.

– E esse pedido semanal que envia, é o mesmo todas as semanas?

– Claro que não –, respondeu Morgan confuso. – Como Dave parece que não consegue produzir de forma regular, os pedidos variam bastante de uma semana para a outra, é por isso que o fornecedor precisa reagir *just-in-time*!

– Mas, todas as semanas você envia a previsão de dois meses daquilo que pretende montar nesse período?

– Como poderia? Independente de minha previsão, Dave faz o que bem entende.

Meu pai e Harry trocaram um olhar.

– E você não tem peças faltantes?

– Acho que algumas –, Morgan admitiu. – Mas é responsabilidade do fornecedor entregar, então peço que mantenha um estoque de componentes se o problema deles for falta de flexibilidade. Ou, que façam uso de entregas especiais, sei lá. É problema deles, não meu.

– E você não pensou que o custo do estoque ou da expedição acaba pesando no preço que pagou pelos componentes? – perguntou Harry.

– Ou, que a única maneira que o fornecedor tem de entregar o que você está pedindo diariamente, e com tanta variação, é mantendo um estoque imenso? – meu pai acrescentou.

– É um problema dele, com certeza –, o gerente de logística insistiu.

– E não pensou que não seria cobrado por isso? – Harry perguntou em tom de acusação.

— Ou, se o fornecedor escolher não manter um estoque, que as peças faltantes que resultam dessa escolha não iriam atrapalhar tudo o que estamos tentando fazer aqui no chão de fábrica? — perguntou Amy irritada.

— Espera um pouco, o que vocês estão dizendo? Que devo fazer o serviço de todo mundo? — explodiu Morgan, gaguejando de raiva. — Disseram para eu reduzir o estoque, foi o que fiz. Minha função é programar a produção com o MRP e posso garantir, *garantir*, que a minha programação de produção funciona! Agora, o que posso fazer se o fornecedor não respeita seus compromissos, ou se o pessoal de Dave no chão de fábrica não põe os dados certos no sistema, ou se a produção não se atém a uma programação e fica mudando as coisas a toda hora? É minha responsabilidade? É? Ninguém pode culpar o meu planejamento, essa é a minha função, e eu apenas gostaria que os entregadores entregassem, para variar.

— Phil, siga o meu conselho e demita esse idiota antes que faça mais estrago —, disse Harry, como se estivesse transmitindo um fato. — Acredite, você já tem problemas o suficiente para ainda ter que agüentar esse tipo de imbecil — e este terá que sair, mais cedo ou mais tarde, posso lhe assegurar!

Todos ficamos olhando para Harry de boca aberta enquanto Kevin Morgan enrubesceu, sem palavras, imaginando se havia ouvido certo.

— O quê? — ele grasnou. Harry olhava para todos nós com a cara mais lavada do mundo.

— O que foi? — perguntou Harry levantando as mãos com ingenuidade debochada. — Ele está arruinando seu relacionamento com os fornecedores forçando-os a manter estoques desnecessários e fazer entregas especiais. Isso, por sua vez, provoca a falta interminável de peças na planta. Depois, ele imagina um *kanban* fantasioso sem se preocupar em ver o seu impacto no chão de fábrica. Tudo sem demonstrar o mínimo de dúvida. Bob, você sabe o que deve ser feito. E Phil, francamente, você deveria saber também. Quanto mais tempo esse homem ficar aqui, mais estrago causará.

Para o meu espanto, meu pai simplesmente suspirou em desalento. — Não podemos contar com certezas, Harry, você sabe disso. Não quando se trata de gente!

Kevin Morgan olhou para cada um de nós, seu rosto trocando de vermelho para branco à medida que empalidecia. Surpreendentemente, ninguém, nem Phil, veio em sua defesa. Ele ficou parado ali, enfurecido, abrindo e fechando sua boca como um peixe fora d'água, olhando para Phil, depois para Dave e Amy, que evitavam qualquer contato visual com ele. Em um movimento brusco, Kevin virou-se e se afastou num passo rápido e mecânico, descarregando sua ira no chão de concreto da planta. Surpreso, vi que eu estivera segurando minha respiração e meu peito ficara apertado.

– Isso não era necessário! – Amy estourou.

– Não vi você vindo em defesa dele –, Harry respondeu.

– Concordo com Dave de que ele realmente precisa de alguma mudança de atitude, mas não merecia esse tipo de humilhação.

– Olha, moça –, Harry deu de ombros, – se o calor está muito forte, saia do sol. – Ele então se virou para meu pai como se nada tivesse acontecido e perguntou animadamente: – Bem, Bob, já que não está fazendo nada de útil por aqui, vamos pescar?

Todos olhamos para meu pai, esperando que fosse estourar, mas ele ficou parado, mexendo no boné, a imagem da tranqüilidade.

– Você tem toda razão –, disse finalmente, – vamos pescar.

Phil ficou olhando, sem palavras.

– E por sinal, suas prensas estão numa baderna sem tamanho –, disse Harry como sua última contribuição ao passar por Dave. Meu pai nos olhou a todos rapidamente, deu de ombros mais uma vez, e seguiu Harry sem uma palavra. E antes de nos darmos por nós, partiram. À nossa volta, a planta continuava operando, funcionando, respirando, vivendo sua despreocupação mecânica. Algumas pessoas nos observavam de longe. Imaginei que, como em um navio, os mexeriqueiros passariam as informações rapidamente pelas escotilhas e, até a manhã seguinte, haveria o diabo para resolver. Pescaria!

– Que situação! – Dave expressou com um suspiro profundo de espanto.

— Vou voltar ao meu trabalho, se não se importarem —, Ester disse rapidamente, aparentemente muito pouco à vontade. Amy sorriu para ela e sussurrou "te vejo depois".

— Por que eles precisam ser tão ... duros? — ela quase gritou.

— Talvez eles realmente sejam duros —, pensei em voz alta. Ainda me sentia nauseado pela agressão que ressoava no ar. — Pelo que sei, Harry era Átila o Huno, antes de se civilizar.

— Um grande vice-presidente de compras de autopeças. O que podíamos esperar? — concordou Phil, com o aspecto nauseado. — É claro que ele é duro. A pergunta é: "Ele está certo?".

— E você, você —, Amy gaguejava com raiva de Phil. — Por que não falou alguma coisa? Qualquer coisa?

— Eu deveria? — respondeu Phil rispidamente. — Chega a ser engraçado, vindo logo de quem! Você, entre todas as pessoas, deveria estar concordando com Harry. Quantas vezes ouvi você reclamar que a única justificativa para a teimosia de Kevin era que não havia cérebro entre suas orelhas?

Ela ruborizou, seus olhos faiscando na direção de Dave, que apenas a olhava com ar questionador.

— Todos sabemos que Kevin não tem noção de nada além de seu MRP e ele não tem jeito com as pessoas. Mas ele é um ser humano! — Amy estava quase gritando. — Esqueça de *kanban* por um segundo. Você acabou de ver um membro de sua equipe de gerentes humilhado em público e nem se importou!

Phil olhou para ela demoradamente e pensou muito antes de responder. — Você está sempre me dizendo que não sou duro o suficiente quando tenho que tomar decisões de gestão. Talvez esteja aprendendo.

— O quê? Vai demiti-lo? — ela perguntou incrédula.

— Não baseado no que Harry disse, claro que não. Mas, é bom ele se adequar ao sistema, porque está tudo bem claro e visível.

Dave mantinha-se calado, mas parecia desgastado. Supus que ele se dera conta de quanto sua atitude defensiva poderia custar. — Bem —, ele disse com uma risadinha de autocensura, — acho que vou dar uma olhada nas prensas.

Eu tampouco estava me sentindo muito bem. Quantas vezes eu havia ouvido meu pai reclamar em casa a respeito da gerência? Nunca culpava os funcionários, mas tinha uma ladainha de queixas quanto aos gerentes. Quantas vezes eu o havia suportado discursando e vociferando à minha mãe sobre as pessoas que ele queria que saíssem, mas que não tivera a coragem de demitir? Bem, finalmente estava vendo tudo em primeira mão, e como era feliz de ter um emprego que não exigia de mim tais decisões. Eu? Reprovar até um aluno em minha disciplina era uma dificuldade para mim.

– O que fazemos agora? Perguntou Phil.

– O que estava passando por sua cabeça? – perguntou Amy em tom de acusação quando meu pai abriu a porta para que entrasse. – O que foi aquilo?

Levara bastante tempo para a poeira baixar. Kevin Morgan supostamente nem voltara para sua sala. Havia entrado em seu carro e saído diretamente da fábrica, deixando seu casaco e maleta para trás. Depois, Phil ouvira poucas e boas de Gary Pellman, que ouvira de outra pessoa, e assim por diante. No fim das contas, de noite, concordei em levar Amy e Phil até a casa de meus pais para que pudessem conversar com meu pai, sem muita certeza do tipo de recepção que teríamos, mas sentindo que deveríamos resolver a situação que ocorrera hoje.

– Você planejou tudo! Aposto –, ela continuou acaloradamente. – Era mais uma amostra daquela velha rotina do bem contra o mal?

Eu mesmo me perguntava se não era isso e queria saber o que meu pai diria a respeito de tudo. Ele aceitara de bom grado nosso pedido para conversar de noite e acabamos todos na cozinha enquanto ele grelhava um peixe que havia pescado de tarde com Harry.

– Não foi planejado. Não havíamos conversado sobre isso.

– Não parecia muito surpreso –, falei.

– Acho que não. Eu conheço Harry. Ele já fez isso antes.

– Tem idéia da confusão que isso vai causar? – ralhou Amy, olhando para Phil, que parecia preocupado e pensativo. Como a maioria das pessoas, ela não entendera nada sobre Phil, achando que sua aversão por conflitos era simples fraqueza. Phil odiava conflitos. Eu diria que, desde sempre, Phil tinha a tendência de ficar paralisado diante de qualquer emoção intensa. Mas, isso não significava, de maneira alguma, que se acovardava. Lembrava-me dele na adolescência, resistindo aos piores valentões com seu silêncio e inatividade desengonçada, simplesmente através de seu tamanho e pela força de sua inércia. Nunca vira Phil impelido à agressão. Porém, também nunca o vira sair correndo.

– Olhe bem quem é seu inimigo, mocinha –, meu pai disparou. – E nunca subestime Harry. Não se deixe enganar pelo estilo dele. Ele já foi um dos mais poderosos czares de compras e sabe do que está falando.

– E o que foi tudo aquilo então? – Phil perguntou, fazendo eco a Amy.

Meu pai respirou fundo e concentrou-se no cozimento do peixe por algum tempo.

– Em primeiro lugar: esse Morgan *é* um problema e continuará *sendo* um problema, pode ter certeza. Em segundo lugar: Harry, na verdade, estava me provocando.

– Você? – perguntou Phil, surpreso.

– Sim, eu. Veja bem, ele pensa assim: ou eu devo garantir que vocês sairão dessa enrascada, ou jamais deveria ter me envolvido. Do jeito que está agora, segundo ele, apenas confundi as coisas mais ainda.

– Que jeito estranho de se fazer entender –, Amy comentou.

– Harry não se faz entender, Amy –, respondeu meu pai calmamente. – Ele faz as coisas acontecerem. Na verdade, está de certa forma me obrigando a me envolver mais, me ensinando uma lição sobre *gemba* e, de forma brutal, devo admitir, abrindo a porta para que se lide com a logística. Nem tudo é o que parece.

– *Gemba*? – eu quis saber.

– É, *gemba*. É um termo japonês que significa "lugar real". Onde as coisas realmente acontecem. Tentei ajudá-los à distância, longe do *gemba* e, devo confessar, não é o suficiente.

– O que isso tem a ver com Kevin Morgan? – perguntou Amy, que não estava pronta ainda para ser pacificada.

– Muito, na verdade. Está relacionada à atitude necessária para que o *kanban* funcione, e não apenas à técnica.

– O que quer dizer com isso?

– Bem, para que isso tudo funcione, não basta apenas o *kanban* em si. É necessária uma abordagem pragmática para que as coisas sejam feitas. O que realmente irritou Harry é que esse cara estava tão focado em sua própria perspectiva estreita que nem se interessou pelo impacto prático que seu trabalho tinha no chão de fábrica, e, o que é pior, culpava todos os outros pelos problemas que estava criando.

– Esse negócio de reduzir os estoques pulmão –, Amy estava pensando em voz alta.

– Pois é, pensei muito nisso –, Phil concordou. – Os pulmões estão ali para mascarar algum tipo de variação, portanto, se reduzi-los arbitrariamente sem reduzir as causas da variação, o resultado são peças faltantes. É isso exatamente o que está acontecendo. Aumentávamos o estoque de peças compradas precisamente porque não entendíamos as variações, mas nosso objetivo era não ter peças faltando no chão de fábrica. Agora, por um capricho, Kevin mudou tudo sem dizer para ninguém. E *presto*: peças faltantes.

– Não foi mero capricho –, Amy falou. – Tenho certeza de que Gary Pellman o apoiou nisso.

– Seja como for –, respondeu Phil, sentindo-se pouco à vontade, – o que me diz desse negócio de *kanban* de fornecimento?

– É o mesmo problema. Vamos por partes. Qual o sentido de usar *kanban*?

– Para produzir somente o que foi consumido.

– Não só isso.

Ficamos concentrados por um bom tempo, mas nada mais surgia.

– Produzir o que foi consumido *na ordem certa*.

– Droga! – Amy exclamou. – Eu sabia isso.

– Certo. Por que é tão importante?

– Porque se estou produzindo *um* item –, disse Phil, – não estou produzindo outro que deve ir para a mesma linha ou para o mesmo equipamento – voltamos ao nivelamento, claro.

– Sim. Deve saber que a produção de um item é a não-produção de outros itens. Se eu calculo as minhas necessidades imediatas de peças e envio apenas esse pedido ao fornecedor dizendo "traga-os para mim", o que estou fazendo?

– A não ser que minha programação de produção esteja totalmente nivelada –, respondeu Amy com cuidado, – estou enviando pedidos de peças que irão variar de um dia para outro.

– E se, para maximizar o uso de transporte, junto meus pedidos em lotes econômicos, o que provavelmente acontecerá?

– Ao invés de receber um pedido variável todos os dias, os fornecedores recebem um pedido fixo em relação ao número de peças, mas que chega num intervalo variável, de forma imprevisível.

– Tende a acontecer as duas coisas. O resultado é que o fornecedor nunca sabe ao certo quando os pedidos estarão chegando e para quantas peças. O único jeito que ele tem de entregar na hora é mantendo um estoque permanente em sua fábrica para o maior pedido possível, o que, é claro, ele nunca faz.

– E o que acontece?

– Bem, quando o pedido chega, ele expede o que tem e programa o resto do pedido para depois, de acordo com sua própria programação de produção, o que pode demorar um pouco. E...

– Faltam peças para nós –, concluiu Amy.

– Isso. Mas, se não tomar cuidado, pode estar fazendo exatamente a mesma coisa em sua fábrica, com esse *kanban* remendado.

– Por quê?

– Lembre-se: falamos que os cartões *kanban* que voltam precisam ser colocados numa fila ou em um arquivo, em algum sistema que especifica a ordem em que estão voltando.

– Para que nossa linha de produção reproduza a mesma ordem em que as peças foram consumidas, não é? – Phil quis se certificar.

– Sim. Porém, em muitos casos, as pessoas montam um quadro de *kanban* para que os cartões que voltam do processo do cliente sejam empilhados. Então, digamos que temos uma pilha de cartões para os gabinetes

STR-X, uma para o QST-1, uma para o QST-2, e assim por diante. E, no quadro, desenhamos três zonas: verde, laranja e vermelha.

– Entendi –, disse Amy, sempre rápida quando se tratava desse assunto.
– Cada cartão que volta é um gabinete que está sendo consumido pelo transportador, certo? Se os cartões ainda estão na zona verde, poucos cartões no quadro significam que há muitos cartões na linha de gabinetes e não precisamos produzir mais. Se os cartões passarem para a zona laranja, devemos nos preocupar, e se os cartões acumularem e chegarem à zona vermelha, podemos entrar em pânico, porque significa que temos todos os cartões aqui e falta esse tipo de gabinete no transportador, portanto, devemos produzir mais depressa. É isso?

– Acho que consigo visualizar –, murmurei, tentando entender a idéia.
– Mas o que acontece se todo tipo de cartão está no vermelho ao mesmo tempo?

– Na verdade, essa é uma boa pergunta, Júnior –, disse meu pai. – Pode acontecer e acontece. Há muito tempo atrás quando descobrimos isso do jeito mais difícil, demos o nome de *kanban* francês –, meu pai brincou.

– Por que?

– Porque se você não fizer um nivelamento, sua pilha de cartões sobe e desce, sobe e desce. Sabe, como o *can-can* francês –, ele sorriu, seus dedos dançando.

– Não, sério, tudo se resume a...

– Nivelamento! – falamos todos juntos.

– Sim, claro, mas nesse caso, pensava nas pessoas.

A gente se olhou e caímos na risada. Não sei porque, mas eu duvidava que algum dia entendêssemos tudo.

– Autonomia, na verdade. Para que se tornem realmente autônomos, os operadores na célula devem sempre saber o que precisam fazer a seguir.

– É isso que o *kanban* realmente faz –, disse Amy.

– É exatamente o que o *kanban* faz, se o que você tem é um arquivo. Contanto que funcione sem transtornos, a célula pode funcionar como uma equipe autônoma porque tem sua seqüência de trabalho toda traçada. Mas, essa não é a situação com um quadro de *kanban*. O quadro com as zonas verde-laranja-vermelha não especifica a ordem de produção. Há decisões que precisam ser tomadas.

– Quer dizer que alguém deve olhar para o quadro e decidir qual grupo de cartões será produzido a seguir?

– Exatamente –, concordou meu pai com um pequeno sorriso, – e quantos cartões serão produzidos de uma só vez também, que é exatamente o tipo de decisão que operadores não podem fazer de maneira esclarecida quando não têm noção do que está acontecendo em outros lugares da fábrica. Portanto, normalmente o supervisor fica atento e toma as decisões.

– Não temos conseguido muito mais do que substituir as instruções MRP por cartões –, Phil concluiu.

– Uma vez, tivemos um consultor que fez um estudo de tempos e movimentos para verificar o que os supervisores realmente faziam. A conclusão foi que se resumia a duas coisas: correr de lá para cá procurando peças que faltavam, e tomar decisões sobre qual produção iniciar a seguir.

– Incrível –, disse Amy sinceramente impressionada. – Com a fila *kanban* adequada, resolvem-se os dois problemas. Componentes são puxados para dentro da célula por *kanban*, e os operadores sempre sabem o que devem produzir a seguir por *kanban*. Genial.

– Contanto que seu sistema *kanban* especifique a *ordem* em que peças devem ser produzidas, assim como a quantidade –, disse meu pai. – A manha é o operador saber, sem sombra de dúvida, qual será sua próxima produção e quantas peças devem ser.

– Não é de estranhar que os supervisores resistam –, comentei. – Sua função vai por água abaixo.

– De jeito algum. Muda e fica mais interessante, é só isso. O que precisam fazer agora é conseguir implantar o trabalho padronizado e *kaizen*.

– Nossa –, exclamou Phil. – Quanto mais juntamos os pedaços, mais impressionante fica. Amy tem razão: é incrível.

– Porém –, disse meu pai com um dedo no ar, – somente poderá fazer isso se o *kanban* funcionar. O que significa entregar peças sem defeito!

– E termos o tipo de supervisor que consegue trabalhar bem com *kaizen* com os operadores –, Amy falou com seriedade. – Não me preocupo com Glória ou Ester, mas imagine se ainda tivéssemos Jake trabalhando para nós!

– Nunca é fácil –, concordou meu pai com calma. – É sempre a mesma história: a tendência é precisar de mais supervisores e líderes de equipe, e estes raramente são aqueles que já existem. Nunca é fácil porque estamos tratando de pessoas.

– É um pouco assustador –, Amy murmurou com um suspiro. – Cada vez que se olha para algum aspecto, tem muito mais para ser feito.

Após uma refeição surpreendentemente boa, acabamos indo até a varanda da casa onde ficamos observando as estrelas surgirem por cima da colina, tomando café e conhaque, de bom humor. Até Amy havia se abrandado e voltara à sua antiga vivacidade. A noite estava tranqüila e fresca, sem ser fria demais, e as cigarras cantavam. O gato de minha mãe aparecera misteriosamente e pulou para o colo de Amy, onde agora ronronava contente com seus carinhos.

– Amy, não comece com as dúvidas! – Phil brincou com um sorriso. – Preocupar-se em nunca alcançar os objetivos é minha especialidade. Mas, concordo que às vezes parece que demos dois passos para frente e um para trás.

– Ora, por que você diz isso?

– Bem, como hoje. Acho que agora entendemos como funciona o *kanban*, pelo menos em teoria. Mas só vai funcionar se tivermos, por um lado, zero de defeitos, e por outro, nenhuma peça faltando. Nossa realidade não chega a esse ideal ainda. Diabos, Harry tinha razão quanto às nossas prensas. Parece que estão fora de serviço dia sim, dia não, e em alguns dias parece que só fazem peças com defeito. Ainda por cima, se já foi difícil convencer Dave a colaborar, imagine tentando explicar tudo isso para aquele idiota do Morgan. Especialmente depois do dia de hoje –, concluiu olhando diretamente para meu pai, que retribuiu sem piscar.

– Acho que você entendeu tudo ao contrário, Phil. *Kanban* não foi feito para funcionar em um mundo perfeito. Foi feito para te ajudar a alcançar um mundo perfeito. Veja, se tiver cartões *kanban* demais enfileirados em um processo, significa que a produção está atrasada. E, claro, isso acontece. A realidade sempre se mostra. Portanto, máquinas quebram, há todo tipo de falta, desde material até capacidade até a humana, há problemas de qualidade e assim vai. *Kanban* faz com que você visualize o trabalho para que esteja sempre atento e faça alguma coisa ao invés de apenas reclamar. E, se for o caso de uma parada na produção porque não tem mais cartões *kanban*, o que significa que está adiantado na programação, deve seriamente repensar seu excesso de capacidade, seja de pessoal ou de equipamento. Talvez, no fim das contas, descubra que não precisa de tantas prensas!

– No dia de São Nunca!

– Em última análise, *kanban* é uma ferramenta do *kaizen*, e não o contrário. Ao reduzir o número de *kanban* que estão agrupados, você faz com que mais ineficiência venha à tona. Problemas que ficavam escondidos são revelados, assim você pode fazer a mágica da melhoria contínua funcionar. Ficou claro? São as pessoas que importam. Quantas vezes eu preciso repetir? Pessoas! O sistema *kanban* ajuda-as a se concentrar na resolução de problemas e não a escondê-los e continuar sofrendo. E enfim, se seu gerente de logística não entender isso, não é o dinheiro dele que é afetado no fim do dia, é o seu!

– Claro que você tem razão. E não pense que não estou ouvindo, que sou mal-agradecido. Eu fico desanimado com a quantidade de coisas que temos para fazer. As prensas. O que eu entendo sobre prensas!

Depois de deixar Phil desabafar por algum tempo, meu pai cedeu.

– A planta está aberta amanhã, no sábado? – ele perguntou cansado.

– Não, felizmente não. Ainda trabalhamos de vez em quando nos fins de semana, mas amanhã não.

– Ótimo, não precisamos de mais drama, portanto, você vai fazer o seguinte. Não é tão eficaz quanto ir até lá quando tudo está em funcionamento, mas, daremos uma olhada em suas prensas amanhã de manhã, e conversaremos mais um pouco sobre *gemba*.

– Obrigado, Bob, fico muito agradecido. Fico lhe devendo essa.

– Esqueça, Harry tinha razão. Levei vocês até metade do caminho, tenho que levar até o fim.

– Mais um fim de semana na planta! – exclamou Amy com entusiasmo exagerado. – E eu preocupada com meu tempo livre amanhã. Bem, rapazes, está ficando tarde e preciso me mandar. Vejo vocês todos amanhã de manhã.

Observei-a enquanto se despedia educadamente de minha mãe e saiu. Ao observar Phil se despedindo afetuosamente de minha mãe, me veio a idéia de que havia um quê de esperteza em sua choradeira constante. Era irritante, com certeza, mas, no fim das contas, ele conseguira persuadir meu pai a dar-lhe mais conselhos do que imaginara possível no começo. Phil, um cara manipulador? Era uma revelação e tanto, sem dúvida.

– Então, essa é a Amy de quem tanto ouço falar? – disse minha mãe enquanto a ajudava a retirar as coisas. – Ela parece uma moça tão delicada.

– Delicada? Eu não diria que ela é delicada. Ela é dura na queda, de um jeito todo animado que só ela tem.

– Seu pai anda dizendo que é uma mocinha bem esperta. Está muito impressionado.

– É, provavelmente ela sonha com *kanban* de noite. Pega essas coisas todas intuitivamente, de um jeito que frustra tanto a mim quanto a Phil. E não é alguma coisa que ela tenha estudado antes, já que é da área de RH.

– É o que seu pai me disse. Ele diz que ela entende certos conceitos que levaram anos para ele entender na hora. Também me disse que você gosta dela –, ela acrescentou com um olhar matreiro.

– Ora, mãe, de novo! Amy é apenas uma funcionária de Phil.

– Bem, acho-a um amor –, minha mãe concluiu. – Que voz linda! Deveria trabalhar no rádio.

Era só o que faltava, pensei, desencorajado. Não apenas estava passando todos meus fins de semana numa fábrica, mas minha mãe estava tentando me arranjar um namoro com uma *expert* de produção em potencial. A que ponto chegamos? E eu não estava terminando meu livro, por sinal, e minha licença, nesse meio tempo, acabando. *Just-in-time*, uma ova!

– Meu pai nos acompanhou até nossos carros, os pedregulhos fazendo ruídos sob os nossos pés. Enquanto Phil se espremia em seu brinquedo laranja, meu pai bateu levemente em sua cabeça com o boné. – E o que é ainda melhor do que *kanban*? – perguntou com um sorriso divertido.

Phil olhou para cima, parecendo ter duas vezes sua idade sob a luz amarelada do holofote da casa, seus olhos sombreados de forma estranha pelo reflexo dos óculos. Sacudiu a cabeça, conformado.

– Desisto.

– Nada de *kanban*! Óbvio –, meu pai riu.

Um sorriso lentamente espalhou-se no rosto de Phil. – Entendi! Fluxo contínuo de uma só peça, claro, não é preciso *kanban* para isso!

– Exatamente –, disse meu pai de bom humor. – Ainda há salvação para você.

– Está bem, isso nos dá algum alento para o futuro –, Phil riu. – *Kanban* é tudo!

– É –, ri com deboche ao fechar a porta do carro dele, – *kanban* é tudo.

Capítulo Oito

ATITUDE GEMBA

Phil já tinha chegado na fábrica quando apareci na manhã seguinte. Juntei-me a ele onde esperava, inclinado no seu "tal" carro, olhando para o estacionamento vazio, perdido em pensamentos. Quando Amy chegou, nos encontrou em meio a reminiscências sobre os dias terríveis que passáramos no segundo grau. Ela parecia cansada. Certamente estava trabalhando demais, pensei, e não tinha nada de seu usual estilo vivaz. Sentou-se ao meu lado sem dizer uma palavra, apenas com um apertão amigável no braço para dizer "oi". Estávamos calmamente lagarteando no sol quando a picape de meu pai entrou no estacionamento.

— Me ajudem aqui –, chamou, sem se importar com as amenidades usuais de chegada. Ele subiu em sua caminhonete e tirou de dentro cadeiras de praia dobráveis que passava para nós, sem uma palavra. Depois, entramos no prédio, nossos pés fazendo ruído nos corredores vazios da fábrica. Os escritórios desertos tinham o ar lúgubre de uma catástrofe de fim de mundo, de copos de café vazios e pilhas de papel deixadas às traças.

A sensação de abandono era ainda maior dentro da planta. Não havia prensas de metal estampando, empilhadeiras buzinando, engenheiros estressados, remadores da galé presos aos seus bancos. O cheiro penetrante de metal e óleo se misturava incomodamente com o cheiro de tinta que ainda pairava no ar depois da recente campanha Cinco Ss. Passamos em silêncio pelo transportador e linha de mecanismos, pela pilha de contêineres de metal e gabinetes de disjuntores vazios, e fomos até a área de trás, onde as caixas de metal propriamente ditas eram montadas.

— O fluxo aqui é bastante confuso –, Phil disse em voz baixa, apesar de sua voz soar subitamente alta no silêncio incômodo da planta.

— Placas de metal são cortadas nas formas certas e furadas aqui nesse furador CNC. Uma placa é transformada em dois painéis para as laterais dos gabinetes. Depois, os painéis são levados diretamente para aquela área lá onde são dobrados, ou levados para o depósito por onde recém passamos. Depois de dobrados, são soldados lá naquele canto. O painel de instrumentos e as portas, como já viram, são inseridos no transportador.

— Parece bastante simples –, comentei.

— Sim, mas temos os painéis das portas também. As portas precisam ser especialmente formatadas para que possamos ajustar os painéis de instrumentos dos clientes, portanto, também passam por essa antiga prensa aqui antes de serem dobradas. E, enquanto os painéis laterais precisam, em média, uma dobradura cada, as portas precisam pelo menos quatro dobraduras.

— E depois são ajustadas na solda? – perguntou meu pai.

— É isso. Montamos os gabinetes e o resto é adicionado no transportador, na montagem final.

Tentei visualizar o fluxo e imaginar os operadores movendo as peças de uma estação para outra, mas as únicas coisas que via eram algumas máquinas grandes e esverdeadas, e um amontoado de contêineres feitos de tela de arame cheios de peças metálicas.

— Por que as cadeiras? – perguntou Amy com disposição. Mais uma vez, vi que seu alto astral natural dispersava de alguma forma meu mau humor matutino. Havia algo de cômico em sua alegria contínua que levantava meu ânimo. E ela não aceitava desaforo de ninguém, nem dos Woods, seja pai ou filho.

— Já fiz parte de um grupo de referência que visitava instalações industriais –, meu pai disse. – Tivemos sorte porque os organizadores conseguiram agendar uma visita a uma das primeiras empresas japonesas transplantadas para o Reino Unido por um dos gurus de Qualidade Total ainda existentes na época, um senhor de idade bastante avançada então.

Ele abriu sua cadeira lentamente e a colocou bem no centro do chão de fábrica, entre caixotes e máquinas, sem objetivo aparente.

— Um dos engenheiros da planta, boné em mãos, confessou envergonhado que não conseguiam pensar em outras melhorias para implementar na linha, que, para ser justo, já era impressionante. Era uma das operações de manufatura de automóveis mais produtivas do mundo na época, certamente um passo à frente de qualquer outra que havíamos visto na Europa. Todos ficaram curiosos quando o senhor idoso não disse nada diretamente, mas pediu para que cadeiras fossem trazidas para o chão de fábrica. Nos fez sentar em silêncio sem papel ou lápis, bem no meio, cercados pelas enormes e barulhentas prensas de estampagem, uns verdadeiros monstros. Não deveríamos nos levantar, nos justificou através de seu tradutor, até alguém pensar em uma idéia de melhoria fundamental.

– Quanto tempo vocês ficaram lá? – perguntou Amy dando uma pequena risada.

– Quatro horas, e acredite, estávamos duros e com dor nas costas, além de esfomeados. Estava tudo tão bem. Não conseguíamos enxergar nada de óbvio até que o velho guru finalmente observou que a linha precisava de um guindaste para ajudar na troca de ferramentas de uma máquina e que as peças não se moviam. Ao fazer essa mudança, reorganizaram completamente seu método organizacional e reduziram o tamanho de seus lotes em mais 30%. Foi impressionante.

– Não acho muito provável que vejamos alguma coisa com as máquinas paradas –, eu disse, um pouco irritado por saber que agora ficaria sentado por horas em silêncio numa fábrica vazia ao invés de – bem, ficar por horas em silêncio na frente de meu computador e manuscrito incompleto.

– Tem razão. Veríamos muito mais se a fábrica estivesse em funcionamento –, concordou meu pai, ignorando minha tentativa de ser irônico. – Mas, depois do drama todo de ontem, duvido muito que as pessoas aceitassem que ficássemos observando enquanto trabalham. Mesmo assim, tem bastante para observar.

– Você realmente ficou sentado por horas? – perguntou Phil quando se acomodou na cadeira e olhou à sua volta, sem muita certeza do que deveria procurar.

– Sim, há uma longa tradição nesse sentido no movimento *lean*. Meu próprio professor afirmou que Ohno em pessoa o treinou fazendo um círculo com giz no chão na frente de uma máquina e pediu que ficasse parado ali até ter alguma melhoria para sugerir.

— Está brincando! — exclamou Amy, dando uma boa gargalhada. — Gostaria de aplicar isso em Kevin Morgan agora! Ou, porque não, em Gary Pellman.

Phil sorriu debilmente.

— Me parecem aqueles mitos de aprendizagem japoneses, sabe, no estilo de *Karatê Kid**. "Encerar, polir!" — acrescentou num tom de voz rouco.

— Lixar chão! — respondeu Phil com súbito humor.

— Ganhar, perder, não importa. Lute bem. Ganhe respeito —, respondi, para participar da piada.

— É um bom filme —, meu pai concordou, surpreendendo a todos. — O que foi? Acham que eu não lembro de você e Phil assistindo aquele filme repetidas vezes quando eram adolescentes?

Amy deu uma risadinha e nos olhou com pena.

— E existem elementos da cultura japonesa ali. E uma lição para nós todos. Há um momento em que o velho diagnostica o problema do rapaz como sendo de "atitude". Os maus têm uma "atitude negativa", não é?

— Sim, lembro-me dessa parte —, falou Phil. — Algo como "não há maus alunos, somente maus professores".

— Isso, ou seja, uma atitude errada do professor. Estamos aqui hoje de manhã exatamente para discutir isso. Ontem me perguntaram porque Harry foi tão cruel com seu funcionário de logística e recomendou que Phil o despedisse.

Phil se remexeu na cadeira, sentindo-se pouco à vontade com a lembrança da cena.

— Não respondi na hora, mas é o que vamos descobrir hoje. É uma questão de *atitude*.

— O que quer dizer? — perguntou Amy.

— Observe primeiro. Olhe à sua volta e diga o que está vendo. Depois falaremos a respeito.

Hai, pensei. Sim, *sensei*.

---

* N. de R.T.: Referência à cena na qual o instrutor manda o aluno polir seu carro como forma de treinar movimentos laterais com as mãos.

Ficamos sentados ali por uns dez minutos em silêncio até que meu pai perguntou novamente: – O que estão *vendo*?

– É uma bagunça –, disse Phil.

– De que forma?

– Não há fluxo, para começo de conversa.

– Concordo –, Amy falou. – E existem estoques em processo por todo lugar. Olhe para aqueles contêineres de placas de metal.

– Não é só isso –, Phil continuou. – Pense. As placas são furadas, depois, deixadas aqui ou levadas até o depósito. Depois voltam para a prensa aqui. Depois voltam para o depósito e voltam aqui para serem soldadas.

– E tudo se repete.

– Exatamente –, concordou meu pai. – Como acontecia com os mecanismos. Faça a mesma coisa que fez lá.

– Uma célula –, Amy comentou. – Organizamos uma célula para que possamos enxergar a variação no trabalho padronizado e passar tudo para tempo *takt*.

– Exato, fluxo de uma só peça –, Phil concordou. – Mas, não faz muito sentido aqui.

– Por que não? – perguntei.

– Bem, o puncionador CNC corta uma placa para fazer dois painéis laterais em mais ou menos um minuto. Para fazer mais dois painéis, é preciso trocar o programa de corte, o que leva um ou dois minutos para carregar. Portanto, o pessoal normalmente corta 100 painéis de uma das laterais e, depois, 100 da outra, e assim por diante. Isso explica porque temos contêineres de painéis naquele canto.

– Cem de uma lateral? – exclamou Amy, fazendo uma voz indignada. – Isso dá duas semanas de gabinetes! Não é por nada que você tem contêineres de coisas.

– É provavelmente pior do que isso –, admitiu Phil com pesar. – Lembre-se de que temos em torno de oito variantes de gabinetes, o que significa que estamos cortando 48 painéis diferentes. Mesmo que fossem cortados de dois em dois, teríamos algo como 24 linhas diferentes com 100 peças cada.

– Portanto, você tem, no mínimo, 2.400 painéis jogados por aí –, riu meu pai. – Potencialmente, 400 gabinetes, apesar de só construir 200 disjuntores de circuitos por semana. Genial.

– Está bem, está bem –, admitiu Phil com irritação. – Entendi. Mas o que pode ser feito? Ainda por cima, a cada seis painéis, um precisa ser estampado, o que leva 20 segundos, pois passa duas vezes na prensa e – não precisa dizer nada –, Phil disse em censura, – sei que, como a troca de ferramentas na prensa leva um tempão, fazemos logo uma produção de meio dia desses.

– Isso dá 600 peças de produção de portas em oito variantes? – Amy protestou. – Então, estamos com 4.800 portas prontas jogadas por aí. *Dios mio*, dá um total de 24 semanas de portas!

– Eu disse para que não falasse nada –, resmungou Phil. – Entendi. Agora sei porque temos todas essas peças de metal por todo lado. Todas essas máquinas estão em funcionamento de 20 segundos a um minuto, mas soldar leva 20 minutos em média para montar um gabinete. As escalas de tempo são completamente diferentes e a função de troca leva muito tempo.

– Philip, Philip –, meu pai repetiu em reprovação, – mantenha os princípios em mente. Por onde começamos?

– Trabalho padronizado?

– Antes disso.

– O cliente! – exclamou Amy. – Tempo *takt*, claro.

– Exato. Quantas vezes eu tenho que repetir? Sempre comece com o cliente. Qual é o tempo *takt* para os gabinetes de disjuntores?

– No momento estamos expedindo 50 STRs por semana, 40 STR-Xs, 55 QST-1s, 50 QST-2s e em torno de 20 DGs, então, isso dá 215 caixas de várias formas por semana – 43 por dia.

– Com 450 minutos de tempo disponível por dia –, continuou Amy, – temos um tempo *takt* total de pouco menos de 11 minutos.

– Vamos arredondar para 11. Vocês podem determinar os números exatos depois –, disse meu pai. Ele pausou para pensar um pouco. – Bem, o que estamos vendo é que, somente para os painéis das portas, vocês mantém meses de painéis em estoque, mesmo que só faça um gabinete a cada 11 minutos.

Phil não respondeu, mas fez cálculos em seu caderno.

– E esse é o melhor cenário –, meu pai continuou sem descanso. – De alguma forma, duvido que façam a troca de ferramenta a cada meio dia. Não ficaria surpreso se encontrássemos painéis que ficam anos a fio no depósito!

– O que é isso! Não pode ser! – Phil protestou. – Precisamos falar com Dave. Devemos estar completamente enganados.

– Não importa. Pode verificar os detalhes depois, mas a lógica está correta. E não causa nenhum espanto.

– Por que não terceirizamos essas peças, então? – sugeriu Amy. – Deve ser mais barato produzi-las externamente.

– Pensamos nisso –, respondeu Phil. – Mas decidimos que não queríamos o estresse de lidar com mais um fornecedor – projetos novos, entregas em atraso, e assim por diante. De qualquer forma, estas máquinas já estavam depreciadas muito antes de assumirmos.

– Não confunda valor contábil com valor econômico –, meu pai ralhou. – O valor de uma máquina é seu valor de revenda, o que, nesse caso vou ter que concordar, provavelmente não é muito. Mesmo assim, não se distraia, concentre-se na lógica nesse momento. Como funciona com a prensa hidráulica?

– É a mesma coisa. Precisamos de seis ou sete dobraduras por gabinete. Digamos, sete. E mais quatro para cada porta de painel. Uma caixa requer 11 vezes 25 segundos, o que dá quatro minutos e meio. Fazemos 43 em um pouco mais do que três horas.

– Se não me engano –, Amy confirmou, – para alcançar a demanda diária, teríamos que usar a prensa hidráulica por três horas diárias.

– Faz sentido.

– Bem, soldar os gabinetes leva 20 minutos. Alguém poderia somar isso tudo?

Olhamos para a prensa à nossa frente em silêncio. Nem tentei somar. Distrai-me apostando para mim mesmo que Amy certamente pensaria em algo rapidamente.

— Ainda podemos fluir –, ela disse entusiasmada. Aposta ganha, pensei. Fácil demais. — Não estamos usando as prensas para mais nada. Ainda podemos colocá-las no fluxo!

— O que quer dizer? — perguntou Phil com um olhar sério, mas perplexo.

— Vamos de trás para frente. Tempo *takt time* de 10 minutos. Vamos ser otimistas e continuar soldando algo abaixo de 20 minutos. Isso significa dois operadores com tempo de sobra, não é?

— Sim, mas e...

— Espere um pouco. Estamos cortando dois painéis por minuto, portanto, dá três para um gabinete inteiro. Depois, 11 dobraduras, o que dá mais cinco minutos. O painel da porta passa pela prensa, mais 25 segundos. Se somarmos tudo, ainda estamos abaixo de 10 minutos. Portanto, se formos espertos, um operador pode fazer o *kit* completo em menos de 10 minutos e depois passar tudo para os soldadores. Esses precisam de 10 minutos cada e, pronto, estamos no fluxo!

— Mas, a prensa funcionaria tão lentamente! — Phil protestou. — Uma punção a cada 10 minutos?

— E daí? Na verdade, fariam o ciclo na velocidade regular, só não começariam novamente até que fosse pedido. Não é como se tivessem muito mais para fazer. Estão sentados sem fazer nada na maior parte do tempo.

— E então perderíamos dois minutos para cada um no puncionador CNC. Cada vez que uma placa metálica diferente for colocada, o programa precisa ser recarregado.

— Então –, respondeu meu pai, — se tivermos o puncionador bem na frente da prensa hidráulica, o operador poderia usar o tempo em que o programa está carregando para fazer quatro dobraduras, ou seja, uma porta completa. O tempo real de corte poderia se usado para fazer as dobras nos outros lados dos gabinetes.

— Isso realmente funcionaria? — perguntou Phil em dúvida.

— Por que não? Amy tem razão — não está sendo feito mais nada com as máquinas. Nao há nada de tão chocante na injetora funcionar a cada 10 minutos, já que não faz outra coisa. Já está parada na maior parte do tempo, de qualquer maneira. Na minha antiga indústria, isso não faria sentido nenhum porque as injetoras sempre criavam um gargalo e, como eram um grande investimento, fazíamos de tudo para que estivessem sempre em operação.

– Faz sentido, com um investimento em capacidade –, disse Phil.

Pode apostar! – meu pai riu alto. – Lembro-me de uma planta em que aplicaram o dogma de fluxo a tal ponto que haviam juntado uma prensa de 1.500 toneladas ao ciclo de montagem. Tentei dizer a eles que para ser *lean*, a primeira coisa que deveriam fazer é manter a prensa funcionando o mais rápido possível para maximizar sua capacidade, assim uma prensa serviria a muitas linhas de montagem e não só a uma, mas olhavam para mim como se eu fosse louco.

– E como funciona isso?

– Olha, na maioria das injetoras, há pelo menos um operador trabalhando com cada prensa para verificar as peças e empacotá-las nas caixas. Como a prensa é bastante rápida, o operador não tem tempo de fazer qualquer trabalho que realmente agregue valor. Mesmo assim, há um operador por prensa. Seis prensas, seis operadores. Também lidávamos com peças pequenas e prensas menores. Os operadores eram mantidos ocupados empacotando peças em papel celofane e com outras tarefas que não agregavam valor. O que fizemos foi organizar um transportador para que cada uma das seis prensas largasse suas peças acabadas nela. As peças todas iam até uma célula onde três operadores separavam as diferentes peças que chegavam e as empilhavam em contêineres especiais que iam direto para o supermercado. Reduzimos o número de operadores de prensas pequenas pela metade.

– Muito bem –, disse Phil.

– Não foi só isso que fizemos. Vimos que as seis prensas nunca estavam completamente carregadas, devido a quebras e paradas, ou simplesmente porque a carga de trabalho era errática. Trabalhamos como loucos para garantir que as prensas funcionassem continuamente sem uma falha – um trabalho realmente duro, vou lhes dizer – e depois, para garantir que nossas trocas estivessem abaixo de dez minutos para que pudéssemos por o funcionamento de toda a produção de seis prensas em cinco. No fim, liberamos uma prensa inteira que mandamos para outra fábrica do grupo que estava pronto para investir em mais uma. Acho que economizamos pelo menos $ 2 milhões que estavam emperrados nessa prensa. Nada mal para um ano de trabalho em TPM.

– TPM?

– *Manutenção Produtiva Total*. Já chego nisso. A questão é que vocês estão na situação oposta: não têm limitações de capacidade. Esses trastes velhos já estão pagos. Não estão fornecendo para mais ninguém peças prensadas, então, o que importa se distribuírem sua utilização de uma vez só ou durante o dia todo.

– Mas, você acaba de dizer que em sua planta, retirou a prensa do fluxo –, eu respondi.

– Será que ouviu alguma coisa do que falei? – ele ralhou. – Naquele caso, equipamento, capacidade e investimento eram os problemas. Esse não é o nosso caso. Fluxo é o problema, e evitar o acúmulo de peças por meses– o que é simplesmente um absurdo. Antes de mais nada, *lean* é um sistema pragmático. Pensa-se de maneira lógica o que é preciso ser feito. Não há uma solução pré-estabelecida, é tentar e ver!

– Está bem, entendi o que quer dizer –, concordou Phil, pensativo. – Em nosso caso, poderíamos ter uma célula produzindo gabinetes.

– Com um supermercado –, sugeriu Amy, – no qual o processo de montagem final pegaria, sozinho, os gabinetes.

– No entanto, a questão da troca de molde permanece –, Phil contrapôs. – Se estamos dizendo que manteremos o fluxo nivelado do contêiner, isso quer dizer que devemos produzir uma caixa diferente cada vez. Na verdade, deveria ser acrescentada uma hora de troca na segunda operação em si. Seria um absurdo.

– Talvez possa parecer um absurdo. Mas o que importa é fazer os gabinetes fluir até o transportador, não é? – meu pai argumentou. – O que importa se todos os operadores têm que trabalhar nus, contanto que supramos o transportador *just-in-time*?

– Me poupe –, Amy riu. – Mesmo sendo uma visão e tanto, prefiro não ver.

– Entendi. Não seria particularmente chocante ter uma troca de ferramentas longa e o funcionamento curto do cortador, contanto que estejamos em tempo *takt*. O que significa manter a troca de estampa abaixo de 10 minutos. Nossa, significa realmente ver tudo de cabeça para baixo!

– Assim mesmo, se leva tanto tempo trocar de ferramenta, seria trabalho desperdiçado, *movimentação* – tempo operacional que poderia ser usado mais produtivamente em outra atividade agregadora de valor. Não é uma questão de como parece, mas de lógica –, meu pai lembrou. – Digamos que possamos baixar o tempo de troca de ferramenta para 20 minutos, ainda podemos pôr os gabinetes em lotes.

– Bem, trocas de 20 minutos, a partir de sua regra básica, dariam uma produção de 200 minutos. O que significa um lote de 10 caixas de um tipo. Isso é quase um dia de produção de quase tudo que temos. Poderia funcionar.

– Na verdade, você deveria ter como objetivo exatamente isso –, meu pai concordou. – Um dos objetivos imediatos de *lean* é TPTT (toda parte, todo turno) – toda peça a cada intervalo. É um objetivo simples e específico de alcançar.

– Ainda temos que baixar nossa troca de ferramentas para 20 minutos –, Phil comentou. – Ouvi você mencionar SMED, como funciona?

– SMED significa *single minute exchange of die*, ou seja, troca rápida de ferramenta, e é o mais simples possível.

– Troca rápida de ferramenta –, repetiu Phil.

– O objetivo é conseguir que as trocas de ferramentas fiquem abaixo de 10 minutos.

Isso fez Phil rir.

– Vou comunicar isso ao funcionário encarregado das prensas. Mal posso esperar para ver o seu rosto –, ele riu.

– Bem, é claro que não se chega lá de uma só vez. Um valor abaixo de 10 minutos é referência padrão. O procedimento do *workshop* em si é brincadeira de criança. A única coisa que se deve cuidar é ter a certeza de que todos se dêem conta de que o importante não é o tempo de "troca" em si, mas o tempo transcorrido entre a última peça sem defeito e a primeira peça sem defeito.

– Última peça sem defeito à primeira peça sem defeito –, Phil repetiu com zelo.

– Sim, bem, o segredo de SMED é separar o trabalho interno, que pode ser feito somente quando a máquina parou, do trabalho externo, que pode ser feito em preparação, enquanto a máquina está em funcionamento. Há seis passos:

Primeiro: Medir o tempo total de troca no estado atual.

Segundo: Identificar e medir os elementos internos de trabalho *versus* os elementos externos.

Terceiro: Mover os elementos externos e executá-los antes que a máquina pare.

Quarto: Padronizar, reduzir e eliminar o trabalho interno, especialmente os ajustes.

Quinto: Padronizar, reduzir e eliminar o trabalho externo dentro do possível.

E sexto: Padronizar todo o procedimento e melhorar.

– É bastante simples –, meu pai disse. – Também é um trabalho metódico e duro.

– Estou avisando desde já, Phil –, disse Amy objetivamente, – que não vou me envolver nisso. Troca de ferramentas está bem fora de minha área.

– Não se preocupe. Existem muitos consultores especialistas que fazem isso muito bem –, meu pai respondeu. – Hoje estamos falando de *gemba*.

– Está bem, vamos ver se entendi como tudo funciona –, disse Amy. – Como objetivo imediato queremos a produção de gabinetes organizada como uma célula, produzindo todo tipo de gabinete todos os dias, está certo? Vai ser mais uma mudança e tanto.

– Apenas para as pessoas, Amy. Para a máquina não faz diferença como vai ser. Vocês já tiveram êxito com o mecanismo; é exatamente o mesmo aqui. Primeiro se organiza uma célula e ajuda as pessoas a entender o que é valor, depois, faça com que as peças fluam e, finalmente, temos o sistema puxado.

– Está bem, você tem razão –, Phil concordou. – Já fizemos isso antes e conseguiremos puxar se obtivermos o nivelamento no transportador – depois, é uma questão de ter um *kanban* de lá para cá. Diabos –, ele acrescentou com frustração intensa, – não consigo visualizar isso!

– Não se estresse, Phil –, disse meu pai com calma. – Pense nos números. Amy tem razão. Contanto que você saiba que o conteúdo de trabalho se encaixa, é uma questão de organização, portanto, vá de trás para frente:

– Você quer produzir gabinetes para o transportador, um a cada 11 minutos e, pelo menos, oito variedades todos os dias.

– Bem abaixo do estoque da fábrica, temos dois soldadores montando os gabinetes. Leva 20 minutos para cada um, o que quer dizer que um gabinete é empurrado ao estoque da fábrica a cada 10 minutos.

– Para que os soldadores possam montar os gabinetes, precisamos que todas as peças de gabinetes cheguem em posição a cada 20 minutos para cada soldador, vindo da estamparia.

– Pensem em um gabarito a mais onde podem ser colocadas todas as peças, para que o soldador possa simplesmente pegar uma e começar a trabalhar.

– É o que fazem agora, de qualquer forma –, Amy exclamou, – só que perdem um monte de tempo procurando os painéis certos e encaixando-os nos gabaritos, e assim por diante.

– Exatamente –, meu pai continuou, – portanto, o ideal seria se esses gabaritos chegassem completos até os soldadores, para que possam trabalhar sem variação. Vamos adiante:

– Os seis lados dos gabinetes precisam ser cortados.

– Cinco precisam ser dobrados.

– O quinto, uma porta, precisa ser moldada especialmente, e dobrado mais vezes.

– Segundo as nossas estimativas, tudo isso deve se encaixar em 10 minutos, mas, agora precisa ser organizado de tal forma que um operador possa se mover facilmente do puncionador CNC às prensas e colocar os painéis acabados num gabarito que depois vai para o soldador. Quando tiver isso organizado, pode começar a se preocupar com a organização do sinal de *kanban* vindo do transportador. É fácil!

– Gostaria que fosse –, reclamou Phil. – Mas peguei a idéia. Se calcularmos tudo direitinho, acho que conseguiremos!

— É assim que se fala –, disse meu pai com aprovação. — Mas, agora vamos colocar de lado todas essas questões de fluxo. Não é o ponto central que quero discutir hoje. Vocês estão dizendo o que querem fazer, como visualizam o fluxo e assim por diante, mas não me disseram nada sobre o que estão vendo de fato. Aqui, agora, diante de seus olhos, olhem à sua volta. O que estão vendo?

— A área está bastante limpa. Fizemos um pouco de Cinco Ss.
— Não tente antecipar o que eu gostaria de ouvir, Amy. Olhe, veja, depois fale comigo.
Sentamo-nos ali em silêncio, cada vez mais frustrados e irritados.
— Não sei o que espera de nós, pai –, reclamei. — Não entendo nada dessas máquinas. Não consigo chegar a nenhuma conclusão além do fato de terem uma cor horrorosa e de sua pintura estar descascando.
— Excelente, Mickey –, ele respondeu inesperadamente. — Ainda há esperança. Continue.
— Bem, tem óleo no chão embaixo daqueles contêineres lá.
— É, mas, na verdade, até tem areia ali para absorver o óleo –, acrescentou Phil. — E há uma pilha de chapas em cima de um papelão à esquerda da máquina. O que estão fazendo ali?
— Consigo ver um trapo amarrado num cano daqui –, contribuiu Amy, pegando o espírito da coisa.
— E olhe bem dentro da prensa. Não parece estar muito limpo tampouco. Olhe para as marcas de óleo!
— Mais respeito, elas são senhoras idosas.
— Mais uma razão para mantê-las absolutamente limpas –, meu pai respondeu.
— É por isso que Harry ficou tão irritado? – perguntou Amy. — Fizemos Cinco Ss, mas não entramos *dentro* das máquinas em si.
— É por isso, sim, em parte. Mas vai mais além. O que isso me diz é que ninguém realmente cuida dessas máquinas.
— Pegou pesado.
— Bem, pode me dizer como funciona?
— Assim como está, não.

– Então, se não pode ver os resultados visuais na máquina em si, é porque ninguém aqui se importa.

– Dave reclama um bocado sobre as máquinas com freqüência não funcionarem–, concordou Phil. – E Matt e eu temos lutado contra milhares de pedidos para comprar máquinas novas, vindos tanto de Dave quanto da engenharia. Dizemos para eles que não temos o dinheiro, mas...

– Pelo amor de Deus! – meu pai exclamou, com um quê de exaspero. – Quantas vezes temos que repetir isso? Invista em pessoas, não em equipamento. A essas alturas, investimento zero nessa planta devia ser óbvio para todos. Vocês estão quase no ponto de não poderem pagar revendedores e, mesmo assim, querem que vocês comprem prensas? Diabos, é sempre a mesma coisa.

Phil olhou para ele sem entender.

– Ouça e entenda bem. Podemos investir algum recurso para tornar as máquinas operacionais, mas dá para deixá-las operando 100% sem *qualquer investimento de grande porte*. Dá para entender?

– É o que eu gostaria, claro –, disse Phil. – Mas, me parece tão mágico quanto a fórmula de MRP de Kevin. O que posso fazer? Para começo de conversa, não entendo nada de prensas. E Amy ainda menos, não é?

Ela anuiu com ênfase.

– Eu também não, rapaz. Eu trabalhava com injetoras que não tinham quase nada em comum com isso daqui. Mas, posso dizer que essa prensa aqui não está limpa de forma adequada. Por que a limpeza é importante? Porque remove poeira e lascas de metal que causam fricção, entupimento, vazamentos e defeitos elétricos que estragam as peças que se movem.

– Assim como a areia e o óleo no chão, sem falar na sujeira e imundície que se vêem naquele reservatório. Quando foi a última vez que checaram o óleo? Sem a lubrificação adequada, como podem esperar que esse equipamento funcione bem? E se está vazando óleo, quer dizer que o circuito todo não é confiável. Agora, o que vocês enxergam bem diante dos seus narizes, ao pé da prensa, dentro da imundície? É, bem ali.

– Não consigo ver nada –, disse Phil que logo se corrigiu. – Ah, sim, uma pequena porca. Nossa.

– Exatamente. Espero que seja algo que o último funcionário de manutenção tenha deixado cair, porque se não for, logo, logo essa prensa não funcionará muito bem! Apenas uma porca solta pode parar essa imensa máquina. Pode aumentar a trepidação o que, por sua vez, pode soltar ainda mais porcas e criar ainda mais vibração e assim por diante, até chegar numa parada total. Está entendo o que quero dizer, Phil? Não preciso saber muito sobre as prensas para dizer que algo não está bem aqui!

– Você está se referindo a mais Cinco Ss? – perguntou Amy.

– Para começar, mas não é somente uma questão de limpeza. Lembre-se o que falamos sobre Cinco Ss?

– Claro. Separar os itens e descartar o que não for necessário. Encontrar um lugar para cada coisa e ter certeza de que fique lá ou volte após o uso. Depois, limpeza, e assim por diante.

– Bem, terão que fazê-lo com mais rigor aqui. Por exemplo, terão que descobrir onde todas as ferramentas especiais para as máquinas são guardadas, e criar espaços em torno das máquinas para guardá-las, à vista de todos, para que estejam acessíveis, mas também para que possamos ver em que ordem são guardadas. Quanto a *seiso*, limpar ou "brilhar", como dizem alguns, nesse caso terão que discutir com os operadores e o pessoal de manutenção exatamente:

– o que precisa ser limpo regularmente;

– como limpar com segurança;

– quem fará a limpeza e quando, e

– o que quer dizer "limpo".

– Entendi –, disse Phil. – É uma abordagem bem mais exigente dos Cinco Ss do que fizemos até agora.

– E é só o começo. Há muito mais relacionado a TPM do que a prática séria de Cinco Ss, mas é um bom começo.

– TPM de novo? – perguntou Amy.

– Sim, *manutenção produtiva total* –, respondeu meu pai respirando fundo. – Poderíamos passar dias falando nisso, mas vou passar a vocês apenas um pouco do histórico. O "total" de TPM na verdade representa três totais. O primeiro, eficácia total. O segundo é envolvimento total, como discutíamos antes. Operadores limpam as máquinas diariamente e monitoram os mostradores como qualquer pessoa faz com seu próprio carro. O pessoal da manutenção conserta e elimina problemas, e os engenheiros fazem uma verificação através de uma análise de causas raiz e melhoria básica de segurança de máquinas. O terceiro "total" é ciclo total de vida: cuidar das demandas de longo prazo da máquina à medida que passa por mudanças com o tempo e o uso. É como cuidar de um ser humano durante seu ciclo de vida, na verdade. Mais intensivamente ao nascer e depois novamente ao envelhecer.

– Quando começaram a desenvolver todas essa ferramentas, os engenheiros japoneses tiveram um *insight* fundamental. Qualquer máquina funciona bem se estiver em condições ótimas. O objetivo real de TPM é criar condições ótimas para que uma máquina funcione com zero de defeito e zero de paradas. No mínimo, seu objetivo é assegurar que cada máquina é sempre capaz de levar a cabo suas tarefas.

– Podemos dizer o mesmo das pessoas –, Amy acrescentou.

– Só uma gerente de RH para confundir pessoas com máquinas –, brinquei.

– Muito engraçado –, ela respondeu, dando um chute na perna da minha cadeira.

– Sim, bem, não sei quanto às pessoas, mas certamente funciona com máquinas. Infelizmente, poucas pessoas sequer se interessam se as condições normais diárias de funcionamento das máquinas estão ótimas ou não.

– Eu certamente não chamaria o que estamos vendo agora de condições ótimas –, comentou Phil apontando para as prensas.

– Aí é que está. Todos aqui operam a prensa nessa bagunça sem notar. Passam muito tempo "ajeitando as coisas", mas isso se torna igual a cavar um buraco na areia. Quanto mais cavar, mais areia tem. Sendo a natureza humana o que é, ao se confrontar com qualquer problema, as pessoas têm a tendência de parar diante da primeira causa de fracasso e agir, sem saber se é uma causa mais profunda ou não.

– É mais fácil procurar a chave embaixo de uma luz do que tatear no escuro –, comentei.

– Algo assim. Na verdade, o primeiro contato que tive com o sistema Toyota foi na área de manutenção. Eu era gerente de produção na época, e, como parte de um programa de *benchmarking*, visitei um fornecedor que era nosso concorrente direto e a quem havíamos identificado como uma referência. Eu não entendia a maior parte do que estava vendo na época, mas uma das coisas que me chamou atenção foi TPM.

— Estávamos fornecendo peças plásticas, e tínhamos muitos problemas com nossas injetoras que acumulavam muito tempo de parada. Como tínhamos excesso de capacidade, não nos preocupávamos demais, mas me dei conta durante nossa visita como eles eram mais eficientes em termos de utilização de capital. Tínhamos 11 prensas que ficavam paradas de 15% a 20% do tempo por uma variedade de razões, e calculei que estávamos desperdiçando o equivalente a uma prensa completa em número de paradas. Esse número rapidamente chamou a atenção do presidente da minha empresa e, com o tempo, introduzimos uma iniciativa de Gerência Produtiva Total que, devo dizer agora, era uma piada. Mas, tentamos.

— Não funcionou?

— Não é bem isso. Obtivemos resultados e a melhor utilização de nossa capacidade de investimento em injetoras, mas nada no sentido de liberar uma prensa completa. No fim, não fez tanta diferença porque a gerência estava muito empenhada em investir em novas máquinas, o que custou uma fortuna à empresa.

— O que há de tão difícil em relação à manutenção, afinal? —Phil queria saber.

— Não há nada de difícil quanto a isso, é a manutenção produtiva total que é difícil. No fim do dia, com máquinas complexas, só é possível detectar um efeito de cada vez, o que significa ter que testar várias hipóteses com cuidado e sistematicamente. A maioria dos engenheiros interfere assim que vêem uma possível causa. O problema é que investem muita energia resolvendo questões que não são realmente tão importantes e, no processo, passam por cima das que realmente interessam. Portanto, para que seja feito adequadamente, temos que confirmar cuidadosamente cada hipótese antes de tentar resolvê-la.

— Os operadores devem ser donos desse processo –, meu pai continuou. — Queremos que o operador conheça a máquina bem o suficiente para reconhecer quando alguma coisa não está de acordo, bem antes de uma parada mesmo. Como todo mundo, o pessoal de manutenção tende a parar diante do primeiro sintoma óbvio. Se o fusível estourar, substituirão o fusível e não procurarão outra coisa. Então, parte do problema é fazer com que procurem as causas mais profundas.

– Ou seja, não fique apenas nos sintomas, procure as causas profundas –, repetiu Phil.

– Exato. Estava contando a vocês como me envolvi pela primeira vez com o sistema *lean* ao tentar implementar o TPM onde eu trabalhava na época. Bem, eu trabalhava em engenharia de manufatura então. No início dos anos 80 nunca havíamos ouvido falar da indústria japonesa, mas recebemos alguns engenheiros japoneses que tentavam replicar uma de nossas máquinas para produzir peças semelhantes. Era um acordo bilateral de certa forma. Não levamos aqueles caras muito a sério, mas mostramos tudo a eles e deixamos que mexessem nas máquinas. Agora, imaginem que esse copo de plástico é a peça mecanizada –, ele disse, juntando um copo vazio de café que estava aos seus pés. Esqueça os Cinco Ss, pensei.

– Estão vendo a linha aqui no lado do copo? Vamos supor que seja um defeito no produto. Então os engenheiros japoneses nos perguntaram: "Estão vendo esta linha? Como é feita?" Ficamos um pouco envergonhados e tivemos que confessar que não tivemos a intenção de produzir aquela linha, era um defeito. "*Hai!*", responderam. "Entendemos, mas como é feita?" Estes caras são idiotas, assim pensamos, então falamos mais alto que não tivemos a intenção de fazer a linha, que acontecia, era uma falha no processo.

– Bem, como parte do intercâmbio, fui mandado para o Japão com um colega. Os mesmos engenheiros estavam muito contentes em nos receber, e haviam construído uma réplica de nossa máquina –, ele continuou, apontando para a linha no copo de café. – "Olhe", eles disseram, "replicamos a linha". Lembro de olhar para meu colega e pensar que esses caras eram mais idiotas do que eu pensara. Mas, quando olhamos a produção da máquina, nenhuma das peças acabadas mostrava qualquer linha que fosse. Eles haviam resolvido e descartado o problema!

— Espere! — disse Phil baixando a caneta. — Acho que consegui entender. Um defeito é necessariamente inserido no processo, não é? Não aparece do nada, é colocado ali de forma ativa em alguma fase.

— Sim —, continuou Amy. — Então, eles exploraram as configurações da máquina até essa replicar o defeito à vontade, para que, assim, pudessem ajustar a máquina para que *não* replicasse a linha!

— Exatamente. Não pararam na análise dos sintomas como nós fizéramos. Foram achar a causa profunda. Fizeram outra pergunta, ou seja, como essa máquina insere o defeito no produto? Quando conseguiram replicar o defeito, conseguiram erradicá-lo!

— Isso é que é rigor! — disse Amy olhando com dúvida para o copo usado de café.

— É aqui que outra técnica *lean* vem a calhar. Já ouviram falar dos Cinco Por Quês?

— Mais cinco coisas? — respondi gracejando. — Por que sempre cinco? É superstição japonesa? Número da sorte?

— Pode ser —, meu pai respondeu com rara demonstração de humor. — Cinco aparece muito em ferramentas *lean*. De qualquer forma, a idéia por trás disso é que quando nos defrontamos com algum problema, devemos olhar além do óbvio para descobrir sua causa raiz e erradicar a possibilidade dele ocorrer novamente. Há um famoso exemplo de Ohno em que um fusível queima repetidamente:

Primeiro por quê: Por que a máquina parou? Porque o fusível queimou devido a uma sobrecarga.

Segundo por quê: Por que houve uma sobrecarga? O rolamento não foi lubrificado como deveria.

Terceiro por quê: Por que não foi devidamente lubrificado? Porque a bomba lubrificadora não estava bombeando o suficiente.

Quarto por quê: Por que a bomba de lubrificação não estava bombeando o suficiente? Porque o eixo da bomba estava gasto.

Quinto por quê: Por que o eixo estava gasto? Porque não havia proteção adequada e pedaços de metal acumularam ali.

— Ao perguntar por que até achar a causa raiz, pode-se encontrar uma solução possível, como acoplar uma proteção à bomba lubrificadora.

– É genial! – exclamou Phil. – Perguntar por que cinco vezes!

– Mais *kaizens* –, suspirou Amy. – Espero que seja isso quanto à manutenção!

– Infelizmente não é –, meu pai resmungou. – TPM é uma das ferramentas mais difíceis de dominar, e tem muito mais por trás disso do que posso explicar. A abordagem dos Cinco Por Quês parece simples, mas na realidade não é.

– Parece bastante simples para mim –, me aventurei a dizer. – Pergunte por que cinco vezes.

– Sim, mas se não tiver cuidado, as respostas obtidas serão pura fantasia. Os Cinco Por Quês somente funcionam se cada resposta é confirmada de forma adequada.

– É a mesma coisa que você dizia sobre a análise de fracassos? – ela perguntou. – Tem outro exemplo de Cinco Por Quês?

– Deixe-me pensar. Sim, tenho um bom exemplo. Em uma das plantas, quando começamos a fornecer à Toyota, continuamente aumentavam o número de caminhões que chegavam para pegar as peças diariamente. O resultado foi que tivemos um crescente congestionamento de caminhões e contêineres nas docas de expedição. No primeiro por quê, ficou claro que não tínhamos o número de docas para acomodar o número de caminhões que vinham e iam, criando tempo de espera e congestionamentos no pátio. Poderíamos ter parado ali mesmo e investido na construção de mais docas, mas continuamos a perguntar por que e vimos que o problema não era tanto o número de docas quanto o tempo que cada caminhão ficava na doca.

– Sei, um caminhão esperando na doca é o próximo na fila de espera do pátio.

– Exato. Vimos que os caminhões esperavam na doca porque sua carga não estava pronta na hora certa, assim, o tempo de carregamento ficava maior porque o pessoal tinha que encontrar as coisas e movê-las para a área de embarque. No fim das contas, criamos uma área designada para o carregamento de caminhões, que tinha que estar pronta antes do caminhão chegar. Assim, não só minimizamos o tempo gasto na doca, mas pudemos controlar melhor o fluxo de entrega. Resolvemos o problema sem fazer investimentos. Na verdade, se tivéssemos construído mais docas, teríamos apenas aumentado o problema ao mover o acúmulo do pátio para as docas em si.

– Brincadeira! – disse Amy. – Mais uma vez, estamos no nivelamento. É a idéia do cliente perfeito.

Meu pai concordou. – É assim que finalmente entendemos porque a Toyota insistia nas áreas de preparação de embarque – algo em que nunca realmente prestáramos muita atenção antes. Isso dá mais argumentos à teoria de Mike de que as pessoas apenas enxergam o que esperam ver. Sem nos defrontarmos com o problema e resolvermos por nós mesmos, jamais veríamos que a solução já fora mostrada antes.

– Acho que nem sempre é tão óbvio identificar a resposta imediata do por quê. – disse Phil ponderando.

– Precisamente. Em geral, existem várias causas em potencial. Se pensarmos em falhas mecânicas, em alguns casos, várias causas se combinam para produzir uma pane. Portanto, em algum momento, teremos que abordar a questão de forma mais sistemática. O problema é que a maioria dos engenheiros de manutenção tende a pensar como bombeiros. Conhecem as máquinas e resolvem o problema. Mas, muitas de suas soluções são apenas impressões supervalorizadas, que às vezes funcionam e às vezes não. Precisamos de uma abordagem mais estruturada.

– Voltamos às medições? – perguntou Amy.

– É isso, não tem como escapar. Mesmo que seja apenas para que os engenheiros falem a partir de fatos e não impressões. Mais cedo ou mais tarde, são necessários uma análise complexa e métodos rigorosos. E aí é que está. As pessoas se arriscam a se tornar tão envolvidas na papelada que podem esquecer do problema central: impedir panes nas máquinas.

– Como você disse: *gemba*?

– É. Devemos estar sempre focados naquilo que realmente interessa. Eu certamente aprendi com a experiência. Havíamos desenvolvido um programa amplo para reduzir o tempo de parada das prensas. Foi elaborado em colaboração com consultores e estava repleto de testes e medições sofisticados. Aí recebemos um produto novo da Toyota e nossa produção foi para o espaço. Apesar de todos nossos esforços para consertar as ferramentas e as prensas, a qualidade se perdeu e tivemos problemas constantes de ferramentas, além de outros.

– Algo deve ter dado errado com seu teste de hipóteses, como disse –, concluí. – A Toyota pediu para que fizessem análises mais detalhadas?

– Não. Foi realmente vergonhoso. Mandaram alguns *experts* técnicos que ficaram parados na frente das máquinas, só observando e tomando notas por horas a fio. Primeiro pensamos que eram apenas idiotas, depois simplesmente loucos. Isso até nos mostrarem como nosso uso do equipamento havia criado os problemas.

– Estamos falando de *gemba* novamente? – perguntou Amy.

– Certamente –, disse meu pai. – Foi humilhante, posso lhes garantir. Tive que aprender a realmente observar um ciclo de máquina repetidas vezes até que pudesse enxergar a ligação entre o uso da máquina e o que estava errado.

– Parece bastante óbvio –, disse ingenuamente. – Por que isso não foi feito antes?

Meu pai simplesmente riu. – Ora, tínhamos várias razões. Meu chefe insistia que não tínhamos recursos suficientes para desperdiçar o tempo de técnicos para que ficassem parados observando as máquinas como imbecis. O único tempo para a solução de problemas que era valorizado pela administração – e pelos consultores, devo acrescentar – era aquele que se passava nos escritórios e nas salas de reunião.

– Mas, eu achava que *gemba* lidava com a forma como pessoas e máquinas funcionam no chão de fábrica –, disse Phil.

– Ah –, disse meu pai, – ainda há uma esperança aqui.

– TPM não é a lição principal aqui no chão de fábrica –, ele continuou, levantando-se e fechando sua cadeira de praia. Eu imediatamente fiz o mesmo, aliviado, e desejando fervorosamente que havíamos terminado por hoje. Phil permaneceu no lugar, concentrado em suas anotações.

– O que é então? – perguntou Amy animada.

— Você me diz.

— Algo a ver com atitudes –, sugeri. – Falávamos de *Karatê Kid* e você mencionou atitudes. – Era minha área de atuação, afinal.

— Sim, e porque Harry acha que Morgan deve ser despedido.

— Amy, não vamos falar disso novamente! – reclamou Phil. Ela ainda não parara de pensar no incidente. Tive que lhe dar um pouco de razão. Mesmo tendo-se passado um dia, ainda sentia os efeitos da derrota do pobre coitado. Harry havia feito críticas tão severas que, mesmo que o incidente fosse esquecido algum dia, sua auto-estima certamente sofrera um baque tremendo. Com certeza, deve haver uma maneira melhor de discordar de pessoas!

— Em que fico sempre insistindo?

Em tudo? Pensei.

— As pessoas –, respondeu Amy. – Temos que lidar com as pessoas.

— Portanto, qual o tema principal que subjaz tudo que discutimos hoje de manhã?

Ficamos olhando em volta em silêncio.

— O que Mike disse antes? – arriscou Phil, folheando suas anotações. – Que não enxergamos o que não esperamos ver?

— Quase. Aprender a enxergar. O que vimos hoje de manhã?

— Que não é preciso ser engenheiro mecânico para se dar conta de que há algo de errado com essa prensa –, respondeu Amy. – E que o problema é humano, não mecânico.

— As pessoas praticamente passam mais tempo nessa fábrica do que em casa. E, mesmo assim, não conseguem ver nada de errado. A gerência especialmente.

— É, estamos concentrados demais em relatórios e números –, concordou Phil, que odiava esse aspecto de seu trabalho.

— Enxergar não pode ser considerado levianamente –, meu pai insistiu. – É uma atitude. É o comprometimento de ir ao "local real" – *gemba* – e descobrir o que *realmente* está acontecendo e não ficar satisfeito apenas com o que parece provável. Quando se está em dúvida, ver o que realmente está acontecendo.

— Nunca fazemos o suficiente disso, devo dizer –, Phil confirmou.

– Que é o problema com Kevin, não é? – perguntou Amy, pensativa.

– É uma caricatura –, meu pai concordou. – Ele atua em seu próprio mundinho de cálculos de computador e não tem interesse algum naquilo que acontece na vida real no chão de fábrica, e, quando as coisas não são exatamente como os números dizem, é culpa de qualquer outra pessoa. E ainda por cima, quando é desafiado, entra em negação completa. O homem é um perigo.

– Por que perigoso? – perguntou Phil. – Ele é inofensivo. No máximo, é irritante.

– Não está vendo? Ele continuamente vai aparecer com seus esquemas que ficam perfeitos no papel, mas que nunca funcionam de verdade, no *gemba*. Como resultado, cada vez vai perder mais a credibilidade com os operadores. Ademais, vai se cercar de pessoas com a mesma mentalidade. *Gemba* não é apenas um fato, é uma atitude. É um comprometimento profundo e emocional da gerência que acredita que o único lugar importante na planta é a estação do operador, onde estamos realmente *trabalhando* para o cliente. Todo o resto é apoio. Mais nada.

– E você demitiria alguém baseado em uma questão de percepção de atitude? – questionou Amy, claramente desaprovando.

– Baseado em o quê mais? – respondeu meu pai sacudindo a cabeça com pesar. – Ouça o que tenho para dizer. Eu nunca gostei de demitir pessoas. Desde que conheço Harry, ele sempre foi duro comigo em relação à minha lentidão para agir, e ele tinha, e tem, razão sobre um ponto. Quando era um problema de atitude, mais cedo ou mais tarde, a pessoa tinha que sair. Em geral, era mais tarde, e somente depois disso é que descobríamos o tipo de prejuízo interno que fora causado. Lembre-se, são as pessoas e suas atitudes em relação ao trabalho que importam. Temos gerentes demais que acreditam mais em números do que em carne e osso, ou mesmo em parafusos e porcas.

– Isso não está certo –, protestei. – As pessoas não têm direito a uma segunda chance?

– Ora, Mike! – ele respondeu asperamente. – Quando já chegou nesse ponto, quantas segundas chances você acha que as pessoas já tiveram? Você, em especial, deveria saber que atitudes raramente mudam, a não ser que as pessoas trabalhem muito para mudar. E, o que é mais importante, ele está em uma posição para a qual não tem outro *expert* em logística *lean* para tomar o seu lugar. Ou muda-se a cabeça das pessoas, ou trocam-se as pessoas. Adivinhe o que é mais fácil?

– Puxa, mas é difícil.

– Amy, quando chegar à minha idade, verá que é uma guerra para sobreviver. A maioria dos programas *lean* que observei em outras empresas falharam por causa disso. Pode-se adquirir o vocabulário, as ferramentas, até os especialistas. Mas, se não tiver uma atitude *gemba*, não há a mínima chance.

Meu pai olhou à sua volta e continuou. – Uma atitude *gemba* significa que cada decisão que é feita tem como princípio básico que a verdadeira melhoria somente ocorre quando há um enfoque no chão de fábrica fundamentada na observação direta. Portanto, se você mesma não passar um número suficiente de horas no chão de fábrica, não conseguirá entender os detalhes importantes, e não poderá desafiar as pessoas para que dêem sugestões melhores. Mesmo os gerentes devem entender a necessidade de priorizar investimentos em supervisão direta. Uma típica linha das Três Grandes empresas americanas (Chrysler, General Motors e Ford Motors) pode ter um supervisor e 50 a 80 pessoas na área. A Toyota, por outro lado, tem um líder de equipe para cada cinco a sete pessoas em média, um líder de grupo para cada três líderes de equipe. A Toyota tem mais supervisão no chão de fábrica do que em um local tradicional de trabalho e isso provou ser bem mais eficiente.

– Amy, desde que começou a se responsabilizar por essa tarefa, quanto tempo passa no seu escritório?

Ela pensou por alguns segundos antes de responder. – Umas duas horas. Uma hora quando chego de manhã; mais uma antes de sair de noite. Se não estiver conduzindo um *workshop kaizen*, uma hora ao meio-dia. Estou entendendo o que quer dizer.

– Não se engane, Philip –, meu pai avisou. – Nesse estágio, o que alcançou é mérito exclusivo de Amy. E do tempo que ela passa trabalhando no *gemba*. Está se dando conta disso? Se ela for embora, tudo desaparece em menos tempo do que levou para dizer o que estou dizendo agora.

– Ah, mas ela não está nos deixando, está? – disse Phil, brincando para se escapar de uma conversa que havia subitamente tomado um rumo muito desconcertante.

Amy sorriu largamente, mas, notei que não respondeu.

– Mike? Ouça, desculpe por ligar tão tarde, mas posso falar com você um pouco?

– Amy? Claro, o que há?

– O que mais poderia ser? – ela disse com desgosto. – Houve uma briga tremenda entre Matt e Phil e acho que é minha culpa. Estou me sentindo super mal!

– O que aconteceu?

– Estava tentando implementar aquela idéia que seu pai deu do carrinho-fornecedor para entrega de materiais e componentes na fábrica quando –

– Espera, volte um pouco. Devo ter perdido um pedaço do assunto.

– Desculpe. Sabe, seu pai vive dizendo "entrega em primeiro lugar, depois redução de estoque, e depois se preocupe com os custos", não é?

– Sim, claro.

– Bem, estamos indo mais ou menos bem com a entrega das peças acabadas. Agora, com o nivelamento e o *kanban* e tudo mais, nossos estoques estão se reduzindo.

– Que bom.

– Eu estava tentando resolver o problema de suprir a linha de mecanismos com componentes comprados e Glória e eu decidimos elaborar um circuito de fornecimento normal, como um carrinho que passa pela fábrica a cada hora mais ou menos, colocando a fábrica toda no sistema de fornecimento de caixa dupla.

– Espere, deixe-me entender. Uma pessoa dirige um carrinho movido por uma espécie de rebocador motorizado, pega os contêineres vazios em cada estação, volta para o supermercado, os substitui por caixas cheias e faz todo o circuito novamente, repondo o vazio pelo cheio. Faz sentido!

– E depois, vai novamente! É um circuito de entrega. Mas, Morgan começou a reclamar que aumentáramos a carga de trabalho dos movimentadores de materiais ao mover peças pela fábrica toda a toda hora. Entendeu, não é? Muitos contêineres pequenos estão sendo movidos em horários regulares especificados.

– Ele tem um pouco de razão, não é?

– Nem pensar. Na verdade, se tivéssemos estabelecido circuitos para os movimentadores de materiais, descobriríamos, de fato, que reduziríamos a carga de trabalho ao ter o supermercado tanto na extremidade onde estão os mecanismos quanto na extremidade onde ficam os produtos acabados. Agora, Phil e eu temos a colaboração de Dave que está nos ajudando a fazer o sistema funcionar. Mas, tivemos mais um conflito com Morgan. Ele argumenta que não faz sentido puxar do supermercado de unidades acabadas para a área de preparação para embarque, que é simplesmente movimentação desnecessária. Ouvimos um discurso dele sobre desperdício, trabalho e movimento, acredite se quiser. Imagine, temos o grande defensor do MRP explicando a eficiência da logística mais uma vez, com quantidades econômicas para o manejo de materiais e tudo mais. Aquele negócio de *gemba*.

– Sei.

– Bem, Phil não estava. Tentei explicar ao imbecil que esse negócio de "mover contêineres pequenos por toda parte" é exatamente o que mantêm baixos os estoques em trânsito, mas quem sou eu? Sou apenas uma menina, não é?

– Hmmm.

– Ele saiu e eu continuei trabalhando na idéia do carrinho, o que me levou a aplicar o trabalho padronizado em todos os aspectos da movimentação de materiais que acontece na fábrica. Pelo jeito, as empilhadeiras estão por toda parte, mas de forma totalmente ineficiente, já que as pessoas passam mais tempo procurando por peças do que entregando.

– Vai ter que explicar isso para mim.

– Bem, eu pensei, por que não incluir todo o movimento de material num circuito regular? Como o trajeto de um carteiro e não com caubóis correndo para lá e para cá cada vez que alguém precisa de algo. Já que limpamos o fluxo tão bem, não é difícil de fazer.

– Você quer dizer, um circuito para cada um dos movimentadores de materiais para que sempre façam os mesmos recolhimentos e as mesmas entregas.

– É, sabe, trabalho padronizado, mas para a movimentação de materiais. É por isso que não estamos aumentando o custo da movimentação de materiais, mas, na prática, reduzindo-os ao torná-la mais eficiente.

– Acho que entendi. Qual é o problema então?

– Nenhum. Fiz meus cálculos e, no fim e ao cabo, como previra, temos o dobro de movimentadores de materiais do que realmente precisamos.

– Está brincando!

– Não! Posso estar sendo otimista, mas é exatamente como aconteceu com seu pai no início, com as melhorias de produtividade na linha de mecanismos. Se os circuitos forem padronizados, apesar das coisas serem movidas a toda hora, dá para realmente racionalizar tudo e cortar os custos com logística.

– Isso é bom, não é?

– Eu achava que sim. Então, anotei tudo num *memo* e mandei por *e-mail* para Phil que, nesse momento está visitando um cliente em Chicago. Ele leu, encaminhou ao Matt e, de alguma forma, acabou na mesa de Morgan. Ele então conversou a respeito com Pellman.

– O coordenador de engenharia que tem recebido tantas reclamações de vocês por causa do trabalho de *design* de baixa qualidade que sua equipe produz em termos de manufatura?

– Esse mesmo. Eles foram falar com Matt. A essas alturas, Phil voltara e houve uma discussão enorme e ninguém mais fala comigo e está tudo uma droga.

– Quando aconteceu tudo isso?

– Agora mesmo, hoje à noite. É porque sou uma mulher e ninguém está agüentando.

Ai, ai.

– Phil falou alguma coisa a respeito?

– Ele é muito legal, mas pode ser tão sem pulso às vezes. Disse para não me preocupar, que tudo vai passar.

– E o que achou disso tudo?

— Estou me sentindo péssima. Estou melhor agora que conversei com você, afinal, mas estou com muita raiva.

— E vai passar?

— Talvez. Não sei o que houve com Phil e Matt, mas, no frigir dos ovos, eles são os chefes.

— Escute Amy, não sei se adianta lhe dizer que Phil nunca mentiu em toda sua vida, a não ser para tentar cobrir minhas artes quando éramos garotos, e, no fim, sempre descobriam porque ele era péssimo nisso. Ele já é sócio de Matt há muito tempo, então, se ele está dizendo que vai passar, pode confiar.

— Sei ... acho. Mas é tão difícil trabalhar tanto para que o lugar funcione e ter esses gerentes idiotas sempre em cima e colocando areia em tudo que você faz.

— Sei, não é fácil.

— É dureza, hein? Faz parte do trabalho, suponho. Eu queria o emprego e, como Harry disse, tenho que aprender a lidar com a pressão.

— Harry disse isso? Não deveria levar o que meu pai e Harry dizem tão a sério.

Ela não respondeu na hora.

— Quer se encontrar comigo para tomar algo?

— Adoraria, mas estou me sentindo esgotada. Acho que simplesmente vou para cama chorar as mágoas.

— Vai ficar bem? Está tudo sob controle?

— Sim, obrigada por me deixar descarregar tudo. Eu não sabia com quem poderia falar que entendesse dessas coisas. Cada vez que reclamo para meus pais eles dizem para eu voltar para casa e me casar!

— É mesmo? Não parece a melhor solução.

— Nem me fale. Obrigado por ouvir.

— Não tem problema. Telefone quando precisar.

— Que legal. E vamos tomar algo outro dia qualquer. É superfácil conversar com você.

Superfácil conversar comigo, sei. Desliguei o telefone e fui até a sacada sentir o aroma doce e úmido da noite. Na vizinhança havia música e fogos de artifício, uma noite festiva. Pensava em Amy mais uma vez.

Não era meu tipo, eu me dizia, mas, mesmo assim, pensava nela. O que havia de especial nela?

Tudo realmente passou no final das contas, mas não do jeito que pensara, e não antes de explodir. Já era previsto. Um dia, quando finalmente estava conseguindo escrever, recebi um telefonema de meu pai. Dave havia tido problemas com a redução do tempo de troca nas prensas e Phil telefonara para meu pai para pedir ajuda. Ele concordou em ir conversar com Dave, mas, cobrando a promessa dada, pediu que eu o levasse até a fábrica. Eu já estava me sentindo bastante descontente e fiquei ainda mais desapontado em descobrir que Amy estava fora, participando de alguma conferência. Fomos recebidos com sorrisos tanto de Glória quanto de Ester, que rapidamente quis mostrar a meu pai seus quadros de produção e discutir algum ponto incompreensível sobre como organizar operadores com a montagem de mecanismos no transportador. Dave e meu pai foram finalmente até a área de prensas onde dois funcionários discutiam sobre a prensa de chapas que tinha suas entranhas à vista de todos.

— Seguimos o método –, explicou Dave. — Listamos todas as operações necessárias para trocar a matriz, e separamos a organização interna da externa.

— O que? – eu falei sem pensar. Meu pai simplesmente respirou fundo.

— Atividades externas são aquelas que podemos fazer enquanto a prensa ainda está em funcionamento. As internas são aquelas para as quais precisamos parar a prensa. Antes, parávamos a prensas primeiro, já que funciona tão pouco tempo, e fazíamos tudo. Mas, deste jeito conseguimos reduzir consideravelmente o tempo de troca.

— Me diz o que tem listado como externo –, perguntou meu pai.

— A preparação dos gabaritos e das matrizes. As ferramentas. A preparação da mesa de trabalho também, e limpar um espaço para armazenar as peças que removemos.

— Parece que está tudo bem. As internas?

— Em geral, repor a matriz, centrar e ajustar.

— Está ótimo. Qual é o problema?

– Para lhe dizer a verdade –, disse Dave embaraçado, coçando sua cabeleira de cachos acinzentados, – eu e os funcionários não temos muita certeza de como nos organizar para irmos mais rapidamente, além de externalizar o que for possível.

– Certo. Bem, no início, a primeira coisa é não fazer nada sozinho. Deve pensar seriamente em como dividir as operações entre duas pessoas. Se realmente se certificar de que ambas estão trabalhando com eficiência todo o tempo, já estará cortando o tempo interno pela metade.

– Faz sentido –, disse Billy Larson, um cara experiente que usava um bigode de pontas viradas, e o pouco de cabelo que lhe restava puxado para trás num rabo de cavalo.

– Depois, faça algumas perguntas de bom senso, tais como:

– Temos uma lista de verificação de todos os elementos que precisam ser preparados com antecedência?

– Quais as ferramentas que precisam estar à disposição?

– Os gabaritos, as matrizes e as ferramentas estão prontos e em bom estado ao começarmos?

Esse tipo de coisa, mais nada.

– Uma lista de verificação –, Dave concordou. – Com certeza seria muito prático.

– Comece com isso e depois acompanhe os pontos onde há dificuldades quando a ferramenta for armada. Isso significa, comumente, parafusos, porcas, cabos, tubos, qualquer coisa que precisa ser conectada ou desconectada. Depois, peça à manutenção para verificar cada uma dessas coisas para que se ajustem melhor. Um código de cores funciona bem nos fios e –

– Que bom vê-los –, disse Phil, juntando-se ao grupo. – Como estão indo?

– Bem, bem. Agora é uma questão de perseverança.

– Que bom que está aqui. Estou tentando convencer Dave que devemos colocar as máquinas numa célula de produção.

Dave não parecia nada confortável e se mexia de um lado para outro. Sua atitude havia mudado consideravelmente desde a última vez que o vimos. Sua postura defensiva desaparecera, como se já não visse as críticas abruptas de meu pai como um ataque pessoal.

– Já discutiu esse assunto com esses cavalheiros? – perguntou meu pai.

– Sim, já conversamos –, disse Billy. – Já fizemos as medições de tempo com Amy, quer dizer, Srta. Cruz.

– E?

– Bem, é o seguinte. Entendemos o que quer ...

– Mas?

– Ora, significa ficar preso novamente, é isso.

Meu pai não disse nada e deixou o silêncio se prolongar, enquanto o pobre homem procurava apoio do funcionário da manutenção que subitamente ficara fascinado pelos próprios sapatos.

– É o seguinte, Sr. Jenskinson –, ele disse, levantando a cabeça e estufando um pouco o peito, – nós conversamos com os caras da linha de mecanismos. Agora que estão reorganizados, fazem o trabalho bem mais rápido.

– Trabalham mais, é isso? – disse Phil com preocupação. Tivéramos uma longa discussão com Amy sobre essa questão, se os operadores estavam trabalhando mais nas linhas de mecanismos agora que o trabalho padronizado e *kaizen* estavam realmente funcionando. Ela dissera que os operadores certamente trabalhavam mais rapidamente, mas não necessariamente com mais esforço ou por mais tempo, já que as operações estavam sendo sistematicamente simplificadas. Os acidentes na linha haviam certamente diminuído. Mas, ela também dissera que operadores que não faziam parte das células faziam circular rumores de um aumento no cansaço causado pelos aumentos de produtividade nas linhas de mecanismos. Sendo a pessoa sensível que era, Phil sentia uma certa empatia em relação aos operadores, mas, como nunca se sentira à vontade com as pessoas, não sabia muito bem como falar sobre o problema.

– Eu não falei isso. E não é o que dizem tampouco, mas, para falar a verdade –, ele disse cautelosamente, olhando para Dave, – não vemos os operadores com muita freqüência, sabe, para fumar ou tomar um café.

— É porque não estão mais correndo atrás de peças o tempo todo –, respondeu Dave com cuidado, ficando com o rosto vermelho novamente. Era uma benção que esse homem tinha o respeito dos funcionários, pois sua habilidade no manejo de pessoal era deplorável. A reticência de Phil somada ao pavio curto de Dave dava uma equipe de gerência e tanto.

— É o que dizem, que está mais fácil se envolver com o trabalho porque tem menos distração. Não sei se eu mesmo gostaria disso, mas...

Phil ia dizer alguma coisa, mas meu pai discretamente sinalizou para que se mantivesse calado enquanto Billy escolhia as palavras.

— Pelo que sei, trabalho é trabalho e não tenho medo de trabalhar duro. Nenhum de meus colegas tem medo. Então, estamos dispostos a trabalhar, se aquilo que a Srta. Cruz disse a respeito de não haver mais demissões for verdade. Com as melhorias, quero dizer.

Phil respirou fundo e parecia aliviado. Então era isso o que pensavam!

— Bem, não posso prometer nada. Depende completamente de como a empresa está indo. Mas, enquanto estivermos fazendo um bom trabalho, não vejo motivo para demitir alguém. De qualquer forma, não assinamos nada ainda, mas parece que vamos conseguir novos contratos para o próximo trimestre – portanto, precisaremos de todos a bordo. Também teremos um bônus maior se pudermos mostrar algum lucro até o final do ano.

— A equipe ficará contente com essa notícia. Então, se temos a sua palavra, Sr. Jenkinson, estou pronto para tentar, apesar de que, pareceremos idiotas se trocarmos de ferramentas a cada peça, como Dave disse que você queria.

— Que tal produzir cada peça pelo menos uma vez ao dia?

Billy movia sua cabeça meio de lado, em dúvida. Olhou para o outro homem que apenas deu de ombros.

— Se for preciso –, finalmente respondeu, – por que não?

Nesse exato momento pensei: que tipo de acordo foi feito aqui? Dei-me conta de que Phil estava se responsabilizando também por todo esse pessoal. Não que eu não soubesse, mas nunca havia pensado nisso como um fato real. Eu sentia calafrios só de pensar. Detestaria ter que carregar um peso desses. Não era de se estranhar que tantos gerentes se tornavam insensíveis filhos da mãe. Não que estivesse achando que Phil se tornaria assim algum dia, mas, fazia a gente pensar: o que esse tipo de responsabilidade poderia fazer com uma pessoa com o passar do tempo?

– Bem –, disse meu pai. – Se estivéssemos criando uma célula, como colocaria as máquinas? Teria que carregar o puncionador, iniciá-lo, carregar a prensa hidráulica, iniciá-la, descarregar o puncionador, trocar o programa, voltar à prensa hidráulica para descarregá-la e levar a peça para soldagem. E precisa incluir a formatação das portas também. Lembrem-se, queremos que os estoques desapareçam.

– É, já examinamos tudo isso. Temos que mover as máquinas para perto da soldagem, então –, sugeriu Billy.

– E ter todas bem próximas, se eu tiver que ficar passando de uma para outra.

– Poderiam ter uma de frente para a outra, assim –, disse meu pai mostrando com as mãos.

– É mais ou menos como havíamos pensado –, disse Billy. – Pode funcionar. Achamos que, se tivermos o puncionador bem na frente da prensa hidráulica, com a prensa de formatação no meio, mas um pouco mais para trás, poderia funcionar. Todo esse negócio de fazer as peças uma de cada vez me parece muito estranho, mas, se é o que quer, poderíamos passar do puncionador para a dobradura, e, para os painéis das portas, do puncionador para a prensa para a hidráulica para a dobradura, e, depois, para o gabarito de soldagem. Vai ficar muito esquisito, mas pode ser feito.

– Certo. O que estamos esperando?

Todos olharam para ele um pouco desnorteados, sem acreditar que ele realmente estivesse falando a sério. O tom vermelho do rosto de Dave havia se aprofundado, mas ele não fez sequer um comentário em protesto.

– Por que não começar agora, se todos estivermos de acordo. Vamos mover essas máquinas dos diabos! – meu pai insistia. – Vamos lá!

– Mas, não dá para fazer isso –, Billy disse. Ele vira muita coisa em sua vida, mas, com certeza, isso lhe parecia uma heresia.

— E por que não? Já fizeram as medições de tempo. Já discutiram tudo. Já sabem onde querem as máquinas. Vocês devem ter uma empilhadeira grande o suficiente em algum lugar da fábrica!

— Nós não. Mas a estação de energia aqui do lado tem algumas empilhadeiras enormes –, sugeriu Dave, entrando no jogo. – Poderíamos pedir uma emprestada por algumas horas.

— Vamos lá pedir –, disse Phil, decidido como poucas vezes antes. Desde a adolescência, me irritava tanto com sua usual falta de fibra que me esquecera de que, quando finalmente tomava uma decisão, agia rapidamente e com precisão, como na época em que decidira se associar a Matt, ou como agora.

— Ótimo, então –, disse meu pai com vigor. – Devemos iniciar abrindo uma área em torno das estações de solda. Vamos ao trabalho.

E foi assim que nos vimos movendo as prensas pelo chão de fábrica numa terça de manhã. Confesso que estava aterrorizado. Meu estômago ficava embrulhado toda vez que a prensa hidráulica oscilava em cima da imensa empilhadeira que a empresa vizinha havia tão gentilmente emprestado. Tinha certeza de que algum desastre ocorreria quando começaram a levantar a prensa, visões de ossos esmagados e carne rasgada vieram à cabeça, para não falar de máquinas destruídas. Mas, o pessoal da estação de energia nos falou que estavam acostumados a mover peças frágeis e imensas nas operações diárias em sua estação, e meu pai passou um bom tempo com eles averiguando se poderiam mover a máquina com segurança. Depois, deixou a área na frente da empilhadeira livre e se certificou de que ninguém estivesse nem próximo ao local de destino, que ele pediu que Dave destacasse com fita no chão.

Apesar de estar bastante impressionado com tudo, o pessoal da estação parecia saber exatamente o que estava fazendo e, evidentemente, achavam tudo uma moleza. Vimos que eram simpáticos e despreocupados, meticulosos em seu trabalho, e surpreendentemente curiosos em saber porque queríamos mover a máquina, claramente interessados nesse conceito de "fluxo".

— Esses caras são de fé –, disse Dave quando foram embora com um agradecimento e a promessa de um engradado de algo muito bom da parte de Phil. Era um comentário que resumia tudo, de fato.

– Você se dá conta de que isto não é o ideal –, disse meu pai a Phil enquanto os funcionários lentamente retiravam os suportes que estavam por baixo da prensa, agora em seu novo local.

– O que? Mover máquinas de uma hora para outra? Tenho certeza de que não.

– Isso? Não. Para começar, é preciso por as mãos na massa. E acredite, deve se preparar para movê-las mais de uma vez, até acertarmos. *Kaizen*, certo?

Phil sacudiu a cabeça, desolado. – O que não é ideal, então?

– Bem, posicionamos o puncionador em frente à prensa hidráulica com a velha prensa de forma mais para trás, formando um U, o que está bem. Mesmo assim, ainda estão muito afastados – veja quantos passos o pobre homem terá que dar para mover peças de uma para outra.

– Tivemos que colocá-las assim! – respondeu Phil. – Com todos os cabos elétricos, hidráulicos e pneumáticos e tudo mais. Você mesmo disse que tivemos muita sorte de ter tido as máquinas nessa mesma posição há tantos anos e, assim, podermos movê-las para trás e simplesmente ligá-las na parede. Podemos também colocar roldanas ou um transportador –

– Eu sei o que falei –, disse meu pai com irritação. – E você deve se perguntar porque a máquina costumava estar ali quando foi comprada e porque foi movida para outra parte da planta depois. De qualquer forma, foi um milagre achar ligações elétricas tão próximas à solda. Esqueça o transportador, simplesmente aproxime as máquinas mês que vem, depois de ter tido uma chance de preparar a área. Esse não é o problema real. Olhe para a solda.

– O que tem? Temos duas estações paralelas que se encaixam perfeitamente em tempo *takt*, já que a operação dura 20 minutos e temos um tempo *takt* de 10 minutos, não é? Os gabaritos móveis estão bem no meio, portanto, temos fluxo de uma só peça. O operador das prensas só consegue encher uma armação de cada vez, e estas se movem de lá para cá até a solda.

Devo confessar que também não conseguia ver nada de errado.

– Esse é o problema. Como espera fazer mais *kaizen* com eles?

– *Kaizen*?

— É. Tem dois soldadores montando um gabinete inteiro em cada mesa em paralelo. Como espera fazer mais *kaizen*?

Meu pai ia começar mais uma palestra sobre *kaizen* quando ouvimos uma voz chamar. — Aí estão vocês! — chamou Matt que se aproximava com uma delegação de pessoal dos escritórios. Reconheci Morgan, e, pela descrição que Amy havia me dado, supus que o terceiro do grupo fosse Gary Pellman, o chefe de engenharia.

— Que diabos? O que estão fazendo? Movendo as prensas? — ele perguntou, como se não entendesse a cena à sua frente. — Tem certeza de que isso é seguro? — vociferou.

— Está praticamente feito agora –, respondeu Phil com a voz segura. Matt não parecia muito contente. O sorriso plástico dele havia desaparecido e parecia absolutamente cansado. Seu cabelo, geralmente alinhado, estava visivelmente desarrumado. Sua camisa perfeita caia sobre o cinto de couro que usava. Morgan olhava para Phil com desdém, certamente um mau sinal. Pellman não conseguia esconder um quê de antecipação. Os dois provavelmente haviam tramado alguma coisa, pensando que a tendência de Phil de evitar conflitos era fraqueza ou, pior ainda, falta de inteligência. Phil não era rancoroso, mas possuía uma memória e tanto. Em seu caso, nem era tanto um caso de perdoar e esquecer, era mais parecido com "Ficaria feliz de perdoar se pudesse esquecer".

— Aí vem bomba –, murmurou meu pai.

— Sr. Woods, que bom ver o senhor. Ouvi dizer que o senhor fez milagres aqui –, disse Matt com um sorriso bajulador novamente colado em seu rosto. — São ótimos os conselhos que tem dado. — Meu pai mostrou uma carranca, mas não pude entender bem o que estava por trás do comentário de Matt.

— Vocês produziam 30 disjuntores de circuito por dia antes de começarmos, agora produzem mais de 40 com os mesmos recursos. É uma melhoria de produtividade de 30% sem nenhum investimento adicional –, comentou Matt.

— Do meu ponto de vista, eu diria que Philip, Dave e a Srta. Cruz estão fazendo um excelente trabalho, sim –, respondeu meu pai na hora, com seu senso de propósito usual. A sua resposta direta tirou Matt de sua postura confiante por alguns segundos.

– Sim, é realmente ótimo, e estamos muito agradecidos. Mas temos tido uma pequena rusga com Phil e Dave.

– É mesmo? – perguntou meu pai com neutralidade, levantando a sobrancelha e mantendo o olhar fixo de sempre. Pelo rosto sombrio de Phil, tive a sensação de que a briga que Amy havia provocado era maior do que eu pensava. Matt geralmente deixava a administração da planta com Phil. Sabe-se lá o que realmente havia acontecido para ele por em risco seus mocassins de grife no chão de fábrica. Eu não deveria ter levado as preocupações de Amy tão pouco a sério.

– Pois é, Kevin me disse que o senhor quer que os movimentadores de materiais corram por aí o dia todo movendo contêineres. Ele calculou o investimento adicional em termos de empilhadeiras e do pessoal necessário se cortarmos pela metade o tamanho dos contêineres que temos atualmente, e, lamento dizer, é simplesmente impraticável na nossa situação no momento.

Para a surpresa de todos, meu pai jogou a cabeça para trás e deu uma boa risada. Phil me olhou de soslaio, mas eu meramente abri as mãos, perplexo.

– Investimento adicional? Em empilhadeiras? É isso que ele pede? – disse meu pai. Morgan tinha o rosto vermelho novamente e Matt sorria, tentando ajeitar as coisas. Pellman parecia um pouco desconcertado, mas, em geral, era difícil ver o que se passava pela sua cabeça.

– Empilhadeiras. Sei. Senhores, façam o favor de me seguir. Sugiro que façamos um *tour* pela planta para contar as empilhadeiras estacionadas e as empilhadeiras que funcionam vazias, sem carregamentos. Vamos começar pelo estoque de chapas e gabinetes, está bem?

Durante toda a sua vida, meu pai conseguira permanecer alto e magro, diferentemente de mim, que já estava ficando com formas arredondas. Hoje em dia, ele caminhava um pouco encurvado, mas quando endireitava as costas, era uma figura de respeito, provocando um instinto automático de obediência naquela parte mais primitiva de nosso cérebro. Eu aprendera a lutar contra isso com o tempo (ou, assim gostava de pensar). Porém, quando ele se virou e caminhou em direção ao depósito, sem mais uma palavra e cheio de uma ira justa, todos o seguiram sem protesto.

– É claro que o chamado "correr por aí o dia todo com contêineres", com certeza, faria esse muro de peças ociosas desaparecer –, meu pai disse em tom ríspido. – Algo de que vocês, é claro, sentiriam falta, não é? Quando consideramos sua situação de caixa e tudo mais?

Matt encolheu-se e teve a boa graça de admitir que não. – Sei contar muito bem e sei reconhecer desperdício de dinheiro quando o vejo.

– Mas, estamos aqui por causa das empilhadeiras, não é? Bem, vejo duas estacionadas naquele canto, perto do escritório de logística da planta.

Quando chegamos no fim do *tour*, meu pai havia contado nada menos do que quatro empilhadeiras estacionadas a esmo. Das outras quatro que vimos em funcionamento na planta, apenas duas estavam carregadas com peças, enquanto as outras duas funcionavam vazias. Phil e Matt, as essas alturas, haviam se distanciado de nosso grupo e discutiam furiosamente em voz baixa. Dave caminhava ao meu lado, tentando sem sucesso não se vangloriar. Ficamos parados na parte externa da planta próximo da doca de expedição, observando um caminhão ser carregado com disjuntores encaixotados. Morgan parecia nauseado.

– A não ser que eu esteja muito enganado –, meu pai concluiu, – correr para lá e para cá com os contêineres poder ser feito com as quatro empilhadeiras que vimos realmente funcionando. As outras quatro podem voltar para a empresa com quem fizeram o *leasing*. Quanto às pessoas, bem... –, ele deixou as palavras se perderem no ar e olhava fixamente para Kevin Morgan, deixando sua opinião bem clara sem mais uma palavra. O silêncio se prolongava, enquanto Morgan empalidecia na luz morna do sol poente. Finalmente, Pellman se moveu e limpou a garganta.

– Como funcionaria? – ele perguntou.

– Bem, use as empilhadeiras para mover objetos pesados como disjuntores prontos ou caixotes de peças metálicas, e carrinhos de mão para objetos mais leves. Uma empilhadeira precisa ir do supermercado de produtos acabados, e depois, da área de preparação para embarque até os caminhões em si, com sobra de tempo. Então, precisarão de outra para mover os gabinetes de aço da célula que estamos criando agora até o transportador, e é isso. Podemos incluir mais uma, no caso de necessidade. Eu passaria a quarta para o transporte de carrinhos que entregariam componentes à linha de mecanismos e à área do transportador.

– Está bem, talvez não tivemos abertura o suficiente para aceitar um arranjo novo –, Pellman admitiu com calma.

– Tem toda razão –, Matt disse encarando Morgan. – Kevin, espero que tenha essas empilhadeiras fora de nossos registros até o fim do mês, e que tenha feito tudo que o Sr. Woods falou para que isto funcione.

Morgan simplesmente anuiu, miserável em seu silêncio.

– Phil! – disse Matt. – Precisamos conversar. Temos que olhar o orçamento uma segunda vez –, acrescentou com gravidade, com um olhar funesto na direção de Morgan.

– Claro –, Phil disse casualmente, mas pude perceber que estava aliviado.

– Sr. Woods –, Matt continuou, dando seu sorriso mais largo para meu pai, – não sei como agradecê-lo. Vamos pensar em como expressar nosso agradecimento de forma mais concreta, mas, você tem, desde já, minha gratidão pelo apoio.

– Está bem –, meu pai grunhiu em seu estilo único, e se dirigiu para o carro sem mais uma palavra, enquanto eu corri atrás dele para alcançá-lo.

Meu pai tinha um aspecto abatido enquanto eu dirigia em direção às colinas violetas nesse final de dia. Atrás de nós, uma faixa de ouro puro brilhava, cegando-me pelo retrovisor.

Após um longo silêncio, ele respirou fundo. – Foi bem tranqüilo, não achou?

– Estragamos a noite de Kevin, com certeza.

– Nunca aprendem, não é?

Seguimos adiante enquanto eu meditava sobre seu último comentário crítico.

– Vão conseguir cumprir com o prometido?

– Quanto às empilhadeiras? Mas claro. Amy já começou a organizar entregas regulares vindas dos supermercados e indo até lá. Pelo que vi, fez progresso com o *loop* de retirada de peças internas. Eles têm bastante transporte. É apenas uma questão de trabalho padronizado. Se cada empilhadeira ficar num trajeto planejado, ao invés de ir de lá para cá de forma errática repondo peças nos contêineres, poderão racionalizar o manejo de materiais. Também gostaria que ela tivesse tudo no chão assim que for possível e removesse as prateleiras das paredes para evitar içamentos desnecessários. Não terão problemas se tiverem um menor número de empilhadeiras, mesmo que tenham que achar algum outro meio de pôr o trem de fornecimento para funcionar. Nem esquenta.

Pensei um pouco a respeito, e mais no que Amy me dissera pelo telefone havia algumas noites atrás.

— Mas, viu como o chefe de engenharia virou a casaca bem na hora? Esse cara é um adulador mesmo — disse meu pai.

Talvez eu não tivesse dito dessa forma tão franca, mas entendi bem o que queria dizer.

— A audácia do homem! Não agüento esses políticos corporativos —, continuou, fumegando. — Sempre odiei, Mike, e ainda odeio. Eu disse que não queria mais lidar com esse tipo de situação e veja, está acontecendo tudo de novo. Será que não enxergam o que está bem na frente de seus narizes? Não é como se fosse uma seita, ou algo assim. É apenas uma questão de usar o raciocínio.

— Estou começando a concordar contigo. É a atitude *gemba*. Ou a gente tem ou não tem. As pessoas não enxergam o que não é importante para elas. Da mesma forma que podemos assistir a um filme com a mãe e não ver nem metade das coisas que ela discute depois.

— Acho que tem razão. Matt, eu posso afirmar, enxerga dinheiro, abençoado unha de fome que é. Não entendeu nada, mas sabe somar.

— Phil também. Sabe, *gemba* não faz parte do treinamento dele, mas está fazendo um esforço.

— Concordo que ele não se entregou ainda. Mas estamos longe de terminar. E eu que pensei que tudo isso já era parte do passado!

— Mas, faz isso tudo tão bem! — protestei.

— Isso não quer dizer que gosto —, respondeu rispidamente. — Especialmente quando precisa lidar com dramas novelescos como esse de hoje. Que desperdício do potencial das pessoas! E do meu tempo.

Seguimos em silêncio pelo resto do caminho até chegar na casa de meus pais. No fim das contas, com toda a diversão perversa que poderia haver, eu também não me regozijara com a humilhação de Kevin Morgan. Será que Amy tinha idéia do rebuliço que provocara? Graças a Deus ela não estivera lá nessa tarde. Por outro lado, mover as máquinas fora uma experiência emocionante, e tenho certeza de que teria gostado disso tanto quanto eu, até mais. Simplesmente agir! Um objeto que estivera parado em um local por tanto tempo e, de uma hora para outra, veja! Uma simples remoção.

Enquanto dirigia para casa após ter dado carona para meu pai, pensei no espírito da transformação. Desde os tempos em que deixáramos as cavernas, a maior parte das coisas que nos cercava, de catedrais a automóveis, da revolução verde aos julgamentos em tribunal, de epidemias a fornos de microondas, tudo havia sido criado por pessoas para pessoas. No entanto, tratávamos das coisas como se fossem imutáveis e gravadas em pedra. Morgan partia do pressuposto que viagens mais regulares significava mais gente. O chão de fábrica supunha que, uma vez colocadas em tal lugar, as máquinas ali permaneceriam.

No entanto, meu pai não via as coisas assim. De alguma forma, adquirira a certeza de que qualquer coisa na frente de seus olhos não só poderia mudar, mas mudaria de fato, o que, evidentemente, lhe dava a confiança de que poderia fazer as coisas acontecer por ele mesmo. Com relutância, comecei a entender melhor sua frustração com o sistema de fazer corpo-mole e com a politicagem. "Resolva o problema!" era apenas uma frase de fundo prático para meu pai, enquanto que, para a maioria das pessoas, tornava-se uma ordem para apontar quem era o culpado. "Resolva o problema, não resolva de quem é a culpa!" meu pai dizia.

Sua visão era de que a solução de problemas era uma atitude chave no TPS. Ele dizia com freqüência que, na maioria das empresas, as pessoas têm vergonha de estarem associadas a problemas. Na Toyota, por outro lado, é uma oportunidade para aprender com seu chefe ou mentor. Guardadas as devidas proporções, eu começara inconscientemente a aplicar conceitos *lean* no dia-a-dia e não somente ficara mais atento à quantidade de desperdício que despreocupadamente geramos – desperdício de energia, de tempo e o que é pior, de pessoas – como também podia ver as possibilidades práticas para melhorar, afinal, valor e fluxo. Porém, para minha consternação, quando sugeria qualquer melhoria, via a mesma incompreensão emburrada que meu pai vira durante toda sua vida profissional – e, como ele, eu não gostava de me sentir assim.

De qualquer forma, agora eu tinha um entendimento melhor daquilo que meu pai chamava de atitude *gemba*. Amy possuía essa atitude aos montes, Phil, não, mas estava se esforçando muito para adquiri-la. Quanto a mim, bem, estava me dando conta de que a ausência de tal orientação *gemba* era um mal generalizado, a causa de incontáveis danos em muitos lugares além do chão de fábrica. Certamente teríamos muitas vantagens com um pouco de atitude *gemba* no Departamento de Ciências Sociais, lá no meu local de origem. Lá vai você mais uma vez, pensei ao abrir a porta de meu apartamento vazio. Sempre com palavras de sabedoria surgindo em lugares fora do comum. Bem, havíamos sobrevivido a essa crise. Quando viria a próxima?

Capítulo Nove

O JEITO HEIJUNKA

A próxima crise não demorou a chegar, mas não estava relacionada a Amy dessa vez. Encontrei-me com Phil para tomar um drinque alguns dias depois e perguntei como ela estava lidando com a pressão política que havia gerado, mas ele logo tratou o assunto sem muita preocupação.
– Ela é agressiva e está certa. E daí se todos a odeiam? – ele riu. – Mas, está fazendo um trabalho excelente.

Está dizendo isso para ela? pensei, mas deixei para lá. Mais tarde, na mesma semana, meu pai sugeriu que Phil e eu nos encontrássemos novamente em sua casa. Ele não mencionara nada específico, então, me preparei para mais conversas sobre *lean*, mas quando cheguei, minha mãe fez um rápido sinal de aviso e apontou para o pátio onde meu pai e Phil tomavam um drinque.

Phil estava encolhido no banco, com ar totalmente abatido, enquanto meu pai fazia uma carranca daquele jeito altivo dele.

– Concordei em te ajudar, Philip, não em dirigir a empresa em seu lugar! Ah! Mickey. Estava dizendo para Philip que prefiro não ter que voltar para a fábrica.

Fiquei completamente surpreso.

– Por que? – perguntei, pegando um drinque da bandeja. – Achei que se saiu bem por lá.

– Não é o que importa –, ele resmungou. – Jurei nunca mais pôr os pés em uma planta e, bem, a questão é que estou farto de indústrias e de tudo que vem acoplado.

Mas está nos ajudando tanto! – reclamou Phil, em tom de lamúria. – E ainda precisamos de sua ajuda mais do que nunca, agora que conseguimos colher os primeiros frutos. Estamos recém conseguindo controlar o estoque e...

Sua voz sumiu na noite. Em algum lugar, os grilos cantavam a pleno pulmão.

— Talvez seja uma questão de pagamento? Matt e eu concordamos todo esse tempo que não deveria estar trabalhando de graça.

— Não me ofenda, rapaz. Tenho ajudado porque Mike pediu e porque te conheço desde que era um menino. Quanto a dinheiro, graças a Deus, tenho mais do que preciso.

— O que é então, pai?

Ele mexeu o copo por algum tempo antes de tomar um bom gole.

— É como já disse. Estou sentindo a idade e realmente não quero me envolver em todas essas batalhas empresariais. Já trabalhei o suficiente e mereci minha aposentadoria. É hora de parar, de baixar as armas, entendeu?

Anuí em silêncio. Nunca faláramos disso antes e eu não sabia bem como reagir, mas senti uma vulnerabilidade que nunca vira antes no homem de quem ainda me ressentia por ter tiranizado tanto minha adolescência. Meu pai nunca dera o braço a torcer, não importasse qual fosse a oposição, a razão, provavelmente, de ele ter sido tão respeitado por seus colegas quanto detestado por meu irmão e eu. Será que finalmente aprendera a desistir de uma briga?

— E, além do mais, Philip não está entendendo o principal. Ele precisa aprender a agir sozinho, é isso. Jamais devemos delegar a administração de nosso negócio. Essa é a lição. Volta e meia, empresários tentam e sempre fracassam. Administrar um negócio é administrá-lo e ponto final.

Phil levantou a cabeça subitamente. — Bem, então concordaria em continuar me dando consultoria? Se não tiver que se envolver com trabalho na fábrica mesmo? Apenas conversas como quando começamos? — ele perguntou cheio de esperança. Às vezes, havia algo tão cativante na veemência de Phil, por ser um cara tão grande e tudo mais, que não podia deixar de sorrir.

— Conversar? — meu pai pensou um pouco. — Claro. Por que não?

— Ótimo! Bem, quanto às prensas...

E engataram no assunto novamente.

Deixei-os e caminhei lentamente em torno da piscina, que brilhava de modo estranho com suas luzes todas ligadas na escuridão da noite. Pensei em como meu pai continuava me surpreendendo. Havia suposto, sem pestanejar, que ele ficaria contente e entusiasmado de poder se envolver com o trabalho de pôr uma fábrica no rumo novamente. Por outro lado, também vira como ele ficava descontraído e à vontade em seu barco e com seus amigos no Iate Clube, e dei-me conta de que conhecia o homem há tanto tempo e, no entanto, nunca entendera seu funcionamento. Com certeza não era fácil se dar com ele. Meu irmão que tentava uma carreira como roteirista em Hollywood, quase nunca aparecia por aqui, mas com essa história de Phil, eu estava passando mais tempo nessa casa do que fazia em muitos anos, e como conseqüência, me via obrigado a alterar muitas de minhas opiniões mais arraigadas. Era surpreendente como Amy se dera tão bem com ele, por exemplo, assim como... Ah, era muita viagem para uma noite só, pensei, enquanto olhava o filete prateado de uma lua nova aparecer por cima da colina.

— Está bem, ter duas estações de solda lado a lado não é uma boa idéia porque não se pode trabalhar com *kaizen* e não dá para ser flexível se o tempo *takt* mudar —, Phil dizia, parecendo contrariado mais uma vez. Levou algum tempo para eu entender do que falavam, até me dar conta de que continuavam a conversa sobre as estações de solda que fôra interrompida pelo fiasco com Morgan.

— Então, devemos cortar o conteúdo do trabalho de solda pela metade e distribuir para os dois funcionários. E, com o tempo, à medida que melhoramos o trabalho de troca de ferramentas nas prensas de chapas e de torneamento, devemos ter como objetivo passar de três para duas pessoas. É isso?

— Como o tempo *takt* que tem agora, sim. Mas, se for verdade o que está me dizendo quanto a Matt fechar mais alguns negócios, o tempo *takt* vai baixar e precisará de mais gente!

— Aaargh! Não sei se consigo agüentar mais! — Phil reclamou. — Tenho que lidar com muitas dimensões ao mesmo tempo. É muita coisa!

– Tome outro drinque. Respire fundo. Não é tão difícil assim. É preciso levar alguns princípios em consideração e ter *"gemba!"* na cabeça.

– É fácil falar, pai –, contribuí com minha humilde opinião. – É que você conhece esses princípios, mas Phil não.

– Não posso fazer nada se ele é lerdo –, foi sua resposta direta. – Fico falando sobre isso o tempo todo.

– Mike tem razão, Bob. Você se importaria de explicar os princípios em detalhe para mim?

Meu pai parecia hesitar por alguns segundos, mas, depois, limpou bem a garganta.

– Estes são *meus* princípios *lean*, está bem? O pessoal da Toyota que conheci tem a tendência de ser muito cauteloso com qualquer abstração. O que quero dizer é que talvez até tenham elaborado alguns princípios gerais. Provavelmente sim, se pensarmos como seu sistema é coerente. Mas aí é que está. Se o fizeram, nunca me contaram. Portanto, esses são meus.

Ele parecia estar organizando seus pensamentos e achei graça em seu conselho de aplicar princípios que ele não tinha certeza se realmente existiam. Às vezes, eu tinha a impressão de que inventava boa parte à medida que ia falando.

– Minha descrição pessoal de *lean* –, ele começou lentamente, – seria: *a satisfação do cliente com a manufatura lean*. Nesse sentido, a satisfação do cliente é certamente o primeiro princípio, e quando tiver alguma dúvida sobre o que está fazendo, sempre pense em seu conceito de satisfação do cliente.

– A entrega em primeiro lugar, como falamos bem no início.

– Esse é um dos aspectos, mas a satisfação do cliente também abrange a *performance*, o serviço e o custo do produto –, respondeu meu pai.

– Depois, eu diria que se trata de *flexibilidade na variedade e no volume*. Toda a abordagem *lean* foi calcada na necessidade de produzir variedade a partir de um equipamento limitado a um custo que poderia competir com produção em massa de grande volume. Portanto, o truque é maximizar a flexibilidade ao mesmo tempo em que mantêm o gasto com capital sob controle – isso requer um pouco de criatividade, mas funciona maravilhosamente a longo prazo. *Kanban* é uma manifestação *gemba* desse princípio.

Em terceiro lugar, ter uma atitude *gemba,* como já discutimos. Vá e veja, ao invés de apenas falar a respeito. Vá para o local real onde estão as pessoas reais e a coisa real. Não se perca em generalidades e abstrações. Ohno costumava zangar-se com engenheiros formados em universidades que foram estragados pelo método *"dekansho"* ocidental.

— *Dekansho?* Não me parece muito ocidental.

— Descartes, Kant, Schoppenhauer.

— Está brincando, não é?

— Não mesmo! Ele escreveu a respeito. Mas, essa é exatamente a questão: o cultivo de uma atitude *gemba* em oposição a deixar sua mente interferir.

— Pensar como agricultores japoneses –, Phil brincou. — Não é fácil, mas estou tentando.

— Sabemos. Como já nos disse, você teve um treinamento muito sofisticado para poder pensar em alguma coisa prática –, debochei.

— Em quarto lugar, apesar de argumentos que defendem que isso venha primeiro, e tenho achado que pode ser verdade, *produza pessoas antes de produzir peças.* Seu pessoal faz parte do ativo, não do custo. O mais importante são as pessoas e o conhecimento. Portanto, realmente precisa se concentrar no que as pessoas sabem e –

— No quão envolvidas estão. Certo, estou acompanhando.

— Finalmente, mas não menos importante, *nunca ignore um problema*, e depois, *kaizen*. Desenvolver o conhecimento não ocorre através de treinamento ou teoria. Ocorre porque as pessoas se envolvem com a melhoria contínua, o que os leva a aprender muitos aspectos detalhados sobre seus próprios processos. A primeira coisa que pedem de um jovem engenheiro na Toyota é um projeto de melhoria. Eu não vejo *kaizen* como fonte de economia financeira, apesar de também claramente ser isso. Vejo *kaizen* como uma forma de desenvolver as pessoas para que entendam mais sobre os três primeiros princípios e cheguem a resultados e, como conseqüência, a resultados econômicos. Aí está. Você pediu. Lembre-se, porém, de que *lean* é uma prática mais do que uma filosofia.

– Certo, é um bocado de informação. Mas, devo reconhecer que tem falado sobre essas questões desde o princípio. É que é tão difícil juntar todas as partes.

Phil refletiu a respeito por algum tempo e aprontou-se para partir.
– Muito obrigado por tudo, Bob. E posso telefonar, não é? Se tiver mais algum problema?

– Estarei aqui, Philip. Só não me peça para estar lá de tanto em tanto. Lembre-se do *gemba*! Vai ter que adotá-lo por si mesmo se quiser ir adiante. E não dependa tanto de Amy. Ela tem muita energia, mas a fábrica é sua, não dela.

– *Gemba*, certo. Boa noite!

Meu pai acompanhou-o até a porta e eu andei até o pátio. As luzes da piscina haviam sido desligadas e a noite estava escura como breu. Fiquei parado na laje dura e olhei para as estrelas. A lua nova já estava sumindo atrás das montanhas, ficara apenas um pequeno brilho no espaço. Sem querer, comecei a pensar o que aprendera ao transportar meu pai de lá para cá até a planta de Phil. *Heijunka* ainda não me dizia nada, pelo menos por enquanto. Mas começava a entender o tempo *takt*. Por exemplo, comecei a me perguntar porque fazíamos exames e avaliações apenas no final do curso, exatamente quando não adiantava mais nada. Certamente não era muito nivelado.

Nesse exato momento, envolto pelo doce aroma noturno do mato e sob a rotação das galáxias, refleti sobre duas coisas que já me incomodavam havia algum tempo. Primeiro: mesmo tendo ouvido meu pai dar sermão sobre desperdício sem realmente ter prestado atenção, ao adotar uma atitude *gemba*, lentamente havia me dado conta de que, para cada passo agregador de valor, temos a tendência de dar cinco passos que desperdiçam – um pensamento deveras assustador. 'É uma oportunidade para melhorar", seria a frase que Amy usaria. Segundo, depois de lecionar por tantos anos, eu não tinha confiança na habilidade de meus alunos de resolver coisa alguma.

Surpreendentemente, meu pai, apesar de sua opinião negativa a respeito da maioria das pessoas, esperava que qualquer um fosse capaz de resolver qualquer problema. Entender o fluxo, enxergar o desperdício, resolver o problema e começar tudo de novo. Em geral, minha formação acadêmica fora sobre como os problemas da humanidade eram essencialmente insolúveis – cheguei à conclusão de que era um estranho reflexo de algum pecado original. Mas, não era verdade. De forma localizada, resolvêramos a questão da fome, baníramos a escravidão, e duas democracias nunca haviam declarado guerra uma contra a outra. Para um pensador crítico profissional, havia algo de profundamente perturbador na crença simples que meu pai tinha de que sua equipe poderia resolver basicamente qualquer coisa. Defina o valor, entenda o fluxo, enxergue o desperdício, resolva as questões e comece tudo de novo. De forma confusa, senti que havia esperança nessa sutil procura por perfeição. Parado ali no chão duro e frio, lembrei-me de uma frase de Oscar Wilde em que diz que estamos todos na sarjeta, mas alguns de nós enxergam as estrelas que, nessa noite, não me pareceram tão distantes assim.

– Sabe que demitiram Kevin Morgan? – perguntou Amy enquanto se acomodava no velho sofá de couro, deixando sua bandeja de salada e água mineral na mesa em nossa frente.

– Phil me disse que ele pediu demissão.

– Pediu demissão uma ova! – ela fungou com irritação. – Aquele pilantra do Pellman. Depois daquela demonstração de forças do outro dia, ele largou seu companheiro como uma meia velha. Pellman sabe se ajustar aos humores de Matt. Ele me dá arrepios.

– E como você se sente? Aliviada?

– Culpada seria a palavra mais exata. Deveria ter feito mais esforço para que ele se encaixasse na mentalidade *lean*, mesmo sendo um idiota arrogante. Ele certamente não merecia ser tratado daquela forma. É que Pellman incentivou-o a desafiar Phil por motivos próprios, até que viu os ventos mudarem e então, até logo meu caro.

Passara a manhã na universidade organizando a papelada que acumulara na minha mesa e ela havia telefonado para que almoçássemos juntos. O restaurante era do outro lado da rua da universidade e cheio de estudantes que tiravam um tempo para descansar, tanto os descolados quanto os rebeldes, os barulhentos e os indiferentes. Amy parecia mais jovem quando cercada de pessoas que eram mais próximas de sua idade. Tirara os sapatos e havia dobrado as pernas sob o corpo no sofá, atacando sua salada enquanto eu mastigava meu sanduíche. Ninguém a consideraria bela, nem sequer bonita, de uma forma convencional, mas, sem dúvida, possuía uma graça simples e natural, uma leveza de espírito.

– Seu pai realmente moveu aquelas duas prensas? – perguntou sorrindo daquele jeito radiante que tinha.

– Com suas próprias mãos.

– Que pena que perdi essa cena –, riu. – Pelo menos para ver a cara do Dave.

– E como está funcionado?

– Muito bem, pelo que estou vendo. Tem tanto estoque para retirar daquele sistema que não saberemos por algum tempo. Acho que a gota d'água no caso de Morgan veio no momento em que realmente olhamos para o estoque no depósito de peças de entrada e encontramos contêineres de peças de produtos que não produzimos desde que a fábrica mudou de mãos.

– É mesmo?

– Como diria seu pai, *gemba*. Aquele pobre diabo nunca pôs os pés naquele depósito, e as peças nunca apareciam em seu precioso MRP, então nem sabia o que estava acontecendo. Dave é outro homem. Desde a humilhação de Morgan, tornou-se um fanático por *lean*!

– Então está tudo indo bem?

– Não sei –, ela deu de ombros, olhando para a água que lentamente colocava em seu copo. – Está tudo mudado. Não é tão divertido, na verdade.

– O que quer dizer?

– No início era apenas uma brincadeira, mas agora está todo mundo levando isso a sério. O lado bom é que Dave está realmente se envolvendo com tudo e Phil passa muito mais tempo no chão de fábrica, portanto, tenho tido tempo de por meu trabalho de RH em dia. Mas está tudo bem mais tenso.

– Como assim?

– Não sei como explicar –, mordeu seu lábio e olhou para mim. – A empresa estava na beira da falência, mas todos na gerência eram realmente muito simpáticos. Quero dizer que todos se davam bem, de um jeito ou de outro, cada um fazendo seu trabalho. Mas agora, Phil tem todos na linha. Ele espera respostas e quer que os problemas sejam resolvidos, o que trás à tona muitos conflitos subjacentes entre os departamentos. Se as pessoas não conseguem entender bem a situação, Phil diz, "vamos ao *gemba*!", e leva todos ao chão de fábrica. Ele não larga do pé até que todos consigam enxergar o que realmente interessa. O ambiente mudou.

– Não se parece muito com Phil.

– Ele está mudando, com certeza. Eu diria que está menos acessível. E está muito mais exigente com todo mundo.

Phil? Fiquei surpreso. Fora convidado para almoçar na casa dele no fim de semana e tanto ele quanto Charlene pareciam tão descansados como não via há muito tempo. Phil resolvera que sempre chegaria em casa até as seis, fizesse chuva ou fizesse sol, para passar mais tempo com as crianças. "O que adianta ser o chefe se não puder chegar em casa cedo?" dissera. Em geral, parecia muito mais tranqüilo do que estivera em meses. Por outro lado, tendo defendido a idéia de que Phil precisava enfrentar suas responsabilidades, não era de estranhar que isso o mudaria de alguma forma, e não necessariamente para melhor.

– Vai dar tudo certo no final, acho –, ela parecia seguir meu pensamento. – Quero dizer, se ele continuar trazendo à tona todas as besteiras que aquela empresa faz, acabará fazendo as perguntas certas sobre as pessoas que trabalham lá.

– Não está parecendo muito confiante nisso.

– Mas estou. Parte da equipe já está pronta para mais, ansiosos para melhorar as coisas, especialmente no processo administrativo. Uma outra parte não vai agüentar a pressão. O meu problema é que muitos me culpam pela mudança no estilo, especialmente a equipe do escritório. E não é fácil. Sou mulher e bem mais jovem do que a maioria.

– Não tenho reclamações quanto a isso –, brinquei.

– Você é um doce, mas se chegar na hora da limpeza do quadro de pessoal, adivinhe quem vai cuidar disso? É o trabalho de RH que detesto. Portanto, não estou muito entusiasmada com a perspectiva.

– Parece deprimente.

— Não, não é o que quero dizer. É ótimo ver uma verdadeira mudança, e não somente ouvir falar a respeito. E a parte da fábrica está genial. Nunca pensei que me divertiria tanto com coisas concretas depois de ter trabalhado num ambiente pontocom. É difícil, só isso. Mas é muito bom. E isso que apenas tocamos na superfície de *lean*.

— Espera aí. Por favor, não me diga que veio até aqui para discutir a fábrica comigo. Se for assim, está falando com o Woods errado. Eu sou o psicólogo, lembra?

— Sobre o que mais falaríamos? – perguntou, surpresa.

— Sei lá –, respondi, um pouco desconcertado. – Tenho certeza de que podemos conversar sobre outras coisas.

— Por exemplo?

— Não sei. Aquele livro que estava lendo, *Cem Anos de Solidão*. O que achou?

— Nada demais. Nunca consegui terminar. Nem sei porque me dei ao trabalho de começar a lê-lo.

— Ah...

O almoço com Amy havia me deixado com uma sensação estranha de cansaço e não tive vontade de voltar ao meu canto e ao trabalho que me esperava por lá, então dirigi lentamente na direção das colinas para a casa dos meus pais, interessado em discutir as últimas novidades com meu pai. Ele estava no telefone do escritório quando entrei e fez um sinal brusco para que me sentasse enquanto ligava o viva-voz.

— Philip, Mike chegou agora, liguei o viva-voz.

— Oi, estou aqui com Alan que ficou no lugar de Kevin. A equipe aqui havia entendido que *just-in-time* significava replicar na planta exatamente a demanda do cliente. Assim, recalculam todo o MRP quando tem um novo pedido e passam as instruções modificadas de fabricação para Dave.

— Aposto que ele está adorando isso.

— É, não pára de reclamar que a logística fica mudando de idéia a toda hora e que isso cria uma confusão no chão de fábrica. Bem, após nossa última conversa, entendi que ele não está totalmente errado.

– Estou sempre dizendo que MRP não é o problema! Não precisamos de MRP para dirigir a fábrica, precisamos dele para planejar e calcular o que iremos pedir aos fornecedores, de acordo com a lista de materiais. Não há nenhuma necessidade de MRP na fábrica, de gastar o tempo de um operador em atividades que não agregam valor, como inserir números em um computador, e sem esforço de reconciliação, é tudo *muda*!

– Sei, Bob, sei. Entendo tudo isso, mas mesmo que conduzamos todo o fluxo com *kanban* sem instruções do MRP, ainda precisamos saber o que devemos construir a cada dia, e o que pedir aos fornecedores. Estou aqui agora com esse pessoal, o que devo dizer para eles?

– Explique como é feito agora.

– Temos contratos gerais com clientes especificando quantos disjuntores de circuitos precisam, mas depois, eles nos mandam e-mails ou faxes para avisar quando irão precisar deles. Portanto, de forma geral, quando recebemos um pedido, que é a demanda por um número de disjuntores para um local determinado, digitamos o número no MRP que, em seguida, fornece todas as instruções de produção relevantes.

– Você coloca a informação num computador que diz ao Dave o que produzir? – meu pai perguntou a Phil.

– Não é tão simples assim porque também temos que calcular nossa necessidade de peças de acordo com os atuais contratos que temos, para que façamos pedidos para os fornecedores e assim por diante, mas é o que fazemos, sim.

– E nunca pensaram que podem estar dando informações muito irregulares para Dave? E se um cliente usar 10 disjuntores em um dia, mas quer que sejam entregues apenas uma vez por mês? Vocês inserem 200 disjuntores no computador para a semana que vem e vêem o que acontece?

– Houve o som de muita discussão abafada do outro lado da linha. Finalmente Phil voltou e disse: – Não é tão simples assim, mas devo confessar que é mais ou menos assim que fazemos.

– Oh, céus! Está bem, vamos esquecer o MRP por alguns instantes e fazer a pergunta ao contrário. O que Dave precisa saber sem sombra de dúvida?

– O que deve construir na semana que vem.

— Mas, se derem um monte de bobagem para ele, fará seus próprios cálculos, certo?

Mais conversa de fundo.

— É o que ele faz.

Meu pai continuou insistindo. — Então, de forma ideal, que informação é necessária para sabermos o que construir na semana que vem?

— Uma previsão?

— Mais do que isso. Precisamos saber qual o plano de nosso cliente. Veja bem, você não tem tantos clientes assim. Deve ser a tarefa de alguém obter planos de produção semanais ou mensais diretamente do cliente, ao invés de esperar que cheguem os pedidos de expedição.

— Mas, e se não respeitarem o plano?

— Não importa. Eu sei que pretendem construir 50 máquinas que contenham disjuntores STR durante a próxima semana, então, faço a distribuição disso em cinco dias e produzo 10 disjuntores STR por dia.

— Mas eles nunca respeitam isso –, uma voz desconhecida do grupo protestou.

— A idéia toda é que, com o tempo, vão respeitar. Farão qualquer negócio para pôr o atraso em dia para não entregar com atraso para seus próprios clientes. Então, se pedirem somente 40 disjuntores STR nessa semana, pode apostar que pedirão 60 na próxima! Poderíamos até construir 50 nessa semana e segurar 10, e depois fazer mais 50 novamente na semana seguinte, acrescentar os 10 e expedir 60.

— Mas assim estará criando estoque! – a voz parecia furiosa.

— De qualquer maneira já estamos. Se Dave sabe por experiência própria que os clientes podem repentinamente pedir 60 disjuntores em uma semana, como garantia terá 10 a mais em estoque no caso de precisar. Portanto, terá um estoque de 10 disjuntores cada semana para evitar ser pego com as mãos abanando se o pedido vier – o que é a coisa certa a fazer. Bem, se nivelarmos nossa carga, poderemos baixar nosso estoque consideravelmente. Pensem.

Mais discussões abafadas.

— Não estamos entendendo, Bob. Poderia explicar novamente?

– Certo. Imagine que o cliente planejou construir 200 máquinas no próximo mês. Na primeira semana tudo vai bem e ele fez um pedido para 50 disjuntores. Na segunda semana, também pediu 50 disjuntores, mas teve problemas, faltou com algumas entregas e só conseguiu fazer 40. Então, para não manter estoque, na semana n° 3, ele pede apenas 40 disjuntores, certo, já que tem 10 sobrando da semana passada. Mas, na semana n° 4, ele tem que pôr em dia a produção perdida e fazer 60 máquinas. Então ele pede 60 disjuntores para não se atrasar.

– Certo, estamos acompanhando.

– Bem, tudo o que sabem é que às vezes ele pede 40, às vezes 60. Como terão certeza de que sempre conseguirão fazer a entrega?

– Mantendo dez a mais no estoque além dos cinqüenta que pretendem produzir, só por segurança.

– Exato, é a única forma. Porém, significa que, mesmo assim, no final do mês vendeu somente 200 STRs, portanto, terá 10 disjuntores a mais em estoque.

– Entendi –, Phil concordou. – E isso representa mais um dia de produção.

– Então –, disse a outra voz, agora vindo de uma distância maior, – está dizendo que, ao fazer exatamente o que o cliente está pedindo, estamos criando estoque? Como é possível?

– Não se trata de programação. Trata-se de que Dave não pode repentinamente mudar sua própria programação de produção sem causar problemas mais sérios, é isso. Por outro lado, se vocês se derem conta de que o cliente fará um esforço grande para manter seu plano original de construção, fazendo somente 50 por semana, tudo que precisará ter em estoque na terceira semana são 10 disjuntores a mais. No entanto, seus giros serão 20% mais altos do que seria se mantivessem os 10 a mais durante o mês.

– Mas, e se de repente o cliente pedir 70 disjuntores? – a voz perguntou.

– E por que faria isso? – respondeu meu pai, ficando irritado. – Se ele não consegue fabricar 50 geringonças por semana, é improvável que de repente comece a fazer 70. A não ser que tenha fabricado 30 em algum momento, mas, nesse caso, vocês saberão e terão as peças. De qualquer forma, poderão fazer uma análise da variação usual da demanda de seu cliente em relação à demanda média e manter um estoque pulmão que esteja de acordo.

– Mas, e se seu programa de produção aumentar?

– Aí estamos falando de uma coisa bem diferente e é necessário lidar com isso de outra forma. Lembre-se, vão precisar descobrir o que ele pretende fabricar com antecipação, e não ficar esperando que os pedidos caiam na cabeça de vocês.

– E se tivermos nossos próprios problemas? Por exemplo, se um disjuntor não consegue passar nos testes ou algo assim? – perguntou Phil.

– Repito, esse é outro problema –, meu pai respondeu com impaciência. – Se precisarem de estoque de segurança para cobrir seus próprios problemas, bem, criem-nos. Se, em média, estragar a montagem de um disjuntor em 100, quer dizer que, a cada duas semanas, quando pensava que havia produzido 50, na verdade tem apenas 49 disjuntores em condições de expedição. Nesse caso, ainda precisa supor que vai expedir 50. Portanto, mantenha um nível de estoque de segurança de um disjuntor extra e planeje a fabricação de 51 disjuntores a cada duas semanas. Bem, no total, e se der tudo certo na produção, no fim do mês terá um estoque de dois disjuntores a mais. Ainda é bem menos do que 10!

– Então determinamos a média da demanda do cliente em um período de quatro semanas, acrescentamos um pulmão para ter certeza de não desapontar o cliente e, depois, usamos isso para programar a produção?

– Cuidando para manter um estoque de produtos acabados formado pela demanda média, um pulmão de variação de demanda para proteger vocês de altas na demanda do cliente, e um estoque de segurança (para proteger seu cliente das falhas em seu processo). E poderá nivelar ainda mais dividindo sua semana por cinco dias de produção, assim, 50 por semana dará 10 por dia. Depois, subdivida o dia em tempo *takt*, ou seja, a fabricação de um disjuntor a cada 46 minutos, e assim por diante. Entendeu?

– Parece claro. Não sei se vamos conseguir fazer tudo, mas acho que entendi.

– Ótimo. Mais alguma pergunta?

Houve uma discussão longa e intensa do outro lado da linha.

– Não sobre esse ponto por enquanto, Bob. Mas tenho uma outra preocupação.

– Pode falar.

– Espere. Vou encerrar a reunião.

Mais barulho podia ser ouvido.

– Já foram embora. Para ser sincero, estou ficando um pouco assustado aqui. Estamos iniciando ações em toda a fábrica. Agora estou me envolvendo com a logística também. Amy está sobrecarregada e eu estou perdendo a paciência.

Meu pai rodou sua cadeira lentamente, sem dizer uma palavra. Olhamos para o viva-voz do telefone enquanto Phil tentava se articular.

– Sei o que diz sobre *gemba*, mas preciso ter uma visão mais abrangente. Para entender onde tudo isso vai dar. Também sei que o fluxo de informação é tão importante quanto o processo de fabricação, mas está tudo ficando confuso na minha cabeça. Sei que vai parecer uma pergunta muito geral, mas será que sabe de alguma coisa que poderia ajudar?

– Talvez saiba, Philip, talvez saiba. Sabe de uma coisa, vou pescar novamente no sábado, então, se quiser se encontrar comigo no Iate Clube bem cedo, podemos discutir o problema.

– Sim, senhor –, disse Phil com entusiasmo. – Obrigado, senhor.

– E leve Amy. Vai precisar de alguém com inteligência lá!

– Feito.

Cheguei atrasado naquela manhã. O Iate Clube parecia deserto e estacionei ao lado da caminhonete do meu pai, do Porsche abóbora de Phil e do conversível de Amy. O dia havia começado encoberto, e um nevoeiro leve pairava sonolentamente ao redor das ponderosas, rolando em direção ao mar. Quando não os encontrei no bar, fui até o *Felicity* onde os encontrei na cabina em animada conversa com Harry. Até Amy parecia ter superado a ojeriza inicial que tinha do homem grandalhão e estava animadamente rindo de alguma coisa que ele dissera.

– Então, finalmente fizeram alguma coisa em relação a todo aquele estoque? – Harry perguntava para Phil quando subia no barco. Tinha o aspecto absurdo de sempre, com seu imenso barrigão de cerveja e suas pernas esqueléticas, usando uma camiseta pólo impecável e shorts cáqui – como sempre, o perfeito velejador. Pelo menos não usava mais o boné.

– Mike –, disse em voz alta quando me viu subindo a bordo, – já lhe contei como conheci seu pai? Eu era um vice-presidente de compras em Detroit e havia mandado uma correspondência para todos meu fornecedores informando-os que a partir daquele momento precisaríamos estoques em consignação. E esse maluco, que eu nunca vira antes, invadiu minha sala e começou a me dizer, sem papas na língua, o que poderia fazer com minha bela carta. Passou a me dar sermão sobre *lean* e a estupidez de criar estoques a mais que não seriam de responsabilidade de ninguém.

– Não foi bem assim –, protestou meu pai com um sorriso.

– Tem razão. Foi pior! De qualquer forma, foi tão convincente que me vendeu a idéia do mal absoluto que é o estoque. – Harry então se virou diretamente para Phil e perguntou: – Então, já fez alguma coisa a respeito de todo aquele estoque?

– É o que parece. Achamos que teremos nosso estoque cortado pela metade até o fim do trimestre.

– E resolveram a crise de caixa que apresentavam?

– A situação ainda está um pouco instável, mas acho que superamos o pior por enquanto –, disse Phil. – Ainda é muito cedo para dizer como vai ficar a longo prazo, mas aumentamos a produção, assinamos um novo contrato e Matt vai assinar mais um com um novo cliente. Nossa entrada de caixa está bem melhor. E, como sugeriram, estamos estudando como poderíamos nos livrar das linhas de produtos antigos. Tenho muito mais confiança de que vai dar certo –, disse com determinação.

– Não seja tão pessimista –, ralhou Amy. – E aquela prorrogação de crédito que obtivemos do banco na semana passada?

– Claro que temos mais crédito à disposição, mas sempre tem um custo!

– Pode ser, mas o que interessa é que a apresentação que fizemos das melhorias de nossa fábrica realmente impressionou o pessoal do banco. Até Matt ficou impressionado. Notou como ele nos ouve agora que os bancos estão interessados?

Phil riu e empurrou seus óculos no nariz. – Tem razão, Amy, conseguimos um pouco mais de fôlego. E Matt tem sido bem mais aberto desde, bem, desde os últimos acontecimentos –, ele acrescentou sem muita convicção, olhando para Harry de soslaio.

– E os operadores? Qual é o clima no chão de fábrica? – perguntou Harry.

– É difícil dizer, mas tenho duas impressões fortes –, respondeu Amy. – Primeiro: acho que estão começando a entender porque a empresa esteve em apuros. Do ponto de vista deles, os ganhos que obtivemos em produtividade e espaço são irrefutáveis, portanto, ninguém está negando que havia um problema. Em segundo lugar, acho que, aos poucos, estão começando a confiar que nós realmente queremos melhorar as coisas em geral, e não simplesmente ferrar com eles mais uma vez. E já que o assunto é confiança, o que pode me dizer sobre o rumor de que a equipe de gerência vai receber um aumento de 20% enquanto que os salários do resto da fábrica vão ficar congelados? – ela perguntou diretamente a Phil.

– Está certo – ele respondeu com mal-estar. – Não vai acontecer, mas alguns dos dirigentes precisam de dinheiro e então a idéia surgiu.

– Está brincando! – eu exclamei, enquanto que Harry e meu pai riram a valer.

– Bem, meu rapaz, alguém da sua equipe de gerentes não está exatamente confiando em seus esforços –, disse meu pai.

– É –, Harry acresentou, – os ratos estão achando que devem sugar toda a grana que podem do barco antes que afunde.

– Não pode estar falando sério? – perguntou Phil com indignação.

– Abra os olhos, moleque! – respondeu Harry, seus pequenos olhos negros brilhando divertidos por cima de seu imenso nariz, fazendo com que adquirisse ares de duende travesso. – Acontece toda hora. É só olhar em volta. A gerência sabe que a empresa está em apuros, dá a ela um *lifting*, pede dinheiro na forma de empréstimos ou qualquer outra forma de entrada de caixa, paga as pessoas na forma de opções de subscrição ou algo assim, e se presenteia com enormes bônus por ter feito um bom trabalho. Se a empresa entra em falência, a gerência só dá risada, afinal, tem seu pote de mel.

— Não somos assim! — Phil contestou teimosamente.
— Claro que não —, disse Harry, gozando da situação. — Ninguém nunca é!

— Calma —, Harry riu. — Estou sabendo que há muito progresso ocorrendo no chão de fábrica e alguma melhora na situação de caixa, não é? Muito bem! Claro que já sabe o que vai acontecer a seguir?
— O quê?
— Pense um pouco, moleque, disse que sua empresa era lucrativa, mas passava por uma crise grave de caixa, não é?
— Sim, poderíamos ter mostrado lucro, mas por algum tempo, não tínhamos certeza de que conseguiríamos pagar nossos empregados —, relembrou Phil com um arrepio.
— Agora baixaram os estoques e melhoram sua rentabilidade, então o fluxo de caixa aumentou e houve uma certa solução para a crise, estou certo?
— Exatamente. É o que está acontecendo.
— Já pensou como isso está afetando sua rentabilidade a curto prazo?
— Droga, parti do pressuposto que isso apenas acompanharia naturalmente —, Phil lamentou-se depois de um minuto quebrando a cabeça, tirando os óculos e esfregando o rosto com a mão. — Se incluirmos a discrepância de estoque em nossos custos de produção, na verdade aumentamos nosso custo de produção ao invés de reduzi-lo, não é?
— É. Vamos contar seu custo de mercadorias vendidas durante um determinado período, teremos:
— estoque do período inicial,
— mais o custo de materiais,
— mais o custo de mão-de-obra direta,
— mais o custo de produção indireta e, depois,
— menos seu estoque do período final.
— E isso resume seus custos de produção, não é?
— É —, concordou Phil sem ânimo, apesar de que Amy e eu ainda estávamos completamente no ar. Olhei para meu pai que estava nesse momento emendando um cabo, com um ar de total despreocupação.

– Depois, digamos que seu estoque, mesmo estando alto e matando seu fluxo de caixa, estabiliza durante um período e você acaba com a mesma quantidade no fim do período do que tinha no começo. Vai se autocancelar nos custos de produção. Vai ter que se responsabilizar apenas pelo custo de materiais, mão-de-obra direta e custos de produção indiretos para compensar as vendas.

– Entendi sua linha de raciocínio. Mas, e se eu cortar meu estoque pela metade nesse período?

– Supondo que todos seus outros custos permaneceram iguais, o estoque de período final que irá subtrair será metade daquele do período inicial. Portanto, terá um aumento em seus custos de produção no mesmo nível de sua redução de estoque. Pelo jeito, não contou isso a ele, Bob. O que anda ensinado a esses jovens?

– Bem, Harry, achei que ele já tinha tanta coisa no prato naquele momento. De qualquer forma, isso somente acontece no primeiro período. Depois, seus estoques se equilibram novamente e tudo fica bem. E não se preocupe, lembre-se de que aumentou as vendas, então, provavelmente ainda está rentável.

– Não termina nunca? – reclamou Phil com ar aflito.

– Que é isso, moleque –, Harry zombou animadamente, levantando-se com estardalhaço. – Alguém está a fim de uma bebida? Essa é a parte divertida. Se fosse para qualquer um, todos seriam ótimos.

– Queria conversar sobre manter uma visão geral das melhorias, certo?

– Certamente preciso de alguma ajuda nessa área –, Phil anuiu. – Tenho a impressão de que estamos fazendo tanta coisa ao mesmo tempo, que estou com dificuldade de ter uma visão mais abrangente.

Meu pai vasculhou à sua volta atrás de um pedaço de papel e começou a rabiscar na parte de trás de um velho bloco até que Phil passou-lhe seu caderno.

– Vou lhe mostrar uma técnica que a Toyota nos ensinou: análise do fluxo de material e informação. Agora é mais conhecido como mapeamento de fluxo de valor. Estava me dizendo que tem dificuldade de enxergar o quadro geral das coisas? Acaba acontecendo, não é? As árvores escondendo a floresta.

– Tem razão. Não consigo manter o foco adequado.

– Uma visão de cima. Deve ter a capacidade de passar da visão ampla para o detalhe no nível de *gemba* e vice-versa. O segredo é o seguinte: o mapa do tesouro para sua mina de ouro. É algo que os engenheiros da Toyota somente nos mostraram depois que já estávamos adiantados com tudo isso –, disse meu pai quando voltou com a caneca cheia. – Como já disse, chamavam-no de análise do fluxo de materiais e informação (MIFA – *materials and information flow analysis*).

– Que palavrão –, murmurei, sem ninguém prestar atenção em mim.

Amy desceu do teto onde estivera descansando e espremeu-se no espaço ao meu lado enquanto todos nós nos aproximávamos na cabina para ver o que meu pai estava desenhando.

– De certa forma, vai querer representar todo o fluxo de valor num mapa para entender onde seu ouro está trancando e em que ponto precisa fazer com que flua. Por exemplo, podemos desenhar a situação original de sua fábrica quando começamos. Primeiro, seu fluxo de material, depois as pilhas de estoque que havia entre os processos e, por fim –

– Está vendo apenas o STR? – Amy interrompeu.

– Sim, é um mapa de fluxo de valor. Estamos mapeando como o ouro flui pela mina de ouro, a cada fluxo, de uma família de produto entre muitos, então, só vou me preocupar com o STR nesse momento. Vamos desenhar um por um. Depois, faremos o STR-X e o QST.

– Está bem, esse é o fluxo de produtos.

– Bem, o mais importante é também acrescentar o fluxo de informação. Como fica sabendo o que produzir e quando.

– Pedidos de produção calculados pelo MRP –, disse Phil.

– Certo. Vamos incluí-los no desenho.

– Não esqueçam de incluir as prensas e os gabinetes nos seus mapas. Também precisam deles para construir as unidades completas.

– Veja, é assim que se parecia seu fluxo de STR quando começamos. (*Ver mapa na parte de dentro da capa*). À medida que avança, pode acres-

centar todo tipo de dado quantitativo para tornar o mapa mais preciso, como:
– pessoal,
– tempo de ciclo,
– estoque,
– taxa de refugo,
– tempo de troca, e assim por diante.
– Entendi –, disse Phil.
– Muito bem, agora pode desenhar um novo mapa com todas as melhorias que fez no fluxo.
– Quer dizer o supermercado e *kanban*?
– Exatamente.
Ficaram trabalhando nisso por algum tempo e apresentaram um quadro muito diferente.
– O que vocês vêem nesse novo mapa?
– Bem, fizemos muita coisa boa, mas ainda tem essa pilha imensa em torno das prensas que temos que organizar.
– É isso aí. É assim que se mantêm a visão geral: desenhe um mapa. Se desenhar esse mapa regularmente, poderá ver como está fazendo mudanças e progredindo!
– É absolutamente genial, Bob! Por que não nos falou disso desde o início? – exclamou Phil com entusiasmo.
Meu pai simplesmente deu de ombros.
– E posso estender isso para que inclua o que está acontecendo com meus fornecedores, não é? – continuou Phil, animado. – Assim posso mapear toda minha cadeia de fornecimento!
– Pode, claro que pode. Com o tempo. Mas deve começar com seus próprios processos antes de passar para coisas maiores. E não se esqueça, é apenas um mapa.
– E o mapa não é o território, assim como a palavra não é a coisa em si, e a palavra gato não arranha –, comentei. Todos me olhavam sem reação. – Semântica elementar! – expliquei para me defender enquanto todos zombavam de mim.

– O mais importante desse mapa não é apenas o que está acontecendo com seu fluxo de produção, mas entender como o fluxo de informação controla o fluxo de material.

– No caso, como o MRP cria estoque? – perguntou Amy.

– Exatamente. Basicamente, o que o MRP faz é simplesmente computar a fórmula mágica: produção necessária é igual à demanda do cliente menos estoque mais estoque de segurança.

– Essa fórmula perfaz o total para calcular a quantidade de pedido econômico e depois envia os resultados continuamente para todos os computadores que existem na fábrica, o que determina quais operadores devem produzir quando Dave não está dando uma contra-ordem –, meu pai explicou enquanto marcava as conexões de informação da logística até a planta.

– Certo, agora sabemos que isso não funciona tão bem –, disse Phil. – Acho que o computador nunca sabe exatamente o que tem no estoque. Afinal, apenas sabe o que inserimos nele. Lixo entra, lixo sai.

– Isso é uma excelente forma de raciocinar *gemba*. É uma parte. A outra coisa que tende a acontecer é que se, de alguma maneira, o pedido do cliente afeta aquilo que o computador considera ser o estoque de segurança, enviará um pedido para suprimento de estoque, acrescentando a isso o que é necessário para reabastecer o nível de segurança, tudo de uma só vez.

– Assim, repentinamente temos um pedido imenso de produção. Agora entendi porque quer eliminar o MRP e trabalhar com *kanban*.

– Calma aí, Philip –, meu pai respondeu. – Não vai querer eliminar seu MRP. Eu certamente nunca sugeri isso. Precisamos do MRP para calcular a demanda de peças compradas e produzidas. MRP ainda é essencial para elaborar previsões para o planejamento de pessoal e para seus fornecedores. Simplesmente não queremos que calcule o programa de produção ou que emita pedidos de produção, já que não foi projetado para lidar com nivelamento. Mas, essa não é a única coisa...

– Sei, *gemba* –, disse Phil, que aprendia uma lição de cada vez, mas ficava aflito como um cachorrinho cuidando de seu osso. – Os cartões nos mantêm próximos do *gemba* para que possamos ver o que está havendo e se estamos adiantados ou atrasados. Se estiver tudo no computador, não teremos idéia.

– Acho que você está no caminho –, meu pai concordou com um sorriso satisfeito.

– Já terminou? – gritou Harry da doca ao voltar do clube com um pacote de cerveja em cada mão.

– Quase! – meu pai gritou. – Bem, não esqueça de manter controle sobre todo o *lead time* na parte inferior do mapa, assim com identificar o tempo de agregação de valor. É isso que dirá se está progredindo. Lembre-se de que tudo que for valor não agregado é, ao fim e ao cabo, desperdício, e aparecerá no *lead time* total.

– Assim como quando levávamos as peças lá do local de placas para o depósito e as trazíamos de volta para a etapa de moldes.

– Sim, senhorita. Se não estão fazendo mais isso, já reduziram consideravelmente o tempo que não agrega valor, e, portanto, aumentaram sua capacidade de resposta. No fim das contas, o motivo para termos estoque é que nosso tempo de resposta de produção é muito mais lento do que o intervalo de compra do cliente. Se pudesse produzir instantaneamente no momento de um pedido, com um *lead time* próximo a zero, não precisaria manter nenhum estoque.

– Não havia pensado dessa forma –, Amy riu. – Mas é evidente. E, se recebemos pedidos enormes subitamente, temos ainda mais dificuldade de entregar na hora, portanto, precisamos manter um estoque ainda maior!

– Isso. Lembra-se da discussão que tivemos quanto à mensagem que está passando para os clientes?

– Prefiro não lembrar! – ela respondeu com uma careta de desaprovação, o que fez meu pai sorrir.

– Bem, certa vez visitei uma fábrica de caminhões para a qual tentávamos vender peças. Quando cheguei no local, a primeira coisa que vi eram filas e filas de caminhões estacionados no pátio, sem pneus. Perguntei ao gerente de produção o que estava acontecendo, e ele disparou insultos contra fornecedores que não entregavam no prazo. Acho que ele estava tentando me enrolar, mas sugeri que ele falasse com a pessoa que realmente fazia os pedidos de pneus. Ele ficou curioso e finalmente chegamos no assistente cuja tarefa era enviar o fax para o fornecedor de pneus na quantidade pedida. Num determinado período de tempo, seus pedidos eram 0, 0, 0,0,0, 160, 0, 0, 0, 0, 0, 160, 0, 0, 0, e assim por diante.

– Ou seja, apesar de seus caminhões serem fabricados num determinado ritmo, os pneus eram pedidos em lotes grandes e irregulares? – ponderou Amy.

– Exatamente. Quando perguntamos para a assistente, que enviava os pedidos por fax, como ela trabalhava, disse que recebia uma programação de pedidos semanal direto do MRP. O único jeito que o fornecedor tinha de entregar os pneus seria manter um enorme estoque de reserva.

– Tenho certeza de que fazemos o mesmo –, resmungou Phil.

– É muito provável. Tudo o que fazemos começa pelo cliente. Portanto, para dar início à sua análise do fluxo de materiais e informação, deve preparar uma folha de cálculo com todas as informações que precisa saber a respeito da demanda de seus clientes, tais como, produto, cliente, demanda média semanal, demanda média diária, quantidade de entregas, quantidade por contêiner, e assim por diante. Depois, pode fazer o mesmo a cada passo da produção, na solda, por exemplo, com produto, demanda semanal do cliente, demanda diária, conteúdo de trabalho, tempo *takt*, tempo de ciclo, tempo de troca, e assim vai. Depois, pode identificar todos os estoques no processo e avaliá-los com o tempo. Por fim, não esqueça de fazer uma estimativa de transporte, em relação à freqüência de transporte, os horários dos caminhões e quantos desses chegam em um período determinado, e quantos existem entre o pedido e a resposta a esse pedido.

– É extremamente específico –, comentou Phil.

– É o que importa –, respondeu Harry, abrindo uma lata. – Faz com que conheça seu processo em cada mínimo detalhe.

– E o mesmo se aplica ao fluxo de informações. Primeiro, distinguirá informação provisória de informação firme. Deve anotar a freqüência com que recebe a informação, a data e a hora em que chega, assim como seu horizonte de tempo.

– Aposto que a logística nem tem idéia disso tudo –, Amy deu uma risada.

– É bom descobrirem –, Phil enfatizou. Será que ele havia mudado *tanto*?

– Não seja tão duro com eles em relação a isso. Ninguém havia pedido algo tão detalhado para eles antes. Mas essa é a oportunidade para entender exatamente como a informação flui. A maioria das empresas simplesmente supõe que isso acontece, mas não se dão ao trabalho de entender mais a respeito.

– É como *kanban*, de certa forma –, comentou Phil. – Estava pensando nas regras de *kanban* de Ohno. Sabe, que cada contêiner na fábrica deve ter um *kanban* em anexo. Devemos saber exatamente onde as peças estão, de onde vem, para onde vão, e qual a freqüência. É a mesma coisa com a informação.

– É igual. Não dá para especificar uma sem a outra.

– Um outro modo de ver a coisa é que as empresas tendem a ser muito conectadas –, meu pai acrescentou introspectivamente. – Como a informação circula pelo local a toda hora, cada vez que tocar em um aspecto, todo o resto é afetado, de maneiras estranhas. Um efeito colateral é que toda decisão se torna muito política. Os *links* de informação, no entanto, são muito soltos. A informação é transmitida na hora do cafezinho, ou por um telefonema, e assim por diante. O que estamos tentando fazer aqui é controlar o fluxo de informação: o fax é enviado uma vez por semana na terça às 10 da manhã e a previsão tem validade de oito semanas. Isso é realmente específico. Bem, se fizermos isso, também podemos desvincular operações e obter mais reatividade local, em vez de tudo ser empurrado com a barriga e terminar na mesa do chefe. Basicamente, podemos criar um sistema que funciona com base nos reflexos.

– Seria uma bênção –, disse Phil com convicção.

– *Heijunka* não é apenas uma técnica, Philip –, disse meu pai, rabiscando em outra folha de papel, – é uma maneira de pensar!

– O que quer dizer? – perguntou Phil, sentindo seu mal-estar habitual diante de frases de efeito.

– É evidente –, Amy interrompeu, – que se quisermos nivelar nosso fluxo de produção, precisamos nivelar o fluxo de informação, não é?

– Exato. Não há como nivelar o fluxo de produção se recebermos constantemente notícias de última hora da logística ou de vendas. Devemos saber qual a fonte mais confiável do cliente o mais cedo possível e inseri-la em nosso processo de planejamento de produção, em nosso próprio fluxo de produção.

– Como isso é feito?

– Já falamos sobre isso pelo telefone, Philip. O cliente tem seu plano de produção, não é um segredo de estado. Simplesmente peça a ele. Idealmente, precisa de dois tipos de informação: previsão e firme. Se pedir, seus clientes lhe darão uma previsão. Suas plantas também lhe enviarão pedidos firmes de entrega. A partir das previsões, poderá elaborar um plano de alto nível para cobrir os próximos meses. Está me dizendo que há probabilidade de um novo contrato? Ótimo. Quando Dave saberá disso?

Amy caiu na risada, enquanto Phil resmungou alguma coisa sobre manter Dave informado.

– Tem razão –, admitiu. – Deveríamos manter reuniões de planejamento regularmente, mas nunca ocorrem quando devem, e de qualquer maneira, são uma confusão.

– Bem, digamos que esteja produzindo 1.000 disjuntores de circuito por mês e, com o novo contrato, esse número passe para 1.200. Como saberá se sua fábrica pode lidar com isso? Tem sorte de não ter qualquer tipo de restrição quanto à capacidade nas prensas, ou em outro lugar.

– Temos os fornos para as cápsulas de vácuo –, lembrou Phil.

– Então, aí está. Dá para absorver os 200 disjuntores a mais no próximo mês? E você precisa contar com o número atual de trabalhadores capacitados. Poderão fabricá-los? É a mesma coisa com os fornecedores principais.

– Está bem, entendi o que quer dizer.

– O ideal seria começar a pensar em produzir uma previsão semanal para um período de dois meses, e uma programação de empresa para esta semana, a cada semana. Bem, o paradoxo do nivelamento é que, por um lado, ao produzir lotes cada vez menores e com mais freqüência, nos tornamos mais flexíveis, e por outro, queremos evitar as variações dentro do possível. Ou, se houver variação, vamos querer absorvê-la lentamente.

– Como assim? – perguntou Phil.

– Bem, passar de 1.000 para 1.200 é um grande passo, um aumento de 20%. Estará baixando seu tempo *takt* de nove para sete minutos e meio. Poderia fazê-lo imediatamente?

– Não tenho certeza –, respondeu Amy com o rosto sério. – Certamente é um passo e tanto.

– No entanto, se começarmos agora, podemos dividir o aumento, que seria de um mês com 1.000 para o próximo com 1.200, proporcionalmente para que fiquem dois meses com 1.100, o que dá um tempo *takt* de 8 minutos e pouco, é um passo bem menor.

– Mas essa notícia não está confirmada ainda! E estaríamos juntando estoque!

– Não estou lhe dizendo para fazê-lo. Apenas que pense a respeito. Seguir o método *heijunka* significa evitar picos e vales. É uma abordagem de duas frentes: primeiro, você nivela sua produção para evitar o pico de um componente e depois um vale. Segundo, tenta diminuir variações de mercado de grande escala para que fiquem mais palatáveis, ou, pelo menos, mais fáceis de absorver. Está entendendo?

– Acho que sim –, resmungou Phil sem muita certeza, anotando tudo com muito empenho em seu caderno. – Porém, se fizermos assim, veremos que muitos de nossos problemas provêm do que nossos clientes nos dizem. Se simplesmente nos passassem previsões confiáveis e claras –

– Previsões confiáveis? – repetiu Harry com sarcasmo. – É mais fácil acreditar no Saci Pererê. Só há duas maneiras de fazer isso. Ou você acredita que é culpa de seu cliente ou de seu fornecedor que está metido nessa confusão e tenta fazer qualquer coisa em seu poder para forçá-los a se acomodar a seu jeito.

– O que Kevin tentava fazer com nossos vendedores –, murmurou Amy.

– Ou –, completou meu pai, – você se ajeita e lidera os outros com seu exemplo. Escolha seu lado!

– Tem uma certa profundidade nisso, na verdade –, reconheci com surpresa.

– O que quer dizer? – perguntou Phil desconcertado.

— Bem, como psicólogo, acredito que há duas atitudes básicas nas pessoas. Um tipo de pessoa põe a culpa do que acontece com eles em todos ao seu redor e tende a se tornar uma vítima profissional — ou um valentão. O outro tipo acredita que, aconteça ou que acontecer, é sua responsabilidade melhorar ou lidar melhor com as novas circunstâncias. São atitudes muito profundas em relação ao mundo, e vou concordar com meu pai nesse caso —

— Aleluia —, riu Amy.

— Divide as pessoas em dois lados opostos.

— Disciplinar os outros *versus* melhorar a si mesmo. Gostei disso! — disse meu pai.

— Chega! — bradou Harry. — Vamos pescar! Chega de filosofia.

— Ouviram? — grunhiu meu pai. — Saiam de meu barco!

— Ouçam —, perguntou Amy — posso me juntar a vocês?

Ambos a olharam num misto de surpresa e desconfiança. Phil e eu apenas ficamos embasbacados.

— Para pescar?

— Na verdade, eu ficaria pegando sol.

— Sem falar de negócios?

— Juro, sério. É uma manhã linda. Não atrapalharei vocês. Ficarei na frente me bronzeando. Por favor, por favor?

Harry mal se continha para não rir. Meu pai limitou-se a dar de ombros e levantou-se para dar partida enquanto descemos do barco, incrédulos.

— Que sirva de lição para vocês jovenzinhos —, vangloriou-se Harry. — As mulheres sempre preferem a experiência à imaturidade da juventude.

Ficamos parados no píer enquanto meu pai desamarrou os cabos de atracação e guiou o *Felicity* mar afora. Amy abanou para nós animadamente da proa.

Phil e eu voltamos ao bar do clube onde pedimos alguns sanduíches. De onde estávamos, podíamos ver o *Felicity* saindo lentamente do acesso protegido da enseada em direção às vagas. O sol era ameno, o ar, fresco, e decidimos voltar para o local dos barcos e sentarmos no píer de madeira, nossas pernas penduradas por cima da água. Por um segundo, sentimo-nos como crianças novamente, observando as ondas se formar, juntar-se e quebrar nas colunas de madeira aos nossos pés.

– E então, convidou-a para sair?

– Como?

– Amy. Convidou-a para sair?

– O que o faz pensar...?

– Está claramente interessado nela, e acho que ela não se importaria. Vamos lá, não está na hora...

– De alguém não se intrometer? – retruquei.

– Calma. Só estava perguntando.

– De qualquer forma, o que uma moça inteligente e ambiciosa como ela iria querer com um rato de biblioteca rejeitado como eu?

– Sei lá –, concordou Phil. – Mas nunca saberá se não a convidar.

Ah, tive que admitir que ele tinha razão quanto a isso.

– E você? – perguntei, louco para mudar de assunto. – Como vão as coisas hoje em dia?

Deu outra boa mordida em seu sanduíche e mastigou pensativo.

– Estão bem, no geral. Ainda temos enormes dívidas, mas a crise iminente parece ter se dissipado. Nossos giros de estoque aumentaram de 10 para 17, então, todos estão felizes. Seu pai encaminhou uma verdadeira revolução no chão de fábrica e Amy está obrigando todos a pôr isso em prática. Até Dave tem boas coisas para dizer a respeito.

– E em casa?

– Você viu com seus próprios olhos. Charly está ocupadíssima, como nunca antes, os primeiros dentes do bebê estão saindo, e os gêmeos sempre ganham de mim em todo jogo de computador que existe –, ele tomou um gole de sua cerveja e continuou. – Uma oportunidade estranha surgiu, na verdade. Outro dia, um de nossos clientes visitava a planta e ficou muito impressionado com o trabalho que fizemos. Fizeram uma discreta oferta a Matt. Achamos que talvez queiram comprar a planta e pagar um bom preço.

– É mesmo? O que Matt acha disso?

– Matt? Você o conhece. Ele chegou à conclusão de que, se estavam tão interessados, a empresa deve valer o dobro, portanto, devemos nos manter firmes e tentar abrir o capital.

— E o que você achou?

— Para ser sincero, não sei bem. Tem havido tanta pressão, tanto estresse. E ainda temos muitas dívidas. Às vezes, gostaria de voltar ao trabalho de laboratório, pelo menos era mais simples. Mas, se vendêssemos agora, não sei bem o que eu gostaria de fazer –, ele hesitou e olhou para o horizonte. — Também devo dizer que, com todo esse negócio *lean* que seu pai está nos ensinando, estou curioso para saber até onde vai nos levar, agora que vi os resultados imediatos que conseguimos alcançar. Só que agora que ele decidiu não se envolver diretamente…sei lá.

— Até onde vai levar? – fiz a mesma pergunta a meu pai há algumas semanas. Ele deu uma risada antes de responder: – Vai até onde quiserem ir. Não se preocupé, vão parar bem antes de esgotarem todas as melhorias. Mais cedo ou mais tarde, cansarão, ou encontrarão um obstáculo que não terão vontade de enfrentar.

— Eis algo para enfrentar com grande expectativa –, pensei assustado.

Capítulo Dez

KAIZEN PARA SEMPRE

— Dá para acreditar?! — disse Phil, furioso ao sentar na parte de trás do carro. — Ela saiu! Pediu demissão!

— Sei —, disse com calma.

— Como é que... — ele começou a perguntar, me encarando com desconfiança.

— Porque eu lhe contei —, disse meu pai, dando partida no motor e manobrando, me livrando de ter que dar explicações. — Amy me pediu para fazer uma carta de recomendação.

— E você...?

— O que você acha? — ele disse. Meu pai chegou a parar o carro e se virou para olhar para Phil para dar mais ênfase ao que ia dizer. — Gosto daquela garota. Foi procurada por uma firma de consultoria que está tentando construir uma prática de produção *lean*. Vão dobrar seu salário, Phil.

— Mas —, respondeu Phil, quase sem saber o que dizer, — ela era a força motriz por trás de tudo que já fizemos na planta. Eu pensei que...

— Vamos ser honestos: ela não recebia muito reconhecimento —, comentei, direto ao ponto.

— O que quer dizer? — ele respondeu irritado.

— Será que se dá conta de como era atacada, apesar de todos seus esforços? Como ela se sentia mal quando a gerência a tratava de forma condescendente ou a ignorava? Notou como estava cansada ultimamente?

— Estamos todos sofrendo com a pressão —, ele respondeu num tom de voz baixo. Senti que ele ficaria amuado, como sempre.

Dirigimos em silêncio por algum tempo até chegar na estrada.

— O que vou fazer sem ela? — ele perguntou em um tom de voz tão queixoso que subitamente voltei àquela noite chuvosa, há tão pouco tempo atrás, quando aparecera na minha porta numa embriaguez desesperada. Phil era um cientista brilhante, o dirigente de uma empresa tecnologicamente sofisticada, uma pessoa de quem dezenas de pessoas dependiam para seus empregos. No entanto, nesse momento, era meu velho amigo dos tempos de colégio, magoado, sentindo-se traído porque um de seus amigos havia ido jogar em outro time de futebol.

— Pare de reclamar, pelo amor de Deus! — bradou meu pai, com aquela empatia habitual dele. — Não entendeu ainda, não é? Cresça!

— Entender o quê? — respondeu Phil no mesmo tom.

— A sua tarefa. Administrar a empresa. As pessoas vêm e vão. Sua responsabilidade é manter tudo funcionando. *Essa é a sua tarefa.*

— E como espera que eu faça isso? No fundo, sou apenas um físico, droga.

— Isso deixa de ser verdade no momento em que assume um negócio. Ou é um líder ou já era –, respondeu meu pai. Mantive meu olhar na estrada, em silêncio, irritado com ambos: com Phil por se recusar a reconhecer que teria que assumir suas responsabilidades algum dia, e com meu pai por sua falta de jogo de cintura, para não dizer, tato.

— Estou apenas começando a aceitar esse fato –, Phil disse depois de alguns segundos, numa voz mais calma. — Mas é como o trabalho com o *lean*. Simplesmente não sei como fazê-lo.

— Bem –, disse meu pai, apaziguado, — nesse caso em particular, uso o modelo dos três quadrados.

— Três quadrados?

— Sim, pense em cada um dos funcionários que está em sua folha de pagamento e faça duas perguntas:

— Onde devo colocá-los agora?

— A quem devo colocar em seus lugares?

— As três caixas representam a função atual, a função futura, e quem está fazendo a troca, certo?

— É isso. Pense um pouco. Que lugar Amy ocuparia depois de estar em sua função? Há alguma posição na gerência sênior de sua empresa para alguém tão jovem quanto ela e com sua qualificação, independente de quanto ela se saiu bem em operações?

– Acho que tem razão –, concordou Phil contrariado. – Mas, mesmo assim, ela me deixou mal.

– Bem rapaz, esse é o segundo problema principal da liderança. Sempre se perdem os bons, ou porque são levados por outras empresas ou porque ficam entediados. Uma parte de seu trabalho é pensar constantemente em formas de mantê-los trabalhando com você.

– Qual é o primeiro problema? – perguntei, curioso.

– Elaborar um sistema. Alguma coisa que não dependa do exercício de controle diário. Alguma coisa que contenha a arbitrariedade da gerência.

– Como o Sistema Toyota de Produção?

– Sim, ou procedimentos da marinha. Um sistema que faça com que as pessoas trabalhem juntas como em uma unidade de batalha. Algo como respostas padrão para situações ou problemas comuns. Liderança é transformar isso em algo como espírito de equipe, um sentimento de união.

– Você menciona isso sempre. O quê, exatamente, quer dizer com espírito de equipe?

– Não consigo definir com precisão, mas refere-se à vontade coletiva das pessoas de fazerem o sistema funcionar, ao invés de lutar contra, e do orgulho que provêm disso.

– Algo como o que Glória consegue dos operadores no trabalho que fazem nas células de mecanismos através do Cinco Ss?

– Exatamente. Eles trabalham duro, desenvolvem autodisciplina e têm orgulho do que fazem. É isso.

– Mas como conseguir isso?

– Parte do problema –, ele falou olhando de lado para Phil pelo espelho retrovisor, – é que deve mantê-los na empresa o tempo suficiente para que o espírito de equipe se crie. Para se desenvolver, o espírito de equipe demanda o surgimento de uma equipe razoavelmente estável. Depois de algum tempo, mesmo que discutam e briguem enquanto remoem os problemas, ficarão porque falam a mesma língua, gostam dos mesmos desafios, e, em geral, se divertem para valer. Amy foi embora porque, no fim do dia, ela se decepcionava.

– Como assim? – respondeu Phil amuado. – Sempre estive ao seu lado!

– Mesmo assim, ela se sentia sozinha lutando contra tudo e todos. Não fazia parte de uma equipe. Um herói sozinho não funciona. Um líder apenas não basta. É necessário desenvolver uma equipe de liderança para que o espírito de equipe aconteça. É preciso que não pensem que a grama é mais verde na casa do vizinho, que não imaginem que acharão em outro lugar o mesmo ambiente de trabalho, com os mesmos valores.

– E como faço isso?

– Aí é que vem o segundo problema –, meu pai riu. – Veja, o primeiro problema é criar um sistema. O segundo é achar pessoas que liderem esse sistema. Ache-os, empurre-os, perca-os. Depois, ache outros. É uma dor de cabeça sem fim. É como a guerra. Cada vez que criar um líder, ele, bem, conduzirá suas tropas para a batalha e levará bala. Então, terá que encontrar outra alma corajosa que fará o mesmo. Evidentemente, quanto mais tempo ficar com eles, melhor será o funcionamento de tudo. Porém, também deve se preparar para perdê-los, mas não perder tudo que já construiu. É dureza, mas a alternativa é bem pior.

– É, a alternativa são os generais de retaguarda –, concordou Phil, – e sabemos muito bem como isso funciona!

– Exato. Os grandes generais são os líderes que tiveram a sorte de sobreviver ao fogo do canhão. O que importa é que, como general, seu papel é procurar por talento, sem cansar, reconhecê-lo, impeli-lo para frente e fazer com que todos trabalhem juntos.

– É parecido com a indústria do cinema –, sugeri, pensando em meu irmão.

– É o mesmo problema.

– Está me dizendo que eu dependia demais de Amy?

– Não demais. Estou dizendo que deve começar a pensar como general. Ela se foi, boa sorte para ela. Quem está pensando em colocar em seu lugar?

– Não tenho ninguém por enquanto!

– Bem, já está mais do que na hora de começar a pensar.

– E também sobre o que vai fazer quanto aos seus generais de retaguarda –, acrescentei.

Ele não respondeu, perdeu-se em pensamentos enquanto olhava pela janela aberta, os quilômetros passando. Em nossa região, temos três tipos de clima: céus azuis, chuva e neblina. Hoje estava quente e úmido, havia uma tempestade escura pairando por sobre a baía. A chuva certamente viria. Meu pai detestava ar condicionado e tínhamos as janelas abertas, o ar úmido invadindo o carro. Inesperadamente, meu pai deu uma risada baixa, e Phil lançou-lhe um olhar azedo.

— O que foi? — perguntei.

— Tive uma discussão muito interessante uma vez com o gerente de RH da planta da Toyota para quem fornecíamos. Isso foi quando começaram seus transplantes para os Estados Unidos. Ele me dizia que, ao fim e ao cabo, os empregados, membros de equipe como eram chamados, estavam satisfeitos com o negócio que a Toyota oferecia de "nos dêem tudo de si e cuidaremos bem de vocês". Aqueles que não lidavam tão bem com isso eram todos da gerência. Não recebiam bônus, nem hora-extra, e trabalhavam de sol a sol. E ainda para piorar as coisas, a gerência reclamava que, na verdade, o RH afagava os operários e quase sempre ficava de seu lado nas disputas. Perderam muitos gerentes que saíam com a vantagem extra no currículo de terem trabalhado para a Toyota, que é exatamente o que Amy fez. Portanto, se ela achou um emprego, isso pode significar que alguém por aí realmente acredita que você fez algum progresso!

Meu pai riu de sua própria piada e sorria para Phil que afundava ainda mais em seu lugar, desconsolado.

— Fale-nos sobre esse senhor que vamos encontrar no aeroporto? — perguntei para dissolver a tensão.

Meu pai havia trocado sua caminhonete pelo sedan elegante de minha mãe e havia se arrumado todo. Vestia um blazer alinhado, calças de sarja passadas, uma camisa de brim engomada e, milagre dos milagres, uma fina gravata preta de tricô.

— Tanaka-san é um senhor de uma certa idade, e estará cansado e sentindo os efeitos da longa viagem de avião, portanto, espero que vocês se comportem o melhor possível. Ele vem para falar em uma conferência durante a semana, mas, como nos conhecemos há anos, aceitou, como um favor pessoal a mim, dar uma olhada em sua fábrica, Phil. Não tenha dúvidas de que é uma grande honra.

Honra? Favores? Em que estávamos metidos agora?

Tanaka-san era um homem pequeno e magro com um punhado de cabelo esparso e branco. Vestia um insípido terno cinza todo amassado e caminhava com a cautela exagerada dos idosos. Veio em nossa direção com passos lentos e medidos quando viu meu pai esperando na barreira de segurança. Seu rosto enrugado abriu-se todo com um sorriso largo. Pareciam sinceramente contentes de se verem, trocando apertos de mão e inclinando suas cabeças em uma estranha saudação. Senti-me um imbecil completo quando meu pai apresentou Phil e trocaram seus cartões, lembrando-me de que os meus nunca saiam de sua caixa de plástico dentro da gaveta de minha escrivaninha na universidade. Tanaka-san não parecia se importar com isso e parecia genuinamente contente de conhecer o "Professor Woods", que foi como meu pai me apresentou. Continuou por alguns instantes falando japonês, e, com o canto da boca, perguntei para meu pai o que ele dizia.

— Prazer em conhecê-lo –, foi sua resposta curta.

— Não sabia que você falava japonês tão bem! – exclamei espantado.

— Não falo –, respondeu com impaciência. – Não entendo mais do que uma palavra aqui e outra ali. Tanaka-san sempre insiste que falemos em japonês quando nos encontramos. Ele diz que é bom para mim!

Tanaka riu e conversou animadamente com meu pai em japonês até que se virou para nós e, trocando na hora para inglês, que falava fluentemente, explicou para Phil e para mim que qualquer pessoa que fosse tola o suficiente para tentar aprender japonês deveria ser encorajada por seus esforços. Isso fez meu pai rir inesperadamente. Enquanto Phil e eu ficamos sentados na parte de trás do carro, sentindo-nos crianças novamente, Tanaka e meu pai tagarelavam e trocavam informações sobre o que as pessoas que faziam parte do pequeno e seleto grupo de *experts* em *lean* nos Estados Unidos estavam fazendo. Pelo que meu pai havia me falado desse homem, eu esperara encontrar um dragão amedrontador, mas seu jeito cativante e tranquilo em boa parte dispersou minhas preocupações.

Tudo isso mudou radicalmente quando chegamos na fábrica de Phil. O rosto de Tanaka fechou-se em intensa concentração, tornou-se uma máscara centrada, sem sorrir nem piscar. Ignorou qualquer tentativa que Phil fez de explicar o que a planta produzia ou como funcionava e foi diretamente para as estações de trabalho. A fábrica estava transformada. Haviam isolado mais ou menos um terço da planta, que agora estava completamente vazia e meticulosamente escovada. No início do transportador haviam colocado outro supermercado para os gabinetes. Também haviam transportado a célula de gabinetes para ficar ao lado do transportador, do outro lado das linhas de mecanismos, e agora as máquinas estavam impecáveis. Na frente de cada célula podíamos ver um quadro branco com os objetivos diários por hora, uma fila de *kanban* e alguns indicadores marcados. O amontoado de contêineres de chapas havia desaparecido e, apesar de algumas caixas permanecerem no depósito, estas estavam no chão, enquanto que as prateleiras que alinhavam as paredes estavam visivelmente vazias.

Nada disso parecia interessar muito a Tanaka. Ele ia de operador a operador na linha de montagem de mecanismos, pegava peças e observava o trabalho dos operadores. Caminhando lentamente ao lado da linha de montagem, olhou por muito tempo para o supermercado de mecanismos (que fora reduzido pela metade desde nossa última visita), e ficou um longo tempo empurrando contêineres pelos rolamentos e observando-os rolar até os operadores do transportador. Fez o mesmo ao chegar no transportador onde ficou olhando em silêncio cada estação. Caminhou mais rapidamente ao chegar na célula de montagem de gabinetes e inesperadamente sorriu, exultante, quando pôs os olhos na velha prensa. Murmurou alguma coisa ininteligível no ouvido de meu pai.

– Ele gosta muito de máquinas velhas –, sussurrou meu pai. – Diz que faz com que se sinta mais jovem.

Após aproximadamente uma hora de sua visita silenciosa, Tanaka-san aproximou-se de Phil, que, a essas alturas, estava visivelmente preocupado.

– Você não se preocupa com qualidade? – perguntou com precisão.

– Perdão? – Phil gaguejou, completamente desconcertado.

– Seus gerentes –, ele disse lentamente e com exatidão, – não se preocupam com a qualidade.

– O quê? – Phil estava cada vez mais confuso.

– Seus operadores também não se preocupam com a qualidade. Ou, se eles se preocupam, ninguém se interessou em perguntar o que eles acham.

– Perdão, senhor. Não estou entendendo. É claro que prestamos atenção na qualidade. Temos 100% de inspeção de nossos produtos.

– Não se pode colocar qualidade em um produto pela inspeção –, respondeu Tanaka com argúcia. – Deve *inserir* a qualidade no produto –, enfatizou, apontando para uma estação de montagem.

Phil olhou para meu pai como se pedisse ajuda e este respondeu com um olhar impassível.

– Esta linha pára? – continuou Tanaka-san.

– Agora não. Trabalhamos muito com trabalho padronizado e agora a linha funciona muito tranqüilamente.

– Não pára o suficiente. Tem estoque demais!

Phil olhou para mim chocado. Eu quase não via estoque nenhum na planta além do que se encontrava nos estoques de loja e um ou outro estrado contra a parede.

– Deve pedir para que Bob-san explique o lago e as pedras!

Ele meneou a cabeça para meu pai e fez sinal para que o seguisse até uma curta distância de nós onde tiveram uma conversa intensa e em tom baixo. Tanaka apontava para objetos aqui e ali na fábrica e meu pai concordava com atenção. Finalmente, voltaram até onde Phil estava parado, em estado de choque.

– Muito obrigado pela sua recepção, Phil-san –, disse sorrindo e se curvando. – Fez um trabalho ótimo com esta planta e acho que será uma planta modelo nos EUA, sim?

– Não seja um panaca, agradeça a Tanaka-san –, meu pai sussurrou com impaciência no ouvido de Phil. Phil sorriu e curvou-se enquanto meu pai puxou-me para um lado e disse rapidamente: – Explico depois. Vou levá-lo para o hotel e jantaremos mais cedo. Por que vocês dois não passam lá em casa para um drinque mais tarde hoje à noite?

E saíram sem mais uma palavra de explicação. Phil ficou parado, totalmente desconcertado, lentamente limpando seus óculos com uma ponta de sua camisa e com aquele olhar vazio que tinha quando estava sem óculos. Seu atordoamento era tão cômico que tive que lutar para não sorrir. Espere só até eu contar tudo para Amy, pensei, divertido. Ela vai se dobrar de tanto rir.

– Que visita! – explodiu Phil, chuva pingando de sua roupa, quando meu pai abriu a porta.
– Hmmm. Tanaka-san realmente amoleceu – deve ser a idade.
Amoleceu? Meu pai pegou seu Martini e fez sinal em direção à escada. Levantei-me contrariado de onde estava sentado, pois havia começado a ver um filme com minha mãe, enquanto Phil pegou algumas cervejas da geladeira. O aguaceiro havia começado quando chegava na casa de meus pais, assim, não havendo a possibilidade de sentar em nosso lugar de costume na varanda, fomos até o escritório de meu pai, deixando minha mãe assistir seu filme em paz.
– Tanaka-san foi meu primeiro mentor *lean* –, explicou meu pai. – Naquele tempo eu administrava uma fábrica que fornecia peças para a Toyota e fazíamos parte de seu programa de desenvolvimento de fornecedores. Ele foi o cara que, na sua primeira visita, disse que eu deveria jogar fora meus contêineres grandes de metal e substituí-los por pequenas caixas plásticas, que deveria reduzir meu tempo de trocas pela metade e fazer mais trocas e, apesar do caminhão da Toyota somente passar duas vezes por semana para pegar as peças, que eu precisaria de um movimentador de materiais suprindo a área de preparação para embarque a cada duas horas. Mostrei-lhe a porta de saída da fábrica –, disse meu pai com uma risadinha.
– Entendo porque –, disse Phil demonstrando solidariedade, ajustando seus óculos no nariz repetidas vezes.
– Mas ele teve muita paciência. Meditei a respeito por algum tempo e pedi para que voltasse. Repetiu exatamente as mesmas coisas. Tudo bem, eu disse. Como se faz? Sei que, a partir daquele momento, trabalhamos extremamente bem juntos.
– Ele não parecia muito amolecido na minha opinião –, ri.

— Nunca viu ele em ação. Logo depois de se aposentar veio para cá dar uma palestra em alguma conferência. Como ele não gosta de falar em público, toda sua apresentação era composta de fotos de "antes" e "depois". Impressionaram tanto o presidente de um grande grupo industrial que ele foi direto falar com Tanaka, quando este deixava o pódio, para pedir que fizesse consultoria em sua empresa. Tanaka disse que estava aposentado e recusou. Mas, o presidente não aceitava sua recusa e finalmente conseguiu convidar Tanaka para jantar. Levou-o para o melhor restaurante da cidade, mas, assim que terminaram de fazer seus pedidos, surgiu com a planta de sua fábrica e mostrou todas as melhorias que tinha em mente. Tanaka olhou brevemente e disse algo como "tudo errado!". Então, o presidente implorou mais uma vez que fosse até a fábrica. Finalmente, exasperado, Tanaka-san concordou, contanto que ele calasse a boca de uma vez e deixasse ele comer – aí ele até daria uma passada rápida no chão de fábrica após a janta. Só havia uma condição: eles fariam tudo o que ele mandasse – sem discussão.

Então é dali que ele tirou isso, pensei, achando graça.

— Chegaram na fábrica por volta da meia-noite. Tanaka-san deu uma rápida olhada em tudo e perguntou ao presidente se havia uma equipe de manutenção noturna. "Sem discussão", ele lembrou, se não voltaria direto para o hotel. No final, a equipe noturna passou a noite toda movendo máquinas de lá para cá, criando fluxo, e cortaram o *lead time* em 80%, ou algo absurdo assim. Quando o presidente precisou de alguém para conduzir a transformação *lean* interna, Tanaka-san deu-lhe o meu nome, e foi assim que me tornei VP de manufatura.

— O que ele quis dizer com "meus gerentes não se preocupam com a qualidade"? – bufou Phil, indignado novamente.

— Exatamente isso. Seus gerentes se preocupam com a qualidade?

— É claro que sim –, ele gaguejou. — Você sabe que fazemos de tudo para testar cada um dos produtos.

— É mais uma daquelas perguntas *gemba*? – especulei.

— Bom palpite. É sim.

— Não entendi –, queixou-se Phil.

— Bem, você lembra quando falei do capitão que fica no convés antecipando problemas, em oposição àquele que fica lá embaixo com seus relatórios, seu barco em perigo, mas sabendo o tempo todo exatamente porque?

– Vagamente, mas não entendo o que –

– Quanto tempo um capitão tem para reagir a um problema?

– Não muito, suponho.

– Quanto tempo um gerente tem para reagir se surge um problema de qualidade?

– Já entendi.

– Quanto tempo?

– Sei lá. Algumas horas?

– Mais especificamente. Quanto tempo?

– Até o problema surgir novamente? – esse negócio todo estava começando a me afetar.

– Exatamente. Antes dos operadores recomeçarem seu ciclo.

– Ciclo de um só operador? – repetiu Phil pasmo.

– Claro. Pense um pouco. É o único tempo que você tem antes de começar a produzir refugo.

– Mas ninguém consegue reagir tão rapidamente –, ele protestou.

– Não se estiverem sentados em seus escritórios, claro.

– Mas não podemos estar no chão de fábrica o tempo todo!

– Quando eu administrava uma fábrica *lean*, passava mais ou menos 10 horas por dia lá e apenas duas ou três dessas no meu escritório. O resto do tempo era no chão de fábrica!

– Fazendo o quê? – exclamou Phil.

– Em geral, pensando em como melhorar as coisas. Verificando questões relacionadas à qualidade. Desafiando os supervisores quanto às anomalias, implicando com suas propostas de contra-medidas. Essas coisas. Ocupava meu tempo, pode acreditar.

– E as outras coisas? Sabe, todo o trabalho administrativo com o qual tenho que lidar.

– Boa parte disso desapareceu porque eu pegava os problemas antes de chegarem em meu escritório. Algumas coisas eu simplesmente deixei de fazer, como os relatórios em excesso que o escritório central sempre pedia. Quanto ao restante, bem, duas horas plenas de trabalho é muito tempo.

— E as reuniões?

— Nada de reuniões. Eu odiava reuniões. A maioria era uma perda de tempo.

— Tanaka-san colocou quatro pontos amplos hoje –, disse meu pai. O primeiro é que, se há algum problema, a gerência da fábrica não tem como saber e precisa esperar um relatório que fale a respeito – após o qual, em geral, já é muito tarde. Segundo: você trabalhou muito com fluxo, mas menos com qualidade – o que é culpa minha, já que não falei muito sobre isso, com exceção das caixas vermelhas. Voltando à nossa analogia: você está fazendo o ouro fluir mais no processo, mas ainda perde demais. Terceiro: os operadores não têm procedimentos para corrigir os defeitos automaticamente, e não se pedem as sugestões deles – foi por isso que ele chegou à conclusão de que "os operadores não se preocupavam com a qualidade". Finalmente, seu fluxo corre tranqüilo demais agora, portanto, não está mais fazendo os problemas surgirem. Se reduzir o estoque mais um pouco, os problemas surgirão, o que fará com que a linha pare. Isso não será um grande entrave, porém, porque significa que serão resolvidos.

— Ah, é só isso? Por que ele não disse? – reclamou Phil com um sorriso cansado.

— É exatamente o que ele fez, Philip –, respondeu meu pai.

— Existe um aspecto do Sistema Toyota de Produção do qual não falei ainda –, explicou meu pai com um longo suspiro. – Seu sistema se baseia em dois pilares básicos. Um é o *just-in-time*, no qual você demonstrou visivelmente que tem feito progresso. O outro é o *jidoka*. A idéia central, como você sabe, é que o processo fluxo abaixo vem e pega o que precisa do processo fluxo acima. No entanto, o processo fluxo acima precisa concordar em nunca entregar peças com defeitos.

— Defeito zero.

— Certo –, concordou Phil. – Falamos sobre isso em relação às caixas vermelhas. Você disse que significava tolerância zero para defeitos.

— É quase isso. Se eu estou encarregado de um processo, tenho a responsabilidade de entregar apenas peças em perfeito estado. Bem, há duas formas de fazer isso. A primeira, é claro, é –

– Inspeção.

– Exato. E farei com que a inspeção siga até chegar nos operadores, que eu espero que façam a inspeção de seu próprio trabalho.

– Como se faz isso? – perguntei. Não conseguia imaginar como fazer, na prática, com que as pessoas se responsabilizassem pelo seu próprio trabalho. Era como ir contra a natureza.

– Geralmente com listas de verificação –, ele respondeu. – Com cada operação vem uma lista de pontos que precisam ser inspecionados, que vai desde uns dois ou três pontos até sete ou oito. E os operadores são treinados a seguir um circuito visual para ter certeza de que estão verificando todos.

– Trabalho padronizado mais uma vez!

– Até certo ponto, mas não tente agrupar tudo sob um único conceito. Contudo, isso não é o suficiente. O ponto fundamental é que não dá para colocar a qualidade em um produto pela inspeção. Deve ser construída nele. Há uma velha tradição familiar da Toyota quanto a isso, desde que o próprio Sakichi, o fundador Toyoda que inventou teares automáticos no início do século XX, teve uma epifania. O segredo para que a qualidade fosse inserida em um produto, ele raciocinou, era que o processo parasse cada vez em que se identificasse a não-qualidade. Portanto, fez com que seus teares parassem automaticamente cada vez que um fio quebrava – isso fez com que muita gente corresse para consertá-lo e descobrir porque quebrava, e assim por diante.

– Que é exatamente o que meus engenheiros não fazem porque não sabem que algo está mal até que se passou muito tempo. De qualquer forma, raramente consideram que seja um problema deles –, admitiu Phil com pesar. – Por outro lado, se parássemos a linha completamente cada vez que um operador se deparasse com alguma dificuldade na linha de montagem e conseguíssemos que os engenheiros descessem para ver, certamente ficariam mais preocupados.

– Sei, posso até te imaginar –, brinquei com Phil. – "Vá para o *gemba* e veja por si mesmo!" Adoraria ouvir você dizer isso para aquele Pellman.

– Não duvide que eu faça exatamente isso na próxima oportunidade –, respondeu Phil na hora.

– Este é um aspecto de *lean* que depende de pura fé –, meu pai continuou. – A experiência mostra que, se você investir recursos na resolução de problemas quando aparecem, seus custos gerais cairão, incluindo o custo de mão-de-obra.

– Vai dar trabalho convencer a equipe de gerentes –, reclamou Phil. Meu pai simplesmente deu de ombros.

– Assim como no caso do *just-in-time*, o *jidoka* é um conceito multifacetado. Ele se concentra na quantia da qualidade no produto ao impedir que a não-qualidade ocorra, mas levou a um número de outros desenvolvimentos sistemáticos. Um dos mais visíveis na Toyota são os quadros *andon*, grandes quadros elétricos com números que correspondem às estações de trabalho. Quando um operador detecta um problema na linha, aperta um botão que acende o número de sua estação no quadro. O líder de equipe e o supervisor vêm correndo porque naquela hora têm o tempo equivalente a um ciclo de trabalho para consertar o problema antes da linha parar.

– Quanto tempo dá isso?

– Depende do tempo *takt*, mas eles produzem mais ou menos um carro por minuto, então, não é muito tempo.

– Acha que devemos adquirir um desses para a nossa fábrica?

– Pareceria muito estranho –, meu pai deu uma gargalhada. – Seria artilharia pesada para uma fábrica tão pequena quanto a sua. Além do que, seus tempos de ciclo são bem maiores, você tem dez minutos completos para reagir. Deve pensar em uma forma pela qual os operadores possam visualmente sinalizar os problemas quando os vêem. Poderia ser através de bandeiras vermelhas, sei lá. Algum sinal grande que quer dizer "Venha para cá, tem um defeito".

Bandeira vermelha, Phil sublinhou em seu caderno.

– Sinalizar o problema é apenas metade do caminho, lembre-se. Deve também ter uma regra que diz que, se o problema não se resolver em um ciclo, tudo pára. Ponto final.

– Até resolvê-lo?

– Claro que não. Apenas até que se descubra uma contramedida que garanta que não esteja produzindo lixo. Depois, deve descobrir o que originalmente causou o problema, o que pode ser uma análise bem mais complexa e levar bem mais tempo. Mesmo assim, está parando a linha até conseguir um conserto rápido.

– Isso certamente vai causar alguma pressão – concordou Phil, impressionado.

– Pode acreditar. Já vivi algumas paradas de linha cabeludas, mas, pelo menos, todas as pessoas envolvidas se concentravam em resolver o problema. Faça isso por dez anos e terá bem menos problemas.

– E as máquinas?

– É a mesma coisa, não há diferença. Chamam isso de *autonomação*. Basicamente, passaram por muito trabalho para ter certeza de que suas máquinas possam identificar defeitos e parar. Depois, uma grande luz vermelha se acende e pessoas correm para resolver a situação. Uma das vantagens desse sistema é que libera pessoas de ter que cuidar de máquinas caso quebrem. Uma só pessoa pode lidar com várias máquinas automáticas e intervir somente no caso de falha, ou para carregar e descarregar. Isso já fazia parte de sua forma de pensar desde os teares.

– Um *meme*! – exclamei, pensando em voz alta.

– Como?

– *Memes*. É como se fosse um gene aplicado a conceitos. Um meme é uma idéia central que é transmitida através das gerações, sofrendo mutações pelo caminho. Como o tear que pára automaticamente e que se transforma em várias técnicas um século depois. É o mesmo *meme* com mutações diferentes.

– O STP está repleto dessas coisas –, concordou meu pai, para a minha surpresa. Geralmente os comentários que eu fazia dentro da minha própria área eram recebidos com muita zombaria. Quem sabe ele também estava amolecendo? Era pouco provável!

– Deixe-me ver –, Phil resumia –, tenho que inserir qualidade nos meus produtos. Para isso, devo ter certeza de que não estão sendo passados defeitos pela linha. Portanto, um: os operadores controlam os defeitos, assim como as máquinas, quando for possível. Dois: quando há um defeito, pedem ajuda. Três: se não encontram uma solução no ciclo daquele momento, tudo pára. Dave vai adorar essa!

– Certamente não faz parte de sua cultura. Por outro lado, um líder de equipe que nunca pára sua linha, ou está escondendo problemas de qualidade, ou não os enxerga. Além do mais, lembre-se que são os próprios operadores que apertam o botão que fará a linha parar no fim do ciclo. Se o botão não for apertado novamente pelo líder de equipe porque uma solução rápida foi encontrada, a linha deve parar.

– É uma responsabilidade e tanto para os operadores, não é?

– É envolvimento –, ele respondeu.

– Mesmo assim, é pedir muito dos operadores. Olha, se eu estivesse fazendo a mesma coisa repetidas vezes, também acharia difícil me manter concentrado em encontrar problemas de qualidade.

– Concordo com Phil, pai. Já acho difícil lembrar de desligar as luzes quando deixo uma sala.

– É verdade. Por isso precisam ser ajudados.

– Ajudados no quê?

– Para que evitem erros, é claro –, meu pai respondeu com irritação. – É óbvio que você tem razão. É pedir muito que as pessoas produzam e constantemente verifiquem duas vezes para detectar erros. A idéia é que se instalem métodos no ambiente de trabalho que os ajudarão a não cometer o erro já de início. Toyota chama isso de *poka-yoke*, que é traduzido muitas vezes como à prova de erros.

– Dê um exemplo.

– Bom, seus disjuntores de circuito, por exemplo. Para que servem?

– Entendi. Se houver uma sobrecarga elétrica, eles interrompem o circuito antes do equipamento queimar. Está se referindo a coisas como aquelas tampas à prova de crianças que existem nos remédios?

– Exatamente. Ou bicos de mangueiras com larguras diferentes nos postos de gasolina para que carros movidos à gasolina não sejam abastecidos com diesel. Primeiro você vai estabelecer códigos de cores diferentes para se certificar de que as pessoas sejam menos tentadas a cometer o erro, e depois, encontrará uma forma de parar os operadores se tiverem peças faltando, ou se não estão montando as peças direito, ou se o equipamento não está funcionado bem.

— Tem algum exemplo específico?

— É difícil dar algum assim, teríamos que estar no *gemba*. Mas, em geral, *poka-yoke* de verdade impede que as pessoas façam a operação de forma incorreta. Se isso não for possível, há vários tipos de sinais que podem ser ligados a sensores. Não é o ideal, mas existem vários sensores bem baratos no mercado hoje em dia que podem ser usados para verificar se as peças que está puncionando são do tamanho certo, ou se você está perfurando os buracos certos, etc.

— Onde isso funcionaria para nós?

— Sei lá, Philip. Vai ter que pensar sobre isso sozinho. Mas, olhe para sua linha de montagem de mecanismos. Há muitas pecinhas para serem inseridas naqueles mecanismos. Como vai ter certeza de que nenhuma é deixada para trás? Converse com os operadores, surgirão algumas idéias. Ou na solda. Poderia ter um contador que contasse o número de soldas e que disparasse algum sinal se algumas soldas faltassem no final do ciclo. Pense.

— Onde está Amy quando preciso dela? — resmungava Phil, fazendo milhares de anotações sob a luz fraca do escritório de meu pai. — Achei que já estávamos chegando lá com nossos planos de iniciar uma nova linha naquele espaço que abrimos depois das melhorias.

— É por isso que se chama melhoria contínua — comentou meu pai secamente. — Nunca termina. É isso que Tanaka-san quis dizer por último. Se a sua linha está funcionando tranqüilamente demais, retire um pouco do estoque em processo e aparecerá todo tipo de problema, e assim, poderá resolvê-los. É a mesma coisa com o *poka-yoke*. Torna os problemas evidentes para que possam ser eliminados através de *kaizen*.

— Baixe o nível da água na lagoa e as pedras aparecerão, não é? — comentei.

— Exato. Chegará a odiar essa imagem. Enquanto não chegar nesse ponto, Philip, não fez o suficiente.

— Tem uma coisa que ainda não entendi bem, pai. Do ponto de vista social, como se mantém o pique? Como faz para que as pessoas estejam sempre de olho nos problemas?

– É basicamente uma questão de liderança. Por exemplo, quando eu administrava a fábrica, tomava nota do número de sugestões por pessoa diariamente.

– Você havia mencionado algum programa de sugestões.

– Sim, Tanaka-san disse que seus operadores não se interessavam por qualidade. Na verdade, não está fazendo com que se interessem por qualidade. Você não se importa com a opinião deles.

– Claro que me importo –, Phil respondeu indignado.

– Se é verdade, não está pedindo as sugestões deles.

Não de maneira formal, pelo menos.

– Já ouvi falar de programas de sugestões –, eu disse. – Nunca funcionam. Pelo menos não na universidade.

– E por que não?

– Sei lá. Porque as pessoas não as levam a sério, suponho.

– E por que não?

– Estamos fazendo aquele negócio dos Cinco Por Quês?

– Siga sua intuição, diabos.

– Porque, porque... nunca tem nenhum efeito. As pessoas se interessam pela sua sugestão só na aparência. Pode ter a melhor sugestão do mundo e, mesmo assim, nada será feito. Então, para que se estressar?

– Exatamente. A única maneira das sugestões funcionarem, é se houver uma reação na hora e se conversar sobre isso com os operadores. Rápido.

– Quão rápido?

– Naquela mesma semana. Depois disso, já estão em outra.

– Esqueça. Nunca vou conseguir fazer com que meu setor de qualidade responda as sugestões em uma semana. Ou a manutenção!

– *Gemba* vem primeiro, Philip. Estou lhe dizendo, é um problema de atitude. Lembre-se, quer que o pessoal de qualidade resolva os problemas na linha durante um ciclo de trabalho – isso quer dizer durante o tempo *takt*!

Um suspiro profundo.

– Não é tão difícil. Ninguém precisa de uma resposta definitiva tão rápido assim. O que eles realmente precisam é que você vá conversar com eles. É só isso. De seu ponto de vista, parece que está vendo todos a toda hora. Mas, para eles, você ainda é o chefe, então, quando fala com eles, é uma grande coisa. Pense em como Ester e Glória estão ansiosas para mostrar o que fizeram. Deve se comprometer com seu *gemba* e seu pessoal, Philip, ou não conseguirá que se comprometam com você.

– Está bem, está bem, vou fazer isso. É que, você sabe, o tempo voa!

– Não há tantos funcionários naquela fábrica. É só uma questão de discutir as sugestões diariamente com cada um de seus supervisores. Verá que vão te surpreender.

– Está bem, entendi. Produza pessoas antes de produzir peças.

– E *kaizen* –, acrescentei. – E *gemba*. Mas tem razão, é uma questão de atitude antes de tudo. Entendo que é necessário ser rigoroso quanto a medidas e análises e assim por diante, mas, basicamente, está falando de uma mudança de atitude. Uma atitude das pessoas e uma atitude *kaizen*. E uma atitude *gemba*, não é? E, como psicólogo profissional, posso lhes dizer que mudar a atitude das pessoas não é fácil.

– É por isso que deve tomar muito cuidado com quem trabalha. Na verdade, sempre achei que 50% do negócio é feito de análise, mas também é 50% emocional, se não for mais. É preciso querer fazer as coisas melhor, lá no âmago. Se não, é melhor ir para casa, nem se preocupar. Como se sentiu com a visita de Tanaka-san?

– Para falar a verdade –, respondeu Phil, sério, – me senti extremamente constrangido. Tive raiva e me senti ofendido. Senti que ele me tratou como um idiota completo.

– Será? – perguntou meu pai com um sorriso.

– Sentando aqui agora, em seu escritório, bebendo alguma coisa, de caneta e papel na mão, vejo que estava simplesmente me ensinando algo. Mas lá, no chão de fábrica, não aceitei muito bem. Senti que estava sendo diminuído diante do meu pessoal.

– Sei, no início ele também fazia com que me sentisse mal todas as vezes que a gente se encontrava –, meu pai confessou com uma risada. – Até me dar conta de que eu é que tinha um problema de atitude, não ele. No fim das contas, hoje em dia acredito que é o principal empecilho para *kaizen*. Temos uma dificuldade cultural em desafiar o que já fizemos.

Afinal, já é difícil o suficiente produzir o troço para começo de conversa, então, o que mais podemos esperar, não é?

– Entendo perfeitamente. É como o caso dos engenheiros que detestam o Josh por causa de todas as questões de qualidade que passa para eles –, concordou Phil. – Já é difícil fabricar os disjuntores, foi o que um dos engenheiros teve a audácia –

– Ou ingenuidade –, interrompi.

– É, ou ingenuidade de me dizer, quando pedi para que resolvesse uma das questões de Josh rapidinho.

– Ninguém gosta de ser criticado. Especialmente nessa nossa cultura em que sempre temos que nos sentir bem, *feedback* negativo é proibido. O problema não era tão sério no meu tempo, mas agora é um problema. Há muito tempo tenho uma forte suspeita de que a legitimidade da crítica fazia parte intrínseca do sucesso permanente da Toyota. *Kaizen* só acontece se as pessoas estão preparadas para desafiar o que acabam de fazer e arrumar o que não está satisfatório.

– É tudo muito bonito, mas como fazer para que as pessoas cheguem lá?

– Bem, não existem muitas formas de proceder. No final de cada atividade, deve tirar algum tempo e se perguntar como foi. Fazer uma espécie de *post-mortem*, e arrumar o que não foi bem.

– É muito vago! – protestei.

– Não é se tiver trabalho padronizado. Aí rapidamente se torna específico.

– Isso dá certo para operações de chão de fábrica, mas quanto ao resto?

– É a mesma coisa. O trabalho padronizado se transforma em listas de verificação, só isso.

– Como assim?

– Vocês são uns lerdos! – meu pai reclamou. – É tudo a mesma coisa, ou ainda não entenderam o que é *kaizen*, seja qual for a atividade?

Olhamos para ele perplexos. Eu queria que ele não nos fizesse sentir tão burros o tempo todo, independente da técnica de ensino ser japonesa ou não.

– Trabalho padronizado é o início e o fim de melhorias contínuas. Pode ter todas as melhores abordagens do mundo na solução de problemas, mas se não começar com trabalho padronizado, ficará desapontado com os resultados. E trabalho padronizado nada mais é do que uma lista de verificação muito específica. Verificação. Que conceito difícil de entender! – acrescentou, insistindo. – Se quiser melhorar uma atividade, comece pela elaboração de uma lista de checagem!

– Como o quê?

– Qualquer coisa. Tudo. Todos os pontos principais que são importantes de lembrar para acertar. O que precisa fazer para dar uma excelente aula?

Rezar para que os alunos venham para a aula bem-humorados, foi a primeira coisa que me veio a mente.

– Vamos ver. Devo ter uma lista clara de todos os pontos que quero esclarecer durante a aula. Devo ter o material de suporte. Devo trazer trabalhos corrigidos, se for o caso, pois nota é a única coisa pela qual se interessam. Preciso começar perguntando o que lembram da última aula. Preciso continuamente incitar reações. Devo tentar conectar o que estou dizendo com a experiência pessoal deles, porque, se não, entra em um ouvido e sai pelo outro. E, tenho que dizer para eles o que devem fazer para a próxima aula. É mais ou menos isso. Depois, tenho que dar a aula e rezar para que tudo dê certo. Ah, sim, sempre esqueço. Informações administrativas.

– Aí está, escreva sua lista. Passe para cá seu caderno:
– pontos principais,
– material de suporte,
– trabalhos corrigidos,
– administrativo,
– debate para perguntar o que lembram da última aula,
– desafiá-los a fazerem perguntas,
– fazer com que relacionem pontos principais com experiência própria, e,
– dar tarefas.

– Agora, após cada aula, pode se perguntar como foi em cada um desses pontos.

— Ai. Seria bastante doloroso. Especialmente naquele ponto que fala sobre desafiá-los, é um assunto que toca os alunos na parte emocional.

— Mesmo assim, ou vai bem, ou não vai. Algo no que diz ou faz deve fazer alguma diferença.

Ah, claro. Ei, estamos falando de alunos, afinal!

— Está bem, digamos que eu faça uma revisão após cada aula, depois vem o quê?

— Identificar as ineficiências a cada passo, ou os pontos em que poderia ter ido melhor. Experimente, e se funcionar, inclua na lista. Continuamente. Com processos industriais trata-se basicamente de reconhecer o que é valor para o cliente, e depois, identificar o desperdício. Em geral, tudo o que não resulta em valor, é desperdício. Depois, deve encontrar formas de eliminar o desperdício e, se funcionar, incluir essas na lista.

— Fazendo uma analogia –, concordei com cautela –, podemos aplicar a mesma situação ao ensino. Se definirmos valor para o aluno como sendo aumento de conhecimento, muito daquilo que os professores fazem em aula tem pouco impacto na absorção real de conhecimento. Em geral, esses apenas passam informações, o que deve ser uma das formas menos eficientes de ensinar. E ainda por cima, temos a tendência de entediar os alunos até às lágrimas, o que é caminho certo para que desliguem seus cérebros assim que entram na sala de aula.

— Mas, eles fazem perguntas, não é?

— Pode ter certeza de que logo aprendem a fazer isso com o piloto automático ligado. Quero dizer que, se aplicássemos rigorosamente o ciclo *kaizen* ao ensino, descobriríamos algumas coisas bem importantes. É como diz um colega meu, em última análise, ensinar não é igual a encher um vaso, é como acender um fogo.

— Bem, o ciclo *kaizen* trata de:
— uma lista de checagem ou trabalho padronizado,
— a identificação de desperdício,
— descobrir como remover o desperdício, e,
— se funcionar, atualizar a lista ou o trabalho padronizado.

— É tão simples assim?

– Simples, sim –, meu pai respondeu, – fácil, nunca. Mas, se fizer isso continuamente por uma década, certamente terá um processo bem diferente no final, mesmo que seja simplesmente por ter aprendido muito. A dificuldade está em mantê-lo.

– E nisso entra tanto atitude quanto técnica –, enfatizei.

– Exato. Se quiser, tentará; se tentar, já estará fazendo!

– *Kaizen* para sempre –, concluiu Phil.

– *Kaizen* para sempre.

A tempestade já havia passado quando desci a colina e a chuva havia parado. O ar estava quente e repleto de aromas de terra e flores, como se a própria terra tivesse se aberto, oferecendo seu fruto repentinamente. Dirigi lentamente, com o vidro aberto, preguiçosamente seguindo as estradas escuras e sinuosas. Estranhamente, a visita rápida de Tanaka havia me afetado também, de uma forma bem diferente. Para Phil, fora apenas uma ducha fria nas suas grandes expectativas, quando havia esperado um tapinha nas costas. No entanto, suas realizações eram reais, havia levantado sua fábrica em tempo recorde, tirado sua empresa, e a ele mesmo, da ruína financeira, e, em última análise, transformara-se durante o processo.

Phil havia mudado nesses dias todos de uma forma indefinível. Tinha agora uma força que nunca tivera antes. De alguma forma, parecia que acabara usando seus poderes mentais obstinados, que o fizera ser tão bom na física esotérica, para resolver todos os outros problemas que a fábrica lhe apresentara, seja se tratando de processos ou pessoas. E também estava aprendendo a fazer isso através de outras pessoas. No geral, isso não o tornara necessariamente uma pessoa mais agradável, mas agora sua placidez natural se parecia mais com uma atitude equilibrada e menos com indecisão. Instintivamente, eu o havia aconselhado a se concentrar na solução dos problemas da fábrica e não se perder na introspecção, e nunca esperei que isso pudesse ter um efeito em seu caráter.

A experiência com a fábrica havia se cristalizado como uma preocupação real com meu próprio trabalho, que rondara os recessos obscuros de minha mente nas últimas semanas. O argumento básico de meu livro, que estava dando tanto trabalho para escrever, era que nossas mentes não evoluem para a razão, evoluem para a crença, o que, na verdade, é um truque e tanto. Se eu começo a subir uma árvore correndo porque fui convencido de que há um predador atrás do matinho, e acabo vendo que estou errado, bem, no máximo, vou parecer um idiota completo. Por outro lado, se raciocino que não há um predador atrás do matinho, e estou errado, serei comido. A evolução sempre favorece a crença em detrimento da razão. É claro que raciocinamos, mas, do meu ponto de vista, o raciocínio é, na verdade, uma habilidade social, não necessariamente uma habilidade humana. A ciência, por exemplo, é uma grande realização da razão, mas é lenta e dolorosa, e, no fim e ao cabo, não é particularmente racional, já que as pessoas se atrapalham com todo tipo de idéia maluca. Sendo assim, o pensamento científico progride a passos lentos. Porém, também trata de pessoas em primeiro lugar, em segundo lugar, de tópicos estreitamente definidos, e, finalmente, de pesquisa constante. Pessoas, *gemba, kaizen*.

Em última análise, aqui estava eu, escrevendo um livro sobre todas as situações em que as pessoas não eram racionais, mesmo quando dentro da comunidade científica. E por que? Na maioria das vezes, porque individualmente somos preguiçosos demais para nos incomodarmos com o procedimento racional, tais como a definição de problemas, a exploração de alternativas, a medida de efeitos, o teste das soluções, a generalização do sucesso, o desafiar de resultados, e assim por diante. E, no entanto, o que me parecia inicialmente um sistema organizacional, era, na verdade, um sistema de aprendizagem individual. Quanto mais pensava no que havia aprendido ao seguir o caminho *lean,* menos me preocupava com a mecânica de *kanban,* ou com nivelamento, e mais me impressionava com a quantidade de conhecimento específico que Amy e Phil haviam adquirido em tão pouco tempo. Aprenderam a se tornar racionais, a sistematicamente reorganizar os problemas, a atacá-los através da observação minuciosa, a investigar as opções, e a resolvê-los um após o outro: que é exatamente o que considero nossa falha. No fim das contas, tudo que fizeram foi resolver um problema após o outro, até que o desperdício do sistema foi lentamente eliminado. Eu mal reconhecia a fábrica cada vez em que voltava lá – mas eles não sentiam a mesma coisa. Para eles era como se pouca coisa estivesse acontecendo, e tudo levasse tanto tempo, e a resistência era só o que encontravam.

Eu acreditava que, na verdade, a racionalidade não estava em ter poderes elevados de raciocínio, em esquemas visionários, mas na habilidade de simplificar os problemas até chegar no nível mais básico, no ponto em que realmente alguma coisa poderia ser feita para resolvê-los. O resto é filosofia. De fato, eu chegava à conclusão de que visão era uma questão filosófica, mas que a racionalidade está nos detalhes. Em conclusão, na minha pesquisa sobre a irracionalidade, talvez estivesse estudando uma área completamente errada, o que me deixava bastante assustado.

— Coitado do Phil —, ela disse quando terminou de rir. — Especialmente considerando que ele foi tão bem. Deve ter sido uma ducha de água fria. Que pena não ter estado lá.

— Arrependida? — me sentia estranho por saber que Amy estava movendo-se em direção a coisas melhores. Via que era uma mudança positiva para ela, mas ficava dividido quanto a minha lealdade por Phil, e havia visto em primeira mão o quanto a sua saída abalara sua confiança de que poderia continuar a virada. Virou seu rosto redondo e suave em minha direção e sorriu daquele jeito reluzente de sempre.

— Está brincando? Essa consultoria está me pagando rios de dinheiro e até concordaram em financiar um MBA de meio período. Poder visitar empresas diferentes também será uma boa experiência. Mesmo assim, sinto pena de Phil, deixei ele em uma canoa furada.

— E sem remo. Poderia pedir um aumento — é um cara generoso e nunca o vi guardar uma mágoa.

— Depois de ter ficado contra o aumento nos salários dos gerentes? Nem pensar. De qualquer maneira, não é apenas uma questão de dinheiro. Estava começando a pesar demais, esse negócio de ter que motivar as pessoas o tempo todo. E tantos me culpavam por ter mexido no conforto de seus nichos. Sabe, sempre argumentando que o buraco era em outro lugar, portanto, que não era problema deles. Estava me desgastando.

— E de pensar que foi Harry quem conseguiu esse emprego de consultoria!

– Na verdade não –, ela corrigiu. – Ele mencionara ao caça-talentos que a empresa apresentava uma das melhores práticas na implementação *lean*. E por isso vieram atrás de mim.

– Mesmo assim, é um mundo pequeno.

– É, quem imaginaria? Lembra quando seu pai saiu furioso de lá naquela primeira vez? Ele me aterrorizava naquela época.

– Ele ainda me aterroriza –, respondi, mais como hábito.

– Pára com isso –, ela sorriu. – Ele é um cara legal.

– Pode ser. Mas o que interessa é que você conseguiu! Deu uma virada na fábrica. Como se sente?

– Bem, acho. Limpar aquela seção da fábrica e prepará-la para a nova linha foi emocionante – um verdadeiro esforço de equipe. Mas, se visse a monstruosidade que os engenheiros criaram para nova linha – é de se espantar.

Ela parou para pensar por algum tempo e sorriu com melancolia.

– Sei lá –, suspirou. – Parece que o trabalho lá não terminou, para ser sincera. E pelo que me conta da visita do Mestre Yoda, fica parecendo que li apenas metade do livro. Do que se tratava? *Jidoka*?

– Você realmente quer falar sobre a fábrica?

– Quero saber. Conta!

– Bem, meu pai deu muita importância para o que esse Tanaka-san disse quanto a inserir qualidade no produto.

– Em oposição a verificar se está lá pela inspeção?

– Acho que sim. Depois, falou de sistemas para sinalizar os problemas assim que aparecem no chão de fábrica, para garantir que a gerência reaja imediatamente às interrupções de fluxo, ao invés de reagir somente à papelada de sempre.

– *Gemba*!

– Exatamente, *gemba* –, respondi. – Depois conversaram sobre diferentes formas de ajudar os operadores a evitar erros com o uso de ferramentas ou métodos inteligentes na estação de trabalho. Agora, se quiser saber mais quanto a isso, terá que falar com meu pai.

– Será que posso?

– E por que não? No final, tivemos uma longa discussão sobre *kaizen*, o que me deixou de cabelo em pé porque usamos como exemplo o ensino, e dei-me conta de que sabia muito pouco sobre o processo de aprendizagem dos alunos. E isso que sou um *expert* de ciência cognitiva, então imagine meus outros colegas!

— E dá para aplicar nesse caso?

— No pior dos cenários, teria que dizer sim. Nunca definimos valor. E não consideramos padrões de ensino, apesar de que, em algumas universidades, há verdadeiros debates quanto a currículos, onde se fala sobre o que é conhecimento e o que é uma pedagogia válida, mas, em geral, tudo fica muito vago. Não tem nada a ver com refletir sistematicamente sobre cada aula e comparar o que foi feito com uma lista.

— No chão de fábrica logo fica evidente que, se não iniciar com trabalho padronizado, não há maneira real de melhorar continuamente. Na melhor das hipóteses, você tem mudanças aleatórias.

— Ah, e meu pai mencionou que você conseguiu perder todo o trabalho de RH que realmente está ligado à implementação *lean*!

— O que ele queria dizer?

— Programas de sugestões, principalmente.

— Faz sentido. *Gemba, kaizen*, pessoas. Acho que ainda tenho muito que aprender sobre esse negócio de *lean*!

— Sempre pode voltar!

Ela riu novamente, mas seus olhos escuros ficaram pensativos.

— Quer dizer, esquecer do aumento de salário e do intervalo de duas semanas que tenho antes de começar o novo emprego? Pode esquecer.

Eu sabia que ela diria isso. Mas também achei que logo sentiria falta do trabalho real numa empresa de verdade com pessoas de verdade. Consultoria parecia muito papo e pouca ação.

— E já pensou no que fazer com todo esse tempo livre?

— Ainda não. Alguma sugestão?

EPÍLOGO

As capacidades podem ser estendidas infinitamente quando todos começam a pensar.
– Taiichi Ohno.

Certa vez, ouvi uma anedota sobre Winston Churchill, que provavelmente é apócrifa, mas, de qualquer forma, é instrutiva. Em seus derradeiros anos, o venerável ancião aceitara um compromisso para discursar em um colégio de meninos e falar aos jovens sobre fibra moral. Os alunos haviam sido devidamente instruídos pelos professores para que prestassem atenção tanto na forma quanto no sentido. Afinal, viria o melhor orador do mundo e ganhador de um Prêmio Nobel de Literatura. Churchill chegou, encarou seu jovem público com seu mais feroz olhar de buldogue e disse: "*Nunca, nunca, nunca desistam!*" e, sentou-se. Acabara o discurso.

Acho a história boa demais para ser verdade, apesar de ser bastante churchiliana. Mesmo assim, resume maravilhosamente a essência do que descobri ao seguir Phil em todas as boas e as más situações de sua aventura industrial, como um Barney para o Fred, um Watson em relação ao Holmes. E como observador da trajetória de meu pai, a quem vejo com outros olhos e com muito mais respeito, para não dizer compreensão. O lago e as pedras, sim senhor! Curiosamente, de acordo com meu pai, nunca desistir parece ser uma característica do sistema Toyota como um todo. Ele afirma que poderia ter enriquecido se tivesse ganho um dólar cada vez que ouviu alguém dizer que a Toyota estava "se afastando do *just-in-time* porque não era flexível o suficiente", ou "automatizando o sistema para acompanhar a indústria", ou as inúmeras outras tolices que surgem da boca dos sábios do mundo dos negócios. Ele diz que, na sua opinião, a realização mais extraordinária do pessoal da Toyota foi nunca desistir. Eles mantinham suas idéias e as adaptavam à medida que o ambiente competitivo se deslocava e se transformava ao seu redor, nunca desistindo dos *insights* no cerne de *lean* e do sistema puxado e de *kaizen* em sua luta contra *muda* – o desperdício. Veja só – também estou falando Toyotês.

    Phil começou a navegar, a ponto de passar um fim de semana sim, outro não, lustrando madeira no convés do *Felicity* com meu pai, ou aplicando mais uma camada de pintura. Ouvi dizer que às vezes até saem mar afora com o barco. Ele me disse que estava pensando em se associar ao Iate Clube e, para meu espanto, que Charlene realmente gostara do lugar e do ambiente. Ela já pensava em como adaptar tudo, e em feriados exóticos para a família toda, velejando para o Caribe. E sabe o que mais? Phil e Matt ofereceram um assento na diretoria para meu pai, que aceitou com alguma resistência, sob a condição de que não precisaria trabalhar, mas percebi que, no fundo, ele ficou muito contente. De vez em quando, acompanho Phil e meu pai em seus passeios de final de semana, quando o clima está ameno e o mar calmo. Evidentemente, falam da fábrica. Por quantas horas uma pessoa consegue discutir as complexidades de *lean* e as iniqüidades da gerência? Na última vez que estive com eles, Phil gradualmente lidava com questões de pessoal mais uma vez.

    – Entendo que tudo se trata de pessoas –, ele dizia, – mas como vou saber escolher as pessoas certas?

    – É complicado –, meu pai disse ao guiar o *Felicity* para o mar aberto. – Com a experiência, suponho. E mesmo assim, a gente erra. Em meu último emprego tínhamos um sistema através do qual quatro de nós entrevistávamos um candidato separadamente e depois, nos juntávamos para discutir nossas opiniões. A regra básica era que, se alguém vetasse um dos candidatos, não o contrataríamos, e ponto final. E eu não tinha nenhum privilégio especial por ser o chefe. No fim das contas, estávamos procurando vencedores e não estrelas, pessoas que agiriam com coerência com o passar do tempo e que se encaixariam na equipe. Perdemos alguns caras brilhantes e cometemos alguns erros, mas, no geral, funcionava bem para nós.

    Ele ficou quieto por algum tempo, concentrado em controlar o barco quando chegamos nas primeiras ondas e, tolamente, tive a esperança de que o assunto morrera, mas, logo em seguida ele continuou, como se falasse sozinho.

— Costumava pensar que as pessoas têm duas dimensões fundamentais. São bons no emprego? E poderão me ajudar a pôr o sistema em funcionamento?

— Mais listas? – comentei, tentando desviar do borrifo repentino. – Lista A, lista B, lista C, não é?

Os dois me encararam com irritação.

— Algo parecido –, meu pai admitiu. – Pessoas que eram boas em seu trabalho e que me ajudavam a pôr o sistema para funcionar eram levadas a assumir outras funções de liderança, é claro, e era exigido que mostrassem seu valor, nada de novo aí. Aquelas que não possuem nenhuma dessas características devem ser eliminadas logo. Os problemas surgem com os pontos de interrogação.

— Alguém que é bom no que faz, mas que não consegue trabalhar no sistema?

— Sim, um caubói. Chegam aos resultados, mas não pergunte como, nem quantos atalhos tomaram. Por outro lado, existem os certinhos que fazem exatamente o que você pede, mas não alcançam resultado nenhum.

Podia certamente reconhecer esses tipos entre alguns de meus alunos.

— No início, tinha a tendência de ser indulgente com os caubóis. Afinal, fizera o mesmo tantas vezes! Mas aí, dei-me conta de que havia coisas mais importantes do que apenas cumprir as tarefas. Se eu quisesse desenvolver um espírito de equipe, teria que defender os valores positivos embutidos no sistema.

— Tais como se esforçar para que funcionasse, e não o contrário? – perguntou Phil.

— Sim. Acertar na primeira, tolerância zero para defeitos, e assim por diante. Fazer as coisas do jeito certo, sem atalhos tomados só para conseguir resultados imediatos. Então, mudei minha política, demiti os caubóis e dei uma segunda chance àqueles que conseguiam trabalhar dentro do sistema, mesmo que não estivessem obtendo os resultados na hora. No início, pensei que faltasse a esses alguma firmeza básica, e alguns precisam, mas vi que muitos precisavam apenas de experiência e podiam se tornar excelentes líderes. Por outro lado, também podem se tornar *experts* de alto nível que não precisarão administrar tanto as pessoas.

Philip havia aprendido muito, chegando a demonstrar muito mais autoridade para aqueles que o cercavam. Não era necessariamente uma característica que o tornava mais querido por outros, mas assim são os caminhos do poder. Depois do drama de Kevin Morgan e da saída de Amy, começou seriamente a promover jovens talentos. A empresa está indo muito bem – Matt já está à procura de um negócio ainda maior e melhor. O investidor que os apoiou na aquisição da segunda fábrica ficou tão impressionado com os resultados da virada que pediu para que Phil e Matt tomassem conta de um grupo de empresas industriais, sob seu controle, que estão com problemas e à beira da falência. Ofereceu como isca uma gratificação e ações da companhia. Acho que agora sim o ouro está fluindo! Aceitarão? Mais dinheiro, mais responsabilidade, mais dor de cabeça, mas afinal, como diz Matt, em se tratando de negócios, se não estiver crescendo, está morrendo.

Minha licença está quase terminando e estou me preparando para enfrentar mais um grupo de pobres alunos a quem devo educar e iluminar. Meu livro sobre "irracionalidade casual" não está nem próximo de ser concluído, mas minha lista de exemplos práticos aumenta a cada minuto. No entanto, escrevi um relato de transformação *lean* que, nunca se sabe, pode ser mais útil para mais gente no fim das contas. Se não for, deixa para lá. Primeiramente, porque esse ano fora do comum lembrou-me de como a vida pode estar repleta de surpresas, e de como nossos destinos podem misteriosamente se entrelaçar. Agora descobri que posso até mesmo gostar de velejar – pelo menos com céu de brigadeiro, mar calmo e tempo ensolarado – portanto, ainda há alguma esperança para mim, como diria meu velho. Meu pai e Phil inscreveram *Felicity* em uma corrida noturna pela costa nesse fim de semana. Acredite ou não, eu até estaria com eles nesse exato momento se Amy não estivesse preparando uma apresentação sobre "supervisores, líderes de equipe e a equipe" para uma grande conferência em Michigan na próxima semana e está toda estressada. Assim, estarei ocupado nesse fim de semana cuidando de minha *expert* em *lean* favorita.

LEITURAS ADICIONAIS

Neste livro, os autores trataram da história humana de uma transformação *lean*, explicando os detalhes técnicos necessários apenas em um nível suficiente para poder contar a fábula. Há diversas obras que oferecem lições preciosas para estudiosos e praticantes de *lean* que procuram aprender mais sobre como colocar essas idéias em prática. Recomendamos as seguintes:

Harris, Rick, Chris Harris e Earl Wilson. 2004. *Fazendo Fluir os Materiais: um guia lean de movimentação de materiais para profissionais de operações, controle de produção e engenharia*. São Paulo, SP: Lean Institute Brasil. Este manual prático ensina a criar fluxo contínuo fornecendo peças compradas ao fluxo de valor de forma otimizada. Este guia seria de grande ajuda para Phil e Amy quando tentavam organizar a logística no final da história e enfrentar os novos desafios derivados dos sucessos que a empresa teve.

Liker, Jeffrey. 2005. *O Modelo Toyota: 14 Princípios de Gestão do Maior Fabricante do Mundo*. Porto Alegre, RS: Bookman Editora. Um livro excelente, detalhado e precioso, que combina um relato completo da prática da Toyota com uma codificação perspicaz dos princípios da empresa. O conhecimento profundo que Liker tem da prática da Toyota nesses últimos vinte anos contribuiu para o rigor de suas explicações sobre os princípios básicos. Aqui, Phil encontraria respostas sobre os princípios básicos do STP com um enfoque ligeiramente diferente do de Bob Woods.

Marchwinski, Chet e John Shook, organizadores. 2004. *Léxico Lean: Glossário Ilustrado para Praticantes do Pensamento Lean*. São Paulo, SP: Lean Institute Brasil. Um guia essencial para os termos-chave e as idéias de *lean*. Inclui definições claras e exemplos e ilustrações de grande auxílio. Este livro possui definições práticas excelentes sobre os termos essenciais.

Monden, Yasuhiro. 1993. *Toyota Production System: An Integrated Approach to Just-In-Time*. Norcross, GA: Engineering & Management Press. Taiichi Ohno deu a Monden, professor de contabilidade gerencial na Universidade de Tsukuba, a oportunidade de estudar cada mínimo detalhe do Sistema Toyota de Produção. Para todos os efeitos, foi o que fez. Seu manual denso é um recurso essencial para quem deseja dominar os aspectos técnicos de *lean*. Se, em geral, Bob Woods usaria uma abordagem aproximada, o trabalho de Monden é a referência mais completa para leitores que querem saber como calcular questões como o número de cartões num *loop* de *kanban* ou o tamanho de um grupo em uma produção de lote fixo.

Ohno, Taiichi. 1997. *O Sistema Toyota de Produção: Além da Produção em Larga Escala*. Porto Alegre, RS: Bookman Editora. Depois de se aposentar da Toyota, Ohno escreveu essa série de empolgantes ensaios oferecendo uma explicação de alto nível do famoso sistema da empresa. Apesar de não oferecer ao leitor um conjunto de ações para serem colocadas em prática na segunda-feira de manhã, Ohno apresenta *insights* fascinantes sobre vários tópicos, desde como a Toyota desenvolveu seu sistema em resposta aos recursos e habilidades que possuía após a Segunda Guerra Mundial, até o que conscientemente adaptou das idéias de Henry Ford. Mesmo que muitas das histórias sobre Ohno contadas por Bob Woods sejam apócrifas, são freqüentemente contadas e recontadas na comunidade *lean* como forma de aprendizagem. Este livro prazeroso esclarece muitos conceitos básicos do STP e oferece *insights* do caráter e da visão de Ohno.

Rother, Mike e John Shook. 1998. *Aprendendo a Enxergar*. São Paulo, SP: Lean Insitute Brasil. É uma excelente introdução ao mapeamento do fluxo de valor. Este manual detalhado compartilha tanto os princípios quanto a prática de diagramar cada passo envolvido nos fluxos de material e de informação necessários para levar um produto do pedido à entrega. Somente após ter certeza de que Phil e Amy desenvolveram uma atitude *gemba* é que Bob Woods introduz a noção de mapeamento do fluxo de valor. Para os leitores que se interessam em saber onde o ouro está sendo retido em seus processos, este livro é o melhor lugar para começar.

Rother, Mike e Rick Harris. 2002. *Criando Fluxo Contínuo*. São Paulo, SP: Lean Institute Brasil. Este manual explica, em termos simples, passo a passo, como introduzir e sustentar fluxos *lean* em células e linhas de passo marcado. Uma continuação de *Aprendendo a Enxergar*, mostra como passar de enxergar a maneira que o trabalho e os materiais são organizados, para estabelecer um ritmo de produção e aplicar os princípios de fluxo contínuo. É um guia essencial para o tipo de trabalho que Phil e Amy têm quando reconfiguram as linhas e células de produção.

Smalley, Art. 2004. *Criando o Sistema Puxado Nivelado: um guia para o aperfeiçoamento de sistemas lean de produção voltado para profissionais de planejamento, operações, controle e engenharia*. São Paulo, SP: Lean Institute Brasil. Um manual excelente e bem fundamentado, mostrando como continuar a transformação *lean* desde algumas melhorias isoladas, até um sistema puxado e nivelado completo. Pessoas que implementam essas idéias – indo além da otimização pontual e fluxo em um único fluxo de valor – estão conduzindo o *kaizen* para criar um sistema de controle de produção *lean* que junta os fluxos de informação e materiais que estão na base de cada família de produtos em uma fábrica. Até mesmo Bob Woods tende a se concentrar em somente um dos produtos de Phil quando explica o sistema puxado, apesar de mencionar outros elementos do sistema. O guia elabora os detalhes de sistemas puxados de um fábrica toda de forma instrutiva e aborda as questões espinhosas de nivelamento misto e em volume de forma esclarecedora.

Womack, James, e Daniel Jones. 2004. *A Mentalidade Enxuta nas Empresas*. Rio de Janeiro, RJ: Editora Campus. Este livro popularizou os princípios *lean* para um público amplo. Abarcando empresas de indústrias e países diferentes, os autores baseiam-se em pesquisas elaboradas para extrair um punhado de princípios fortes que definem a prática *lean*. É o primeiro e, até hoje, definitivo livro sobre a prática *lean*. É uma obra extremamente útil, especialmente como parâmetro de comparação em relação à definição de *lean* proposta por Bob Woods.

Womack, James, e Daniel Jones. 2004. *A Máquina que Mudou o Mundo*. Rio de Janeiro, RJ: Elsevier Editora. É o primeiro livro a apresentar a frase "produção *lean*" para o mundo. Este estudo completo de práticas de manufatura em empresas automobilísticas mundiais identificou os benefícios profundos que poderiam ser postos em prática a partir de uma abordagem de produção fundamentalmente diferente, que no livro foi chamado de *lean*.

Womack, James, e Daniel Jones. 2002. *Enxergando o Todo: mapeando o fluxo de valor estendido*. São Paulo, SP: Lean Institute Brasil. Aprender a enxergar e mapear fluxos de valor é um passo importante na identificação e remoção de desperdício. Este guia completo ensina a usuários de mapeamento do fluxo de valor como estender essa visão para além do nível da planta individual, de modo que possam ser vistos todos os passos e o tempo necessários para levar um produto típico da matéria-prima ao produto acabado. Agora que Phil começou a enxergar o fluxo de valor, o manual seria útil na sua caminhada *lean* em relação aos clientes e fornecedores.

O Lean Institute Brasil preparou um guia de estudos para um melhor aproveitamento do conteúdo deste livro. Para ter acesso a esse material, acesse **www.lean.org.br** e faça o *download* do arquivo.

AGRADECIMENTOS

Os personagens e as situações deste romance são completamente fictícios, assim como o processo produtivo descrito. Contudo, a história contada é "real". Baseada na experiência de implementações bem sucedidas, a obra apresenta os princípios básicos da produção *lean*. Este livro não tem nenhuma intenção de descrever o Sistema Toyota de Produção (STP), que já foi amplamente estudado e descrito. As referências a STP feitas nesta obra apenas refletem nosso entendimento, e, de forma alguma, pretendem representar a posição da Toyota Motor Corp.

Através dos anos, temos enxergado as iniciativas empresariais como um todo, focando nossa atenção no chão de fábrica, e gostaríamos de agradecer aos gerentes e fornecedores da Toyota que sempre foram abertos e dispostos a mostrar as aplicações da produção *lean*. A visão de Shuhei Toyoda e seu encorajamento foram cruciais para a melhoria de fornecedores, em especial ao dar acesso às equipes da Divisão de Consultoria de Gestão de Operações (OMCD) da Toyota. As visitas e os debates com Nampachi Hayashi foram magníficos, além de elucidativos, dado a sua forma única e incisiva de ver o *gemba* de uma perspectiva *lean*. O conhecimento profundo de Kenji Miura sobre o STP foi crucial para a nossa compreensão dos mecanismos subjacentes do sistema Toyota. E, por último, mas não menos importante, a paciência e experiência de Steve Thomas foram uma lição preciosa de como implementar o STP.

A aplicação destes princípios a um sistema industrial completo teria sido impossível sem a confiança e o apoio de Noel Goutard, antigo presidente da Valeo, Marc Asa, antigo presidente da Tarkett-Sommer, que nos autorizou a transformar as plantas da Sommer Allibert. E também, o interesse e a compreensão de Pierre Lévi, presidente da Faurecia, tornou possível a aplicação do conceito *lean* a todas as dimensões gerenciais de uma grande firma industrial.

Esta obra tem uma longa história por trás de sua elaboração e não teria sido possível sem o auxílio inestimável de nosso amigo e colega de longa data, o *expert* em *lean*, Alain Prioul, assim como do autor Art Smalley, que nos ajudou a apresentar conceitos contra-intuitivos da forma mais direta.

Também agradecemos a R. Karthikeyan, Ashok Vishwakarma e a todo o restante da equipe indiana pelo estímulo para que fosse usada a metáfora da "mina de ouro", assim como a Eric Monsen que sugeriu, em um vôo voltando da Índia, que fosse escrito na forma de um romance. Muitos outros nos apoiaram com conselhos e inspiração e agradecemos a Peter Willats, Neil Harvey, Richard Hervey, Michel Marissal, Andrew Gottschalk, Lorena Gonzalez, Philip Cloutier, Pascal Kamina, Dan e Lorna Riley, Dave Logozzo, Robert Morgan e Godefroy Beauvallet pela sua valiosa contribuição. George Taninecz e Thomas Skehan foram de valor incalculável na produção deste livro. O manuscrito completo passou por várias versões e re-escrituras e queremos expressar nosso apreço por Catherine Monnet e Joanne Harvey por revisar as versões iniciais deste trabalho, e um agradecimento especial para o editor chefe Tom Ehrenfeld – de fato, a publicação deste livro é tanto uma realização dele quanto nossa. Obrigado por ter mantido esta obra viva em todas as circunstâncias. Também devemos agradecer a Dan Jones e Jim Womack pela sua confiança e apoio a esta obra e, em última análise, por apresentá-la para ser publicada.

Finalmente, gostaríamos de agradecer à nossa família pelo seu apoio e pela sua paciência enquanto discutíamos, dissecávamos e brigávamos sobre conceitos e práticas *lean* todos esses anos, com freqüência esticando o limite de tolerância por *lean* de qualquer um.

Informações sobre o Lean Institute Brasil

O Lean Institute Brasil (LIB) é uma organização educacional e de pesquisa sem fins lucrativos fundada em 1998 para promover os princípios do "pensamento *lean*" em todos as áreas de negócios e em uma extensa variedade de indústrias de manufatura e de serviços. Os manuais citados nesta obra podem ser adquiridos diretamente através do LIB.

Para maiores informações sobre o Lean Institute Brasil

Escreva para: Rua Brás Cubas, 187 – São Paulo – SP – Brasil – 04109-040
Telefone: (11) 5571-6887 – Fax: (11) 5571-0804 (r: 219)
E-mail: inf@lean.org.br • Web: www.lean.org.br